MATTHIAS BRENDEL
FRANK BRENDEL

Richtig recherchieren

MATTHIAS BRENDEL
FRANK BRENDEL

Richtig recherchieren

**Wie Profis Informationen
suchen und besorgen.
Ein Handbuch für Journalisten,
Rechercheure und Öffentlichkeits-
arbeiter.
Mit Beiträgen von Dr. Christian
Schertz und Henrik Schreiber.**

F.A.Z.-INSTITUT
FÜR MANAGEMENT-, MARKT- UND MEDIENINFORMATIONEN GMBH

Die Deutsche Bibliothek – CIP-Einheitsaufnahme

Brendel, Matthias:
Richtig recherchieren / Matthias Brendel; Frank Brendel.

Mit Beitr. von Christian Schertz;
Henrik Schreiber.

F.A.Z.-Institut für Management-, Markt- und
Medieninformationen GmbH

3. erweiterte Aufl. –
Frankfurt am Main: 1999

ISBN 3-927282-58-8

Copyright	1998 F.A.Z.-Institut für Management-, Markt- und Medieninformationen GmbH, Mainzer Landstr. 195 60326 Frankfurt am Main
Umschlaggestaltung	xplizit Gesellschaft für visuelle Kommunikation, Frankfurt am Main
Satz	F.A.Z.-Institut für Management-, Markt- und Medieninformationen GmbH,
Druck	Union Druck Halle GmbH, Halle

Alle Rechte, auch die des auszugsweisen
Nachdrucks, vorbehalten
Printed in Germany

ISBN 3-927282-58-8

Die von den Autoren im Buch vertretenen Auffassungen
geben nicht in allen Teilen die Meinung des Verlags wieder.

Inhalt

Vorwort	9
1. Recherche – Was ist das eigentlich?	11
2. Wege der Informationsbeschaffung	14
2.1 Behörden/Ministerien	17
2.2 Unternehmen	20
2.3 Verbände	23
2.4 Banken	27
2.5 Staatsanwaltschaft/Polizei	28
2.6 Institute/Universitäten	31
2.7 Bürgerinitiativen	34
2.8 Nichtstaatliche Organisationen (Gewerkschaften, Verbraucherzentralen, Umweltorganisationen)	36
2.9 Experten	38
2.10 Politiker	41
2.11 Kongresse/Konferenzen	42
2.12 „Gute Kontakte"	45
2.13 Praktische Hilfsmittel	47
3. Informationen aus Datenbanken und Internet	51
3.1 Das Internet	52
3.2 Datenbanken	61
3.3 Arbeiten im Datennetz	72
3.4 Auf Datenjagd	81

4. Systematik   **87**
4.1   Zielsetzung   98
4.2   Basisrecherche   103
4.3   Strategie   106
4.4   Finde heraus, was ...   114
4.5   Finde heraus, ob/daß ...   118

5. Recherchemethoden   **125**
5.1   Das Puzzlespiel   128
5.2   Mit der Machete durch den Dschungel   137
5.3   Pendeln   145
5.4   Tiefseetauchen   158

6. Recherchen im Zwielicht   **175**
6.1   Die verdeckte Recherche   180
6.2   Motive verschleiern   194
6.3   Vorspiegeln falscher Tatsachen   197

7. Zielführend recherchieren   **203**

8. Gesprächsführung   **211**
8.1   Einer gegen einen   218
8.2   Zu zweit gegen einen   231
8.3   Allein gegen alle   239

9. Richtig fragen   **245**
9.1   Der Befragungsplan   250
9.2   Das Interview   252
9.3   Verwertbare Umfragen   255

10. Die lokale Recherche   **261**

11. Komplexe und schwierige Recherchen   **267**

12. Betrügern auf der Spur   **279**

13.	**Rechtliche Aspekte**	289
	13.1 Einführung	289
	13.2 Rechtliche Grundlagen der Recherche in der Verfassung	290
	13.3 Informationsrechte des Journalisten bei der Recherche	291
	13.4 Recherche mit Hilfe von Informanten	302
	13.5 Rechtliche Schranken der Recherche	305
14.	**Tips und Tricks**	310
15.	**Weiterführende Literatur**	314
16.	**Sachregister**	319

Die Autoren

Frank Brendel, Jahrgang 1960, hat an der Freien Universität Berlin Politologie, Slawistik und osteuropäische Geschichte studiert. Seit 1991 arbeitet er als freier Journalist für Printmedien und Fernsehen sowie als Rechercheur und Berater für Greenpeace Deutschland in Berlin und im Ausland.

Matthias Brendel, Jahrgang 1960, Hauptautor dieses Buches, hat nach einer Ausbildung und Tätigkeit als Forstwirt 1985/86 ein Volontariat bei der Deister-Weser-Zeitung absolviert. Seit 1987 arbeitet er als freier Journalist, Rechercheur und Berater in Hamburg. Für die Umweltschutzorganisation Greenpeace hat er von 1994 bis 1996 in Deutschland und im Ausland Recherchen koordiniert und ausgeführt.

Dr. Christian Schertz, Jahrgang 1966, hat von 1985 bis 1990 in Berlin und München Rechtswissenschaften studiert. Seit dem Zweiten Staatsexamen war er zunächst in Hamburg in einer auf Presse-, Urheber- und Medienrecht spezialisierten Sozietät als Rechtsanwalt tätig. Seit 1997 ist er Presseanwalt in Berlin und übt einen Lehrauftrag im Fach Presse- und Medienrecht an der Humboldt-Universität Berlin aus.

Henrik Schreiber, Jahrgang 1968, ist Diplom-Chemiker. Seit Abschluß seines Studiums an den Universitäten Oldenburg und Karlsruhe ist er als freiberuflicher Umweltberater und Rechercheur tätig. Schwerpunkt seiner Arbeit ist die Recherche in elektronischen Medien und Datenbanken. Seit 1996 übt er zudem einen Lehrauftrag im Fach Ökologie an der Fachhochschule Mannheim aus.

Vorwort

Das Wissen der Menschheit wächst mit rasender Geschwindigkeit. Informationen jeglicher Art sausen auf Datenautobahnen rund um den Globus und bieten sich in bunter Aufmachung an. Leider erweist sich ein Großteil dieses Wissens bei genauem Hinsehen als vergoldeter Schrott. Andere Informationen haben bereits ihr Verfallsdatum überschritten, bevor sie den Empfänger erreichen.

Das wirklich interessante Wissen, das seinem Besitzer strategische oder geldwerte Vorteile verschafft, ist entweder sehr teuer oder nach wie vor gut verborgen: In den Köpfen weniger, in wirklichen und elektronischen Panzerschränken. Manchmal ist dieses Wissen auch in Form von Einzelinformationen so gut verstreut, daß es nur von wenigen Nutzern an der Spitze des Systems überschau- und damit abrufbar ist.

Gleichzeitig ist der Bedarf an exakten Recherchen und qualifizierten Rechercheuren enorm gestiegen. Recherchierten früher in erster Linie Journalisten, werden Recherchen heute sowohl im dienstleistenden Bereich (PR- und Werbeagenturen) als auch in Behörden, in der Politik, in der Industrie und sogenannten Nicht-Regierungs-Organisationen geleistet. Solche Recherchen können sich in die Länge ziehen, teuer werden und mitunter scheitern. Das muß nicht sein. Nahezu alles Wissen läßt sich beschaffen. Man muß nur wissen, wie.

Im vorliegenden Buch sind die gängigen Techniken und Wege der Informationsbeschaffung beschrieben. Von der Arbeit in Datenbanken über wissenschaftliche Recherchen, Befragungen und das logistische Puzzle-Spiel bis hin zu Methoden, die sich sowohl moralisch als auch rechtlich auf dünnem Eis bewegen. Pressesprecher und Informationsbesitzer müssen gerade letztere Arbeitsweisen kennen – und als solche identifizieren können – wollen sie sich und ihren Arbeitgeber schützen. Journalisten und Rechercheure sollten sie kennen, denn in der täglichen Praxis sind die Grenzen zwischen erlaubtem, erforderlichem und unzulässigem Vorgehen bisweilen fließend. Schließlich können Recherchen in gefährlichem Umfeld Preise einbringen, aber auch direkt ins Gefängnis führen.

Um ein plastisches Bild zu vermitteln, ist die Vielfalt der jeweils anfallenden Probleme, Tücken, Tricks und Möglichkeiten anhand konkreter Beispiele dargestellt.

„Richtig recherchieren" soll Journalisten, professionellen und gelegentlichen Rechercheuren genauso unentbehrlich werden wie Pressesprechern, leitenden Angestellten und anderen, die damit ein besseres Verständnis der Arbeits- und Vorgehensweise ihrer Gegenüber erhalten.

Die Verfasser bedanken sich bei ihren Co-Autoren:

Informationsvermittler Henrik Schreiber vom Büro für Umweltberatung in Heidelberg hat das Kapitel über Datenbanken und Internet geschrieben. Der Berliner Anwalt für Presserecht, Dr. Christian Schertz, hat sich in seinem Kapitel mit rechtlichen Aspekten der geschilderten Recherche-Methoden befaßt.

1. Recherche – Was ist das eigentlich?

„Recherche" ... klingt für Außenstehende interessant und spannend. Mit dem Begriff verbinden sich scharfsinnige Spürarbeit und skandalträchtige Enthüllungsgeschichten, die nach getaner Arbeit in den Medien auftauchen. Im Hintergrund halten sich die Informationsbeschaffer, die Rechercheure. Rechercheure, das sind jene kühlen, gewitzten und zu fast allem bereiten Menschen, die verborgenes und brisantes Wissen zutage fördern – nicht selten unter Inkaufnahme erheblicher Gefahren für sich und das Material.

Ganz so ist das aber nicht.

Recherche ist nichts anderes als das mühselige Beschaffen von Wissen. Die Quellen der Information sind manchmal leicht zu erschließen, die Gesprächspartner mitunter kooperativ. Meistens aber bewegt sich der Rechercheur in einem mißtrauischen bis feindseligen, dazu vernebeltem Umfeld. Außerdem herrscht gewöhnlich erheblicher Zeitdruck.

Dieser Zeitdruck ist nicht zu unterschätzen, besonders, da es selten eine genaue Recherche-Anleitung gibt, einen Stundenplan schon gar nicht. Die Beschaffung ein und derselben Information kann bestenfalls Minuten, schlimmstenfalls Wochen in Anspruch nehmen. Den Auftraggebern ist das aber egal, sie setzen andere Vorgaben: „Bis dann und dann müssen uns diese Informationen zur Verfügung stehen, sonst können wir die ganze Sache abblasen", oder „Am soundsovielten habe ich eine öffentliche Diskussion mit X zum Thema Z, bis dahin brauche ich erstklassige Antworten auf alle Argumente, mit denen ich möglicherweise konfrontiert werden könnte".

Ärgerlich, daß sich der Rechercheur zu Beginn seiner Arbeit fast immer auf unbekanntem Terrain bewegen muß. Dumm, daß die Sachverhalte viel komplizierter sind, als man anfangs gedacht hatte. Mühselig arbeitet sich der Rechercheur in solche unbekannten Gebiete ein, wird von Experten verspottet, von Interessenvertretern mißbraucht, und von denjenigen, die vielleicht wirklich Wissenwertes zu sagen hätten, schlichtweg ignoriert. – Wozu mit dem reden? Am Ende werde ich doch in die Pfanne gehauen, denken viele relevante Gesprächspartner, und mitunter liegen sie mit dieser Befürchtung auch vollkommen richtig. Folglich hat es keiner allzu eilig, die Wahrheit sofort auf den Tisch zu legen.

Rechercheure hinter das Licht zu führen ist nichts ungewöhnliches. Dazu muß niemand lügen, das simple Vorenthalten entscheidender Informationen ist ein einfacher und nach Erfahrung der Autoren gern und häufig beschrittener Weg.

Es gibt viele Methoden, vermeintlich feindlich gesonnenen Rechercheuren das Leben schwer zu machen: Gesprächspartner sind plötzlich unerreichbar, versprochene Dokumente kommen niemals an, unvermutete, verwirrende Daten tauchen auf und wieder unter. Scheinbar nebensächliche Aspekte rücken plötzlich ins Zentrum der Diskussion, und nach Tagen intensiver Wühlarbeit findet sich der Rechercheur auf einer verlassenen Nebenstrecke wieder, die sich zudem noch als Sackgasse entpuppt. Das ist dann dumm gelaufen – allerdings nur für einen: Ein verwirrter und verunsicherter Rechercheur kommt manchen Leuten gerade recht.

Hinzu kommen sowohl rechtliche als auch moralische Probleme: Recherchen unter falscher Identität sind unzulässig, werden aber von Strafverfolgungsbehörden oft toleriert und sogar in Anspruch genommen, wenn sie kriminelle Machenschaften aufdecken. Vieles, was der Pressekodex Journalisten nicht gestattet, zum Beispiel Vorgehen unter falschem Namen, muß der reine Rechercheur außerdem nicht berücksichtigen – aber sollte er nicht besser doch?

Druck spürt der Rechercheur ebenfalls von Seiten seiner Auftraggeber. Die wollen klare Antworten auf klare Fragen, darauf haben sie berechtigten Anspruch. Was aber, wenn sich herausstellt, daß die klare Frage eine dumme Frage war, und die eigentliche Frage, die sinnmachende Frage, ganz anders lautet? Dann stellen sich neue: Wie bringe ich das meinem Auftraggeber bei, ohne ihn gleichzeitig vor den Kopf zu stoßen? Werde ich eigentlich dafür bezahlt, meine eigene Arbeit in Frage zu stellen? Eine schwierige Situation.

Nicht leichter ist es mit jenen Auftraggebern, denen ein ganz bestimmtes Wunschergebnis vorschwebt, damit sie entsprechend handeln können. Das kann ganz harmlos beginnen, vielleicht mit dem anonymen Hinweis, daß die Firma Soundso radioaktiven Müll exportiert. Eine tolle Story, die genau jetzt so richtig einschlagen würde. Also forsch ans Werk! – Was aber, wenn die Firma Soundso augenscheinlich keinen Müll exportiert, schon gar keinen radioaktiven?

Einerseits: Der Überbringer schlechter Nachrichten macht sich nicht unbedingt beliebt. Andererseits: Vielleicht hat der Rechercheur ja etwas entscheidendes übersehen. Er hat sich eben hereinlegen lassen. Und nichts ist peinlicher als das. – Also nochmal überprüfen. Nur: Es kommt immer noch nichts dabei heraus. Der Auftraggeber ist immer noch enttäuscht über das langweilige Ergebnis. Dazu ist er jetzt auch noch ärgerlich, denn inzwischen ist viel Zeit verstrichen, und Zeit ist kostbar. Denn Recherchen kosten Geld.

Dies ungefähr ist das Spannungsfeld, in dem sich Rechercheure bewegen.

Die geschilderten Mühen machen aber, wie gesagt, nur den Großteil der Recherche aus. Der kleine, aber entscheidende Rest steckt in jenen Sternstunden, in denen sich der Nebel lichtet, Erkenntnis auftut, unbekannte Türen öffnen, und plötzlich liegt die Lösung des Rätsels hell erleuchtet und klar vor Augen. Das ist der Erfolg. Vielleicht mußte sich der Rechercheur während der Arbeit beleidigen lassen, eventuell hat er zwischendurch Prügel bezogen. Doch jetzt kann ihn so leicht niemand mehr hinters Licht führen.

Erfolgreiche Rechercheure verfügen über einen eisernen Willen und eine ebensolche Disziplin. Erfolgreiche Rechercheure sind am Ende ihres Auftrags ausgebrannt, müde und sehr zufrieden. Auch wenn das Ergebnis nicht im Sinne ihrer Auftraggeber ist: Sie werden auch in Zukunft objektiv arbeiten. Erfolglose Rechercheure? – Die gibt es eigentlich nicht. Erfolglose Rechercheure sind keine wirklichen Rechercheure.

2. Wege der Informationsbeschaffung

Grundlage jeder erfolgreichen Recherche ist das qualifizierte Sammeln und Auswerten von Informationen. Das ist leichter gesagt als getan. Leider gilt: Niemand sagt die volle Wahrheit, wobei schon der Begriff „Wahrheit" ein zweifelhaftes Wort ist. Wann immer es auftaucht, ist doppeltes Mißtrauen angebracht.

Der Rechercheur erhält genau genommen keine „Informationen", sondern erfährt die Standpunkte verschiedener Parteien zu bestimmten Sachverhalten. Das gilt sogar für scheinbar klare Fakten wie Meßergebnisse. Auch die können, je nachdem, wer warum was mißt, durchaus unterschiedlich ausfallen. Und das Statistiken bestens geeignet sind, Sachverhalte zu verschleiern oder schönzufärben, ist allgemein bekannt. Bevor es aber daran geht, Informationen aufgrund ihres Inhalts, ihrer Quelle und ihres Zustandekommens zu bewerten, gilt es, diese Informationen zu beschaffen.

Der klassische Weg zur ersten Informationsbeschaffung war früher die Literaturrecherche, das heißt der Blick in die Enzyklopädie, der Gang zur nächsten Universitätsbibliothek oder auch der Anruf beim Archiv der lokalen Zeitung. Heute gibt es zusätzlich Datenbanken, die meist einfacher, besser und schneller sind. Wer darauf keinen Zugriff hat, dem bleibt das Internet. Das ist kompliziert aufgebaut und darum teilweise unübersichtlich, auf jeden Fall aber gut genug, um einen groben Überblick zu verschaffen.

Grundsätzlich gilt: Was sich in Datenbank oder Internet befindet, wurde vorher von jemand anderem eingegeben. Und dieser jene hat nicht einfach so aus Lust und Laune irgendwelche Geheimnisse in die Tastatur gehämmert, sondern sich höchstwahrscheinlich ziemlich gründliche Gedanken darüber gemacht, was er eingibt und was lieber nicht. Die Erfahrung lehrt, daß wirklich interessantes Wissen entweder gut verschlossen oder nur in den Köpfen verwahrt wird.

Dennoch: Erstmal schlaumachen, was andere zu dem Thema bereits herausgefunden und zu Papier gebracht haben. Das spart Zeit, dumme Fragen und entsprechende dumme und frustrierende Antworten.

Hat sich der Rechercheur während seiner Basisrecherche (siehe auch: 4.2 Basisrecherche) mit dem „groben Grundwissen" ausgestattet, tritt er in die eigentliche Recherchephase: das erhellende Gespräch. Potentielle Ansprechpartner sind auf jeden Fall jene, die in den Quellenangaben der gesichteten Literatur/Datenbanken auftauchen. Darüberhinaus steht Rechercheuren – zumindest in Deutschland – ein in der Regel gut organisiertes System von Informationsbesitzern gegenüber, das es anzuzapfen gilt.

Bei diesem Anzapfen gelten bestimmte Spielregeln, welche der Rechercheur einhalten muß. Tut er das nicht, fällt er unweigerlich auf die Nase.

Pressestelle kontakten

Jede Anfrage, egal, ob bei einem Unternehmen oder bei einer Behörde, führt zuerst immer über die Pressestelle (Mitunter heißt das auch: Bereich Öffentlichkeitsarbeit). Größere Behörden/Unternehmen verfügen meist über hauptamtliche Pressesprecher, ist das ganze kleiner angesiedelt, ist die Zuständigkeit für Außenkontakte irgendjemand übertragen.

Der Pressesprecher nimmt die Anfrage entgegen, leitet sie weiter, erhält die Antwort und übermittelt diese wiederum an den Fragesteller. So behält die Firma/die Behörde einen genauen Überblick darüber, welche Informationen das Haus verlassen.

In den Augen des Rechercheurs ist der Pressesprecher eine „Hürde", die es zu umschiffen gilt. Wesentlich wichtiger ist das direkte Gespräch mit der zuständigen Person.

Das Umschiffen der Pressestelle ist gar nicht so schwer, denn glücklicherweise ist das oben beschriebene Vorgehen mit erheblichem Aufwand verbunden. Das freundliche Angebot: „Vielleicht ist es ja leichter für uns beide, wenn ich mich direkt mit Herrn S. unterhalte, dann können wir beide uns viel Arbeit sparen", wird darum gerne angenommen. Ein weiteres probates Mittel sind Fragen, die eindeutig über den Horizont des Pressesprechers hinausgehen („Ich wüßte gerne näheres über die Vermehrungsfähigkeit von Staphylokokken in Fließgewässern mit Sauerstoffanteilen unter zwei Prozent"). Da verbindet er lieber gleich weiter.

Allerdings verfügen Pressesprecher über eine Waffe, welche sie gerne einsetzen: Das Faxgerät.

„Schreiben Sie mir das alles mal auf und schicken Sie ein Fax. Ich leite das dann weiter!", ist ja vielleicht sogar berechtigt, wenn der Fragesteller unstrukturiert oder inkompetent daherkommt. Dann hilft nur eins: Hinsetzen und Fax schicken.

Übrigens ist das Fax ein zweischneidiges Schwert: Es macht allen gleichermaßen Arbeit. Außerdem hat es den Status eines Dokuments. Was man erzählt, kann man nachher rundweg bestreiten, was als Fax das Haus verlassen hat, ist schwer zu widerrufen.

Trotzdem ist die Faxprozedur bisweilen lästig, besonders wenn Zeitdruck (siehe auch: 4.1 Zielsetzung) besteht, denn vom Schicken eines Faxes bis zu seiner Beantwortung kann leicht eine Woche ins Land gehen.

Der Widerstand der Pressestelle bricht in der Regel zusammen, wenn sich der Rechercheur nach Erhalt des Antwortfaxes ein weiteres Mal meldet: „Vielen Dank für das Fax, jetzt sind aber leider weitere Fragen aufgetaucht ..." – Spätestens jetzt wird meistens durchgestellt.

Von oben nach unten

Warum ist der Weg über die Pressestelle unvermeidlich? – Weil Mitarbeiter, gleich wo sie arbeiten, grundsätzlich angewiesen sind, keinerlei Informationen nach draußen zu geben, es sei denn, sie wurden zuvor autorisiert.

Die eiserne Regel der Informationsbeschaffung lautet daher: Erst über die Pressestelle gehen und danach immer von oben nach unten. Also erst nach dem Geschäftsführer/Amtsleiter fragen, zum Abteilungsleiter verwiesen werden, nach dem Sachbearbeiter verlangen. Hat der erstmal den Segen seiner Chefin, wird er bei gekonnter Gesprächsführung einiges mehr ausplaudern, als zu erwarten war.

Soviel zum taktischen Vorgehen, denn sofort tut sich das nächste Problem auf: Praktisch niemals befindet sich sämtliches erforderliches Wissen in einer Hand. (Und verhielte es sich so, wäre gerade das wiederum höchst verdächtig.) Es ist darum die Last des Rechercheurs, aus verschiedensten Quellen einzelne Informationen mosaikmäßig zu einem Ganzen zu fügen.

Eine Quelle ist nicht gleich Quelle: Auskunftsbereitschaft und -qualität variieren stark. Für eine erfolgreiche Ansprache der Kontakte und richtiges Einordnen der erhaltenen Informationen ist eine kleine Quellenkunde unbedingt erforderlich: Ein ermittelnder Staatsanwalt erwartet ein anderes Auftreten des Rechercheurs als die neugewählte Sprecherin der Bürgerinitiative, und ein karrierebewußter Politiker muß es im Zweifelsfall mit der Wahrheit weniger genau nehmen als ein ehrgeiziger Wissenschaftler.

Erster und wichtigster Ansprechpartner des Rechercheurs sind allerdings fast immer die guten, alten Behörden.

2.1   Behörden/Ministerien

Für nahezu jedes Problem oder Rätsel ist in Deutschland eine Behörde zuständig, oft in Amtshilfe zusammen mit weiteren Ämtern.

- Bevor der Rechercheur sich mit einem Problem befaßt, sollte er sich deshalb genau erkundigen, welche Ämter auf welchen Ebenen das Problem behandeln und für welchen Teilaspekt sie jeweils zuständig sind.

- Ein wichtiges Hilfsmittel zur Identifizierung ist das „Taschenbuch des Öffentlichen Lebens", auch „Oeckl" genannt (siehe auch: 2.13 Praktische Hilfsmittel).

Behörden sind dem Bürger gegenüber auskunftspflichtig. Es sei denn, die Interessen Dritter könnten durch die Auskunft geschädigt werden. So wird eine Behörde nicht mitteilen, wieviel Kubikmeter welchen Abfalls bei der Firma Z in welchem Zeitraum anfallen. Der Fragesteller könnte mit diesem Wissen auf die Art und Weise der Produktion schließen und in einen wirtschaftlichen Konkurrenzkampf mit Z treten. Kann der Fragesteller allerdings geltend machen, daß die Tätigkeit der Firma Z seine persönliche Gesundheit oder andere garantierte Grundrechte bedroht, muß die Behörde trotz ihrer Verpflichtung zum Schutz von Betriebsgeheimnissen Auskunft erteilen.

Außerdem besteht gegenüber Journalisten von Seiten der Behörden eine erweiterte Auskunftspflicht, die in den einzelnen Landespressegesetzen geregelt ist (siehe auch: 13. Rechtliche Aspekte).

Daneben, und dies ist ein nicht zu unterschätzendes Werkzeug für ein großes Spektrum von Recherchen, gilt seit 1994 auch in Deutschland das Umweltinformationsgesetz der EU. Der Hinweis auf dieses Gesetz wirkt oft Wunder und Amtsleiter oder Sachbearbeiter geben auf einmal Auskunft oder verweisen auf andere zuständige Stellen. Der wesentliche Nachteil: Für diese Informationen dürfen die Behörden Gebühren erheben. Diese Gebühren entfallen jedoch, wenn die Anfrage von einer Zeitung oder einem Journalisten kommt oder die Erhebung von Gebühren dem Ansehen der Behörde erheblichen Schaden zufügen könnte.

Normalerweise ist der Konflikt zwischen Rechercheur und Behörde nicht so dramatisch.

- Auch in Behörden arbeiten kluge Menschen, die gerne mithelfen, ein Ärgernis aufzudecken, aber nicht persönlich aktiv werden wollen, weil sie um ihren Job oder ihre Karriere fürchten.

Aufbau

Ob groß oder klein, Behörden sind relativ gleich strukturiert und haben vergleichbare Stärken und Schwächen. Auch Bezirks- und Kreisbehörden sind in sich streng gegliedert wie kleine Regierungen, auch wenn sie oft in einem Gebäude untergebracht sind. So weiß der Sachbearbeiter im Gesundheitsamt oft nicht, mit welchen Sorgen sich seine Kollegin von der Gewerbeaufsicht gerade herumschlägt, obwohl beide auf demselben Flur arbeiten.

Die meisten Bundesländer sind dreistufig verwaltet. Es gibt eine Landesregierung, Bezirksregierungen und Kreisverwaltungen. Auf allen drei Ebenen liegen erhebliche Kompetenzen.

Die Landesministerien geben politische Direktiven vor oder erlassen Verwaltungsvorschriften und Gesetze, die von den untergeordneten Behörden umgesetzt werden müssen.

Doch für die Erteilung von Wasserentnahmerechten für eine chemische Fabrik vor Ort oder eine Großmolkerei sind die unteren Behörden zuständig. Deren Zuständigkeit definiert sich oft nach der Größe des Problems. Geht es beispielsweise darum, die Genehmigung zur Förderung von 20.000 Kubikmeter Grundwasser jährlich zu erteilen oder nicht, ist in der Regel die untere Wasserbehörde zuständig, die zur Kreisverwaltung gehört. Geht es um die Förderung von 200.000 Kubikmetern Grundwasser jährlich, liegt die Entscheidungshoheit bei der Oberen Wasserbehörde, die der Bezirksregierung angegliedert ist.

Sinkt im gesamten südlichen Landesteil seit Jahren der Grundwasserspiegel, weil zu viel Wasser gefördert wird, erläßt evtl. die Landesregierung ein generelles Verbot, in diesem Landesteil neue Wasserentnahmerechte zu bewilligen. Dann können die untergeordneten Behörden keine Genehmigungen erteilen, egal welcher eigenen Ansicht sie tatsächlich sind.

Zuständigkeiten

Die für Rechercheure wesentlichen Behörden auf Kreis- und Bezirksebene sind in der Regel folgende: Umweltamt, Gesundheits- und Veterinäramt, Justizbehörde (Handelsregister), Wasseramt, Bauamt, Wirtschaftsamt, Forstverwaltung, Pflanzenschutzbehörde (Bezirksebene), Landwirtschaftsamt, Gartenbauamt, Straßenmeisterei, Gewerbeaufsichtsamt, und gegebenenfalls das Bergamt.

Auf Landes- und Bundesebene gibt es dieselben Ämter in groß. Landespflanzenschutzamt, das Wasserwirtschaftliche Landesamt, die Landesforstverwaltung und so weiter. Daneben unterhalten die Länder weitere Behörden wie statistische Landesämter.

In letzteren werden die vorhandenen Daten landesweit zusammengefaßt, in den anderen Behörden übergeordneten Landesämtern werden oft auch Forschungen betrieben. Hier gibt es außerdem Landesgrundwasserkarten, Karten zur landwirtschaftlichen Struktur und ähnliches.

Diese Ämter unterstehen meist direkt einem Ministerium und arbeiten diesem zu. Landesämter haben meist auch die Kompetenz, bestimmte Datensätze von den untergeordneten Behörden abzufragen. Dies machen sie aber auf Anweisung ihres Dienstherrn und nicht auf Grund der

Anfrage eines Rechercheurs. Sie werden in so einem Fall immer auf die zuständige untere Behörde verweisen.

Dasselbe gibt es natürlich noch einmal auf Bundesebene: Für Umwelt zum Beispiel ist das Umweltbundesamt in Berlin zuständig, für Pflanzenschutz die Biologische Bundesanstalt in Braunschweig. Dazu kommen Behörden, die über keine untergeordnete Landesebene verfügen wie die Bundesanstalt für Materialforschung und -prüfung und das Bundesausfuhramt.

Grundsätzlich gilt: Behörden können von Land zu Land unterschiedliche Namen haben (Landesamt für Wasser und Abwasser, Staatliches Amt für Wasser und Abwasser, Oberlandesgericht, Kammergericht). Kompetenzen können unterschiedlich verteilt sein. In einem Land sind Umwelt und Landwirtschaft in einem Ressort zusammengefaßt, in dem anderen Umwelt und Verkehr.

* Einen guten Wegweiser durch die Strukturen von Zuständigkeiten bieten sogenannte Organigramme, die viele Pressestellen von Behörden für Journalisten bereithalten (siehe auch: 2.13 Praktische Hilfsmittel).

2.2 Unternehmen

Im Unterschied zu Behörden haben Unternehmen gegenüber Journalisten und Rechercheuren eigene Interessen. Nach außen getragene betriebliche Informationen können im schlimmsten Fall das Aus für eine Firma bedeuten. Die Gefahr, daß negative oder inkorrekte Berichterstattung wirtschaftlichen Schaden anrichtet, ist permanent. Daran hängen Arbeitsplätze, und – je nach Größe des Unternehmens – manchmal auch das wirtschaftliche Wohlergehen eines kompletten Gemeinwesens.

Auf der anderen Seite kann gute Berichterstattung in den Medien sehr zum Erfolg einer Firma beitragen, auch wenn sich deren Gebaren und Produkte nicht nennenswert von ihrer Konkurrenz unterscheiden – bis auf den essentiellen Punkt, daß dort eine sehr gute Öffentlichkeitsarbeit betrieben wird.

Auch heute noch – besonders in kleinen und mittleren Unternehmen – kann der „anklopfende" Rechercheur auf einen Öffentlichkeitsarbeiter stoßen, der die Taktik der Des- oder Nichtinformation verfolgt. Verantwortlich dafür sind ein überkommenes Verhältnis zu Medien oder schlechte Erfahrungen aus der Vergangenheit mit inkompetenten Kollegen, die etwa vertraulich gegebene Informationen verfälscht oder an unbefugte Dritte weitergegeben haben (siehe auch: 8.1 Einer gegen einen).

Ein weiterer Grund für schlechte Öffentlichkeitsarbeit kann in dem ungeschickten Verhalten des dafür Verantwortlichen liegen. In kleinen und mittleren Unternehmen werden Presseauskünfte oft vom Geschäftsführer bzw. Inhaber persönlich erteilt, der darin nicht geschult ist.

In den meisten Unternehmen wird heute aber eine offensive Öffentlichkeitsarbeit betrieben. Die Zeiten, in denen jede kritische Frage mit der Bemerkung: „Ich beende jetzt das Gespräch!" quittiert wurde, sind im Großen und Ganzen vorbei. Geschieht dies doch, hilft dem Rechercheur die Bemerkung: „Damit kann ich gut leben, es erspart mir Arbeit und mein Auftraggeber kann ihr Zitat gut gebrauchen!" oft, mit der Firma weiter im Gespräch zu bleiben.

Bevor der Rechercheur mit einer Firma in Kontakt tritt, sollte er sich zunächst bei den staatlichen oder wirtschaftlichen Stellen erkundigen, die Basisinformationen über Firmen bereithalten.

- Das ist zuerst einmal das beim zuständigen Amtsgericht untergebrachte Handelsregister, in welchem der Zeitpunkt der Gründung der Firma aufgeführt ist, der Zweck der Unternehmung, das Stammkapital, die Geschäftsführer und Zeichnungsberechtigten sowie die Geschäftsordnung bzw. Satzung eines Unternehmens.

- Ist die Firma vom Rechercheur noch nicht identifiziert, kann auch die örtliche Industrie- und Handelskammer weiterhelfen.

Eine gut organisierte IHK hilft bei der Firmensuche nach Branchen, aber auch nach Straßennamen oder Besitzern. („Welche Firmen sind in der Schusterstraße 3 gemeldet? Wie heißen ihre Besitzer? Welche weiteren Unternehmen besitzen diese Personen?")

- Handelt es sich um einen größeren Betrieb, ist ein Blick in das Buch „wer gehört zu wem?" empfehlenswert, das es in allen Commerzbanken zu kaufen gibt oder, falls vorhanden, das „Handbuch der Großunternehmen" von Hoppenstedt (siehe auch: 2.13 Praktische Hilfsmittel).

Branche befragen

Ist diese Basisarbeit erledigt, sollte sich der Rechercheur bei (möglichst vielen) anderen Firmen der Branche über deren typische Probleme und Erfolge erkundigen.

- Wichtige Parameter im produzierenden und verarbeitenden Gewerbe sind Umsatz und Zahl der Mitarbeiter, Art und Umfang des Vertriebssystems und des Servicenetzes, die Höhe des Eigenkapitals der Firma, Rohstoff-, Wasser- und Energieeinsatz und gegebenenfalls der Anfall von Abwasser und Müll nach verschiedenen Kategorien, gemessen am Umsatz oder an der Produkteinheit.

- Der Umsatz pro Mitarbeiter im Vergleich mit anderen Unternehmen aus der selben Branche ist ein wichtiger Hinweis auf die wirtschaftliche Gesundheit der Firma.

Viele dieser Informationen finden sich in lokalen und überregionalen Zeitungsberichten. Wenn der Auftrag einen möglichst vollständigen Überblick erfordert, kann an dieser Stelle auch eine Datenbankrecherche (siehe auch: 3.4 Auf Datenjagd) Zeit und Geld sparen.

Liegen die gewünschten Daten für einen längeren Zeitraum vor (am besten für die letzten fünf Jahre), erhält man einen guten Überblick über Tendenzen in der Firmenpolitik.

Am bequemsten bekommt man die entsprechenden Angaben vom Unternehmen selbst.

- Bei allen Firmen lohnt sich die Frage nach einer Selbstdarstellung des Unternehmens, der Produktliste und nach dem Umweltbericht.

Größere Firmen haben hierzu oft 50- und mehrseitige Berichte und Magazine verfaßt.

Er verbleibt allerdings fast immer ein Handikap: Viele angegebene Zahlen und Aussagen sind nicht nur subjektiv zusammengestellt, sondern lassen sich zudem nicht überprüfen, da das jeweilige Unternehmen den Rechercheur im Zweifelsfalle nicht selbst die betreffenden Unterlagen studieren läßt.

Daten bei Behörden liefern zwar wichtige Anhaltspunkte. Doch auch die Behörden kennen nur bestimmte Input-Outputströme betreffs Wasser,

Energie, Müll und haben gegebenenfalls Daten über den Umgang mit gefährlichen Stoffen. Das Innere einer Firma ist auch für die staatlichen Stellen in der Regel nicht nachvollziehbar.

Normalerweise reagiert ein Unternehmen bei jeder Kommunikation mit Mißtrauen gegenüber dem Fragesteller. Der Öffentlichkeitsarbeiter hat natürlich in erster Linie das Wohl der Firma im Auge und ist daher nur widerwillig bereit, mit dem Rechercheur über möglicherweise problematische Punkte wie den Verkaufseinbruch wichtiger Produkte zu sprechen.

- Deshalb ist es hilfreich, dem Firmenvertreter die Möglichkeit zu geben, erst einmal über Dinge zu sprechen, bei denen sich die Firma positiv verhält, erfolgreich oder besonders innovativ ist.

Auf solch einer positiven Gesprächsgrundlage ist es viel leichter, auch unangenehme Geschichten nach dem Motto „In dem Bereich haben wir noch ein paar Defizite" zuzugeben. Auf gar keinen Fall darf der Firmenvertreter den Eindruck erhalten, der Rechercheur wolle mit seinen Einwürfen ein Produkt der Firma grundsätzlich in Frage stellen.

Auch philosophische Erörterungen über die Existenzberechtigung von gewissen Produkten, die von eben dieser Firma hergestellt werden, führen unweigerlich in die Sackgasse. Gerne hört indes jeder Firmenvertreter: „Ich habe mir neulich ein Produkt von Ihnen gekauft, und ich muß sagen: Es ist wirklich gut!"

2.3 Verbände

Verbände sind Interessenvertretungen von wirtschaftlichen und gesellschaftlichen Gruppen. Ähnlich Verwaltungen und Parteien sind sie oft mehrstufig auf Bundes-, Landes- und Kreisebene organisiert.

In diesem Kapitel liegt das Augenmerk besonders auf den wirtschaftlichen Verbänden.

Eines sei gleich vorweg gesagt: Für Wirtschaftsverbände gilt, daß sie – bis auf wenige Ausnahmen – konservativer sind als die Branche, die sie vertreten. Für diesen verbreiteten Konservatismus gibt es verschiedene Ursachen. Gesprächspartner in Unternehmen weisen gern darauf hin, daß zu den Verbänden oft das wenig innovative oder wenig mit der Praxis vertraute Personal abgestellt würde. Die Autoren vermuten eher, daß weniger Ingenieure als politisch talentierte Mitarbeiter Verbandsposten bekleiden. Und die gegensätzliche Weltsicht zwischen Ingenieuren, Kaufleuten und Politikern ist nunmal sehr groß. Obendrein müssen Verbände die Interessen ihrer Mitglieder ständig auf den möglichst größten gemeinsamen Nenner bringen. Dabei bleiben sowohl neue als auch pointierte Gedanken und Ideen schnell auf der Strecke. Schließlich agieren auch Firmen oft mit der Grundeinstellung: „Never change a winning team!" Diese Haltung ist Innovationen und Reformen gegenüber prinzipiell feindlich.

Ausnahmen sind die Regel. Die Autoren können jedenfalls sagen, daß sie gerade bei Wirtschaftsverbänden weitblickende und kompetente Gesprächspartner vorgefunden haben. Solcher Weitblick tritt allerdings meist erst bei den sogenannten Hintergrundgesprächen hervor, also dann, wenn der Gesprächspartner nicht davon ausgehen muß, daß jedes gesagte Wort sich als Zitat und mit Quellenangabe im Recherchebericht wiederfindet.

Natürlich versuchen Wirtschaftsverbände, das Image ihrer Branche möglichst gut zu verkaufen. Aber vor allem anderen versuchen sie, konkret im Sinne ihrer Mitglieder Politik zu machen. Fast alle haben deshalb ein Büro in Bonn oder in Frankfurt am Main, wo die meisten der großen und mächtigen deutschen Industrieverbände wie der Verband der chemischen Industrie (VCI) oder auch der Verband der Deutschen Automobilindustrie (VDA) ihren Sitz haben.

Genau wie Politiker sind Wirtschaftsverbände sehr dogmatisch und deshalb ihre Aussagen und Argumentationslinien mit größter Vorsicht zu genießen. Für den VDA wird es wohl immer zu wenig Straßen geben, dem VCI werden neue Umweltauflagen grundsätzlich zu streng sein, und daß die „Wirtschaftliche Vereinigung Zucker e.V." nicht in allen Punkten den Auffassungen des „Freien Verbandes Deutscher Zahnärzte e.V." zustimmt, liegt auf der Hand. Diese recht einseitige Sicht der Dinge ist den Verbänden nicht vorzuwerfen, ihre Funktionäre werden schließlich dafür bezahlt.

Für den Rechercheur heißt das natürlich: persönliche Kontakte oder Hintergrundgespräche sind – um neue Daten zu erhalten – relativ unergiebig.

Neue Gesetze

Anders sieht es aus, wenn der Rechercheur zum Beispiel für ein ausländisches Unternehmen politische Positionen, geplante Verordnungen oder Gesetzesinitiativen recherchieren möchte. Verbandsfunktionäre wissen über neue, ihre Branche betreffenden Gesetze oft sehr gut Bescheid. Denn Wirtschaftsverbände kooperieren mehr oder weniger mit allen im Parlament vertretenen Parteien und haben so einen guten Überblick.

Doch auch für den Fakten sammelnden Rechercheur sind Verbände interessant. Verbände geben Datensammlungen zur momentanen und zurückliegenden gesamtwirtschaftlichen Leistung ihrer Mitglieder heraus, haben Übersichten über den Personalbestand und über die Geldsummen, die für Investitionen zur Verfügung standen oder in Zukunft zur Verfügung stehen sollen. Verbände informieren über Produktpaletten oder Dienstleistungsangebote, verfügen über Mitgliederverzeichnisse und entwickeln oft Leitlinien, an die sich ihre Mitglieder halten sollen.

Oft haben Verbände auch die Geschichte ihrer Branche aufschreiben lassen und bieten so einen guten Einblick in gewachsene Strukturen und Traditionen.

Wirtschaftverbände helfen Journalisten und Rechercheuren gerne weiter, etwa mit Hinweisen auf Fachliteratur oder durch eigene Publikationen. Auch wenn die Veröffentlichungen von Verbänden einseitig sind, lernt man bei ihrer Lektüre die Denkweise, Auffassungen und Sorgen der Verbandsmitglieder kennen und gleichzeitig die hier geltenden Fachausdrücke.

Jeder Verband kennt – und engagiert bei Bedarf – eine Reihe von Branchen-Experten. Doch Vorsicht! Von Verbänden genannte Experten sind fast immer nach der spezifischen Interessenlage des Verbandes ausgewählt.

Eine beinahe unentbehrliche Hilfe für den Rechercheur sind Verbände, wenn eine Umfrage beziehungsweise Erhebung unter allen Firmen einer bestimmten Branche gemacht werden soll. Ohne die gezielte Unterstützung des Verbandes wird der Rechercheur kaum Erfolg haben.

Umfragen

Sobald eine Umfrage auch als solche und nicht als einmalige Anfrage zu erkennen ist – und das ist sie fast immer (siehe auch: 9.3 Verwertbare Umfragen) –, wendet sich jede Firma im Regelfall an ihren zuständigen Fachverband. Hat dieser nur den leisen Verdacht, daß unfreundliche Absichten hinter der Anfrage stehen, kann er seinen Mitgliedern empfehlen, nicht zu antworten, sondern wiederum auf den Fachverband zu verweisen. Das geschieht schnell, und darum ist es sinnvoll, bei branchendeckenden Erhebungen von vornherein mit dem zuständigen Verband zu kooperieren. Inwieweit der Rechercheur im Verlauf dieses manchmal anstrengenden Abstimmungsprozesses sein Anliegen durchsetzen kann, hängt weitgehend von ihm selber ab.

Übrigens haben alle größeren Verbände einen europäischen Dachverband, der in der Regel seinen Sitz in Brüssel hat. Wiederum über dem europäischen steht dann der entsprechende Weltverband. Diese Spitzenorganisationen verfügen meist über brauchbares statistisches Material, beziehen aber ungern Stellung zu spezifischen oder innerhalb der Branche umstrittenen Daten. Einer der Autoren war einmal Zeuge einer gemeinsamen Veranstaltung der Automobilhersteller und der Mineralölverarbeiter dieser Welt. Unter anderem wurde die Frage des maximalen Anteils von Dieselöl bei der Erdölraffinerie diskutiert. Unter den anwesenden Experten bewegten sich die Angaben zwischen 35 und über 50 Prozent. Eine wirklich verbindliche Aussage blieb das Konferenzprotokoll aber vorsichtshalber schuldig, um Konflikte zwischen den Fahrzeugherstellern zu vermeiden: Zum Zeitpunkt der Konferenz spielten Diesel-Pkw auf dem amerikanischen und asiatischen Fahrzeugmarkt praktisch keine Rolle. Die großen europäischen Hersteller hingegen setzten zur selben Zeit sehr auf die Weiterverbreitung der hier populären Dieseltechnologie.

So hilfreich Verbände dem Rechercheur sein können, die Wahrung ihrer Eigeninteressen schränkt sowohl ihre Hilfsbereitschaft als auch ihre Hilfsmöglichkeiten ein. Viele Kollegen ziehen für ein Hintergrundgespräch trotzdem einen Verbandsfunktionär einem Politiker vor: Die Interessen, die ein Verbandsfunktionär vertritt, liegen zumindest immer eindeutig auf dem Tisch.

2.4 Banken

„Aus welchem Anlaß sollte ein Rechercheur Kontakt mit einer Bank aufnehmen, es sei denn, er möchte Geschäftsgeheimnisse der Bank oder ihrer Kunden ausspähen?"

Diese spekulative Frage scheinen sämtliche Führungsstäbe von Geldinstituten einmal gestellt und längst für sich beantwortet zu haben – zu Ungunsten des Rechercheurs. Entsprechend abweisend sind die Reaktionen: Alles Bankgeheimnis. Ein Rechercheur im Geldgewerbe braucht einen langen Atem.

Nicht viel besser geht es Journalisten, die auf eigene Faust Recherchen in der Welt der Finanzdienstleistungen und Milliardeninvestitionen betreiben wollen und dabei auf Berichterstattung jenseits der Hochglanzbroschüren und Bilanzpressemitteilungen setzen. Wer da nicht über sehr gute persönliche Kontakte in dem Gewerbe verfügt, erreicht nicht viel mehr als wortreiches Bedauern, das stets mit dem gleichen Halbsatz endet: „... können wir Ihnen leider nicht weiterhelfen, da wir hierüber grundsätzlich keine Auskunft erteilen."

Dabei sind Presseabteilungen von Banken personell und materiell gut ausgestattet und verfügen über große Mengen Info-Materials, das auf Anfrage gerne bereitgestellt wird. Nur eben: Das und nichts anderes. Aufklärende Recherche ist dagegen nicht erwünscht. Geld ist ein scheues Reh, und wo zuviel Licht und Trubel herrscht, verschwindet es im Unterholz bzw. auf den Konten der Konkurrenz.

Nach durchgängiger Erfahrung der Autoren reagieren Banken bei jeder Art investigativer Recherche nur auf Vorhalt. Das bedeutet: Solange der Rechercheur oder Journalist eine – noch so berechtigte – Frage nicht mit stichfestem Material unterfüttern kann, streiten die Öffentlichkeitsarbeiter jede Beteiligung oder Verwicklung ihres Geldinstituts woran oder worin auch immer mit großer Sicherheit ab. Ein Rechercheur oder Journalist sollte eine Kopie des Kreditvertrages mit einer Pleitefirma auf den Tisch legen können, will er mit der Bank über die Folgen dieses Konkurses sprechen. Kann er das nicht, wird die Bank bestreiten wollen, daß zwischen ihr und der Pleitefirma überhaupt eine Art geschäftlicher Beziehung besteht.

Wenn ein Rechercheur darum Informationen zu einer Bank benötigt, die nicht in den mit Zahlen gespickten Pressemitteilungen des Instituts enthalten sind, sollte er nicht allzuviel Zeit auf Gespräche mit der Presse-abteilung verschwenden. Dort meldet er sich besser erst, wenn er Be-weise vorlegen kann.

Ein lokal agierender Journalist erfährt bei weitem mehr über seine hei-mische Bank, wenn er um diese herum recherchiert. Die erste zu lösende Frage lautet deshalb: Wer hat Kontakt zu dieser Bank, geschäftlich oder politisch? Kunden von Banken sind manchmal auskunftsfreudig, beson-ders, wenn sie sich geschädigt oder von der Bank ungerecht behandelt fühlen.

Auch Lokalpolitiker (die z.B. im Aufsichtsrat einer Sparkasse sitzen) wis-sen bisweilen gut Bescheid und hegen mitunter persönlichen, alten Groll gegen das Institut.

Jenseits lokaler Recherche steht dem Rechercheur eine ganze Palette in-ternationaler Branchendienste zur Verfügung, die hin und wieder über die Verwicklung von Banken in internationale Geschäfte und dabei auch über die Banken selbst berichten.

Je größer das notwendige Investitionsvolumen dieser Geschäfte, desto besser die Chancen, mehr zu erfahren.

So erfährt der Rechercheur, daß die Bank seiner Wahl etwa 300 Millio-nen US-Dollar in ein neues Ferienzentrum vor Mexikos Küste investiert hat oder 400 Millionen Mark in eine nigerianische Aluminiumhütte, dazu 100 Millionen in den Eurotunnel gesteckt hat und mit 450 Millio-nen US-Dollar an einem geplanten Sägewerk beteiligt ist. Das liegt – hoppla! – mitten im Amazonas-Regenwald. Dabei wirbt die Bank mit „praktiziertem Umweltschutz" und verweist stolz darauf, seit 10 Jah-ren in Neubauten kein Tropenholz mehr einzusetzen!

Ein Rechercheur, der sich einer Bank nähert, sollte solches Wissen in der Hinterhand halten. Es könnte ihm bei der anschließenden, schwierigen Informationsbeschaffung innerhalb des Instituts von Nutzen sein.

2.5 Staatsanwaltschaft/Polizei

Dieses Kapitel wendet sich in erster Linie an Journalisten. Natürlich steht es auch jedem anderen Rechercheur frei, bei seinen Recherchen die Kooperation mit staatlichen Ermittlern zu suchen. Die Ermittler könnten aber ihrerseits neugierige Fragen stellen. Ein Journalist kann sich notfalls auf das „Zeugnisverweigerungsrecht" zurückziehen (siehe auch: 13. Rechtliche Aspekte sowie 14. Tips und Tricks).

Die Mitteilungen der Pressestellen von Polizei und Staatsanwaltschaft kennt jeder Zeitungsleser – in redigierter Form. In jeder Tageszeitungsredaktion gibt es einen oder mehrere Redakteure, die die Mitteilungen von Polizei und Staatsanwaltschaft auswerten.

Um diese Pressemitteilungen zu erhalten, genügt in der Regel ein Anruf bei der zuständigen Polizeipressestelle. Ist der Journalist oder Rechercheur dort bekannt, geben Vertreter von Staatsanwaltschaft oder Polizei auf Nachfragen weitere Informationen heraus.

Informationen aus laufenden Ermittlungen erhält der Rechercheur auf diese Weise (auf legalem Weg) aber nicht. Dies dient dem überaus wichtigen Schutz von Opfern, Verdächtigen sowie von ermittelnden Polizisten und Staatsanwälten.

Ein besserer Informationsfluß kann sich ergeben, wenn der Rechercheur sich nicht mit einem aktuellen Fall befaßt, sondern zum Beispiel die Zu- oder Abnahme bewaffneter Überfälle durch bestimmte Tätergruppen an bestimmten Opfergruppen in den letzten Jahren recherchieren will. Dann kann es schon passieren, daß er an den zuständigen Mitarbeiter durchgestellt wird.

Es gibt aber auch Situationen, in denen eine Zusammenarbeit mit einzelnen oder mehreren Vertretern von Polizei und Staatsanwaltschaft sehr fruchtbar und für beide Seiten nützlich sein kann. Der Rechercheur hat den Ermittlern einiges zu bieten. Denn Polizisten und Staatsanwälte müssen oft mit mehreren Erschwernissen leben: Ihre Mobilität ist meist – schon auf Grund ihres Zuständigkeitsbereichs – erheblich eingeschränkt. Aufgrund der Arbeitsbelastung und der bürokratischen Dienstwege ist ihre Flexibilität gering. Oft fehlt auch das Fachwissen, um eine nicht alltägliche Situation richtig einzuschätzen (dies ist gerade bei Fällen von Wirtschaftskriminalität manchmal der Fall). Außerdem ist eine Reihe von Recherchemethoden – wie das Vorspiegeln falscher Tatsachen oder das Verschleiern – Staatsbediensteten nur in wenigen Ausnahmefällen erlaubt.

- Genau in diesen Bereichen kann der Rechercheur eventuell Abhilfe schaffen und den staatlichen Stellen nützlich sein.

In der Regel ist dies die einzige Möglichkeit, zu einem Informationsaustausch zu kommen, der über die Mitteilungen der jeweiligen Pressestellen hinausgeht.

- Überlegen Sie vor einem Recherchegespräch mit einem Kriminalbeamten oder Staatsanwalt aber gut, welche Informationen Sie weitergeben wollen, welche Sie weitergeben können und was Sie besser für sich behalten.

- Lassen Sie sich im Zweifelsfall von einem Anwalt beraten!

- Überlegen Sie, ob Sie Informationen ohne Angabe der Quelle weitergeben wollen.

Informationen ohne Quellenangaben können Staatsanwälte zwar vor Gericht nicht verwerten. Doch auch Informationen ohne direkt nachvollziehbare Quellen können den staatlichen Stellen nützliche Hilfen sein, um bei der Aufklärung eines Falles die richtige Spur aufzunehmen.

Polizeiliche Daten

Genauso, wie der Rechercheur über Möglichkeiten zur Klärung eines Falles verfügt, die den ermittelnden Behörden oft nicht zur Verfügung stehen, besitzen auch Polizei und Staatsanwaltschaft Informationen, die dem Rechercheur gegebenenfalls sehr nützlich sein können.

Dazu zählen alle personen- und tatbezogenen Daten aus dem Polizeicomputer, mit denen sich die Glaubwürdigkeit von Dritten überprüfen läßt. Interessant sind auch Daten aus dem Zentralen Verkehrsregister in Flensburg (z.B.: wer ist der Halter des Kfz mit dem Kennzeichnen AB-XY 123). Bisweilen verfügt die Polizei auch über nicht belegbare Querverweise zu anderen Verdächtigen.

Inwieweit der Rechercheur an diesem Wissen partizipieren kann, hängt in erster Linie von seiner Persönlichkeit und der seiner Gesprächspartner ab. Wer Einblicke in die Arbeit von Polizei und Staatsanwaltschaft dazu nutzt, deren Arbeit in der Öffentlichkeit zu kritisieren, wird schnell vor verschlossenen Türen stehen. Andererseits unterliegt der Journalist aufgrund seiner Berufsethik auch der Informationspflicht gegenüber der Öffentlichkeit.

Daß auch auf solch sensiblem Gebiet ein Zusammenspiel zwischen Presse und Rechercheuren und den staatlichen Stellen auf der anderen Seite funktionieren kann, zeigt die Entführung des Hamburger Millionärs Reemtsma im Jahr 1996 oder auch die Aufdeckung illegaler Giftmüllexporte nach Rumänien 1992 (siehe auch: 6.1 Die verdeckte Recherche).

- Unbedingte Voraussetzung für eine konstruktive Zusammenarbeit ist die absolute Ehrlichkeit im Informationsfluß.

Kann ein Journalist bestimmte Informationen nicht weitergeben, sollte er unter gar keinen Umständen falsche Angaben zum angesprochenen Thema machen.

2.6 Institute/Universitäten

Auch in Instituten und Universitäten führt der Weg zu Gesprächspartnern über die Pressestelle. Allerdings haben Pressestellen dort eine andere Funktion als in Firmen oder Behörden. Natürlich sind auch sie bemüht, ihren jeweiligen Arbeitgeber günstig ins Licht der Öffentlichkeit zu rücken. Im Gegensatz zur Firmen-Pressestelle ist es aber nicht ihre Aufgabe, nach außen gehende Informationen zu kontrollieren oder gar die Kontakte der Mitarbeiter nach außen. Professoren sind relativ frei in der Wahl ihrer Gesprächspartner und bestimmen meist selber, welche Erkenntnisse sie weitergeben.

Mitarbeiter einer Universitätspressestelle betrachten ihre Hauptaufgabe darin, einen „anklopfenden" Rechercheur oder Journalisten möglichst schnell und zielsicher an die zuständigen wissenschaftlichen Kollegen zu verweisen – und genau dort will der Rechercheur ja hin. – Die Verfasser wurden beispielsweise noch nie von der Pressestelle einer Universität gebeten, Fragen per Fax einzureichen. – Dieses umstandslose Weiterleiten ist notwendig, weil das an Universitäten vorhandene Wissen einfach zu umfangreich und komplex ist, als daß es von einer Pressestelle gemanagt und bewältigt werden könnte. (Anders sieht es freilich aus bei Anfragen zur Personalpolitik, Verteilung von Geldmitteln oder anderen hochschulpolitischen Belangen. Dann agiert die Universitätspressestelle wie die jeder anderen Behörde auch.)

Eine Kontaktaufnahme mit Wissenschaftlern ist auch deshalb leicht, weil das Interesse auf beiden Seiten etwa gleich groß ist: Der Rechercheur oder Journalist sucht Informationen, der Wissenschaftler ist berufsbedingt daran interessiert, zitiert zu werden. Publizität ist im heutigen Universitätsbetrieb unabdingbare Voraussetzung für eine wissenschaftliche Karriere.

Das so bedingte relative Interesse an journalistischen Anfragen stößt aber sehr rasch an Grenzen, wenn sich ein Wissenschaftler zur Beantwortung banaler Fragen mißbraucht fühlt (siehe auch: 8.1 Einer gegen einen). In den meisten Fällen ist es effektiver, sich mit der neuesten Fachliteratur zu einem Thema zu beschäftigen, bevor der Rechercheur oder Journalist sich von einem Institut ins nächste durchtelefoniert, um seine Fragen abzuladen.

Allein in Deutschland gibt es 113 Universitäten, 168 Fachhochschulen und 46 Kunsthochschulen. Diesen sind eine Vielzahl von Instituten angegliedert, in denen der Großteil der öffentlichen Forschung betrieben wird. Neben der Forschung ist eine weitere Hauptaufgabe der Institute, daß schon vorhandene Wissen zu verwalten und zu archivieren. All dieses Wissen steht – zumindest theoretisch – dem Rechercheur zur Verfügung. In Deutschland an öffentlichen Universitäten gewonnene Erkenntnisse sind nicht geheim, sondern in Bibliotheken jedem zugänglich. Dies gilt für alle Diplom-, Magister-, Doktor- und Habilitationsschriften und die Forschungsberichte der Institute.

Wissens-Flut

Die schiere Anzahl der vorhandenen Informationen ist dem Rechercheur allerdings in diesem Fall ein großes Hindernis. Wie soll er wissen, an welcher Universität zu seiner konkreten Fragestellung geforscht wurde oder – noch schwieriger – gerade geforscht wird? Die befragten Wissenschaftler werden erfahrungsgemäß immer ihre eigenen Erkenntnisse als die zentralen und wichtigen darstellen.

An welcher Universität zu welchen Fragestellungen geforscht wird, läßt sich mit Hilfe einer Datenbankrecherche klären (siehe auch: 3.4 Auf Datenjagd). Doch auch danach sieht sich der Rechercheur noch einer mehr oder weniger großen Zahl von Titeln samt verschlagworteter Inhaltsangabe oder deren sogenannten „Abstracts" gegenüber, die er aus Zeitgründen wahrscheinlich nicht im einzelnen prüfen kann.

Zudem läßt die Datenbankrecherche fast immer folgende Fragen offen:

- Welche der Publikationen wurde nicht nur verfaßt, sondern auch beachtet oder trug gar zu nachhaltigen Änderungen in der geltenden Lehrmeinung bei?

- Welche Thesen oder Darlegungen werden heute zumindest als relevant eingestuft und in der Wissenschaft diskutiert?

- Welche Publikationen gelten längst als überholt und sind ad acta gelegt?

Eine wichtige Hilfe können schon vorab erfolgte Gespräche mit Unternehmen (siehe auch: 2.2 Unternehmen) und deren Verbänden (siehe auch: 2.3 Verbände) oder auch mit Behörden (siehe auch: 2.1. Behörden/ Ministerien) sein.

Wenn an deutschen Universitäten zu neuen Gummimischungen für Hochgeschwindigkeitsreifen geforscht wird, ist jeder große Reifenhersteller darüber informiert. Geht es um Kunststoffe aus nachwachsenden Rohstoffen, ist der „Verband der Kunststofferzeugenden Industrie" (VKE) in Frankfurt ein Ansprechpartner. Soll die Gewaltbereitschaft unter Jugendlichen in Abhängigkeit zu ihrem sozialen Umfeld näher betrachtet werden, können das Bundesministerium für Familie, Senioren, Frauen und Jugend oder auch die Jugendämter in den größeren Städten mit Hinweisen auf gerade abgeschlossene oder momentan laufende Studien weiterhelfen.

Eines muß der Rechercheur selbstverständlich immer bedenken: Wirklich unabhängige Forschung gibt es sowenig wie eine hundertprozentig objektive Recherche, da hinter jedem Projekt Personen mit unterschiedlichen Interessen stehen. Außerdem forscht fast jedes Institut auch in Zusammenarbeit und vor allem mit finanzieller Hilfe der Industrie. Dies ist nichts anrüchiges und trägt dazu bei, daß Universitäten praxisorientiert arbeiten. Es ist aber wichtig, diesen Hintergrund bei der Einschätzung von Aussagen eines Wissenschaftlers zu berücksichtigen .

Die relativ enge Verknüpfung zwischen Wissenschaft und Industrie birgt für den Rechercheur allerdings auch immense Vorteile. An Instituten arbeitende Wissenschaftler haben durch ihre Teilnahme an Konferenzen und Kongressen und auch durch persönliche Kontakte mit ihren Sponsoren oft tiefe Einblicke in den betreffenden Industriezweig und sind auf ihrem Gebiet nicht nur hervorragende Wissenschaftler, sondern regelrechte Experten (siehe auch: 2.9 Experten). Der Leiter eines Instituts für Pflanzenproduktion ist vielleicht nicht nur die anerkannte Kapazität zu allen Fragen der Verarbeitung von Mais in Deutschland. Er weiß ebenfalls viel über dessen Verarbeiter in der Lebensmittelindustrie und deren spezielle Interessen.

Der Chef des Instituts für Umformtechnik einer technischen Hochschule hat nicht nur eine hochpräzise Feinblechpresse entwickeln lassen, sondern weiß auch, welches Unternehmen sie zuerst einsetzen wird: höchstwahrscheinlich wurde die Blechpresse mit – indirekter – finanzieller Unterstützung eines konkret interessierten Anwenders gebaut. Dieses Hintergrundwissen steht nicht in offiziellen Mitteilungen oder Datenbanken und ist der lohnendste Aspekt der Recherche an Universitäten und Instituten (siehe auch: 2.11 Kongresse/Konferenzen).

2.7 Bürgerinitiativen

Zugang zu Bürgerinitiativen findet jeder Rechercheur oder Journalist mit großer Leichtigkeit. Schließlich sind Bürgerinitiativen auf die Weitergabe und Publikation „ihrer" Informationen dringend angewiesen.

Nur, was sind diese Informationen wert? Stammen Sie von aufgeregten Laien oder von fachkundigen Profis?

Jeder Rechercheur oder Journalist, der es mit einer Bürgerinitiative zu tun bekommt, muß früher oder später diese entscheidende Frage beantworten. Denn leider ist es so, daß die Qualität der von Bürgerinitiativen zur Verfügung gestellten Informationen großen Schwankungen unterworfen ist.

Manche Bürgerinitiativen leisten hervorragende Sacharbeit, verfügen über jederzeit zitierfähige Fachleute und besitzen hieb- und stichfestes Zahlenmaterial. Es kann aber auch genau umgekehrt sein.

Ein Journalist hält das Risiko für sich und seine Zeitung gering, indem er sich im Zweifelsfall mit der Veröffentlichung von Forderungen begnügen kann. Entpuppen sich die im Nachhinein als naiv und wirklichkeitsfern, ist das vor allem für die Bürgerinitiative peinlich. Der Journalist kann sich herausreden, seiner Dokumentationspflicht nachgekommen zu sein. Ein schaler Nachgeschmack bleibt dennoch zurück.

Ein Rechercheur ist sofort gezwungen, ihm zugetragenes Wissen auf seine Verwertbarkeit und auf seinen Wahrheitsgehalt zu prüfen, denn sein Kunde ist an der bloßen Wiedergabe von Positionen selten interessiert.

Die Verfasser warnen insbesondere vor Bürgerinitiativen, die sich erst kürzlich als spontane Reaktion auf ein gerade angelaufenes, populäres Vorhaben (Industrieansiedlung, Straßenbau) gegründet haben: Dort sind meist weit mehr Emotion und Egoismus als Sachverstand und Altruismus versammelt. Wesentlich professioneller arbeiten dagegen Initiativen, die sich gebildet haben, um ein bereits vorhandenes Problem zu lösen: Hier herrscht weniger Zeitdruck, und die Bürgerinitiative entscheidet selbst, wann sie wie an die Öffentlichkeit (oder an den Rechercheur) herantritt.

Natürlich bestätigen Ausnahmen die Regel, dennoch gibt es einige Punkte, die recht gute Hinweise auf die Qualität der Arbeit einer Bürgerinitiative geben. Eine vertrauenswürdige und sachkundige Bügerinitiative ist in der Regel

- seit längerem „im Geschäft" (ausgewiesene Experten in den Reihen einer „jungen" Initiative – Ingenieure, Chemiker, Architekten, Landschaftsplaner usw. – können das Manko „jungfräulicher ehrenamtlicher Laienarbeit" aber wettmachen),

- nicht nur von unmittelbar Betroffenen getragen (z.B. Anlieger einer geplanten Umgehungsstraße), sondern gleichfalls von überzeugten Fachleuten (Verkehrsplaner),

- auf Seiten der „Gegner" als ernstzunehmender Diskussionspartner anerkannt,

- nicht von ausschließlich finanziellen Motiven geleitet (Entschädigung), sondern legt Wert auf Wiederherstellung der Ausgangslage respektive Änderung der beanstandeten Situation,

- nicht durch mächtige Geldgeber im Hintergrund gesponsort,

- gut mit nachprüfbaren (vielleicht sogar vertraulichen) Daten und Fakten ausgestattet,

- kennt die hintergründigen Motive und Argumente des Gegners und nimmt diese ernst.

Bürgerinitiativen verfügen oft über großen Charme, denn ihr Vorgehen ist von Eigenverantwortung gekennzeichnet und hat das Image des „Aufbegehrens gegen die ignorante Obrigkeit".

Ein Journalist oder Rechercheur, der zuvor mit bezahlten, betont sachlichen Entscheidungsträgern gesprochen hat, fühlt sich vielleicht von der familiär-häuslichen Atmosphäre angezogen, die in vielen Bürgerinitiativen herrscht. Der Ton ist locker, man sitzt im Wohnzimmer des überarbeiteten Initiators, dauernd klingelt das Telefon und im Hintergrund spielen die Kinder.

So sympathisch wie diese Stimmung ist die Verlockung, sich auf die „Seite des Schwächeren" zu schlagen. Rechercheure sollten aber bedenken: Wer nett ist, hat deswegen noch lange nicht recht.

2.8 Nichtstaatliche Organisationen (Gewerkschaften, Verbraucherzentralen, Umweltorganisationen)

Neben staatlichen Institutionen, Parteien und der freien Presse als einer öffentlich kontrollierenden „vierten Gewalt" sind die sogenannten „Non Governmental Organisations" (NGO) zu einem wichtigen Bestandteil moderner Gesellschaften geworden.

Sie haben, wie Verbraucherverbände in den USA oder Umweltbewegungen in Deutschland, teilweise erheblichen Einfluß auf Entscheidungen von Staat und Wirtschaft und sind damit für Journalisten wichtig. Für Rechercheure sind NGO in erster Linie als „kritische Instanz" interessant.

Journalisten sind lebenswichtig für die NGO, denn ohne sie ließe sich keine Botschaft oder Forderung in die Öffentlichkeit transportieren. Dennoch ist die Beziehung zwischen beiden manchmal kompliziert, denn Journalisten machen sich nicht gern zum Sprachrohr eines Dritten. Innerhalb der NGO wiederum gibt es den Hang, zwischen „freundlich" und „feindlich" gesonnenen Berichterstattern zu unterscheiden. Ein Journalist oder Rechercheur, der einmal mit dem Etikett „feindlich" versehen ist, wird leicht vom Informationsfluß der NGO abgeschnitten. Das läßt sich vermeiden. Dazu informiert sich der Rechercheur zunächst über die NGO.

- Schauen Sie besonders auf das Alter einer NGO. Je jünger die Organisation, desto unprofessioneller wird in der Regel gearbeitet, desto größer ist die Empfindsamkeit Ihrer Gesprächspartner.

Je älter die NGO ist (Rotes Kreuz, Gewerkschaften), desto größer das Selbstvertrauen und die Abgeklärtheit ihrer Mitglieder. Erfahrung schafft Sicherheit.

Die fortschreitende Professionalisierung vieler NGO ändert aber nichts daran, daß man versuchen wird, den „anklopfenden" Journalisten oder Rechercheur für die Zwecke der NGO einzubinden und auf seine Einstellung hin zu testen. Das geschieht, indem die NGO den Rechercheur zum Beispiel mit einer Behauptung konfrontiert. Die könnte lauten: „Die Deutsche Bahn ist ein rollendes Zwischenlager für atomare Brennstäbe."

- Reagieren Sie auf „Botschaften" positiv. Das Verbreiten gehört zum Handwerk. Und wer die Botschaft ignoriert, ist für eine NGO uninteressant.

Lassen Sie sich keinesfalls abschrecken. Dieses „Vorbeten" sagt nichts über die Kompetenz Ihres Gegenübers aus. Ist das Anliegen der NGO transportiert und hat der Gesprächspartner potentielles Mißtrauen verloren, kann der Rechercheur seine eigentlichen Fragen vorbringen.

NGO haben immer einen Gegner (Ausnahme: Hilfsorganisationen wie das Rote Kreuz). Das kann die Regierung sein, ein Unternehmen, eine Institution (Strafvollzug) oder eine andere NGO. Oft verfügen NGO über wichtige und sogar geheime Informationen, die ihnen von enttäuschten Angestellten ihrer Gegner zugespielt wurden (umgekehrt natürlich auch). Eine NGO, die gegen die chemische Industrie arbeitet, besitzt vielleicht firmeninterne Produktionszahlen oder kritische firmeninterne Gutachten, die für eine Recherche über ein Unternehmen relevant sind.

- Seien Sie mit allen internen Daten über Dritte, die von einer NGO weitergegeben werden, äußerst vorsichtig.

- Erfragen Sie weitere Umstände: Wurden die Daten inzwischen von anderer Seite bestätigt? Prozessiert der Gegner der NGO in dieser Sache? Wer noch wurde mit diesen Informationen beliefert? Ist die Verbreitung strafbar? Vor allem: Wie alt sind die Daten?

Schließlich gibt es noch eine Sorte NGO, die für sich zwar den Schutz des Allgemeinwohls in Anspruch nimmt, de facto aber privatwirtschaftliche Interessen verfolgt. Hinter einem Verein mit Namen „Artgerechter Tierschutz" kann sich eine Vereinigung von Pelzimporteuren verbergen.

- Solche NGO lassen sich durch einen Anruf bei deren „Kollegen", zum Beispiel dem „Deutschen Tierschutzbund", leicht entlarven.

2.9 Experten

Ein erfolgreiches Recherche-Gespräch mit einem Experten zu führen ist selten leicht. Experten heißen nicht umsonst so, sondern weil sie über ein Wissensmonopol verfügen. Natürlich ist sich jeder Experte seiner Einmaligkeit bewußt und genauso möchte er behandelt und respektiert werden. Da der Experte oft jenseits von Gut und Böse steht, also keine bestimmten Interessen vertritt, ist die Gesprächsbereitschaft von seiner Seite gering. Wenn Höflichkeit und gewinnendes Verhalten für ein erfolgreiches Recherche-Gespräch grundsätzlich von großer Bedeutung sind, gilt dies hier besonders (siehe auch: 8.1 Einer gegen einen).

Ob der Experte dem Rechercheur sein Wissen zur Verfügung stellt oder nicht, kann er frei entscheiden. Ein dezenter Hinweis auf diesen Umstand – „Ich weiß, sie sind ein vielbeschäftigter Mann, aber sie könnten mir einen großen Gefallen tun, wenn sie fünf Minuten Zeit für mich aufbringen würden" – ist hilfreich, denn es schmeichelt dem Experten und weckt fürsorgliche Gefühle. Der kleine Aufwand lohnt, denn oft hat der Experte, ist er einmal in Gesprächslaune, nützliche und wichtige Informationen zu bieten.

Im Umgang mit Experten gibt es allerdings einen tödlichen Fehler, den der Rechercheur unter allen Umständen vermeiden muß: Unvorbereitet und mit unzureichendem Wissen in ein Gespräch zu tappen. Die Ernte solchen Vorgehens ist Spott und Hohn. Und wer läßt sich schon gerne sagen: „Wissen Sie was, zu dem Thema gibt es auch Bücher. Lesen Sie die, bevor Sie einem vielbeschäftigten Menschen die Zeit stehlen."

Dann hilft nur eins: Buch lesen, schlau machen und noch mal von vorne anfangen.

Spürt andererseits der Experte im Lauf des Gesprächs, daß ihm ein kompetenter Rechercheur gegenüber sitzt, kann die Unterhaltung sehr positiv verlaufen: Endlich jemand, der Ahnung hat und sich wirklich interessiert, denkt der Experte, und Stück für Stück gibt er sein exklusives Wissen preis.

Es ist aller Erfahrung nach hilfreich, Hintergründe und Intention der Recherche gegenüber dem Experten weitgehend zu erläutern. Am Ende eines erfolgreichen Gesprächs mit einem Experten hat der Rechercheur möglicherweise einen Verbündeten gewonnen, der ihn als eine Art Vertrauten betrachtet und ihm immer wieder ungefragt wichtige Informationen übermittelt (siehe auch: 2.12 „Gute Kontakte"). Solcherlei kann der Rechercheur als großen Erfolg verbuchen, denn nichts ist besser, als einen Experten an seiner Seite zu haben, besonders, wenn es einmal hart auf hart geht.

Es kann auch einen anderen naheliegenden Grund geben, weshalb sich ein Experte gegenüber einem Rechercheur abweisend oder feindlich verhält: Experten stehen nicht selten im Sold von Unternehmen. Meist nicht direkt, sondern als Auftragnehmer für wissenschaftliche Arbeiten oder durch gutachterliche Arbeiten. Der Experte fühlt sich seinem Geldgeber natürlich verpflichtet, und wenn er das Gefühl hat, das Ergebnis der Recherche könnte diesen in irgendeiner Art und Weise gefährden, wird die Recherche abgewehrt.

Das geschieht fast immer nach der gleichen Methode: Der Experte versucht, den Rechercheur schwindlig zu reden. Er baut seltene Fremdwörter oder auch Fachausdrücke in seine Ausführungen ein, geht an unvermuteten Stellen ausgiebig in die Tiefe, schildert die ganze Komplexität des Themas. Dieses Verhalten weist darauf hin, daß der Experte etwas zu verbergen hat.

Es ist dann wichtig, sich nicht abschrecken zu lassen und den Experten stattdessen unermüdlich in Gespräche zu verwickeln. Erfahrungsgemäß kommt die gesuchte Information früher oder später zutage.

Vielleicht wird der Experte dem Rechercheur auf irgendeine Art und Weise seltsam oder verschroben vorkommen. Davon sollte sich der Rechercheur jedoch nicht irritieren lassen. Schlampiges Äußeres, hysterisches Kichern im falschen Moment oder seltsame Angewohnheiten wie ständiges Bohren in den Ohren ändern nichts an der hohen Qualifikation des Befragten. Experten leben bisweilen in ihrer eigenen Welt. Nicht selten sind sie Einzelgänger. Ihnen ist bewußt, daß sie nicht mit ihrem Äußeren bestechen müssen. Es ist ihr Wissen, das besticht.

Schein-Experten

Soviel zu den wahren Experten. Es gibt dann nämlich noch die selbsternannten, lautsprecherischen, sich vordrängelnden Schein-Experten, mit denen sich der Rechercheur herumzuschlagen hat. Das sind Leute, oft mit überzogenem Selbstbewußtsein, die sich von ihrem Expertentum irgendwelche Vorteile versprechen. Sei es, daß sie ihr Buch verkaufen wollen, in eine Talkshow drängen, politisch Karriere machen wollen.

Schein-Experten entlarvt der Rechercheur am leichtesten, indem er sich über das Thema kundig macht. Dann fällt es nicht schwer, bestimmte Aussagen und Thesen des Schein-Experten als Unsinn zu erkennen. Weitere wichtige Indizien für Schein-Experten:

- Einen Gesprächstermin zu bekommen, ist ein Klacks.

- Der Schein-Experte legt Wert darauf, zitiert zu werden.

- Die Intention des Rechercheurs ist ihm egal.

- Dem Rechercheur wird ein Gespräch auch zu ganz anderen Themen angeboten.

Schein-Experten wehrt der umsichtige Rechercheur mit großer Höflichkeit ab. Auch wenn die Versuchung groß ist: Niemals darf der Rechercheur dem Schein-Experten zu verstehen geben, daß er ihn genau dafür hält! So sehr der Schein-Experte seine Eitelkeit bedient wissen will, so sehr kann er in Zorn geraten, wenn das Gegenteil geschieht.

Ein bloßgestellter Schein-Experte kann sich zu wahren Rachefeldzügen gegenüber dem Rechercheur oder seinen Auftraggebern hinreißen lassen. So etwas kann mitunter sehr lästig werden und den Rechercheur bei seiner weiteren Arbeit erheblich behindern.

Auch Schein-Experten sind Menschen wie Du und ich, aber dazu haben sie eine Menge zu verlieren.

2.10 Politiker

Hier ist äußerste Vorsicht geboten. Politiker sind von Standes wegen gehalten, viele Dinge durch die Brille der Partei zu sehen. Besonders schwierig wird es für den Rechercheur, wenn der Politiker zunächst im Gewand des Arztes, des Sachbearbeiters beim Umweltamt, des Polizisten oder des Amtsrates einherkommt, tatsächlich oder teilweise aber die Interessen seiner Partei vertritt. Die vermischte Interessenlage ist umso schwerer auszumachen, wenn der Politiker innerhalb seiner Partei keine herausragende Funktion einnimmt.

Es lohnt sich daher, wenn die dargebotene Information besonders interessant scheint, sich vorsichtig beim Betreffenden selbst oder über Dritte über eine eventuelle Parteizugehörigkeit zu erkundigen. Dann kann sich schnell herausstellen, daß der alerte Leiter des Umweltamtes gerade nur darum solchen Alarm um den Nitratgehalt im Grundwasser macht, weil er als Sozialdemokrat dem konservativen Leiter der Kreisbauernschaft eins auswischen will. Das eigentliche Grundwasser-Problem, ausgelöst durch Schwermetalle aus einem von einem Sozialdemokraten geführten Galvanikbetrieb, erwähnt er jedoch nicht, weil es Parteiinteressen zuwider läuft.

Hauptberufliche Politiker machen aus ihrer Parteizugehörigkeit keinen Hehl. Im Umgang mit ihnen sollte sich der Rechercheur von allen gängigen Vorurteilen möglichst freimachen. Das fängt bei der bloßen Tatsache der Parteizugehörigkeit an, denn die ist Ausweis für – beinahe gar nichts. Kompetente Fachleute wie rhetorisch begabte Blender gibt es querbeet, bei den Grünen wie bei der CSU. Die banale Frage lautet: Ist der Stadtdirektor außerdem SPD-Mitglied oder ist das SPD-Mitglied außerdem Stadtdirektor?

Ob jemand tatsächlich Ahnung hat oder nicht, läßt sich meist nur im Gespräch ergründen. Wer aus eigener Überzeugung oder innerem Widerstand den Kontakt zum vermeintlichen politischen Gegner meidet, ist hinterher mit Sicherheit der Dumme.

Es ist nebenbei keineswegs so, daß die Politiker mit der lautesten Stimme nicht ernstgenommen werden müßten. Hinter einem unangenehmen, in der Öffentlichkeit Stammtischparolen verbreitenden Schreihals kann sich durchaus ein kompetenter Fachmann verbergen, der im Stillen ausgesprochen verantwortungsvolle Arbeit leistet.

2.11 Kongresse/Konferenzen

Auf einer gut organisierten Konferenz, die manchmal auch Kongreß genannt wird, sind die führenden Fachleute zu einem Themenkomplex versammelt. International entstandenes Wissen wird in erheblichem Umfang ausgetauscht.

All dieses Wissen läßt sich meistens auch über umfassende Datenbankrecherchen zusammentragen, denn die auf einem Kongreß neu ausgetauschten Erkenntnisse werden früher oder später in der entsprechenden Fachliteratur ausgewertet.

Dies spricht zunächst gegen die Teilnahme an Konferenzen. Doch auch eine Literaturrecherche kann sehr zeitaufwendig sein, und auf einem Kongreß hat der Rechercheur den unschätzbaren Vorteil, mit den Gesprächspartnern seiner Wahl persönlich Kontakt aufnehmen zu können. Dies geschieht in einer anregenden Atmosphäre, denn neben Publikationen sind Fachkonferenzen für Wissenschaftler ein idealer Weg, berufliche Kontakte auszubauen oder einzufädeln.

Das Wissens- und Erfahrungspotential der verschiedenen Akteure eines Kongresses läßt sich kaum besser abfragen als während der vielen Gesprächsgelegenheiten auf den Fluren, während der Pausen zwischen den einzelnen Vorträgen, bei gemeinsamen Essen und Empfängen sowie anläßlich der festlichen Abschlußveranstaltung.

Die Teilnahme an einer Konferenz ist für ihre Hauptakteure oft mit Streß verbunden: Die Thesen des einen Referenten stehen im Widerspruch zu den Ausführungen seines Nachredners, oder ein Wissenschaftler erfährt, daß er – zumindest nach der Meinung seiner Kollegen – mit seiner Arbeit auf das falsche Pferd gesetzt hat. Diese Emotionalisierung wie auch der Hang einiger Fachleute, sich selbst sehr wichtig zu nehmen oder auf andere Experten eifersüchtig bis mißgünstig zu reagieren, bietet dem Rechercheur beste Gelegenheit, die entscheidenden Hintergründe der diskutierten Probleme zu beleuchten (siehe auch: 2.9 Experten). Fachleute kennen die Schwachstellen in der Arbeit des Kollegen genau und haben wenig Scheu, diese anzusprechen. Denn auf Kongressen wird natürlich auch handfeste Politik gemacht oder es wird zumindest der Versuch unternommen, diese zu beeinflussen.

Außerdem sind Konferenzen gut für sonst schwer erhältliche Informationen aus der Industrie. Auf einem wissenschaftlichen Kongreß lernt der Rechercheur nicht nur den Stand der jeweiligen Forschung kennen, sondern gleichzeitig, welche Unternehmen diese Forschung unterstützen und wie die Ergebnisse praktisch umgesetzt werden sollen.

Das ist so, weil viele Universitäten auf die Unterstützung der freien Wirtschaft angewiesen sind – die wiederum ein Interesse an umsetzbaren Ergebnissen hat. Zwangsläufig sind darum etliche Wissenschaftler bis zu einem gewissen Grad in die Vorhaben jener Unternehmen eingeweiht, mit denen sie kooperieren. Die oben beschriebene Atmosphäre des Informationsaustausches während der Konferenz bietet dem Rechercheur Gelegenheit, diese Verknüpfungen kennenzulernen und Kontakt zu vielen, miteinander eventuell konkurrierenden Parteien aufzunehmen.

Konferenzen sind für einen Journalisten oder Rechercheur immer mit hohem Arbeitseinsatz verbunden. Neben zahlreichen Vorträgen stehen in den Pausen und abends persönliche Gespräche mit wichtigen Referenten und anderen auf dem Programm.

Organisation

Konferenzen sind – je nachdem, wie umfassend die behandelte Thematik ist – sehr unterschiedlich organisiert. Im für den Rechercheur besten Fall findet immer nur ein Vortrag zur selben Zeit statt.

Oft decken Kongresse aber ein größeres Spektrum von Unterthemen ab. Weil die anderen Kongreßteilnehmer zu einem großen Teil selbst Angehörige ganz bestimmter Fachrichtungen sind, interessieren sie sich oft – im Gegensatz zum Rechercheur – hauptsächlich für die ihr Thema betreffenden Fachvorträge.

Fachkonferenzen sind darum aus Gründen der Effizienz oft so organisiert, daß mehrere Veranstaltungen oder Vorträge parallel stattfinden. Den Ansprüchen eines Rechercheurs, der zwischen einzelnen Themenbereichen „springen" muß, entspricht die Konferenzplanung nicht. Um so ausführlicher muß er mit seinem Auftraggeber planen, welche Veranstaltungen er letztlich besuchen soll.

Das sich ein Rechercheur nicht vollkommen „unbeleckt" auf solch eine Fachkonferenz begeben darf, ist selbstverständlich. Eine gute fachliche

Einarbeitung in die Thematik ist besonders hier Grundvoraussetzung für eine erfolgreiche Recherche.

Da die internationale Konferenz- und Kongreßsprache Englisch ist, benötigt der Rechercheur – neben sehr guten Englischkenntnissen in Wort und Schrift – für seine Vorbereitungen eine Deutsch/Englischliste wichtiger Fachbegriffe.

Manche Tagungsveranstalter versenden mit der Teilnahmebestätigung die sogenannten „Abstracts" der einzelnen Fachvorträge. Das ist Gold wert (und geschieht viel zu selten). Abstracts werden gemeinhin erst zu Beginn einer Konferenz zusammen mit den Konferenzunterlagen verteilt. Die Abstracts enthalten halb- bis zweiseitige Beschreibungen dessen, worüber der Referent zu reden gedenkt. Detaillierte Inhaltsangaben sind sie aber nicht. Das wirklich Wichtige hat sich der Redner natürlich für den Vortrag aufgehoben.

Erwarten Sie in den Abstracts darum nicht die Vorab-Präsentation von Ergebnissen, die findet sich dort nur ausnahmsweise.

Die Abstracts geben aber einen guten Überblick darüber, in welcher Arbeitsphase sich der Referent befindet: Forscht er noch, entwickelt er bereits oder steht er sogar kurz vor der Produktion bzw. vor der Umsetzung seines Planes? Deswegen sind sie für den Rechercheur äußerst nützlich bei seiner Vorauswahl der Referenten und Themen.

Die Konferenzunterlagen erhalten Sie in der Regel gleich zu Beginn der Veranstaltung. Genauso regelmäßig sind sie leider nicht komplett. Die Autoren haben jedenfalls noch keine Konferenz besucht, auf der es nicht zu kurzfristigen Änderungen im Programm kam, weil Vorträge auf Grund der Erkrankung eines Referenten oder schlicht aus Zeitmangel abgesetzt werden mußten oder auf Grund wichtiger Entwicklungen neu ins Programm genommen wurden. Darüber hinaus liefern die Referenten ihre Beiträge manchmal nicht fristgerecht bei der Konferenzleitung ab. Diese Beiträge werden dann während der Konferenz nachgereicht, manchmal aber auch erst Wochen später.

Das ganze Kompendium der Konferenz kann leicht zweitausend Seiten Umfang haben.

Schicken Sie das Material Ihrem Auftraggeber. Als Dokumentationsmaterial ist es Teil des Rechercheberichtes und dient dem Kunden als Nachschlagewerk. Wenn er die kiloschweren Bände in Händen hält, weiß er wahrscheinlich auch Ihren auf fünfzehn Seiten eingedampften Bericht besser zu würdigen.

Der Besuch von Kongressen oder Konferenzen ist für den Auftraggeber des Journalisten/Rechercheurs fast immer relativ kostspielig. Je umfassender solch ein Kongreß ein Thema behandelt, desto erdumspannender ist die Liste der Referenten. Schon aus diesem Grund kann ein Kongreß zu neuen Therapiemöglichkeiten von Brustkrebserkrankungen genauso gut in Berlin wie in Tokio, Sao Paulo oder Manila stattfinden. Die durchschnittliche Länge des Anfahrtsweges der Teilnehmer ist in jedem Fall dieselbe. So können allein die Reisekosten des Rechercheurs großen finanziellen Aufwand verursachen.

Auch die Teilnahmegebühr ist nicht unerheblich. Für eine zwei- bis dreitägige Fachkonferenz bewegt sie sich normalerweise zwischen 500 und 2000 Mark (siehe auch: 14. Tips und Tricks). Dazu laufen relativ hohe Kosten für die Unterbringung auf: Kongreßhotels sind nicht billig und kosten selten weniger als 200 Mark pro Übernachtung.

Hinzu kommt noch das Honorar des Rechercheurs, der ein zweites Mal Geld kostet, wenn er die Ergebnisse seiner Recherche zum Bericht zusammenfaßt – der Bericht läßt sich bei dieser Recherchemethode nicht fortlaufend, quasi nebenbei, verfassen, sondern erfordert zusätzliche Zeit.

2.12 „Gute Kontakte"

„Wie aus gut unterrichteten Quellen zu erfahren war ..." Ein Satz, der so fast täglich in der Zeitung steht. Bei diesen „gut unterrichteten Quellen" handelt es sich meist um einen Wissensträger, der dem Journalisten Inoffizielles zugänglich macht. Der Plural „Quellen" dient oft nur zur Verschleierung. Denn natürlich ist Bedingung, daß der Informant anonym bleibt.

Voraussetzung für solch eine hilfreiche Bekanntschaft ist gegenseitiges Vertrauen – und gewöhnlich die Tatsache, daß Rechercheur wie Informant einander von Nutzen sind. Aus reiner Sympathie werden wichtige Informationen nur selten weitergereicht. Andererseits ergibt sich ein „Guter Kontakt" kaum, wenn sich Rechercheur und Wissensträger unsympathisch sind.

Typischer Ausgangspunkt für einen „guten Kontakt" ist ein Erklärungsnotstand auf der anderen Seite: Der Gesprächspartner achtet den Rechercheur und findet ihn sympathisch. Gleichzeitig ist er angewiesen, Informationen zu geben, die unvollständig sind oder in den Ohren seines kompetenten Gegenübers widersprüchlich klingen. Der Gesprächspartner möchte aber nicht, daß ihn der Rechercheur für inkompetent oder für einen Lügner hält. Was soll er tun? – Er schiebt der offiziellen Erklärung eine inoffizielle hinterher.

- Erhalten Sie von einem Ihnen bekannten Wissensträger eine offensichtliche Fehlinformation, sprechen Sie ihn freundlich darauf an, erkundigen Sie sich nach Ursachen!

Wahrscheinlich wird der Gesprächspartner nach einer Weile die tatsächlichen Hintergründe nennen.

Gegenseitigkeit ist wichtig für den Aufbau eines „guten Kontaktes". Wann immer der Rechercheur Gelegenheit hat, sollte er seinem Gesprächspartner helfen. Sicher stößt er im Lauf seiner Recherche auf Informationen, die auch für den „guten Kontakt" wichtig sind. Dann kann er sich unter Umständen mit kleinen Hinweisen „revanchieren". Allerdings muß der Rechercheur die Interessen seines Auftraggebers im Auge behalten, und ein Journalist darf niemals soweit gehen, daß er einen „guten Kontakt" vor kollegialen Recherchen warnt.

Seinen „guten Kontakt" muß der Rechercheur pflegen wie eine Bekanntschaft. Niemand wird gern nur dann angerufen, wenn er gebraucht wird. Genausowenig mögen vielbeschäftigte Menschen allerdings Anrufe des Inhalts: „Ich wollte mich mal wieder melden."

Zeit spielt eine große Rolle: Je länger sich Rechercheur und Informant kennen, je mehr sie bereits voneinander profitiert haben, desto gewichtiger sind die Informationen, welche über diesen inoffiziellen Kanal den Besitzer wechseln. Aber Vorsicht: Manches Wissen kann eine schwere Bürde sein, besonders, wenn man es für sich behalten muß. Fragen Sie genau nach:

- sind die Informationen nur für den Rechercheur bestimmt,

- dürfen sie anonym weitergeleitet werden oder

- sollen sie sogar weitergeleitet werden?

Im letzteren Fall muß der Rechercheur genau aufpassen. Es ist offensichtlich, daß man ihn als „Lautsprecher" mißbrauchen will. Der vermeintliche „gute Kontakt" will sich oder seinem Arbeitgeber durch das Weiterleiten der Information einen Vorteil verschaffen. Natürlich sind diese Informationen sehr interessant, weshalb die Versuchung groß ist, sich auf das Spiel einzulassen.

Es gibt noch eine dritte Sorte „guter Kontakte": die leider seltenen, einfach netten Menschen. Der freundliche Mitarbeiter der Baubehörde, der für den Rechercheur eine halbe Stunde lang nach einer Akte sucht, obwohl er das nicht muß, die Sekretärin, die für den Rechercheur noch einen Termin in den vollen Tagesplan des Chefs quetscht, der Kollege in der anderen Ecke Deutschlands, der sich für den Rechercheur ohne Not an den Fotokopierer stellt – diese Menschen verdienen Aufmerksamkeit und Zuwendung.

- Ein Dankesfax oder einen kurzen, netten Brief werden Ihnen diese Menschen nicht vergessen.

2.13 Praktische Hilfsmittel

Wer wurde dieses Jahr zur deutschen Kartoffelkönigin gewählt?

Haben kaserniert lebende Aussiedler Anspruch auf Wohngeld? Wie lautet die Telefonnummer von Bundesligatrainer Christoph Daum? Was ist der Bundestagsabgeordnete Tilo Braune von Beruf und wo wohnt er? Welcher Anrufer verbirgt sich hinter der Telefonnummer 030 7649875? Wieviele Kilowattstunden Energie stecken in einem Liter Flugzeugbenzin? Welches wichtige internationale Turnier gewann Boris Becker vor seinem ersten Erfolg in Wimbledon?

Manche dieser Fragen könnten in dem Gesellschaftsspiel „Trivial Pursuit" auftauchen – leider genausogut während einer Recherche. Ihre Beantwortung ist keine Kunst. Viele Journalisten verlassen sich dabei auf ein bewährtes Mittel: Durchfragen. Dieses ebenso zufällige wie spannende und bisweilen amüsante „Telefonieren durch die Weltgeschichte" kann aber eine Menge Zeit kosten. Das muß nicht sein. Rechercheuren und Journalisten stehen eine Vielzahl praktischer Hilfsmittel zur Verfügung, um ungewöhnlich erscheinende Fragen ohne Umschweife zu lösen.

- Das bekannteste Werkzeug des Rechercheurs, das in jeder auch nur minimal gerüsteten Redaktion zu finden ist, heißt „Taschenbuch des öffentlichen Lebens Deutschland".

Da Professor Dr. Albert Oeckl aus Heidelberg Herausgeber des Buches ist, wird es gemeinhin kurz „Oeckl" genannt, obwohl unter dem gleichen Namen ein weiterer Band „Europa und internationale Zusammenschlüsse" erschienen ist. Die jüngste Ausgabe des Oeckl (1996/97) kostet stolze 142,50 Mark („Europa": 126,00 Mark) und ist ihr Geld wert. Im Oeckl finden sich auf rund 1600 Dünndruckseiten nahezu sämtliche Adressen, die für regional und bundesweit arbeitende Journalisten von Bedeutung sind. Die Suche im Oeckl nach den jeweiligen Ansprechpartnern ist trotz Personen- und Sachregister im Anhang nicht auf Anhieb leicht, aber leicht lernbar. Auch für lokal arbeitende Journalisten ist der Oeckl zur Hintergrundberichterstattung wichtig.

- Das mit Abstand wichtigste Hilfsmittel des Rechercheurs ist jedoch sein eigenes Archiv, welches er im Lauf der Jahre aufbaut.

Welches die relevanten und gesprächsbereiten Wissens- und Entscheidungsträger in den jeweiligen Arbeitsbereichen sind, erfährt ein Rechercheur erst im Lauf der Zeit. Die Möglichkeit, ein gut sortiertes Archiv von einem scheidenden Kollegen übernehmen zu können bzw. ein vom Team betreutes Archiv vorzufinden, ist ein Glücksfall.

Der Aufbau des Archivs beginnt fast automatisch mit Beginn jeder Recherche (siehe auch: 4. Systematik).

- Weiter sollte sich jeder Lokaljournalist unbedingt einen Führer durch die Firmen und Organisationen verschaffen, mit denen er regelmäßig in Kontakt steht.

Solche internen Telefonlisten mit Zuständigkeitsbezeichnung existieren überall, daneben oft auch erhellende „Organigramme", welche die hierarchische Struktur darstellen. Behörden geben sie auf Anfrage gerne her. In Unternehmen und anderen Institutionen führt freundliches Bitten meist zum Erfolg.

- Versäumen Sie nie, im Zug der Basisrecherche nach greifbaren Adreßlisten oder -büchern zu fragen!

- Auch zuständige Verbände helfen gerne mit Mitgliedslisten weiter.

Keine Sorge: Auch für Ihre Frage gibt es einen zuständigen Verband. In Deutschland ist alles durchorganisiert!

- Verlage haben sich auf die Herausgabe von deutschen und europäischen Adreßbüchern spezialisiert.

Diese Fachbücher, wie etwa die Reihe „Wer und was in …" des Hamburger Behrs Verlag decken nahezu das gesamte Spektrum der Agierenden innerhalb eines Wirtschaftszweiges. Solche Bücher kosten allerdings oft mehrere hundert Mark und sind nur für Spezialisten von echter Relevanz.

Für Rechercheure, die hauptsächlich im Unternehmensbereich arbeiten, sind die Bücher (oder CD-ROM) des Darmstädter Hoppenstedt Verlages wichtig, das bekannteste ist das „Handbuch der Großunternehmen". Kostenpunkt: ca. 765 Mark (1997). Entsprechende Handbücher bzw. CD-ROM für andere Länder gibt der Kompass Deutschland Verlag in Freiburg heraus. Kosten: ca. 800 Mark je Land.

- Eine günstige Ausnahme unter diesen Werken ist „wer gehört zu wem".

Das Paperback wird von der Commerzbank herausgegeben und ist zum sagenhaften Preis von nur zehn Mark in sämtlichen Filialen des Geldinstituts erhältlich.

Leitfäden

Hilfe bieten ebenfalls Deutschlands Ministerien. Sie sind oft kundenorientierter als man denken mag.

- Nützliche Leitfäden für Firmengründer, Behinderte, Rentner, Exportunternehmen usw. werden von den zuständigen Ministerien herausgegeben.

- Rechercheure und Journalisten, die häufig mit den gleichen Behörden zu tun haben, sollten sich deren Verwaltungsvorschriften beschaffen.

Das hört sich langweilig an. Gerade für Beginner ist aber die „trockene" Themenvorbereitung essentiell – und spart eine Menge Zeit.

- Als nützlich haben sich in den Augen der Verfasser auch bundesdeutsche Telefonverzeichnisse auf CD-ROM erwiesen.

Diese Verzeichnisse sind je nach Anbieter von unterschiedlicher Qualität und enthalten verschiedene Optionen. So erlaubt „D-Info" von „Top-Ware" die Identifizierung von Teilnehmern anhand ihrer – vom Rechercheur erfragten oder auf dem Display eingeblendeten – Telefonnummer (siehe auch: 13. Tips und Tricks). Eine erste Möglichkeit, böse Absichten zu durchkreuzen, denn Betrüger melden sich gerne unter falschem Namen und mit falscher Adresse.

- Das – werbefreie – Deutschlandradio in Köln bietet mit seiner guten Struktur themenbezogener Sendungen zu Politik, Wirtschaft, Wissenschaft, Sozialem, Kultur und Sport einen guten aktuellen Überblick zu vielen Themen und außerdem einen leichten Einstieg in manche Recherche („Ich rufe an, weil das Thema ja ähnlich bereits im Radio aufgegriffen wurde").

Leider haben Rechercheure nicht immer Zeit, die für sie wichtigen Sendungen regelmäßig zu verfolgen.

- Für jeden nicht ausschließlich lokal operierenden Rechercheur ist ein guter Atlas essentiell. Eine Faustregel: Je teurer, desto besser.

Zuletzt, besonders für historisch interessierte Journalisten, noch ein Hinweis auf Geschichtsatlanten und Chroniken: Diese Werke eignen sich gut, um die Parallelität von Ereignissen dar- oder historische Bezüge herzustellen.

3. Informationen aus Datenbanken und Internet

Allzeit auf Tastendruck verfügbare Information – diese Vision geistert seit geraumer Zeit durch die Medien. Was mit Begriffen wie „Information Superhighway" oder „Informationsgesellschaft" gemeint ist, bleibt dabei oft gewollt oder aus Unwissenheit im Nebel. Leider trägt auch die derzeitige Internetbegeisterung nicht zur Behebung dieser Wissenslücke bei. Im Gespräch mit Kunden muß ein Informationsvermittler (wie der Autor) meistens zuerst folgenden Irrtum beseitigen: Wissensbeschaffung auf elektronischem Wege sei gleichbedeutend mit Arbeit im Internet. Dabei bestehen große Unterschiede zwischen Informationen aus kommerziellen Online-Datenbanken und solchen aus einer Internet-Seite, die vielleicht nicht mehr ist als die elektronische Version einer Firmen-Werbebroschüre. Ähnlich groß sind die Unterschiede in Zugang und Handhabung der jeweiligen Informationsmedien.

Was aber findet sich „online", also im direkten Zugriff auf Datenbanken und Internet, an Daten? Als wichtigster Grundsatz gilt: Nichts, was nicht jemand anderes dort zuvor eingegeben hat. Dies mag banal klingen, ist aber eine Tatsache, die oft vergessen wird. Aus diesem Grund ist Recherche in Datenbanken und im Internet hauptsächlich der Basisrecherche zuzuordnen: Der Rechercheur kann relativ schnell ergründen, was zu einem Thema schon an frei zugänglicher Information vorhanden ist.

Das ist umso wichtiger, als ein Teil der wissenschaftlichen und technischen Forschungsaktivität darin besteht, schon vorhandene Ergebnisse nochmals hervorzubringen, meistens aufgrund fehlender oder schlechter Basisrecherchen. Das Feststellen des bestehenden Wissensschatzes ist bei der heute vorhandenen Informationsmenge darum eine immer wichtigere Aufgabe. Nur wenige Fachleute können in ihrem Gebiet noch den Überblick behalten.

Weitere Vorteile der Suche in Datenbanken und im Internet sind

- Geschwindigkeit: Die vorhandenen Wissensmengen können nicht mehr ohne elektronische Hilfsmittel bewältigt werden. Mit Datenbanken lassen sich riesige Archive innerhalb von Sekunden bis Minuten durchsuchen. Informationen über neueste Entwicklungen sind im Internet oft schneller zu finden als in einschlägigen Fachpublikationen.

- Vollständigkeit: „Forschung und Entwicklung" findet weltweit statt. Datenbanken bieten einen Zugang zu sonst unzugänglicher oder nur schwer beschaffbarer Literatur.

- Aktualität: Elektronische Medien bieten einen sehr schnellen Zugang zu Informationen. Im Internet lassen sich aktuelle Ereignisse sehr zeitnah verfolgen.

3.1 Das Internet

Das Internet ist in den siebziger Jahren ursprünglich als ein extrem ausfallsicheres und schnelles Medium zur Datenübertragung entstanden. Mit der Zeit fand eine Änderung der Nutzung statt, und das elektronische Publizieren von Informationen gewann immer mehr an Bedeutung. Den Reiz des Internets machen heute die verschiedenen über dieses Netz verfügbaren Dienste aus. Der älteste Dienst ist das Versenden von E-Mails, also elektronischen Briefen. Daneben stehen unter anderem Dienste zur Verfügung, die den Transport von Dateien (FTP: file transfer protocol) oder die Anzeige von Dokumenten regeln. Letzterer Dienst, bekannt unter dem Namen „World Wide Web" (WWW), bietet die Möglichkeit, multimediale Dokumente zu übertragen und anzusehen.

Die Sprache, die den Aufbau der Dokumente beschreibt, ist die „Hyper Text Mark up Language" (HTML). Eine Datei, die in HTML geschrieben ist, beschreibt, wie das Dokument angezeigt werden soll. Software, die diese Umsetzung beim Endnutzer übernimmt, ist der sogenannte „Browser". Die gängigsten Browser sind heute der „Netscape Navigator" und der „Microsoft Internet Explorer". Ein großer Vorteil von HTML-Dokumenten ist die Möglichkeit, weitere Informationsträger wie Bild, Ton und Video einzubauen. Eine solche multi-mediale Datei heißt etwas irreführend „Homepage" oder „Seite" im Internet. Diese Seiten wiederum sind durch „aktive Verweise" oder „Links" miteinander verbunden. Links funktionieren im Internet wie Wegweiser, wenn auch nicht immer wie besonders gute.

Ein Link verweist auf eine andere Stelle im Internet. Der Internet-Nutzer kann also ein Schlüsselwort oder ein Bild (Grafik) mit einem entsprechenden Link versehen und so auf eine andere Information auf einer beliebigen WWW-Seite verweisen. Der Benutzer braucht diesen meist farblich hervorgehobenen Link nur anzuklicken und gelangt automatisch auf die entsprechende Seite: Diese Möglichkeit heißt „surfen" und hat das Internet berühmt gemacht. Weiter hat die sehr einfache Bedienung der Browser-Software für das WWW zum Internet-Boom beigetragen. Dokumente, die im WWW publiziert werden, sind prinzipiell jedem Nutzer des Internets ohne Entgelt zugänglich. Allerdings geht die Entwicklung sehr stark dahin, für einzelne Seiten oder Dienste im WWW Gebühren zu verlangen und damit exklusive Bereiche für zahlende Kundschaft zu errichten. Bislang scheiterte die vollständige Kommerzialisierung des Internets vor allem an fehlenden sicheren Abrechnungsmechanismen.

Die geringen technischen und finanziellen Ansprüche an eine Präsenz im Internet haben mittlerweile eine erstaunliche inhaltliche Vielfalt hervorgebracht. Es gibt kaum ein Thema, zu dem nicht irgend jemand auf der Welt seinen Mitmenschen etwas über das WWW mitteilen will. Darüber hinaus ist das WWW heute für viele Organisationen die einzige Möglichkeit, sich an die Weltöffentlichkeit zu wenden. Beispiel hierfür sind zahllose politische Minderheiten, organisierte Randgruppen und sogar Untergrundorganisationen, die das WWW zur Verbreitung ihrer Anschauungen und Ziele nutzen.

Reiz des Chaos

Internet und speziell das World Wide Web können manchen Rechercheur zur Verzweiflung bringen, denn in seiner Unübersichtlichkeit bietet es ein hohes Potential an Chaos – was andererseits seinen speziellen Reiz ausmacht. Es existiert keine Autorität innerhalb des Netzes, die System und Übersicht schaffen kann, aber auch keine Zensur oder Beschränkung. Jeder präsentiert seine Inhalte so, wie er möchte. Diese ungeregelte Präsentation von Inhalten im Internet macht jede Suche zum Glücksspiel. Es werden immer neue Hilfsmittel konzipiert, um den Dschungel zu lichten, aber keine dieser vielen Suchmaschinen, Robots und Kataloge bietet bislang eine befriedigende Lösung des Problems. Das

Internet krankt aber auch an ungebremstem Wachstum, nicht nur die schlechten Übertragungszeiten sind ein Zeichen dafür. Tagtäglich kommen neue Seiten, neue Server und Angebote hinzu, und kaum eine Suchmaschine hält mit dieser Entwicklung mit. Angesichts der Größe des WWW und seines ungebremsten Wachstums gibt es keine realistische Chance, einen Königsweg zur Suche und Orientierung im Netz zu finden. Stattdessen gilt, sich möglichst gut mit dem Chaos zu arrangieren.

Wie findet ein Rechercheur trotzdem die für ihn wichtigen Perlen im Internet? Prinzipiell gibt es zwei gute Wege: Suchmaschinen und Kataloge, wobei in vielen Fällen eine Mischung aus beidem zum Erfolg führt.

Internetsuchmaschinen

Eine „Suchmaschine" ist ein Dienst im Internet, der einem das Auffinden von Angeboten erleichtern soll. Suchmaschinen verschaffen die Möglichkeit, Angebote im Internet nach Stichwörtern zu durchsuchen. Dabei wird aber keineswegs das Internet selber durchsucht, was bei dort „deponierten" geschätzten 70-100 Millionen Dokumenten in vertretbarer Zeit unmöglich wäre. Die Suche findet stattdessen in einer eigens aufgebauten Datenbank statt. Neben Größe und Qualität der so aufgebauten Datenbank sind die Möglichkeiten, diese zu durchsuchen, die entscheidenden Qualitätskriterien der einzelnen Suchmaschinen.

In den Anfangszeiten des WWW wurde einfach das Netz durchforstet. Was die Sucher fanden, wurde indiziert, also eine kurze Beschreibung des Inhalts der aufgefundenen Dokumente angefertigt. Bei „Yahoo", einem der ersten Anbieter solcher Suchdienste, geschieht dies angeblich immer noch manuell durch Einsatz einer Suchmannschaft. Diese Methode läßt sich allerdings bei dem heutigen Wachstum des Internet nicht mehr durchhalten. Yahoo schafft auf diese Weise nur etwa 2000 neue Einträge pro Tag – es müßten zehntausende sein.

Abhilfe sollten die sogenannten „Robots" schaffen, die automatisch das Netz abwandern und auf denen heute die meisten Suchmaschinen beruhen. Die Arbeitsweise eines Robots ist der eines unerfahrenen Internetbenutzers sehr ähnlich: Der Robot sucht sich einen Ausgangspunkt im Internet und erfaßt den Inhalt einer Datei, sucht nach Links, sucht die so miteinander verknüpften Dateien dann der Reihe nach auf, sucht nach weiteren Links und sucht wiederum diese auf und so weiter.

Theoretisch würde so jede Ecke des WWW irgendwann einmal von einem Robot besucht. Das Verfahren hat sich aber inzwischen als einer der großen Nachteile der Suchmaschinen herausgestellt: Zum einem verursacht diese Methode eine nicht unerhebliche Belastung des Netzes. Schätzungen gehen von einem Anteil des durch Robots verursachten Netzverkehrs von 20 Prozent aus. Zum anderen schaffen es die Robots nicht mehr, mit dem Wachstum des Internets Schritt zu halten. Es reicht ja nicht, eine Seite einmal besucht zu haben: Eigentlich müßte der Robot diese Seite in regelmäßigen Abständen erneut aufsuchen, um Änderungen festzustellen. Bei 70-100 Millionen Dokumenten im Internet kann sich jeder leicht vorstellen, daß die meisten Seiten monatelang von einem Robot unbehelligt bleiben.

Gleiches gilt für sehr neue Angebote. Da die Robots immer nur Links abwandern, sind sie davon abhängig, ob der Anbieter einer Seite entsprechende Links zu diesen neuen Angeboten eingefügt hat. Und das kann recht lange dauern. Ein gutes Beispiel dafür ist das Angebot des Umweltbundesamtes im Internet. Bis zum Januar 1997 hatte das Umweltbundesamt nur zwei provisorische Internetadressen. Am 15. Januar 1997 wurde unter der Adresse „www.umweltbundesamt.de" das neugestaltete Angebot für die Netzgemeinde zugänglich. Die meisten Suchmaschinen hatten aber bis Ende März 1997 noch keine Notiz von dieser Änderung genommen. Sie verwiesen stattdessen immer noch auf die alten Adressen. Eine Suche über diese Suchmaschinen schlug also fehl, die Links führten ins Leere. Und das, obwohl das Umweltbundesamt mit einem guten Angebot auf Besucher seiner Seiten wartete.

Viele Anbieter von Internetseiten gehen daher dazu über, ihre Seiten manuell bei den Suchmaschinen anzumelden, was im Endeffekt eine Umkehrung des Verfahrens bedeutet: Der Anbieter wird zum Robot für die Suchmaschinen.

Kataloge

Die andere Methode, das WWW zu strukturieren, sind redaktionell bearbeitete Kataloge und Listen, die als Register dienen. Der Internet-Suchdienst „Yahoo" hat mit einer solchen hierarchischen Strukturierung des

WWW begonnen und erst später eine Suchmaschine hinzugefügt. Auch die anderen Suchmaschinen im Internet pflegen zusätzlich noch einen redaktionell bearbeiteten Katalog, in den sich der Benutzer einklinken kann. Weitere solcher bearbeiteten Listen und Auswahlkataloge finden sich in großer Zahl im Netz, denn auf fast jeder Homepage ist auch eine kleine Auswahl an empfehlenswerten Links vorhanden. Kataloge können ein guter Einstieg in eine Suche sein, wenn ihre redaktionelle Bearbeitung sorgfältig und aktuell ist. Wegen ihres reduzierten Wissensangebotes führen Kataloge bei ungenauen Suchfragen meist schneller zum Ziel als eine Anfrage bei einer Suchmaschine, die eventuell hunderte, tausende oder zehntausende Links zu einem Suchwort anbietet.

Ein brauchbarer individueller Katalog läßt sich über die eigene Verwaltung der „Lesezeichen" oder „Bookmarks" des eigenen Internetbrowsers anlegen. Ein Lesezeichen ist die lokal gespeicherte Internetadresse einer Seite irgendwo im Internet. Wenn ein Rechercheur auf ein interessantes Angebot gestoßen ist, kann er es sehr einfach in seine Liste übernehmen. Vorteil dabei ist, daß er beim nächsten Mal nicht mehr die vollständige Adresse eintippen muß, sondern nur noch den entsprechenden Eintrag in der Liste anklickt. Jedes der gängigen Browserprogramme ermöglicht eine Verwaltung dieser Lesezeichen. Mit der Zeit ergibt sich eine gute Liste von Plätzen im Internet, die zum Einstieg in eine Suche hilfreich sein können.

Die systematische Erfassung guter Anlaufstellen im Internet haben sich auch die „Clearinghouses" zum Ziel gesetzt. Das bekannteste internationale ist das „Argus Clearinghouse", aber auch in Deutschland haben sich solche Dienste gegründet, die – wie auch die Suchmaschinen – kostenlos zur Verfügung stehen.

Im folgenden einige wichtige Clearinghouses:

Argus Clearinghouse	http://www.clearinghouse.net (International)
Webtip	http://www.webtip.de (Deutschland)
Netzwissen	http://www.netzwissen.de (Umweltbereich)
Virtual Library	http://www.rz.uni-karlsruhe.de/Outerspace/ VirtualLibrary (Wissenschaft)

56

Recherche im Internet

- Domains

Der einfachste Weg kann oft schon zum Ziel führen. Wenn Sie Informationen zu einer bestimmten Firma oder Institution benötigen, versuchen Sie erstmal aus deren Namen eine Internetadresse zu bilden. Die Adressen im Internet sind meist nach dem Muster „http://www.Name.de" aufgebaut. Das Kürzel „de" bezeichnet eine sogenannte Top-Level-Domain. Neben den Ländercodes („us" = USA, „de" = Deutschland) gibt es Kürzel, die Organisationen bezeichnen, wie „com" für Unternehmen, „org" für nicht-kommerzielle Anbieter und „net" für Netzbetreiber. Eine Übersicht aller Top-Level-Domains ist im Internet unter http://info. isoc.org/adopsec/domains.html verzeichnet.

Da langsam die Variationsmöglichkeiten ausgehen, ist die Schaffung von sieben neuen Top-Level-Domains beschlossen worden. Diese sind:

.firm   für Firmen
.store   für Firmen, die Waren zum Verkauf anbieten
.web   für Firmen und Institutionen, die Dienste im WWW anbieten
.arts   für Firmen und Institutionen, die Dienste im Kulturbereich
         anbieten
.rec   für Firmen und Institutionen, die Dienste im Unterhaltungs-
         und Freizeitbereich anbieten
.info   für Firmen und Institutionen, die Informationsdienste
         anbieten
.nom   für jeden, der Wert auf individuelle Namensgebung legt

Das Vorhaben, sich per Internet offizielle Papiere der Bundesregierung zu besorgen, führt zum Beispiel unter der Domain „www.bundesregierung.de" am schnellsten zum Erfolg. Der Vorteil ist zudem, daß man den Dokumenten unter einer solchen Domain etwas mehr Vertrauen schenken kann.

Nicht immer aber steckt hinter einer Domain mit vielversprechendem Namen auch jener Anbieter, den der Rechercheur im Internet dahinter erwartet. Um sicherzugehen, sollte der Rechercheur den vergebenen Domainnamen bei der entsprechenden Vergabestelle einsehen. Bei der deutschen Vergabestelle, dem DENIC (http://www.nic.de) in Karlsruhe, kann ein Rechercheur zum Beispiel in Erfahrung bringen, daß die Domain „www.uebergewicht.de" der BASF AG gehört.

- Personen

Die Zahl der Internet-Surfer dürfte in der Bundesrepublik derzeit bei etwa 2,5 Millionen liegen, weltweit gibt es rund 30 Millionen Nutzer. Über einige sind sehr weitgehende Informationen zu bekommen, indem man die Diskussionsbeiträge in den Newsgroups des Internets auswertet. Diese digitalen Diskussionsrunden gibt es zu fast jedem Thema von Computertechnik bis zur Kleintierzucht. Jeder Beitrag in den Newsgroups kann von jedem Netzteilnehmer gelesen werden. Es ist also vergleichbar mit einem öffentlichen schwarzen Brett. Die Bedienung der Diskussionsgruppen erfolgt mit Newsreadern. Das sind Programme, die das Lesen und Schreiben von Nachrichten in den Newsgroups ermöglichen.

Mit Suchmaschinen wie „Deja-News" (http://www.dejanews.com) lassen sich die Newsgroups nach Personen durchsuchen. Der Rechercheur benötigt lediglich die E-Mail Adresse der betreffenden Person und erhält darauf via Deja-News alle Diskussionsbeiträge der betreffenden Person in den Newsgroups. Mit dem System lassen sich auch die Newsgroups sehr gut inhaltlich durchsuchen. Aufgrund der riesigen Themenvielfalt in den Newsgroups ein durchaus lohnender Anlaufpunkt, um das aktuelle Spektrum einer Diskussion zu erfassen. Sehr große Vorsicht sollte jeder Rechercheur aber bei der Übernahme konkreter Informationen aus den Newsgroups walten lassen.

- Glaubwürdigkeit

Quantität geht oft zu Lasten von Qualität: Die Frage nach der Glaubwürdigkeit von Dokumenten aus dem Internet stellt sich bald. Weil praktisch keine Kontrolle besteht, ist das Internet leider auch ideale Bühne dubioser und krimineller Elemente sowie ein idealer Nährboden für Gerüchte aller Art. Eines davon ist die Geschichte über den Good Times Virus, der Computer beim Lesen einer Mail infizieren soll.

Ein Rechercheur sollte neben den Dokumenten selbst auch das Umfeld prüfen (politisch, kommerziell, Quatschecke), bevor er Daten aus dem Internet verwendet. Vor allem bei Informationen, die auf einer privaten Homepage stehen, ist äußerste Vorsicht geboten. Der Wahrheitsgehalt darin kann genauso groß sein wie derjenige der neuesten Gerüchte aus dem Bäckerladen um die Ecke. Leider – weil sie im Internet erscheinen – wirken sie auf den ersten Blick etwas glaubwürdiger.

- Mehrere Suchmaschinen einsetzen

Trauen Sie nie dem Ergebnis nur einer Suchmaschine. Um Erfassungslücken zu vermeiden, sollte jede Suche mit mehreren Suchmaschinen oder Katalogen erfolgen. Auch haben die verschiedenen Suchmaschinen unterschiedliche Stärken und Schwächen. Eine Unterstützung können Metasuchmaschinen sein, die einen Suchbefehl bei mehreren Suchmaschinen absetzen. Ein solcher Dienst ist METAGER für deutsche Suchmaschinen (http://meta.rrzn.uni-hannover.de) oder der Metacrawler für internationale Suchmaschinen(http://www.metacrawler.com). Ein weiteres sehr empfehlenswertes Hilfsmittel sind Programme, die lokal auf dem eigenen Rechner installiert werden und ebenfalls die Suchanfrage an eine Vielzahl von Suchmaschinen schicken. Beispiele für solche Programme sind der "Webseeker" der Firma ForeFront (http://www. ffg.com)und der "WebCompass" der Firma Quaterdeck (http://www. quaterdeck.com).

- Suchbegriffe auswählen

Die Suchmaschinen können umso bessere Ergebnisse liefern, je spezieller die Frage ist. Allgemeine Anfragen sind besser über Kataloge zu lösen. Versuchen Sie grundsätzlich jene Wörter zu finden, die eine Suche am besten charakterisieren und die nicht mehrdeutig sind.

- Erweiterte Suchmöglichkeiten

Jede Suchmaschine bietet zusätzlich erweiterte Suchmöglichkeiten an. Auf Dauer macht es sich bezahlt, sich mit der Syntax der wichtigsten Suchmaschinen auseinanderzusetzen. Oft wird auch eine Menügeführte Auswahl angeboten, welche die Benutzung erleichtert. Zur Logik der sogenannten „logischen Operatoren" siehe auch: 3.2 Datenbanken.

- Übersicht der wichtigsten Suchmaschinen:

International
Yahoo	http://www.yahoo.com	(zusätzlicher Katalog)
Lycos	http://www.lycos.com	(zusätzlicher Katalog)
Excite	http://www.excite.com	

Infoseek	http://guide.infoseek.com
Altavista	http://altavista.digital.com
Hotbot	http://www.hotbot.com

Eine sehr gute Übersicht über deutsche Suchmaschinen findet sich bei „Klug Suchen" (http://www.klug-suchen.de).

Andere Computernetze

Neben dem dominierenden Internet gibt es noch kleinere Computernetze. Sie stammen entweder noch aus der Zeit, als ein Zugang zum Internet für Privatpersonen unerschwinglich war oder haben sich inzwischen als Teilnetze des Internets etabliert. Letztere sind Netze wie „T-Online" oder „AOL", die ihren Nutzern neben dem Zugang zum Internet weitere Dienste und Informationen exklusiv bieten. Für den Rechercheur sind augenblicklich Compuserve und „T-Online" am attraktivsten. Compuserve bietet Zugang zu Nachrichtendiensten, darunter die „Deutsche Presse-Agentur" (dpa), deren Meldungen hier im Volltext zu bekommen sind. Daneben gibt es über den „Knowledge Index" von Compuserve zu bestimmten Tageszeiten sehr günstigen Zugang zu einer Auswahl von kommerziellen Datenbanken (siehe auch: 13. Tips und Tricks). Über T-Online lassen sich Datenbanken der Hosts FIZ-Technik, Genios und GBI ohne weitere Anmeldung recherchieren. Die Abrechnung erfolgt direkt über die T-Online Rechnung, was für gelegentliche Nutzer durchaus interessant sein kann.

Neben diesen kommerziellen Diensten gibt es noch eine sehr aktive Szene, die sich außerhalb des Internets tummelt. Hier haben sich Betreiber zusammengefunden, die Informationen zwischen ihren Rechnern nach gewissen Standards austauschen. Ein solcher per Modem erreichbarer Computer wird Mailbox genannt und kann auch ohne Anbindung an ein Netz betrieben werden. Die Zugangsberechtigung erhält man beim Betreiber der jeweiligen Mailbox. Die Gebühren sind recht gering und liegen bei ca. 5 Mark im Monat zuzüglich der anfallenden Leitungsgebühren. Hauptangebote der Mailboxen sind Diskussionsforen zu allen möglichen Themen, das Versenden von Mails und die Bereitstellung von Programmen und Treibern. Ein Vorteil der Mailboxnetze ist der sehr geringe Hardwareaufwand, der es mit einfachen Mitteln ermöglicht, ein Netz zu betreiben. Von Bedeutung sind neben dem eher hobbymäßig orientierten „Fido"-Netz noch das „CL"-Netz, das auf Umwelt- und Menschenrechtsfragen spezialisiert ist. Insgesamt dürften in Deutschland etwa 2000 Mailboxen mit unterschiedlichen Spezialgebieten in Betrieb sein. Eine Übersicht über die erreichbaren Mailboxen ist regelmäßig in der Zeitschrift „PC-Online" abgedruckt.

Kontakt zum CL-Netz:
CL-Koordination
Wiesenstr. 12
37037 Göttingen
E-Mail: cl-koordination@link-goe.de

3.2 Datenbanken

Die elektronische Sammlung von Wissen in Datenbanken hat – gemessen an der Zeitskala der Computerindustrie – eine lange Tradition. Die ersten großen Datenbanken entstanden Anfang der sechziger Jahre. Viele der heutigen Datenbanken sind in den siebziger Jahren konzipiert worden. Wegen der teilweise sehr gewöhnungsbedürftigen Abfragetechnik und der nicht unkomplizierten Zugänge fristen die Online-Datenbanken, verglichen mit dem Internet, noch ein Nischendasein. Wenn Online-Datenbanken auch in der Großindustrie und im Patentwesen fest etabliert sind, kann von einem Massenmarkt nicht gesprochen werden.

Datenbanken sind grundsätzlich nichts anderes als die elektronische Sammlung von Wissen, die systematisch in einer festgelegten Struktur erfolgt. Eine klassische Datenbank läßt sich am einfachsten mit einem Karteikasten vergleichen. Die einzelnen Karteikarten entsprechen den Dokumenten einer Datenbank. Die Information in einem Dokument kann ein zusammenhängender Text sein oder, was weit häufiger vorkommt, aus einzelnen Feldern bestehen. Ein Datenbankdokument, das z.B. den Standort eines Buches nachweist, besitzt Felder für den Autor, den Titel, das Erscheinungsjahr usw. Die genaue Kenntnis der Datenbankstruktur ist für eine effektive Suche wichtig, da sich die einzelnen Felder für die Suche gezielt auswählen lassen.

Der Datenbankproduzent ist für die inhaltliche Erstellung und Aufbereitung der Information verantwortlich. Produzenten sind oft staatliche oder halbstaatliche Organisationen, wie etwa das Deutsche Patentamt, das Umweltbundesamt oder die Fachinformationszentren. Es gibt aber auch eine Reihe gewerblicher Produzenten von Datenbanken, wie „Derwent Information" in London oder den „Chemical Abstract Service".

Der Datenbankanbieter ist für den technischen Zugang zu den Datenbanken zuständig. Der Zugang zu einer Datenbank kann sowohl via CD-ROM oder Diskette als auch über den direkten Zugriff auf einen Rechner erfolgen. Im letzteren Fall benötigt der Datenbankproduzent einen eigenen „Host" – was in den wenigsten Fällen zutrifft –, oder er macht die Datenbank über einen kommerziellen Host zugänglich. Ein Host ist primär nichts anderes als ein Computer, der an ein Datennetz angeschlossen ist und damit den technischen Zugang zu den Datenbanken bietet. Die meisten Datenbanken sind über einen dieser kommerziellen Datenbankanbieter zu erreichen.

Zugänge

Der am weitesten verbreitete Zugangsweg ist der über das „Datex-P"-Netz der Deutschen Telekom. Daneben sind je nach Host Zugänge über T-Online, Internet oder direkte Einwahlen möglich (siehe auch: 3.3. Arbeiten im Datennetz).

Ein Rechercheur sollte sich immer vor Augen halten, das eine Datenbank selten eine primäre Informationsquelle ist, sondern eine Methode darstellt, vorhandenes Wissen elektronisch aufzubereiten. Damit läßt sich Wissen, zugeschnitten auf die Ansprüche des Kunden, schneller zur Verfügung stellen, als dies Bibliotheken je schafften. Dies ändert aber nichts daran, daß eine Information aus einer Datenbank auch über andere Wege greifbar sein kann.

So findet man einen Artikel morgens in der gedruckten Ausgabe der FAZ, im Laufe des Tages in der Ausgabe im Internet, am nächsten Tag in der FAZ-Onlinedatenbank bei GBI und vielleicht ein halbes Jahr später auch auf CD-ROM.

Der Preis, der für die Information zu zahlen ist, hängt von der Aktualität und der Art der Aufbereitung ab. Die gedruckte Version ist zwar am aktuellsten und billigsten, enthält aber keine Suchhilfen außer einem rudimentären Inhaltsverzeichnis. Man muß schon selber die ganze Zeitung durchblättern. Die elektronischen Varianten lassen sich be-

quem nach Stichworten durchsuchen und sind mit zusätzlichen Suchhilfen versehen. Die Ausgabe in der Datenbank ist sehr aktuell und sehr
gut aufbereitet und am teuersten. Die CD-ROM ist nicht mehr aktuell
und dient eher als Archiv, weshalb man so am billigsten an die elektronische Information kommt. Sie ist aber immer noch teurer als in der ori-
ginalen, gedruckten Version der Tageszeitung.

Die verbesserten Zugriffsmöglichkeiten auf Informationen via Datenbank fordern neben den erhöhten Kosten einen zusätzlichen Preis: Für
den Rechercheur machen sie mitunter das Erlernen einer „Retrivalsprache" notwendig. Die Retrivalsprache legt die Möglichkeiten und die Syntax der Abfrage der von einem Host angebotenen Datenbanken fest.
Leider hat fast jeder Host sein eigenes Retrivalsystem entwickelt, so daß
die jeweiligen Such-Befehle uneinheitlich sind. Diese babylonische
Sprachverwirrung ist eines der größten Probleme bei der Nutzung von
Online-Datenbanken. Da der Rechercheur in der Regel mit mehreren
Hosts arbeitet, muß er notgedrungen auch mehrere Retrivalsprachen erlernen – es sei denn, er beschränkt sich auf jene Hosts, die zusätzlich
eine menügesteuerte Programmoberfläche anbieten (siehe auch: 3.3 Arbeiten im Datennetz).

Datenbanken unterscheiden sich allerdings nicht nur durch verschiedene Zugriffswege und Suchsprachen, sondern auch durch unterschiedliche Struktur und Tiefe. Grob lassen sich Datenbanken in Nachweisdatenbanken und Volltext- bzw. Faktendatenbanken unterteilen.

Nachweisdatenbanken

In Nachweisdatenbanken wird nur ein Nachweis der eigentlichen Information gegeben. Dies kann der Nachweis eines Artikels oder eines Buches in einer bibliographischen Datenbank sein. Der Rechercheur
erfährt so, wo ein Artikel oder ein Buch zu finden ist. Weiter erhält er
meistens eine kurze Zusammenfassung der wichtigsten Inhalte, einen
sogenannten Abstract. Solche bibliographischen Datenbanken gibt es
für alle Fachbereiche sowie für die weltweite Patentliteratur. Daneben
können Nachweisdatenbanken aber auch Herstellerkataloge oder Ter-
mindatenbanken sein. Die Nachweisdatenbanken stellen den größten
Teil der weltweit verfügbaren Datenbanken.

Im folgenden das Beispiel eines Dokuments aus der Datenbank Chemical Abstracts (Hosts STN, Dialog, Questel/Orbit und ESA-IRS):

L2   ANSWER 1 OF 2   CA   COPYRIGHT 1997 ACS

ACCESSION NUMBER: 101:90699 CA

TITLE: Improved production of 3-chloro-4-hydroxythiolane 1,1-dioxide

AUTHOR(S): Shkaraputa, L. N.; Kononov, A. V.; Sklyar, V. T.; Tishchenko, L. A.; Danilenko, V. V.

CORPORATE SOURCE: Inst. Fiz.-Org. Khim. Vuglekhim., Kiev, USSR

SOURCE: Dopov. Akad. Nauk Ukr. RSR, Ser. B: Geol., Khim. Biol. Nauki (1984), (4), 51-3

CODEN: DANND6;

ISSN: 0377-9785

DOCUMENT TYPE: Journal

LANGUAGE: Ukranian

CLASSIFICATION: 27-8 (Heterocyclic Compounds (One Hetero Atom))

ABSTRACT:

A math. model was derived to describe the title synthesis by oxychlorination of 3-thiolene 1,1-dioxide (I) in a semicontinuous reactor.The 3,4-dichlorothiolane 1,1-dioxide yield was minimized in a 0.63-m3 reactor at 283 K using 0.38 kmol/m3 I and 6.27 .times. 10-5 kmol/s Cl for 1.25 .times. 103 s.

SUPPL. TERM: thiolene dioxide oxychlorination model optimization; chlorohydroxythiolane dioxide prepn model optimization; thiolane dioxide chlorohydroxy prepn optimization

INDEX TERM: Process optimization
Process simulation, physicochemical (for oxychlorination of thiolene dioxide)

INDEX TERM: Oxychlorination (of thiolene dioxide, simulation and optimization of)

INDEX TERM:	3001-57-8
	(by-product, in chlorohyroxythiolane
	dioxide synthesis, minimization of)
INDEX TERM:	77-79-2
	(oxychlorination of, chlorohydroxythiolene
	dioxide by, simulation of optimization of)
INDEX TERM:	49592-61-2P
	(prodn. of, by oxychlorination of thiolene
	thioxide, simulation and optimization of)

Volltextdatenbanken

Durch die zunehmenden Möglichkeiten der Informationsspeicherung werden immer mehr Quellen direkt als Volltext angeboten, weshalb die Entwicklung dahin geht, Zeitschriften und Zeitungen neben der gedruckten Ausgabe auch elektronisch verfügbar zu machen. Dies kann soweit gehen, daß eine Zeitung als elektronische Kopie mit allen Grafiken und Bildern zur Verfügung steht. Daneben werden auch Patente und Gesetzestexte zunehmend als Volltext elektronisch verfügbar gemacht.

Ähnlich wie Volltextdatenbanken sind auch die sogenannten „Faktendatenbanken" organisiert. In einer Faktendatenbank findet sich eine aufbereitete Information. Viele Faktendatenbanken enthalten Stoff- und Materialdaten. Dort finden sich z.B. Informationen über die physikalischen, chemischen und toxikologischen Eigenschaften von Substanzen. Daneben sind Faktendatenbanken ein wichtiges Recherchemittel im Wirtschaftsbereich. Hier sind hauptsächlich Informationen wie Adressen, Lieferprogramme, Statistiken und Bilanzdaten gespeichert.

Hier das Beispiel eines Dokuments aus der Faktendatenbank D&B-Dun's Market Identifiers (Host Dialog):

DIALOG(R)File 276:ONTAP(R) D&B-Dun's Market Identifiers(R)
(c) 1991 Dun & Bradstreet. All rts. reserv.

0504299
Lyons Liquors Inc
Milford Liquors
8100 Liberty Rd
Baltimore, MD 21207-3040

TELEPHONE: 301-655-0660
COUNTY: Baltimore   SMSA: 058 (Baltimore, Maryland)

BUSINESS: Packaged Liquors

PRIMARY SIC:
5921   Liquor stores, nsk
59210102   Wine
59210101   Beer (packaged)

LATEST YEAR ORGANIZED: 1981
OWNER CHANGE DATE: NA
STATE OF INCORPORATION: MD
DATE OF INCORPORATION: 10/11/1967
ANNUAL SALES REVISION DATE: NA

	LATEST YEAR (1987)	TREND YEAR (1984)	BASE YEAR
SALES	$ 1,504,840E	$ NA	$ NA
EMPLOYEES TOTAL:	15	15	12
EMPLOYEES HERE:	15		
SALES GROWTH:	NA %		
NET WORTH:	$ NA		
EMPLOYMENT GROWTH:	25 %		
SQUARE FOOTAGE:	7,000 RENTED		
NUMBER OF ACCOUNTS:	NA		

BANK: Signet Bank/Maryland

THIS IS:
            A SINGLE LOCATION
            A CORPORATION
            A SMALL BUSINESS

DUNS NUMBER: 04-337-7464
PRESIDENT: Cohen, Neil /Pres
                     Cohen, Neil /Pres
SECRETARY: Cohen, Howard /Sec-Treas
TREASURER: Cohen, Howard /Sec-Treas

Datenbanken-Datenbanken

Weltweit gibt es insgesamt etwa 8000 öffentlich zugängliche Datenbanken, was allerdings nicht bedeutet, daß die gespeicherten Informationen allgemein zur Verfügung stehen. Von größerem Interesse für den Rechercheur sind deshalb vor allem jene rund 2000 Datenbanken, die über Hosts erreichbar oder auf CD-ROM gespeichert sind.

Um aus dieser großen Menge die richtige Datenbank auszuwählen, sind verschiedene Hilfsmittel vorhanden. Die Auswahl der richtigen Datenbank kann über Datenbanken der Datenbanken erfolgen oder über gedruckte Nachschlagewerke. Die interessantesten sind das „Gale Dictionary of Databases", das als umfangreichstes Verzeichnis gilt und die Datenbank „IM GUIDE". Das Gale Dictionary of Databases liegt gedruckt und in einer Online-Version beim Host „Datastar" vor.

- Die Datenbank IM GUIDE ist über den Host „Echo" erreichbar, der einen kostenlosen Zugang über das Internet unter der Adresse: „http://www2.echo.lu/echo/de/" anbietet. Dort ist auch ein sehr komfortables menügeführtes Rechercheprogramm zu bekommen, welches die Suche sehr anwenderfreundlich gestaltet.

Eine andere Möglichkeit ist die datenbankübergreifende Suche bei den Hosts. Große Hosts haben bis zu 500 Datenbanken in ihrem Angebot. Ein Rechercheur hat die Möglichkeit, alle Datenbanken eines Hosts nach einem Stichwort durchsuchen zu lassen. So kann er relativ kostengünstig erfahren, welche Datenbank zu seiner Anfrage die meisten Treffer aufweist.

Ein Beispiel für diese Suchmöglichkeiten ist der beim Host „Dialog" verfügbare „Company Name Finder", der die Suche nach Dokumenten zu einer speziellen Firma erleichtert. Gesucht wurden Datenbanken, die Informationen über die Firma Doman enthalten.

Im ersten Schritt wurde die Indexliste des Company Name Finder mit dem Befehl „e", im Feld CO=Company Name, aufgeblättert. Damit lassen sich die verschiedenen Schreibweisen herausfinden.

File 416:DIALOG COMPANY NAME FINDER(TM) 1997/JAN
(c) 1997 Dialog Info.Svcs.

Set	Items	Description

?e co=doman in

Ref	Items	Index-term	
E1	4	CO=DOMAN	HOLDINGS LTD
E2	1	CO=DOMAN	I // BRITISH COLUMBIA SECURITIES COMMISS
E3	0	*CO=DOMAN	IN
E4	4	CO=DOMAN	INC
E5	5	CO=DOMAN	INCORPORATED
E6	1	CO=DOMAN	INDU // MACMILLAN BLOEDEL LTD CANFOR COR
E7	1	CO=DOMAN	INDUSTRI // MACMILLAN BLOEDEL LTD (TMV/M
E8	9	CO=DOMAN	INDUSTRIES
E9	1	CO=DOMAN	INDUSTRIES // CANADIAN BROADCASTING CORP
E10	1	CO=DOMAN	INDUSTRIES // ONTARIO SECURITIES COMMISS
E11	1	CO=DOMAN	INDUSTRIES L // CANADIAN BROADCASTING COE
E12	12	CO=DOMAN	INDUSTRIES LIMITED

Enter P or PAGE for more

?p

Ref	Items	Index-term	
E13	1	CO=DOMAN	INDUSTRIES LT // B C SECURITIES COMMISSI
E14	38	CO=DOMAN	INDUSTRIES LTD
E15	1	CO=DOMAN	INDUSTRIES LTD (TV/DOM) MACMILLAN BLOED
E16	1	CO=DOMAN	INDUSTRIES LTD DOMAN S TRANSPORT LTD M
E17	1	CO=DOMAN	INDUSTRIES LTD H // BC SUGAR REFINERY LT

E18	1	CO=DOMAN	INDUSTRIES LTD INTERNATIONAL FOREST PRO
E19	1	CO=DOMAN	INDUSTRIES LTD INVESTMENT DEALERS ASSOC
E20	1	CO=DOMAN	INDUSTRIES LTD LOUISIANA-PACIFIC CORP
E21	1	CO=DOMAN	INDUSTRIES LTD ONTARIO SECURITIES COMMI
E22	1	CO=DOMAN	INDUSTRIES LTD WESTERN FOREST PRODUCTS
E23	1	CO=DOMAN	INVESTMENTS LIMITED
E24	4	CO=DOMAN	INVESTMENTS LTD

Enter P or PAGE for more

Aus dieser Liste können nun die Suchbegriffe durch einfache Angabe der Nummern ausgewählt werden:

?s e4-e14

4	CO=DOMAN INC
5	CO=DOMAN INCORPORATED
1	CO=DOMAN INDU // MACMILLAN BLOEDEL LTD CANFOR COR
1	CO=DOMAN INDUSTRI // MACMILLAN BLOEDEL LTD TMV/M
9	CO=DOMAN INDUSTRIES
1	CO=DOMAN INDUSTRIES // CANADIAN BROADCASTING CORP
1	CO=DOMAN INDUSTRIES // ONTARIO SECURITIES COMMISS
1	CO=DOMAN INDUSTRIES L // CANADIAN BROADCASTING CO
12	CO=DOMAN INDUSTRIES LIMITED
1	CO=DOMAN INDUSTRIES LT // B C SECURITIES COMMISSI
38	CO=DOMAN INDUSTRIES LTD
S1	74 E4-E14

Das Ergebnis „S1" gibt an, das die Suchbegriffe insgesamt 74mal in den durchsuchten Datenbanken vorkammen. Um eine Übersicht zu gewinnen, welche Datenbanken die meisten Informationen zur Firma Doman enthalten, läßt sich ein sogenannter Report ausgeben:

?report s1/company

> S2 74 Sort 1/ALL/CO,TY,RC,D
> DIALOG(R)File 416:DIALOG COMPANY NAME
> FINDER(TM)
> (c) 1997 Dialog Info.Svcs. All rts. reserv.

74 Companies Available

Company	File Number	Type	Record Count
1 B.C. SECURITIES COMMISSION DOMAN INDUSTRIES	727	FullText	2
2 CANADIAN BROADCASTING CORP. DOMAN INDUSTRIES	727	FullText	1
3 CANADIAN BROADCASTING CORP. DOMAN INDUSTRIES	727	FullText	1
4 DOMAN INC	547	Credit	1
5 DOMAN INC	516	Directory	1
6 DOMAN INC	515	Directory	1
7 DOMAN INC	519	Financial	1
8 DOMAN INCORPORATED	516	Directory	4
9 DOMAN INCORPORATED	522	Directory	4
10 DOMAN INCORPORATED	515	Directory	4
11 DOMAN INCORPORATED	519	Financial	1
12 DOMAN INDUSTRIES	18	Bibliographic	109

Die Tabelle gibt an, welche Datenbanken, die sich hinter den Nummern verbergen, wieviel Treffer enthalten. Hinter dem Kürzel 515 verbirgt sich z.B. die Datenbank „D&B – Duns Electronic Business Directory", ein Firmenhandbuch über US-Amerikanische Unternehmen.

Hosts und Preise

Online-Datenbanken werden heute von wenigen großen Anbietern verwaltet. Der Trend der Hosts geht von spezialisierten Angeboten hin zu einer größeren Themenvielfalt im Angebot. Dabei bleibt die Zahl der Datenbanken gleich, man findet nur die gleichen Datenbanken bei immer mehr Hosts. Ein damit einhergehender angenehmer Effekt für den Nutzer ist das Verschwinden von kostenträchtigen Monopolen.

Der Zugang zu einem Host beginnt immer mit dem Abschluß eines Nutzungsvertrages. Der Kunde erhält daraufhin eine Kennung und ein Paßwort, womit der Zugriff geregelt wird. Die Kosten gliedern sich in laufende Posten (siehe Tabelle) und Nutzungsgebühren. Während die laufenden Posten bei den meisten Hosts relativ gering sind, können die Nutzungsgebühren recht hohe Summen erreichen. Durchschnittlich kostet ein Dokument aus einer Datenbank, also ein Literaturhinweis oder eine Adresse, zwischen zwei und sechs Mark. Bei sehr speziellen Datenbanken oder bei umfangreichen Dokumenten kann der Preis je Dokument durchaus bei 50 Mark liegen. Meistens wird eine Zeitgebühr (50-300 Mark/Stunde) und eine Gebühr pro angezeigtes Dokument verlangt. Die Preisangaben beziehen sich auf Verträge für eine regelmäßige Nutzung. Viele Hosts bieten für den Zugang über Internet Tarife ohne laufende Kosten mit einer einfachen Vertragsgestaltung. Informationen dazu finden Sie auf den jeweiligen Webseiten der Hosts.

Grundsätzlich gilt:

* Je besser die Vorbereitung einer Datenbankrecherche ausfällt, desto kostengünstiger läßt sie sich vornehmen. Auf der anderen Seite können die Kosten bei einer Suche auf gut Glück senkrecht in die Höhe schießen.

Einen Überblick über die verschiedenen Hosts und die einmaligen und laufenden Kosten gibt die folgende Tabelle.

3.3 Arbeiten im Datennetz

Die Welt der Online-Datenbanken teilt sich zur Zeit in zwei Gruppen. Neben der klassischen Variante, die befehlsorientiert mit einer Retrivalsprache arbeitet, bietet fast jeder Host auch eine Suchseite im Internet oder ein spezielles Programm mit Auswahllisten und Menüs an. Beide Versionen haben Vor- und Nachteile. Die Suche mit Befehlen auf einer „nackten" Terminaloberfläche scheint zwar nicht mehr zeitgemäß zu sein, doch die meisten professionellen Rechercheure schätzen diese Variante. Vorausgesetzt, man beherrscht die Befehle der Retrivalsprache, sind ausgefeiltere und komplexere Suchen in kürzerer Zeit möglich.

- Für gelegentliche Benutzer führen menügeführte Suchen leichter zum Ziel.

Logistik

An die für eine Datenbankrecherche nötige Software werden keine großen Ansprüche gestellt. Ein handelsübliches Terminalprogramm oder sogar das kostenlose Windows-Terminalprogramm erfüllen die Mindestanforderungen. Ein komfortableres Programm erleichtert das Arbeiten in Datenbanken jedoch erheblich. Das preiswerteste und am flexibelsten einsetzbare Programm ist zur Zeit „STN-Express", welches beim Host „STN" für knapp 300 Mark erhältlich ist. Bei Hosts, die mit einer Menüführung arbeiten, sind die Programme beim Host erhältlich. Oft lohnt ein Blick auf die Internetseiten der Anbieter. So bieten die Hosts „Dialog" und „Datastar" das Programm „Dialoglink" gratis via Internet an.

Neben guter Kenntnis der Such-Programme sollte sich der Rechercheur auch mit den Strukturen der einzelnen Datenbanken auseinandergesetzt haben. Diese Strukturen können sehr unterschiedlich sein. Der Rechercheur sollte sich darum zu allen Datenbanken, die ein Host anbietet, die jeweiligen Datenbankbeschreibungen beschaffen. Die entsprechenden Sammel-Ordner sind meist für 100 – 200 Mark über den Host erhältlich.

- Versuchen Sie nicht, dieses Geld zu sparen. Die Datenbankbeschreibungen sind für eine gute Recherche essentiell.

Host	Angebot	Internet Recherche	Adresse
GBI	Ca. 100 Datenbanken aus folgenden Bereichen: Wirtschaft, Presse, Management und Volltexte der wichtigsten deutschen Tageszeitungen	http://www.gbi.de	GBI Freischützstr. 96 81927 München
STN	Ca. 200 Datenbanken aus folgenden Bereichen: Naturwissenschaften, Technik, Patente und Wirtschaft.	http://stneasy.fiz-karlsruhe.de	STN International Postfach 2465 76012 Karlsruhe
DIMDI	Ca. 90 Datenbanken aus folgenden Bereichen: Medizin und Toxikologie	http://gripsdb.dimdi.de /germ/login.html	DIMDI Weißhausstr. 27 50939 Köln
FIZ-Technik	Ca. 120 Datenbanken aus folgenden Bereichen: Wissenschaft, Technik, Naturwissenschaften und Patente.	http://www.fiz-technik.de/index1.htm	FIZ-Technik Ostbahnhofstr. 13 60314 Frankfurt/M.
ESA-IRS	Ca. 200 Datenbanken aus folgenden Bereichen: Technik und Naturwissenschaften	http://www.eins.org	Technologie-Vermittlungs-Agentur Berlin e.V., Wattstr. 11-13 13355 Berlin
Dialog	Ca. 500 Datenbanken aus folgenden Bereichen: Wirtschaft, Presse, Naturwissenschaften, Technik und Patente.	http://www.dialog web.com/	Knight-Ridder Information GmbH Ostbahnhofstr. 13 60314 Frankfurt/M.
Datastar	Ca. 200 Datenbanken aus folgenden Bereichen: - Naturwissenschaften, Technik und Wirtschaft.	http://www.datastar web.com/	Knight-Ridder Information GmbH Ostbahnhofstr. 13 60314 Frankfurt/M.
Genios	Ca. 120 Datenbanken aus folgenden Bereichen: Wirtschaft und Presse	http://www.genios.de	GENIOS, Kasernenstr. 67 40213 Düsseldorf
Questel-Orbit	Ca. 270 Datenbanken aus folgenden Bereichen: Wirtschaft, Technik, Naturwissenschaften und Patente	http://www.questel.fr	Questel-Orbit, Lyoner Str. 15, 60528 Frankfurt/M.
Lexis-Nexis	Ca. 500 Datenbanken aus folgenden Bereichen: Wirtschaft, Presse, Patente und juristische Datenbanken.	http://www.lexis.com /xchange/	Lexis-Nexis Informations-service GmbH, Lindenstr. 37, 60325 Frankfurt/M.

Suchfelder

Die in einer Datenbank gespeicherten Informationen sind zum besseren und gezielteren Abruf aufbereitet. Das bedeutet, das in einem Dokument gespeicherte Wissen ist auf verschiedene Felder verteilt. Der Vorteil besteht darin, daß diese Felder gezielt zur Suche ausgewählt werden können. (Wären die Dokumente als reiner Fließtext organisiert, so könnte bei der Suche nach „1997" nicht zwischen einer Jahres-, Seiten- oder Preisangabe unterschieden werden.)

In den Kurzbeschreibungen der Datenbanken finden sich Angaben, aus welchen Datenfeldern das Dokument in der Datenbank besteht und wie diese für die Suche benannt werden müssen. Bei den meisten Hosts sucht der Kunde übrigens nicht automatisch in allen Suchfeldern. Ist kein Suchfeld angeben, wird nur in einer Auswahl, dem sogenannnten „Basic Index" gesucht.

* Vergewissern Sie sich vorher, welche Suchfelder Sie zwingend angeben müssen.

Die Suche von Begriffen kann grundsätzlich auf zwei Arten geschehen, der Freitext- und der Indexsuche. Bei der Freitextsuche gibt der Nutzer einen Suchbegriff ein und läßt diesen in den jeweiligen Feldern suchen. Die spezifischere Indexsuche arbeitet mit Listen, die beim Host aus den Einträgen der jeweiligen Felder bestehen. Die Indexlisten sind einsehbar. Besonders hilfreich sind Indexlisten bei Autoren- und Firmennamen. Hier kann die Schreibweise oder die Aufnahme in die Datenbank sehr unterschiedlich sein, weshalb ein Blick in den Index entsprechend hilfreich ist.

Fast jede Datenbank bietet außerdem spezielle Suchhilfen an, die über die einfache Freitextsuche hinausgehen. Dabei werden vom Datenbankproduzenten zusätzliche Codes und Schlagwörter vergeben. Klassifikationen oder Codes bezeichnen grobe Einteilungen in einzelne Gebiete, während Schlagwörter die einzelnen Dokumente genauer beschreiben.

Aufgrund der sehr unterschiedlichen Fachgebiete hat jeder Datenbankproduzent seine eigenen Codes aufgebaut. Zu den wenigen Codes, die von mehreren Datenbanken verwendet werden, gehören die „SIC"-Klassifikation (Standard Industry Codes) die in vielen Wirtschafts- und Unternehmensdatenbanken zu finden ist, „IPC" (Internationale Patentklassifikation) und der sogenannte „CODEN", eine Kodierung von Zeitschriftentiteln.

Vorteil der Suche mit Klassifikationen ist die gute Eingrenzung der Bereiche.

- Wenn Sie also Artikel über Unterhaltungselektronik in Taka Tuka Land suchen, läßt sich dies sehr einfach durch Angabe des Ländercodes und des SIC-Codes bewerkstelligen, während eine Abfrage mit Suchwörtern schwierig wäre.

Da die Codes vom Hersteller selber vergeben werden, ist eine sehr hohe Genauigkeit gewährleistet.

Neben dieser inhaltlich orientierten Aufbereitung gibt es auch Suchfelder, die formale Kriterien erschließen. So lassen sich in vielen bibliographischen Datenbanken über das Feld „Dokumenttyp" sinnvolle Eingrenzungen machen, wenn der Nutzer nur an Zeitschriftenartikeln oder nur an Konferenzberichten interessiert ist.

Suchwörter

Die große Kunst der Datenbankrecherche besteht allerdings nach wie vor in der geschickten Formulierung der Suchanfrage. Erste Hürde ist die Wahl der richtigen Suchwörter. Hinzu kommt, daß die überwiegende Zahl von Datenbanken in Englisch aufgebaut ist, nur wenige verwenden die deutsche oder andere Sprachen.

- Stellen Sie vorher die wichtigsten Begriffe und Fachtermina in der gefragten Sprache zusammen. Suchen Sie mögliche Synonyme und Akronyme (Kurzworte, z.B. KFZ).

Überlegen Sie auch, welche weiteren Begriffe den zu recherchierenden Sachverhalt am besten beschreiben und welche Begriffe Sie zusätzlich verwenden, wenn Ihre Suche zuviele oder zuwenige Treffer ergibt. Suchen Sie sich zusätzlich die in der Datenbank verwandten, zutreffenden Klassifikationen und Schlagwörter zusammen.

Um die Suchwörter an die in der Datenbank verwendeten Begriffe anzupassen, stehen weiterhin bei jeder Retrivalsprache „Operatoren" und „Maskierungen" zur Verfügung. Mit Operatoren lassen sich die gewünschten Verknüpfungen zwischen den Suchworten bestimmen, mit Maskierungen lassen sich Wortbestandteile suchen.

Operatoren

Die gebräuchlichsten Operatoren sind die logischen Operatoren „and", „or" und „not", die der Nutzer bei jedem Host verwenden kann.

Bei Eingabe von „Fernseher or Farbe" sucht das Programm alle Dokumente, in denen entweder „Fernseher" oder „Farbe" oder beide Begriffe zusammen auftauchen.

Bei Eingabe von „Fernseher and Farbe" erscheinen nur Dokumente, die beide Suchbegriffe enthalten. Bei „Fernseher not Farbe" werden solche Dokumente aufgeführt, die zwar den Begriff „Fernseher", nicht aber den Begriff „Farbe" enthalten.

- Mit dem „not"-Operator sollte ein Nutzer jedoch vorsichtig umgehen: Worte, die einen Ausschluß verschiedener Dokumente bewirken sollen, könnten in anderem Zusammenhang gebraucht worden sein.

Ein Suchauftrag zu Dokumenten über Schwarzweißfernseher, versehen mit dem Ausschluß „Fernseher not Farbe", ließe auch das folgende Dokument unberücksichtigt: „Schwarzweiß-Fernseher mit buntem Gehäuse bringen Farbe ins Wohnzimmer".

Bei einer Suche mit dem „and"-Operator kann andererseits der Sinnzusammenhang verloren gehen, wenn z.B. eines der Worte im Titel und das andere im letzten Abschnitt des Abstracts auftaucht. Hier helfen die weniger bekannten, dafür umso hilfreicheren „Kontextoperatoren" oder „Nachbarschaftsoperatoren". Mit diesen Operatoren lassen sich Abstand und Folge der Suchworte festlegen. Mit Kontextoperatoren läßt sich festlegen, welchen Abstand die Worte voneinander haben dürfen oder ob sie im gleichen Feld auftreten sollen.

- Denken Sie bei ihrer Suchanfrage auch an mögliche Variationen der Worte.

In einem Artikel, der Oxidationsprodukte einer chemischen Verbindung beschreibt, kann es unter anderem folgende sinnvolle Variationen der Worte „oxidation" und „product" geben:

76

„oxidation product", „products of oxidation", „product of their oxidation". Um alle diese Variationen zu erfassen, kann der Nutzer entweder alle Wörter als Suchbegriff eingeben oder Nachbarschaftsoperatoren einsetzen. Beim Host „STN" ließe sich die Anfrage in der spezifischen Retrivalsprache als „oxidation(2A)product" abkürzen. Der Nachbarschaftsoperator (2A) bewirkt, daß die Worte in der angegebenen und in umgekehrter Reihenfolge sowie mit bis zu zwei Wörtern dazwischen auftreten dürfen.

„Maskierungen" oder „Joker-Zeichen" sind ähnlich und doch sehr verschieden von Operatoren: Sie ermöglichen die Suche nach Wortstämmen oder Wortbestandteilen, indem sie als Platzhalter für beliebige Zeichen fungieren. Je nach Retrivalsprache kann solch ein Platzhalter für eine beliebige Anzahl weiterer Zeichen hinter dem Wortstamm stehen oder aber nur ein Zeichen zulassen. Wer etwa beim Host „STN" ein Fragezeichen hinter das Wort „Fernseh" setzt („Fernseh?"), erhält einen Berg Dokumente, die Fernseher, Fernsehmagazin, Fernsehmoderator, Fernsehelektronik, Fernsehtruhe usw. als Wort enthalten.

- Bei einer Suche mit einem maskierten Suchwort sollten Sie diese Gefahr im Auge behalten. Schließlich muß irgendjemand den wahrscheinlich sinnlosen „Informationsballast" lesen – und bezahlen.

Namensuche

Bei der Suche nach Namen ist die richtige Schreibweise von großer Wichtigkeit. Es gibt verschiedene Methoden, Personennamen in Datenbanken aufzunehmen:

Nachname, Vornamensinitial	Schreiber, H
Nachname Vornamensinitial	Schreiber H
Vornamensinitial Nachname	H Schreiber

Die Vornamen werden teilweise auch ausgeschrieben. Die sicherste Vorgehensweise ist das Arbeiten mit dem Index im jeweiligen Feld. Im Index steht die genaue Aufnahme des Suchbegriffs in der Datenbank. Eine andere Informationsquelle sind die Datenbankbeschreibungen. Probleme treten zusätzlich bei deutschen und asiatischen Namen sowie bei Mehrwortnamen auf. Die meisten Datenbanken werden in den USA hergestellt. Leider nehmen es Amerikaner nicht immer sehr genau mit deutschen Umlauten und anderen Namensbesonderheiten.

- Suchen sie deshalb neben dem aufgelösten Umlaut (ö=oe, ä=ae, ü=ue) auch die Schreibweise mit einfachen Vokal (Müller=Muller). Bei Nachnamen, die sich aus mehreren Wörtern zusammensetzen („Van der Burg" oder „Müller-Schneider"), lohnt sich ebenfalls das Ausprobieren weiterer Varianten („Vanderburg", Müllerschneider").

Auch bei asiatischen Namen ist die Schreibweise uneinheitlich. Im Gegensatz zur westlichen Kultur wird zum Beispiel in China der Familienname stets vor dem Kindesnamen genannt. So kann der Name „Lo(Nachname) Wai-chi (Kindesname)" versehentlich auch als „Wai-chi Lo" auftauchen, obwohl der Index auf die Erstnennung des Familiennamens aufgebaut ist. Problematisch sind ebenfalls Übersetzungen aus kyrillischer oder arabischer Schrift (Michael Gorbatschow wird in englischen Dokumenten zu Mikhail Gorbachev)

Eine besondere Herausforderung für den Datenbankrechercheur ist die Suche nach Firmen. Erstens ist eine Änderung des Firmennamens aufgrund der Änderung der Besitzverhältnisse oder der Rechtsform üblich. Zweitens haben Firmen oft selber keine einheitliche Schreibweise ihres Namens. Änderungen des Namens von Subunternehmen oder einzelnen Werken durch Umstrukturierung und Änderung der Rechtsform lassen sich nur mit viel Erfahrung in den Griff bekommen. Sofern es im Rahmen der Recherche machbar ist, hilft ein Anruf bei der Pressestelle der Firma am schnellsten weiter. Ansonsten sind Firmendatenbanken und die Wirtschaftspresse eine gute Fundquelle.

Die unterschiedlichen Schreibweisen der Firmen sind vor allem bei Patentanmeldungen ärgerlich, da in die Datenbank exakt die Schreibweise aus der Patentschrift übernommen wird. Ein Beispiel sind Patentanmeldungen der Firma „Dentaurum, J. P. Winkelstroeter KG" in der Datenbank „World Patent Index". Dazu wurde mit dem Befehl „Expand" beim Host „STN" die Indexliste der Datenbank, beginnend mit dem Eintrag „dentaurum", aufgeblättert:

= e dentaurum/pa

E3	35	⇒ DENTAURUM/PA
E4	5	DENTAURUM H P WINKE/PA
E5	11	DENTAURUM H P WINKELSTROETER/PA
E6	1	DENTAURUM H WINKELS/PA
E7	1	DENTAURUM H-P WINKE/PA
E8	1	DENTAURUM INC/PA
E9	2	DENTAURUM J P WINKE/PA
E10	3	DENTAURUM WINKEL JP/PA
E11	1	DENTAURUM WINKELST/PA
E12	10	DENTAURUM WINKELSTR/PA
E13	11	DENTAURUM WINKELSTROETER KG J P/PA

Die Zahlen hinter den E-Nummern geben jeweils an, wie oft der jeweilige Eintrag in der Datenbank vorkommt. Der Eintrag „Dentaurum Inc." ist genau einmal in der Datenbank vorhanden. Zudem sieht man, welche Schreibweisen des Firmennamens eingetragen sind. Erkennbar sind auch Schreibfehler (E4 – E7), was leider in jeder Datenbank vorkommt. Die einzelnen Einträge ließen sich aus dieser Liste durch einfache Angabe der E-Nummern zur Suche auswählen.

- Wenn Sie Firmennamen suchen, vergewissern Sie sich vorher durch Blättern im Index über die Schreibweise.

Dokumentbeschaffung

Nachweis-Datenbanken oder Bibliographische Datenbanken haben den größten Anteil an den verfügbaren Datenbanken. Sie liefern allerdings nur Hinweise, wo ein Dokument erschienen ist. Wenn die kurze Zusammenfassung des Artikels nicht ausreicht, muß das Original als Kopie besorgt werden. Der einfachste und billigste Weg führt in die nächstgelegene Universitätsbibliothek. Um vorab zu klären, welche Zeitschriften tatsächlich in der Bibliothek verfügbar sind, empfiehlt sich eine Recherche in der Zeitschriftendatenbank (ZDB) des Deutschen Bibliotheksinstituts (DBI) in Berlin. Diese Datenbank ist kostenfrei über Internet (http://www.dbilink.de) einsehbar. Als Mikrofiche lagert sie außerdem in fast allen Bibliotheken.

In der ZDB finden sich die Standorte und die Signaturen (das ist die Standortbeschreibung innerhalb der jeweiligen Bibliothek) der in deutschen Bibliotheken vorhandenen Zeitschriften. Gewöhnungsbedürftig ist die Kennzeichnung der Bibliotheken mit den Siegelcodes. So verbirgt sich hinter dem Siegelcode „BAW 16" die Universitätsbibliothek Heidelberg.

Es kann im Rahmen einer größeren Recherche durchaus interessant sein, einen Helfer mit einer Literaturliste zum Kopieren in eine entfernte Bibliothek zu schicken – wenn man mittels ZDB-Recherche vorher weiß, welche Zeitschriften dort verfügbar sind. Für Zeitschriften, die nicht in einer der zugänglichen Bibliotheken verfügbar sind, gibt es neben der sehr langwierigen Fernleihe den Weg der Literaturbestellung. Mittlerweile bieten viele Bibliotheken die Literaturbeschaffung als Dienstlstung an – zu unterschiedlichen Gebühren. Meist ist die Lieferung per Fax am gleichen Tag gegen Aufpreis möglich.

Der größte Lieferant von Artikelkopien in Deutschland ist die Technische Informationsbibliothek Hannover (TIB). Die Bestellung ist dort direkt per Fax möglich, die Preise betragen 18 Mark für die Normalbestellung eines Artikels und 41 Mark für die Eillieferung per Fax. Ein neues Angebot von z.Zt. 16 deutschen Bibliotheken ist das elektronische Bestellsystem SUBITO. Ziel von SUBITO ist es, eine schnelle und preisgünstige Literaturbeschaffung zu erreichen. Die Bestellung wird nach einer Registrierung per Internet aufgegeben und die Lieferung erfolgt elektronisch per E-Mail. Dadurch werden Preise von ca. 10 bis 25 Mark, bei sehr kurzen Lieferzeiten, erreicht. Eine Registrierung zum SUBITO-Dienst erfolgt unter "http://www.subito-doc.de".

- Bei allen Datenbankanbietern ist es möglich, die gefundenen Literaturstellen direkt als Bestellung an eine Bibliothek oder einen anderen Lieferanten solcher Originalliteratur zu senden. Daneben sind auch viele Dokumentlieferanten im Internet vertreten. Durch die Vielzahl von Dokumentlieferanten läßt sich heutzutage fast jedes Dokument als Kopie besorgen.

3.4   Auf Datenjagd

Basisrecherche

Um einen Einstieg in ein Thema zu bekommen oder um den fachlichen Hintergrund einer bestimmten Fragestellung aufzuarbeiten, ist eine Basisrecherche nach dem Stand der Dinge, der Technik oder Forschung notwendig (siehe auch: 4.2 Basisrecherche). Informationsquellen dafür sind Fachliteratur, Forschungsberichte, Konferenzberichte, oder auch Patentveröffentlichungen. Alle diese Quellen sind über Datenbanken erschlossen, und angesichts der immensen Literaturmengen wäre eine sinnvolle Recherche ohne Datenbanken auch kaum mehr vorzunehmen. Für große Datenbanken wie den „Chemical Abstract" (Hosts „STN", „Dialog", „Questel", „ESA-IRS") werden bis zu 9000 Zeitschriften ausgewertet.

Neben der Menge ist die Sprache ein großes Problem. Zwar dominiert Englisch als Fachsprache, aber auch andere Sprachen wie Russisch, Deutsch, Französisch, Japanisch und Chinesisch haben noch großen Anteil an den wissenschaftlichen und anderen relevanten Fach-Veröffentlichungen.

Auch hier sind Datenbanken eine große Hilfe, denn fast alle diese Veröffentlichungen sind über Datenbanken in Englisch (wenigstens als Zusammenfassung) erhältlich, so daß der Rechercheur Informationen erhält, die ihm sonst durch eventuelle Sprachbarrieren verschlossen blieben. Zum Einstieg in eine Thematik genügen meist mehrere Artikel, die einen allgemeinen Überblick geben.

Oft unterschätzt wird die fachliche Information, die in Patenten enthalten ist. Für viele Bereiche der Technik sind Patente die wichtigste Informationsquelle, wenn es um den Stand der Technik geht.

Ein Patent ist die erste und oftmals auch die einzige Veröffentlichung zu einer Entwicklung. Als Problem wird meistens die sehr schwer verständliche Patentsprache empfunden. Dieses Manko wird zum Beispiel von der Datenbank „WORLD PATENT INDEX" (Hosts „STN", „Dialog", „Questel/Orbit") behoben, da der Datenbankproduzent zu allen Patenten eine allgemeinverständliche Zusammenfassung schreibt.

Experten

In vielen Fällen muß ein Rechercheur auf Experten zurückgreifen (siehe auch: 2.9 Experten). Eine gut gepflegte Adreßdatenbank ist in diesem Moment Gold wert. Doch was, wenn die Datenbank für den speziellen Fall nichts bietet?

Den richtigen Experten schnell ausfindig zu machen, kann einem Rechercheur viel Arbeit ersparen. Eine Methode, Experten aus der Wissenschaft ausfindig zu machen, ist die Suche über Veröffentlichungen in der Fachliteratur. Die Publikationen innerhalb eines Fachgebietes lassen sich relativ leicht statistisch auswerten. So gewinnt der Rechercheur Angaben über Personen, die auf dem jeweiligen Gebiet gerade sehr aktiv sind.

Als weiteres Kriterium für die Identifizierung eines Experten lassen sich auch die Zitierungen eines Artikels auswerten: Wer häufig von der Fachwelt zitiert wird, hat meistens wichtige Beiträge auf seinem Gebiet geliefert.

- Die Datenbank „Science Citation Index" bietet sowohl Zugang zur wissenschaftlichen Literatur als auch zu Zitaten.

Auf diese Weise lassen sich hervorragend Ranglisten aufstellen, welche die am meisten zitierten Autoren innerhalb ihres Fachs sind. Andere Datenbanken, die sich gut für eine Expertensuche eignen, sind solche, die sich mit Forschungsförderung beschäftigen, z.B. die Datenbank „FORKAT" (Host „STN"), die alle von der Bundesregierung geförderten Vorhaben aufnimmt, oder die Datenbank „UFORDAT" (Hosts „Datastar", „FIZ-Technik" und „STN"), die alle Forschungsvorhaben im Umweltbereich erfaßt.

- Eine spezielle Datenbank ist die FHGPUBLICA, die nur Literatur und Veröffentlichungen der Fraunhofer-Institute erfaßt. Sie ist eine der wenigen Datenbanken, die nur im Internet und kostenlos zur Verfügung steht (http://www.irb.fhg.de/publica).

Datenbanken eignen sich auch sehr gut, um tiefergehende Informationen zu einem Experten zu erhalten. Es lassen sich leicht alle Veröffentlichungen eines Autoren suchen und auswerten. So erhält der Rechercheur leicht Informationen über einzelne Arbeitsgebiete, Auftraggeber und über die Zusammenarbeit mit Firmen und Institutionen.

Doch nicht nur über Experten, sondern auch über Personen des öffentlichen Lebens und weniger bekannte, läßt sich mittels Datenbanken und Internet viel in Erfahrung bringen. Die in Datenbanken gespeicherten Quellen reichen von den Biographien des Munzinger Archivs über Konferenzberichte bis zu Artikeln in Tageszeitungen. Für Informationen über Personen des öffentlichen Lebens sind die Online-Archive der Tageszeitungen die reichhaltigste Quelle. Alle bedeutenden Tageszeitungen Europas und der USA sind inzwischen bei einem der in Deutschland vertretenen Hosts verfügbar. Für Deutschland und die USA sind sogar viele Regionalzeitungen abrufbar.

Kongresse und Konferenzen

Im Rahmen einer Recherche kann es notwendig erscheinen, Veranstaltungen und Konferenzen zu besuchen: Einmal, um sich das entsprechend aktuelle Fachwissen anzueignen, zum anderen, um unveröffentlichtes Wissen in Erfahrung zu bringen. Zudem sind Konferenzen gute Kontaktbörsen (siehe auch: 2.11 Kongresse/Konferenzen).

Es gibt mehrere Datenbanken, die Termine von Konferenzen und Tagungen erfassen. In der Datenbank CONF (Host „STN") lassen sich wissenschaftliche und technische Veranstaltungen aus den Bereichen Energie, Physik, Chemie und Mathematik recherchieren. In der Datenbank Eventline (Hosts „STN", „DATASTAR, „ESA-IRS") finden sich auch andere Veranstaltungen wie etwa die Termine der Olympischen Spiele. In verschiedenen Datenbanken lassen sich außerdem gezielt Konferenzberichte recherchieren, die meist früher erscheinen als die entsprechenden Veröffentlichungen in der Fachliteratur.

Firmen

Informationen über Firmen sind reichhaltig in Datenbanken vertreten. Die wesentlichen wirtschaftlichen Daten sowie die Führungsriege sind über die einschlägigen Firmendatenbanken zu erhalten. Weitergehende Information ist am ehesten in der Wirtschaftspresse zu finden, die sich fast vollständig im Volltext recherchieren läßt.

An welchen Entwicklungen eine Firma beteiligt ist, läßt sich gut und preiswert über eine Recherche in Patentdatenbanken herausfinden. Dazu braucht der Rechercheur lediglich über einen Host ("Dialog", „STN", Questal-Orbit") eine Statistik der angemeldeten Patente gemäß der – als Buch erhältlichen – „Internationalen Patentklassifikation" (IPC) erstellen lassen. Eine solche Statistik kostet meist nicht mehr als 20 bis 50 Mark.

Stoffe und Substanzen

Die Suche nach Information über chemische Substanzen ist tückisch. Zwar gibt es eine standardisierte Namensgebung, die „IUPAC"-Nomenklatur, doch haben sich alternativ dazu Trivialnamen eingebürgert. Außerdem halten sich nicht alle Benutzer an die korrekten Bezeichnungen bzw. beherrschen diese nicht. Manchmal werden die IUPAC-Namen komplexerer Substanzen auch sehr unhandlich: Wer redet schon gern von 2,3,7,8-Tetrachloro-Dibenzo[b,e][1,4]dioxin, wenn er auch Dioxin sagen kann und ihn jeder versteht?

Einen Ausweg aus diesem Dilemma bieten die „CAS-Registry"-Nummern. Der „Chemical Abstract Service" vergibt für jede Substanz die in der Literatur erscheint, eine Nummer im Format: „XXXX-XX-X", wobei „X" jeweils für eine Ziffer steht. Da von „CAS" annähernd die gesamte chemische Literatur erfaßt wird, existieren für alle relevanten Stoffe CAS-Registry Nummern. Datenbanken, in denen Informationen über chemische Stoffe zu finden sind, bedienen sich dieser Vorarbeit und erfassen die CAS-Registry Nummern in einem getrennten Feld für die Suche. Dadurch sinkt die Gefahr von falschen Ergebnissen deutlich: So ist die Gefahr von Tippfehlern bei Eingabe von „1746-01-6" wesentlich geringer als bei „2,3,7,8-Tetrachloro-Dibenzo[b,e][1,4]dioxin". Zum anderen entfällt die mühsame Suche nach den verschiedenen Namenssynonymen und Handelsbezeichnungen.

- Wenn eine Datenbank die CAS-Registry Nummern in einem getrennten Feld erfaßt, sollten Sie diese unbedingt zur Suche heranziehen.

Die CAS-Registry Nummer eines Stoffes läßt sich über mehrere Wege ermitteln. Der beste Weg geht über die CAS-Datenbank „REGISTRY" beim Host „STN" oder unter dem Namen „Chemsearch" beim Host „Dialog".

Dort sind die Substanzen mit den Namenssynonymen, eine Strukturgrafik und die zugehörige CAS-Nummer verzeichnet. Eine preiswerte Alternative für die Recherche gebräuchlicher Chemikalien ist der CHEMFINDER, den die Firma Camsoft im Internet betreibt (http://chemfinder.camsoft.com), sowie die Datenbank „ECDIN". Diese sehr gute Stoffdatenbank beschreibt Eigenschaften und die Umwelt- und Gesundheitsgefahren von Chemikalien (http://ulisse.etoit.eudra.org/Ecdin/Ecdin.html).

Informationsvermittler

Für viele Rechercheure und ihre Kunden stellt sich die Frage: Lohnt es sich, selber in Datenbanken zu recherchieren?

Einfache Fragestellungen in Datenbanken sollten heutzutage von einem Rechercheur bearbeitet werden können – genauso wie der Umgang mit dem Internet jedem Rechercheur vertraut sein muß.

Wie weit sich ein Rechercheur in das Thema „Suche in Datenbanken" einarbeiten will, hängt vom individuellen Informationsbedarf ab. Ist ein Rechercheur überwiegend auf einem eng umgrenzten Spezialgebiet tätig, so kann es durchaus interessant sein, tiefer in diese Recherchetechnik einzusteigen, um seinen Kunden eine entsprechend spezifizierte und fundierte Arbeit bieten zu können. Wer aber auf vielen verschiedenen Gebieten tätig ist, für den kann es schwierig werden, auf allen Gebieten gleichermaßen gute Datenbankrecherchen abzuliefern. In solchen Fällen kann es sinnvoller sein, einen Informationsvermittler mit der Datenbankrecherche zu beauftragen.

Informationsvermittler oder auch „Infobroker" werden im Gegensatz zum Rechercheur zur Beschaffung schon vorhandenen Wissens engagiert. Informationsvermittler kennen sich optimal aus mit Möglichkeiten und Wegen, die elektronischen Medien anzuzapfen. Einen Großteil seiner Zeit verbringt der Informationsvermittler damit, sich auf dem laufenden zu halten. Das muß er, denn die Informationsbranche ist extrem dynamisch und entwickelt sich entsprechend schnell.

Wenn ein Rechercheur mit den Methoden der Online-Recherche nicht sehr gut vertraut ist, aber trotzdem gute und verläßliche Informationen aus einer Datenbank braucht, ist der Gang zu einem Informationsvermittler der beste Weg.

Die meisten Informationsvermittler sind auf ein begrenztes Fachgebiet spezialisiert, in dem sie über sehr gute Kenntnisse verfügen. Entsprechend vermögen sie den Wert bestimmter Rechercheergebnisse aus Datenbanken zu bewerten. Die Auswahl eines Informationsvermittlers sollte daher entsprechend des gewünschten Fachgebietes ausfallen. Neben den vielen freiberuflichen Informationsvermittlern bieten auch Bibliotheken und verschiedene Organisationen Recherchedienste an, die teilweise recht preisgünstig sind. Einfache Recherchen kosten oftmals nicht mehr als 100-500 Mark. Für aufwendigere Arbeiten können aber durchaus mehrere tausend Mark fällig werden.

Welcher Informationsvermittler für eine spezielle Recherche in Frage kommt, läßt sich über die lokalen Arbeitskreise für Information bei der „Deutschen Gesellschaft für Dokumentation" herausfinden. Das Verzeichnis ist im Internet unter „http://www.darmstadt.gmd.de/DGD/" zu finden. Lohnenswert ist auch ein Besuch der jährlichen Messe der Informationsbranche, die „INFOBASE", die jeweils im Mai stattfindet.

Für Rückfragen steht auch der Autor dieses Artikels zur Verfügung.

4. Systematik

Systematik, das ist, laut Brockhaus, die „planmäßige Darstellung und Ordnung; die Kunst, ein System aufzubauen", auch „die Wissenschaft und Lehre von der Systembildung". Letzteres übersteigt eindeutig die Ansprüche der Autoren – der Aufbau einer planmäßigen Ordnung ist ihnen Wissenschaft genug.

Am Beginn der Systematik steht die Schaffung bzw. Bereitstellung der erforderlichen Infrastruktur. Im Prinzip braucht es dazu nicht mehr als Papier und Bleistift, festes Schuhwerk, außerdem ein funktionierendes Gehör und Augen zum sehen. (Nicht einmal das ist wahr, es gibt eine Reihe blinder Journalisten, die erfolgreich ihre „Sicht der Welt" vermitteln.)

Zum Start einer professionellen Recherche sollte allerdings schon etwas mehr Ausrüstung zur Verfügung stehen. Um nicht lange drum herum zu reden: Circa 9.000 – 10.000 Mark kostet die Einrichtung eines Einzelarbeitsplatzes leicht (Stand: 1997). Ein Gruppenarbeitsplatz kommt rund 25 Prozent billiger.

Zur Mindestausstattung (siehe auch: 2.13 Praktische Hilfsmittel) sollten gehören:

- ISDN-Anschluß mit Telefon, zusätzlichem Faxgerät und Anrufbeantworter (ca. 1.000 – 1.500 Mark)

- Computer (Notebook, der Rechercheur ist oft unterwegs und soll Reisezeit zum Arbeiten nutzen) (ca. 4.500 Mark)

- Fax/Internet-Modem (ca. 200 – 400 Mark)

- Internet-Anschluß (ca. 120 – 600 Mark/Jahr)

- Software (Textsystem, Datenbank und -verarbeitung) (ca. 700 Mark)

- Drucker (ca. 400 – 1.000 Mark)

- Enzyklopädie (als CD-ROM ca. 200 Mark)

- Atlas (ca. 50 – 350 Mark)

- Duden, Englisch-Deutsch-Wörterbuch (zusammen ca. 150 – 200 Mark)

- Bandaufnahmegerät (ca. 300 – 500 Mark)

- Photoapparat (ca. 200 Mark – ultimo)

- Oeckl – Taschenbuch des öffentlichen Lebens (142,50 Mark)

- weitere Adreßbücher (ca. 200 Mark)

- diverser Kleinkram (ca. 200 Mark)

- Bahncard 1. oder 2. Klasse 480 Mark/240 Mark

Ob jemand eine Bahncard braucht oder nicht, bleibt natürlich eine individuelle Entscheidung. Erstmal ist sie davon abhängig zu machen, ob das ins Auge gefaßte – räumliche – Recherchegebiet über das lokale Umfeld hinausgeht. Sofern dies zutrifft: Die Autoren hat Erfahrung gelehrt, daß die Nutzung von PKW nicht effektiv ist. Wer ein Auto steuert, verbraucht wertvolle Arbeitszeit, die für Aktenstudium oder Computerarbeit genutzt werden kann.

Die Taktik, ganz auf ein eigenes Fahrzeug zu verzichten, zahlt sich übrigens auch für Freiberufler aus. Für Recherchen, die in Gebiete mit schlechtem öffentlichem Nahverkehr führen, ist es ratsam, bis zum nächstgrößeren Bahnhof zu reisen und dort einen Mietwagen zu nehmen. Das kostet nicht mehr Geld als ein Dienstfahrzeug, spart Nerven und schenkt Arbeitszeit.

Arbeitskleidung

An dieser Stelle ein paar Worte zur Arbeitskleidung: Es gibt unter manchen Männern eine verbreitete Abneigung gegen das Tragen von Schlips und Kragen, und einige Frauen mögen sich nicht so elegant-konservativ kleiden, wie das in manchen Bereichen der Geschäftswelt üblich ist.

Wie man sich kleidet, ist natürlich jedermanns Sache. Aber wie man in den Wald hineinruft, so schallt es heraus.

In praktisch allen europäischen Ländern (und übrigens auch sämtlichen außereuropäischen Ländern, welche die Autoren bis heute besucht haben) gilt das Tragen von Krawatte und Anzug, zumindest Jackett, respektive Kleid, Kostüm etc., als Zeichen gegenseitiger Achtung – sobald man sich in bestimmten Kreisen bewegt. Wer sich in Jeans und T-Shirt einem Anzugträger gegenübersetzt, riskiert damit, daß dieser sich respektlos behandelt oder nicht für vollgenommen fühlt. Kein guter Beginn für einen Recherchetermin.

Natürlich ist es genauso wenig ratsam, im Smoking Punks zu besuchen oder im Lodenjanker eine Diskussions-Veranstaltung linker Gruppen. Ein erfahrener Rechercheur versucht sich stets in Camouflage, sich also seiner gesellschaftlichen Umgebung so gut wie möglich anzupassen.

Menschen fühlen sich bekanntlich in der Gruppe wohl. Störenfriede, oder auch nur solche, die im Verdacht stehen, vielleicht Störenfriede zu sein, werden regelmäßig ausgegrenzt. Der Rechercheur trägt – versteckt im Kopf – Berge von Konfliktmaterial mit sich herum. Er wird dieses Wissen im Laufe eines Recherchegesprächs möglicherweise hervorholen und sein Gegenüber damit konfrontieren (siehe auch: 8. Gesprächsführung). Da ist es nicht nötig, durch das Tragen unangebrachter Kleidung zusätzlichen Ärger zu provozieren. Sicher ist das alles Maskerade. Wenn Sie das allerdings für überflüssig halten, dann gehen Sie doch mal unverkleidet auf ein Kostümfest!

Ein letztes Mal zum Thema äußeres Erscheinungsbild: Buttons („Atomkraft – nein Danke"; „FC Bayern München"; „Ausländer rein") sind ungefragte Meinungsbekundungen. Sie behindern das Recherchegespräch unnütz. Vielleicht haßt der eigentlich sympathische Gesprächspartner den FC Bayern bis aufs Blut ... Noch unangebrachter ist in diesem Zusammenhang das Präsentieren von Parteiabzeichen oder das ungefragte Absondern politischer Bekenntnisse. „Ich bin, wer ich bin!", ist ein netter, trotzig-frecher Satz von jungen Leuten auf dem Weg zur Bewußtseinsbildung. Ein Rechercheur sollte diesen Prozeß hinter sich gebracht haben und mit genügend Selbstbewußtsein ausgestattet sein, um auch in einer ungewohnten Schale souverän zu operieren. Für sein Gegenüber darf er entweder in die eigenen Reihen oder im Zweifelsfall gar nicht einordbar sein. Wer als König der Individualisten an diese Arbeit geht, hat schlicht seinen Beruf verfehlt.

Gespräche aufzeichnen

Zum Einsatz der Arbeitsmittel: Für das Aufzeichnen von Telefongesprächen oder Interviews ist der Notizblock nach wie vor unschlagbar – weil Schreiben von Hand keine störenden Geräusche verursacht. Auch wenn es auf das Gleiche hinausläuft – das ständige Klappern einer Computertastatur weckt beim Befragten schnell das Gefühl, überwacht zu werden („Das kommt alles ins Protokoll!") und kann dessen freie Rede behindern. Wenigstens sollte der Rechercheur den Einsatz seines Computers ankündigen („Haben Sie etwas dagegen, wenn ich meine Notizen gleich in den Computer schreibe?") Unter Zuhilfenahme einer quasi lautlosen Tastatur kann man beim Telefonieren aber bequem gleich in den Computer tippen.

Beim Gespräch von Angesicht zu Angesicht ist der (tragbare) Computer für Aufzeichnungen nicht zu empfehlen. Der Fragende verwendet erfahrungsgemäß zuviel Zeit auf das Betrachten des Bildschirmes bzw. der Tastatur, anstatt sein Gegenüber im Auge zu behalten. Selbst wenn man das Zehn-Finger-System beherrscht und blind schreiben kann, bleibt das Notebook leicht als kleines Bollwerk zwischen den Gesprächspartnern stehen.

Der Notizblock hingegen liegt klein und unsichtbar auf dem Schoß oder flach auf dem Tisch. Mit ein bißchen Übung gelingt es jedem, zeilenweise blind zu schreiben – und dabei sein Gegenüber weiter zu beobachten.

Ein Bandaufnahmegerät (als Walkman) oder auch das noch kleinere Diktaphon erfüllen den Zweck, einen ungehinderten Gesprächsfluß zu ermöglichen, noch weitaus besser als ein Schreibblock. Dafür haben diese Geräte einen Nachteil: Sie müssen später abgehört werden. Das Verstichworten einer einstündigen Bandaufzeichnung dauert etwa drei Stunden. Das Übertragen der wichtigsten Informationen eines einstündigen Gesprächs aus dem Notizblock in den Computer benötigt 15 bis maximal 45 Minuten. Bandaufzeichnungen sind deshalb nur sinnvoll, wenn

- den gemachten Aufzeichnungen einmal rechtliche Relevanz zukommen könnte,

- der Gesprächspartner selbst ein Aufnahmegerät laufen läßt (also ein Konflikt von seiner Seite einkalkuliert wird),

- es darum geht, Original-Zitate zu sammeln.

Warnung: Das Belassen von Informationen auf der Kassette, ohne sie umgehend auf einen anderen Datenträger zu übertragen, ist ein schwerer Fehler. Nach einer Woche hat der Rechercheur wichtige Teile des Gesprächs vergessen. Wann was gesagt wurde, weiß er auch nicht mehr, und kein Kollege oder Nachfolger wird eines fernen Tages auf die Idee kommen, den Kassettenbestand des Vorgängers noch einmal gründlich durchzuhören.

Datenerfassung

Nicht anders ist es mit der beliebten Zettelwirtschaft. Den persönlichen Notizblock kann jeder Rechercheur bis zu seinem Begräbnis aufbewahren, nur muß er die darin enthaltenen Informationen vorher unbedingt in einen kompatiblen Datenspeicher eingeben. Es ist eine Krankheit, wichtige Unterlagen für niemanden zugänglich oder unlesbar aufzubewahren. Wenn der Rechercheur dann eines Tages die Arbeitsstelle wechselt, findet sein Nachfolger einen Aktenschrank voller loser Zettel und unsortierter Papiere. Diese sind mit Hieroglyphen oder kleinen Zeichnungen verziert, versehen mit Orientierungshilfen, die nur der – verstorbene – Verfasser selbst versteht: „18.9.6 Gespr. Reg. wg. Po.". Das war wahrscheinlich ein Gespräch am 18.9.1996 mit einem Reginald?-Regierungsrat?-Regisseur? wegen Polizei?-Posten?-Pokern?

Aufzeichnungen sollten leicht auffindbar und vor allem kompatibel sein. Nur so ist ein potentieller Nachfolger in der Lage, den einmal begonnenen Faden wieder aufzunehmen und weiterzuspinnen.

Arbeiten Rechercheure im Team, ist die Kompatibilität und leichte Aufrufbarkeit des Wissens umso wichtiger. Bevor die eigentliche Arbeit beginnt, ist es daher unabdingbar, ein System zur Erfassung und Speicherung von Daten auszuwählen.

Es gibt heute genügend Textverarbeitungssysteme auf dem Markt, die den Bedürfnissen eines Rechercheurs oder Rechercheteams entsprechen. Da die Systeme ständig überarbeitet bzw. verbessert werden, sollte jeder für sich entscheiden, welches Produkt er wählt.

Wichtig ist, daß das System über separate Text- und Adressenverwaltung verfügt. Die Adressenverwaltung sollte so angelegt sein, daß man darin zu einzelnen Themengebieten entsprechende Unterverzeichnisse einrichten kann. Für den Kurzüberblick ist es außerdem nützlich, in den Listen benannte Ansprechpartner grob zu kategorisieren. Ein * hinter dem Namen könnte heißen: besonders hilfsbereit; ein #: feindlich gesonnen und keine Kennzeichnung (ca. 75 Prozent der Fälle): neutral.

Abhängig davon, ob bereits Textverarbeitungssysteme vorhanden sind und wie die Datenspeicherung darin organisiert ist, wird jeder respektive jedes Team eine auf seine Bedürfnisse zugeschnittene Systematik entwickeln.

Aus diesen Gründen erhebt die nun und in den folgenden Kapiteln beschriebene Systematik und Vorgehensweise keineswegs Anspruch auf Allgemein-, geschweige denn Alleingültigkeit, sondern ist das Resultat individueller Erfahrungen. Grundsätzlich gilt: Jedes System, das funktioniert, ist ein gutes System.

Damit das im weiteren beschriebene System funktioniert, sollte die zugehörige Datenbank auf wenigstens zwei oder drei Ebenen organisiert sein: Unten die Gesprächsprotokolle, eingescannte Dokumente, Faxe etc., oben die daraus zusammengefaßten Berichte und darüber (falls mehrere Personen am selben Thema gearbeitet haben) das Endergebnis.

Ein Gesprächsprotokoll sollte im Datenkopf wenigstens folgende Informationen enthalten:

- Recherchethema,

- Protokollnummer o.ä.,

- Verknüpfungen (falls über die Quelle auch Informationen zu anderen Wissengebieten abrufbar sind),

- Datum,

- Firma/Ansprechpartner,

- Telefon/Fax,

- Adresse.

Das Herstellen des Datenkopfes bedeutet keinen großen Aufwand. Adressverwaltungen fügen die benötigten Daten per Befehl oder automatisch ein. Gleiches gilt für die sehr nützlichen Verknüpfungen. Ein Gesprächspartner hat vielleicht nicht nur brauchbare Informationen zum Thema „Getreidehandel" sondern ist zufällig außerdem Experte für den Einsatz robusten Saatgutes in Feuchtgebieten bei tropischem Klima. Kann ja mal nützlich sein, dieses Wissen. Eine verknüpfte Adresse wird bei Aufrufen eines der Schlagworte „Saatgut/Tropen" automatisch oder nach Befehlseingabe dorthin übertragen.

Im Protokoll sollte außerdem festgehalten sein

- wo das Gespräch stattgefunden hat,

- welche Aufzeichnungsform gewählt wurde (Papier, Kassette, Diskette),

- ob und wo die Originalunterlagen archiviert sind (nur bei entscheidenden Ergebnissen ein Muß),

- kurze Zusammenfassung des Gesprächs, darin hervorgehoben:

- Kernaussagen des Befragten (Originalzitate kenntlich machen und vor Aufnahme in das Protokoll vom Befragten bestätigen lassen; eine Nichtbestätigung ggf. vermerken),

- kurze Bewertung des Gesprächs (effektiv/ineffektiv; präzis/ schwammig),

- Bewertung des Befragten (hilfsbereit/neutral/feindlich; humorvoll/nüchtern; andere wichtige Hinweise: haßt Fremdworte/Tennisfan usw.),

- Zeitfaktor (kamen Antworten sofort/nach Tagen/erst nach mehrfacher Mahnung).

Je wichtiger ein Gespräch für das Zustandekommen des Recherche-Ergebnisses war, desto genauer sollte das Protokoll ausfallen. Je gründlicher sich der Rechercheur zu Beginn an solche Systematik hält, desto einfacher kann er nach gewonnener Erfahrung abspecken. Der umgekehrte Weg ist unendlich schwerer.

Aufbereitung

Nach Erledigung der Quellenerfassung und Abschluß der Recherche schreibt der Journalist seinen Artikel. Wie der gestaltet ist, liegt im Ermessen der Redaktion. Worin sich Report, Reportage, Kommentar, Feature, Bericht, Meldung usw. unterscheiden, ist in der zahlreichen einschlägigen Literatur nachzulesen.

Der Rechercheur schreibt seinen für den Auftraggeber bestimmten Bericht. Er liegt oberhalb der Protokollebene und ist aus den relevanten Protokollen zusammengefaßt.

Am Beginn des Berichtes sollte eine sehr kurze Zusammenfassung von maximal einer Seite Länge für den eiligen Leser stehen. Darin sind alle Kernaussagen enthalten, allerdings nicht erklärt oder begründet.

Der auf die Zusammenfassung folgende längere Text ist in Kapitel gegliedert, welche die Übersicht verbessern und das leichte Auffinden einzelner Punkte ermöglichen. Wo dies angebracht ist, sollten graphische Mittel zur Auflockerung des Textes eingesetzt werden. Das fördert das Verständnis und freut Auge und Gedächtnis.

Der Haupttext selbst sollte eine Länge von zehn Seiten möglichst nicht überschreiten – nach Erfahrung der Autoren werden längere Texte entweder gar nicht oder nicht gründlich genug gelesen.

Für alle Aussagen im Haupttext werden Quellen (Protokollnummern) genannt, die am Ende des Berichtes verkürzt aufgelistet sind. So kann der Leser rasch prüfen, ob z.B. eine Information über ein Produkt von der Konkurrenz stammt, von einer Behörde oder einer Verbraucherorganisation. Zitate sind kenntlich gemacht. Nicht gegengeprüfte oder gegenprüfbare Aussagen sind kenntlich gemacht.

Wenn es angebracht scheint, kann gegen Ende des Berichtes eine kurze Bewertung von Seiten des Verfassers stehen. Am Platz ist auch – falls es Sinn macht – eine Empfehlung für weitere Recherchen.

Das Resultat könnte dann ungefähr so aussehen (Achtung! Alle technischen Details sind frei erfunden):

RECHERCHEBÜRO ENTENHAUSEN

Möglichkeiten zum Export von Fernsehgeräten nach Taka-Tuka-Land

für: Glotz Fernsehgeräte AG, Metropolis

25.7.97

Zusammenfassung:

Der Bedarf an Fernsehern in Taka-Tuka-Land (TTL) beläuft sich z.Z. auf 1,2 Mio Stück per anno. Bedarf wächst um 15 Prozent/anno. Tatsächlicher Absatz: 900.000 St./anno. Absatz wächst um 7 Prozent/anno. Die hohe Nachfrage führt zu um 85 Prozent erhöhten Nettogewinnen gegenüber EU-Markt.

Größten Marktanteil haben S/W-Fernseher mit 55 cm Bildschirmdiagonale (1995: 480.000 Stück). Ab 2001 werden Farbfernseher mit 48 cm Diagonale den Markt beherrschen. Prognose dieses Produktes für 2001: 840.000 St/a.

Importbedingungen:

- 49 Prozent Projektbeteiligung für einheimische Firma (zwei potentielle Kandidaten identifiziert),

- Lizenz des Handelsministeriums (limitiert!),

- 6 Wochen Service-Schulung für 150 TTL-Techniker in Deutschland,

Geschätzter Zeitraum zwischen Verhandlungsbeginn und Vertragsabschluß: 12 Monate (Schnellverfahren: 4 Monate).

Zusätzliche Kosten für Schnellverfahren: ca. 150.000 Mark (Kontakte sind bereits aufgebaut).

Konkurrenz (Watch Brothers, Manchester/UK) ist stark und z.Z. Monopolist in TTL.

Geräteanforderungen:

- PAL/SECAM System,

- verbesserte Abdichtung gegen Staub,

- Resistenz gegen hohe Luftfeuchtigkeit (ca. 92 Prozent),

- einfache Technik (EU-Niveau 1975), keine Sensoren,

- zusätzlicher Spannungsregler,

- maximaler Preis/Stück bei Lieferung nach TTL/Hafen: 250 Mark.

Hinweis des Verfassers: sehr gute Marktchancen für Glotz im Nachbarland Kokosius!

Bericht:

1. Allgemeiner Überblick
2. Aktuelle Importe
3. Technische Voraussetzungen
4. Umgang mit Behörden
5. Weitere Hindernisse
6. Mögliche Handelspartner

2. Importe

Die Erschließung des Marktes in TTL ist infolge von Import-Restriktionen [1] nicht einfach. Die bestehenden Restriktionen sichern dem bisherigen Lizenznehmer Watch Brothers (alle Adressen im Anhang) und dem einheimischen Partnerunternehmen Bella Vista hohe Gewinne von etwa 85 Prozent gegenüber EU-Konditionen [2][3].

Neue Lizenzen werden über das „Zollinspektorat 17" von TTL abgewickelt [4][5]. Der – offizielle – Preis einer Lizenz für den Import von je 10.000 Geräten beträgt z.Z. 180 Mark [4]. Der inoffizielle Preis für eine dreijährige Einfuhrerlaubnis ohne Mengenlimit beläuft sich auf ca. 150.000 Mark [2][6].

(So etwa könnte es jetzt noch acht bis neun Seiten weitergehen.)

Kommentar/Empfehlung:

In Kokosius, Nachbarland von TTL mit einem Markt für TV-Geräte von 700.000 Stück/anno, sucht die – nicht korrumpierte – Regierung [36][37] Partner für ein Joint-Venture zur TV-Geräte-Produktion mit dem einheimischen Partner Zubalo [38][39][40]. Das Joint Venture wird 10 Jahre steuerfrei gestellt. 51 Prozent der Gewinne dürfen über 10 Jahre ohne Beschränkung in den EU-Bereich rückgeführt werden [41]. Für ein derartiges Projekt stünden außerdem Gelder aus Entwicklungshilfe in Höhe von bis zu 12,5 Millionen Mark zur Verfügung [42]. Wir empfehlen, insbesondere diese Möglichkeit oder auch den Export von TV-Geräten nach Kokosius zu prüfen.

(Siehe auch: 14. Tips und Tricks.)

Quellen:

[1] Import Conditions for Major Appliances to TTL, 1994. Bezug durch: Botschaft von TTL in Bonn (Adresse)
[2] vertrauliches! Interview mit Mr. James Smith, Watch Brothers.
[3] Bestätigt durch HWWA (Hamburger Weltwirtschaftsarchiv), (Adresse)
[4] Bonner Botschaft TTL
[5] Herb Geffen, Chief Inspector im Inspektorat 17 (Adresse)
[6] vertrauliches! Interview mit Hans Müller, Verkaufsleiter Ausland Supi-Waschmaschinen, selbst in TTL tätig (Adresse)
[36] Interview mit Sean Graham, Economist Intelligence Unit, UK (Adresse)
[37] vertrauliches! Interview mit Jürgen Klepsch, Abtlg.-Leiter Res. IV, Auswärtiges Amt (Adresse)
[38] Joint ventures development programme, 5-year plan 1995-1999, Rep. Of Kokosius, 1994
[39] Interview mit James Okalago, Sales and Marketing Manager, Zubalo Inc., Kokosius (Adresse)
[40] Interview mit Dianne Growen, Dep. Director, State Department of Trade, Kokosius (Adresse)
[41] How to start a joint venture? Broschüre des State Department of Trade, Kokosius, 1994
[42] Kokosius – Förderprogramm des Bundesministeriums für wirtschaftliche Zusammenarbeit und Entwicklung, 1996-1999 (Adresse)

Der Bericht enthielt in der Dokumentation natürlich Kopien der wichtigsten Unterlagen, z.B. die „Import Conditions" von TTL.

Ein Quellenverzeichnis, wie oben dargestellt, ist übrigens auch in großen Magazinen und Tageszeitungen mit eigener Dokumentation sehr gern gesehen – vor allem bei den Dokumentaren, die manchmal viel Zeit damit verbringen, Belege für einzelne Aussagen eines Artikels aus einem Schuhkarton von Unterlagen heraussuchen zu müssen.

Der Anriß der Niederschrift des Arbeitsresultats macht sicherlich deutlich, welch komplexes Wissen und umfangreiche Recherchen die Beantwortung einer scheinbar leichten Frage wie der nach Exportmöglichkeiten von TV-Geräten nach Taka-Tuka-Land erfordert – sofern die Arbeit für den Auftraggeber verwertbar sein soll.

Der Anriß macht – hoffentlich – auch deutlich, daß eine professionelle Recherche nicht nur dem Rechercheur, sondern vor allem dem Auftraggeber eine Menge Geld einbringen kann.

4.1 Zielsetzung

Was soll eigentlich am Ende meiner Arbeit stehen? Eine Kernfrage, die in enger Abstimmung mit dem Auftraggeber beantwortet werden muß.

Die Lösung der Aufgabe „Möglichkeiten zum Export von Fernsehgeräten nach Taka-Tuka-Land", gestellt von einem Lehrer im Gemeinschaftskunde-Unterricht, hätte wahrscheinlich gelautet: „Es gibt keine Produktion von TV-Geräten in Taka-Tuka-Land. Der Bedarf an Geräten beträgt 1,2 Millionen Stück pro Jahr. Logischerweise liegen die Importmöglichkeiten dorthin auf gleichem Niveau."

Ein Professor für Volkswirtschaft hat dagegen eine andere Antwort im Auge, und erst recht die Firma Glotz, die ganz konkret wissen will, ob und wie sie in Taka-Tuka-Land eine Mark verdienen kann.

Will Firma Glotz das wirklich wissen? Vielleicht hat der Sohn des Firmenbesitzers die Frage im Gemeinschaftskunde-Unterricht gestellt bekommen und an den Papa weitergereicht. Der wiederum an einen Rechercheur, und der hätte sich mit einem umfassenden Bericht gründlich vertan.

Ein Journalist hat es naturgemäß etwas einfacher, sofern er seine Redaktion und deren Erwartungen kennt. Meist wird bereits durch eine Zeilenvorgabe ein (unzulässiges, weil nicht qualitatives) Arbeitslimit gesetzt. Außerdem ist dem Journalisten der Leserkreis der Zeitung recht gut bekannt, was ihm Anhaltspunkte für den Tiefgang und die erforderliche Breite des Berichtes gibt.

Ob Journalist oder Rechercheur, die erste Frage vor Beginn der Arbeit lautet trotzdem immer:

1. Wozu werden die verlangten Informationen benötigt?

Dies ist naturgemäß eine Frage, die für den Rechercheur wichtiger ist als für den Journalisten, der sich notfalls mit der Antwort begnügt: „Wir brauchen noch einen Aufmacher für die Seite 3." Es lohnt aber immer, etwas weiter zu fragen: Soll aus dem zusammenzutragenden Material nur ein „Füllsel" für die Seite 4 geschrieben werden oder ist es als Grundlage für einen richtungsweisenden Kommentar der Chefredaktion gedacht?

Für den nicht publizierenden Rechercheur ist eindeutig, daß diese Frage nur der Auftraggeber allein beantworten kann, und möglicherweise wird er das nicht gerne tun, weil er Geschäftsgeheimnisse schützen will. Je präziser einerseits der Kunde formuliert, desto rationeller kann der Rechercheur andererseits arbeiten. Je verschwommener der Auftrag, desto mehr Zeit muß für seine Erledigung aufgebracht werden, desto größere Kosten entstehen dem Auftraggeber. Wie genau er die Frage nach dem Wozu oder Warum beantwortet, entscheidet letztendlich der Kunde. Er ist der König. Sie sollten ihn aber über die möglichen Folgen aufklären, um späteren Ärger zu vermeiden.

Die zweite Frage ergibt sich aus der ersten. Sie heißt:

2. Wie genau soll die Frage beantwortet werden?

Dies weiß der Kunde, egal ob Zeitungsredakteur oder Geschäftsmann, meistens selber nicht so recht, weil das einmal von ersten Ergebnissen abhängt (ist nichts passiert, ist die Frage nach dem Warum ziemlich uninteressant), und außerdem hat er in diesem Stadium selbst nur einen groben Plan im Kopf. (Der Redakteur: „Könnte eine Meldung werden, aber auch ein Hintergrundbericht"; August Glotz: „Die veraltete Produktionsstraße müßte eigentlich noch vier Jahre laufen. – Mal sehen, ob man die Fernseher nicht noch in Taka-Tuka-Land verkaufen kann.")

Der Rechercheur kann seinem Redakteur bzw. Kunden helfen, indem er ihm einen möglichen Recherche-Katalog vorlegt. Daraus entwickelt sich die nächste Frage:

3. Was will der Auftraggeber eigentlich wissen?

Die Frage klingt ein bißchen komisch. Es ist aber in der Regel so, daß der Kunde erst im Gespräch mit dem Rechercheur und nach Klärung der Fragen 1 und 2 Klarheit über diesen Punkt gewinnt. – Meistens will er weit mehr wissen, als er zuvor geglaubt oder etwas anderes, als die Anfangsfrage ursprünglich suggeriert hatte. Es ist Aufgabe des Rechercheurs bzw. des Journalisten, die Menge der nun auftauchenden Fragen auf ein adäquates Maß zu reduzieren:

Will die Redaktion einen Bericht über Geschäfte mit TV-Geräten oder/auch eine Geschichte über die Fernseh-Leidenschaft in Taka-Tuka-Land?

Im Fall der Recherche für den TV-Geräte-Produzenten Glotz stellt sich heraus, daß Firmenchef August Glotz kürzlich – zufällig – eine Fernsehreportage über Taka-Tuka-Land gesehen hat. Darin wurde über den TV- und Video-Wahn in TTL berichtet und über die astronomischen Preise, zu denen dort selbst antiquierte Geräte den Besitzer wechseln.

Da mußte August Glotz wieder an die stillgelegte Produktionsstrecke denken, die immer noch in Halle C montiert ist. Die Strecke ist in gutem Zustand, Bedienungspersonal ist vorhanden. Nur fehlt auf dem europäischen Markt mittlerweile die Kundschaft für das unverwüstliche, aber hoffnungslos veraltete Gerät „Weltblick", das einmal Spitzenprodukt des Hauses Glotz gewesen ist. Und darauf hatte August Glotz gedacht: Könnte man den guten, alten Kasten nicht in Taka-Tuka-Land verkaufen? Dies ist allerdings nicht die Frage, die er seinem Rechercheur gestellt hat. – Und das nicht zu unrecht: Es ist schließlich sinnvoll, Absatzmöglichkeiten für die gesamte Produktpalette von Glotz zu prüfen, und es könnte sogar interessant sein, bei entsprechender Nachfrage ein auf die speziellen Marktbedürfnisse in TTL zugeschnittenes Produkt zu entwickeln ... nur ist es selbstredend wichtig, daß auch dem Rechercheur diese Hintergründe bekannt sind. Er sollte aber nicht darauf warten, daß ihm diese Fakten ungefragt mitgeteilt werden.

4. Was ist der Auftraggeber bereit zu zahlen und in welchem Zeitrahmen muß die Arbeit erledigt sein?

Egal, ob jemand als Rechercheur oder freier Journalist arbeitet: Diese Frage muß genau geklärt werden, gerade darum, weil ein realistischer Zeitrahmen zu Beginn der Recherche fast nie genannt werden kann.

Es hat sich als praktikabel herausgestellt, einen groben Betrag zu vereinbaren, der in Honorar und Spesenbudget unterteilt ist (siehe auch: 14. Tips und Tricks). Nach dem Verbrauch von etwa einem Drittel des Honorars und des Spesenbudgets sollte der Kunde kontaktet und über den aktuellen Stand informiert werden. In der Regel kann der Rechercheur zu diesem Zeitpunkt den verbleibenden Aufwand recht gut abschätzen. Ist der vorher genannte Kostenvoranschlag jetzt nicht mehr haltbar (eine einwöchige Dienstreise nach Taka-Tuka-Land ist zur Beantwortung bestimmter Schlüsselfragen unvermeidlich), kann der Kunde noch abspringen, ohne zuviel Geld verloren zu haben. Und je erfahrener der Rechercheur ist, desto seltener wird er den angepeilten finanziellen Zielkorridor verfehlen.

5. Ist die Recherche mit einer „Deadline" versehen?

Der – finanziell bedingte – Zeitrahmen ist leider nur die eine Seite der Medaille: In den meisten Fällen ist ein Rechercheur zusätzlichem Druck durch das Festlegen eines letzten Abgabetermins, der sogenannten „Deadline" ausgesetzt. (Journalisten in Tageszeitungen und Nachrichtenmagazinen können ein Lied davon singen.) Ein Rechercheur oder Journalist, der exklusiv an den sogenannten „eigenen Geschichten" einer Redaktion arbeitet, ist deshalb fein heraus: Für ihn gibt es keine „Deadline". Kommt die Konkurrenz dem recherchierten Thema nicht auf die Spur und bestehen keine übergeordneten Deadlines (z.B Wahltermin, Aktionärsversammlung), kann er seine Arbeit dann beenden, wenn er damit fertig ist.

Unter dem „Druck der Ereignisse" (Standardausrede von Redakteuren) und, vor allem: aus Mangel an guten Rechercheuren gelingt es den meisten Medien aber viel zu selten, solche eigenen Geschichten aufzuspüren und zu bewältigen.

Marktbeherrschend auf dem Medien-Sektor ist deshalb die „reaktive Recherche". Auslöser für die „reaktive Recherche" ist ein vorhergegangenes Ereignis (Mord, Bankraub, Unfall, Preisverleihung, geschäftliche Offerte/Bedrohung), worauf die Redaktion bzw. der Kunde sofort reagieren muß, um schneller und präziser als die Konkurrenz zu sein und damit geldwerte Vorteile zu erlangen.

In schlecht geführten Tageszeitungen lautet in solchen Situationen das Motto: „Zum Redaktionsschluß schreibst Du auf, was Du bis dahin herausgefunden hast." – Entsprechend wirr strukturiert und inhaltlich konfus fallen die so entstandenen Berichte regelmäßig aus.

Das läßt sich vermeiden. Ist eine Deadline für die Recherche gesetzt, muß der Journalist oder Rechercheur (zum Teil brutal anmutende) Schnitte vornehmen und (zeitlich befristete) Schwerpunkte setzen:

- Was interessiert den Leser/Kunden besonders?

- Was davon kann ich bis zur Deadline liefern?

- Welche Recherchen müssen schon jetzt gestartet werden, um eine aktuelle und fundierte Folgeberichterstattung zu gewährleisten?

- Womit beginnen?

Vorsicht: Gerade die letzte Frage ist die teuflischste von allen und hat schon viele gestresste Journalisten und Rechercheure in Chaos und Verzweiflung gestürzt.

Denken Sie immer daran: In der Ruhe liegt die Kraft.

Leider haben es „Neulinge" besonders schwer, denn eine vernünftige Zeitplanung setzt gewisse Erfahrung voraus. Wenn telefonische Gesprächstermine mit dem taka-tukanesischen Wirtschaftsattaché nie vor Ablauf von drei Stunden zu bekommen sind und der Mann gleichzeitig Schlüsselfigur der Recherche zu sein scheint, hat die telefonische Terminvereinbarung Priorität vor dem Anruf beim Amt für Statistik, das seine Daten auch noch fünf Minuten vor Büroschluß herausgibt.

Manche Behörden oder Firmen beantworten nur schriftliche Anfragen und benötigen noch dafür Stunden oder Tage. Andere erteilen Auskünfte mündlich und sofort.

- Warnung: Beginnen Sie nie mit dem, was gerade am leichtesten erscheint!

Bei guter Planung sind die Aktivitäten so gestartet, daß die Informationen in der chronologisch gewünschten Reihenfolge „ergebnisorientiert" eingehen.

Bei schlechter Planung laufen die Informationen zeitlich zufällig ein: Der Journalist/Rechercheur hat sich ohne Not von den Eigenarten der Befragten abhängig gemacht und sich diesen ausgeliefert. („18 Uhr ist Ihnen zu spät für ein Gespräch? Wegen Redaktionsschluß? – Melden Sie sich nächstes Mal eben früher, wenn Sie einen Termin bei mir wollen!")

Gute Zeitplanung kommt nicht zuletzt den Ansprüchen des Kunden entgegen. Der Journalist oder Rechercheur kann seinem Auftraggeber frühzeitig sagen, welche Informationen er zur Deadline voraussichtlich liefern kann, was innerhalb der nächsten Tage zu erwarten ist usw.

Bevor sich der Rechercheur endgültig an die Arbeit macht, sollte er aber noch eine letzte Frage klären:

6. Kann ich die gesetzten Ziele tatsächlich erreichen?

Die wichtigsten Arbeitsvoraussetzungen sind jetzt bekannt: Der Rechercheur/Journalist kennt die Hintergründe seines Auftrags, hat das zu recherchierende Themengebiet in einem klärenden Gespräch grob abgesteckt und weiß auch, was den Kunden ganz besonders interessiert. Der Zeitrahmen ist klar, die Deadline und auch die im Ansatz zur Verfügung stehenden Budgets für Honorar und andere Kosten. Er muß jetzt überlegen, ob er die gestellte Aufgabe bewältigen kann oder ob Hilfe von Außen nötig wird. Sind die Vorkenntnisse (z.b. in Betriebswirtschaft und Außenhandel) ausreichend? Besitzt er Erfahrung im Umgang mit ausländischen Diplomaten und in Gesprächsführung in fremden Kulturkreisen? – Er wird Englisch sprechen müssen, evtl. auch andere Sprachen. Steht ein Kollege zur Verfügung, der französische oder spanische Parts der Recherche übernehmen kann?

Merke: Um einen Auftrag im letzten Moment abzulehnen, kann man viele Gründe anführen. Wer an der Ausführung scheitert, kann gewöhnlich eine noch größere Palette von Ursachen anführen – nur interessiert das keinen.

4.2   Basisrecherche

Bevor sich der Rechercheur mit der Beantwortung der im Rechercheauftrag beschriebenen Fragen befaßt, sollte er sich Gedanken über die für die Recherche notwendigen Basiskenntnisse machen. Auf welchen Gebieten muß er sich Grundlagenwissen verschaffen, um überhaupt einigermaßen kompetente Gespräche führen zu können, um wesentliche von überflüssigen Dokumenten unterscheiden zu können?

Zur Erinnerung: Der Rechercheur soll „Möglichkeiten zum Export von Fernsehgeräten nach Taka-Tuka-Land" prüfen.

Dazu sollte der Rechercheur mindestens wissen,

- wie ein Fernsehgerät funktioniert,

- wogegen es besonders anfällig ist,

- wie groß die ungefähren Produktions- und Lieferkapazitäten seines Auftraggebers sind,

- ob und wenn ja, welche Normen TV-Geräte in Taka-Tuka-Land erfüllen müssen,

- welche sonstigen äußeren Bedingungen (z.B. Klima, Spannungsschwankungen im Netz) die Geräte aushalten müssen,

- wie die Export-/Importbestimmungen für TV-Geräte von Deutschland nach Taka-Tuka-Land lauten,

- wo Taka-Tuka-Land liegt und

- welche sozialen, ökonomischen, kulturellen, politischen, klimatischen und geographischen Verhältnisse dort herrschen.

Im Prinzip weiß der Rechercheur bereits, wie ein Fernseher funktioniert: Stecker in die Steckdose, Antenne anschließen, Ein/Aus-Knopf drücken, Programmknopf drücken, Sender suchen: fertig.

Wer so loszieht, wird beim Gespräch mit einem Fernsehfachmann (die gibt es auch in Taka-Tuka-Land) schnell auf die Nase fallen. Niemand hat Lust auf langwierige Unterhaltungen mit einem inkompetenten Rechercheur, der zu faul war, seine Hausaufgaben zu machen. Ein Gesprächspartner ist schließlich kein Nachhilfelehrer. Der Rechercheur muß ja nicht unbedingt wissen, wozu ein Amplitudensieb gut ist (verkehrt wäre das auch nicht), wohl aber, wie eine Flachbildröhre funktioniert und was sie so empfindlich macht.

Die Informationssuche im Internet (siehe auch: 3.1 Das Internet) stellt sich als nicht sehr ergiebig heraus. Taka-Tuka-Land ist (noch) zu exotisch für dieses Kommunikationsmittel. Immerhin erfährt der Rechercheur die Namen einer Reihe von inländischen und ausländischen Unternehmen, die bereits in TTL Geschäfte tätigen.

Erster Ortstermin

Darauf begibt sich der Rechercheur zu seinem ersten Ortstermin: In die Produktionsanlagen der Firma Glotz. Hier erfährt er Einzelheiten über den Umsatz des Betriebes, die Zahl der Mitarbeiter, Produktionszahlen, Produktpalette, Vertriebsstruktur usw.

Wäre nicht inzwischen klar, daß kein Hintergrundwissen zu Taka-Tuka-Land bei Glotz vorhanden ist, würde sich der Rechercheur an dieser Stelle in das Firmenarchiv (oder Zeitungsarchiv) begeben, um die dort vorhandenen Informationen abzuschöpfen. Das ist kein Witz: Sowenig ein Auftraggeber oft Ahnung davon hat, was er in Erfahrung bringen will, so wenig weiß er oft, was er bereits weiß!

Während einer Betriebsführung lernt der Rechercheur das Wichtigste über die Produktion von Fernsehern und läßt sich vom Produktionsleiter über die heikelsten Schritte bei der Herstellung von TV-Geräten aufklären.

Nachdem er sich mit diesem Grundwissen ausgestattet hat, konzentriert sich der Rechercheur auf sein Zielgebiet Taka-Tuka-Land. Erst ein Blick in den Atlas („Wo genau liegt das überhaupt?), dann wieder in die Enzyklopädie. Dabei legt der Rechercheur besonderes Augenmerk auf Sitten und Gebräuche in Taka-Tuka-Land. Er lernt, daß „Guten Tag" auf Taka-Tukanesisch „Akuta-Kat" heißt. Dieses Wissen verschafft ihm sehr gute Karten, als er sich später bei dem Wirtschaftsattaché der Botschaft von TTL meldet, um weitere Informationen abzufragen, die den Export von Waren nach TTL betreffen. Komplettiert wird dieses Wissen durch eine Anfrage beim Bundesamt für Außenwirtschaft in Eschborn: Ausfuhrbeschränkungen nach TTL bestehen derzeit nicht.

Weitere Informationen über Taka-Tuka-Land hält das Hamburger „HWWA-Institut für Wirtschaftsforschung" bereit. Schließlich kontaktet der Rechercheur einen Redakteur der Deutschen Welle, der als Experte für Taka-Tuka-Land gilt. Da die Weitergabe von Informationen an Rechercheure nicht zum normalen Aufgabengebiet des Redakteurs gehört, wird ihm ein Informationshonorar angeboten (siehe auch: 14. Tips und Tricks). Der Journalist verlangt statt dessen ein opulentes Abendessen sowie die Zusage, über die Hintergründe der Anfrage informiert und in Zukunft auf dem laufenden gehalten zu werden. – Eine Zusage, die der Rechercheur erst nach Absprache mit dem Auftraggeber geben kann.

Und schon tauchen neue Fragen auf: Ist es zu diesem Zeitpunkt sinnvoll, Dritte einzuweihen? Ruft man damit nicht automatisch die Konkurrenz auf den Plan? Und wäre das von Schaden?

Tatsächlich ist es hohe Zeit für den Rechercheur, sich Gedanken über das weitere strategische Vorgehen zu machen.

Aufgabe:

Während Ihrer Arbeit werden Sie Ihrerseits vom taka-tukanesischen Wirtschaftsattaché um die Erledigung einer Recherche gebeten. Das Thema lautet: „Wie ist das Marktpotential für taka-tukanesischen Korbel in Deutschland?" Entwickeln Sie – unter Berücksichtigung der Zielsetzung – die Grundzüge einer Basisrecherche.

Mögliche Lösungen:

- Was ist Korbel?

- Wofür wird Korbel in Taka-Tuka-Land verwendet?

- Wie steht es mit Transport- und Lagerfähigkeit von Korbel?

- Gibt es Einfuhrbeschränkungen für Korbel und darf es in Deutschland frei verkauft werden?

- Welche Mengen Korbel werden jährlich in TTL produziert, wie groß ist das Exportpotential?

- Welchen Mindestpreis müßte man in Deutschland für Korbel verlangen (Herstellung plus Transport plus Lagerkosten plus Gewinn)?

- Welches Material könnte Korbel in Deutschland ersetzen oder gibt es eine Marktnische für Korbel?

- Wer sind mögliche Abnehmer von Korbel in Deutschland?

4.3   Strategie

Laut Brockhaus ist Strategie die „Kunst der Kriegführung", aber auch Synonym für „Methode, Vorgehen" – In diesem Fall trifft die letztere Übersetzung besser, die erste paßt aber auch nicht schlecht: Leider wird der Rechercheur auf dem Weg zum Ziel nicht nur etliche Hindernisse, sondern fast immer auch einige „Gegner" zu überwinden haben, die sich durch sein Vorhaben gefährdet fühlen. Genauso gibt es eine Anzahl potentieller „Verbündeter", die den Rechercheur bei seinem Vorhaben unterstützen könnten – sofern er diese als solche identifiziert. Dazwischen gibt es eine Reihe „neutraler" Personen bzw. Institutionen, deren Rolle noch nicht auszumachen ist.

Um sich Klarheit zu verschaffen, fertigt der Rechercheur eine Liste möglicher „Gegner", „Neutraler" und „Verbündeter". Das wären in diesem Fall:

- „Gegner": Konkurrenz von Glotz; gegenwärtiger TV-Geräte-Importeur nach TTL; dessen Handelspartner in TTL

- „Neutrale": Deutsche Welle-Journalist, HWWA, Botschaft von TTL, Bundesamt für Außenwirtschaft, Behörden in Deutschland,

- „Verbündete": August Glotz, Wirtschaftsattaché von TTL

Die Rolle einer Anzahl von Personen/Institutionen liegt vorläufig im Dunkeln. Das wären: Alle, die in Taka-Tuka-Land in das Projekt involviert würden. Als erstes also Regierung und Behörden in TTL, die dortige Handelskammer, der zuständige Unternehmerverband (soweit vorhanden) und Gewerkschaften (soweit vorhanden).

Um die große Anzahl unidentifizierter Kontakte besser einschätzen zu können, führt der Rechercheur eine Reihe von Vorgesprächen mit den betreffenden Personen. Diese Vorgespräche verbessern den allgemeinen Überblick über Taka-Tuka-Land und zeichnen ein Stimmungsbild unter den Schlüsselfiguren.

Die Taktik, nicht sofort die gesamte Zielsetzung der Recherche offenzulegen, ist zulässig und notwendig: Schließlich kann diese Zielsetzung im Lauf der Arbeit variieren (im Lauf dieser Recherche etwa verlagert sie sich örtlich in Richtung Kokosius).

Sicher birgt dieses „vorsichtige Abtasten" schwerwiegende Nachteile: Es wäre ja gut für den Rechercheur zu wissen, ob der zuständige Beamte im Handelsministerium von TTL dem Plan von Glotz positiv gegenübersteht. Das hohe Risiko spricht jedoch dagegen, sofort in „medias res" zu gehen: Vielleicht ist der Beamte mit dem derzeitigen Importeur finanziell verbandelt – was durchaus möglich ist. Dann würde er den Konkurrenten warnen und überdies bürokratische Hindernisse aufbauen, die alle Importpläne zunichte machten.

Im Interesse seines Auftraggebers wird der Rechercheur relevante, weil folgenschwere Fragen immer erst stellen, wenn er sich weitgehend sicher ist, nicht einem „Gegner" gegenüberzusitzen.

Das Schlimmste, was ein Rechercheur tun kann, ist Schaden beim Kunden anrichten. Diese Gefahr ist latent und stellt darum ein erhebliches Risiko dar.

Das Zweitschlimmste ist, Helfern und „Verbündeten" zu schaden. In manchen Ländern können Angestellte bereits Schwierigkeiten bekommen, wenn der Rechercheur gegenüber dessen Vorgesetzem erwähnt, er habe soeben mit diesem Untergebenen „ein sehr ausführliches und lehrreiches Gespräch" geführt. Solch eine Aussage kann in anderen Kulturkreisen stark mißverstanden werden. Wer nach jedem Auftrag „verbrannte Erde" hinterläßt, bleibt nicht lange im Geschäft, und das ist auch gut so: Allein aus moralischen Gründen müssen „Verbündete" unter allen Umständen geschützt werden.

Gegenfragen beantworten

Am Anfang der Recherche bleiben Rückfragen bei der Suche nach Informationen noch aus. Dem Atlas ist es egal, warum er aufgeschlagen wird, und Anfragen beim HWWA werden routinemäßig beantwortet. Früher oder später bewegt sich die Arbeit jedoch auf einem Niveau, das zwangsläufig eine Gegenfrage provoziert: „Warum wollen Sie das eigentlich wissen?"

Egal, ob die Antwort darauf hundertprozentig ins Detail geht, nur den groben Rahmen schildert oder recht unverbindlich bleibt: Sie muß schlüssig sein und den Fragenden zufriedenstellen. Wer in dieser Situation schweigt, zögert, stottert oder Unsicherheit zeigt, kann den Kontakt vergessen.

Die Erfahrung lehrt, daß es ratsam ist, mit der Antwort dem eigentlichen Kern der Recherche so nahe zu kommen als irgend möglich.

Die Antwort, gerichtet an den Wirtschaftsattaché von Taka-Tuka-Land, könnte lauten: „Ich arbeite für ein Unternehmen, daß sich geschäftlich in Ihrer Region engagieren möchte. Augenblicklich versuche ich herauszufinden, wo die Rahmenbedingungen am günstigsten sind."

Eine Antwort für den zuständigen Beamten im Handelsministerium von TTL könnte sein: „Als freier Journalist (siehe auch: 14. Tips und Tricks) untersuche ich die unterschiedliche Handhabung von Importlizenzen in verschiedenen Staaten der Region. Daraus soll ein Fachartikel für eine deutsche Wirtschaftszeitung werden. Um die Geschichte plastischer zu machen, habe ich mir den Import von TV-Geräten als Beispiel ausgewählt." (Siehe auch: 13. Rechtliche Aspekte.)

Noch haariger würde die Antwort auf eine entsprechende Frage der Konkurrenz „Watch Brothers" ausfallen. In solchem Fall ist es ratsamer, die Antwort gleich vorwegzunehmen (Das verhindert zweiflerische Grübeleien des Gesprächspartners): „Ich bin freier Journalist (bzw. Rechercheur) und plane (recherchiere) eine Geschichte über die Schwierigkeiten europäischer Unternehmen, in TTL und angrenzenden Ländern Fuß zu fassen. Wie ich gehört habe, waren Sie dort recht erfolgreich. Könnten Sie mir ein paar typische Probleme und Kniffe verraten, wenn ich verspreche, Sie nicht namentlich zu nennen?"

Es gibt Ausnahmen: Der Verfasser hat sich z.B. einmal mit einer ausführlichen Recherche für verschiedene Zeitschriften zum Thema „Lurchi, der Salamanderjunge" befaßt. („Lurchi" ist eine Comic-Figur des Schuhfabrikanten Salamander.) Selbst im Mutterwerk in Kornwestheim war das Wissen um Entstehung und Geschichte von Lurchi eher sporadisch und unsortiert vorhanden. Wer auch immer aber jemals mit dem Salamander befaßt war, ob Freund oder Feind (davon hat diese Zeichenfigur nicht viele), gab sein Wissen ohne Vorbehalte heraus: Jeder freute sich darauf, demnächst einen Artikel über den Lurch lesen zu können.

Im Fall der Recherche für die Firma Glotz empfiehlt sich aber, die möglichen Konsequenzen aus der Recherche – etwa den Import von Fernsehern der Marke Glotz in die Region – zunächst nicht jedermann bekannt zu machen. Dieses Vorgehen schützt sowohl vor reinen Gefälligkeitsantworten als auch vor möglichen „Gegnern" des Vorhabens. Es lohnt sich dagegen, solche Hintergründe zweifelsfreien „Verbündeten" bekannt zu machen. Wann jemand „zweifelsfrei" ist, muß der Rechercheur selbst bestimmen.

Kooperation anbieten

Logisch ist, daß ein Rechercheur mit seinen Verbündeten so kooperativ arbeitet wie nur möglich. Eine Hand wäscht die andere. Und Geschenke hat der Rechercheur jede Menge dabei: Einen ganzen Sack voll Informationen.

Je erfahrener der Rechercheur, desto voller der Sack. Der Wirtschaftsattaché von TTL möchte gerne wissen, ob seine Tochter an deutschen Schüleraustausch-Programmen teilnehmen darf? – Wer die Antwort nicht kennt, erledigt die Recherche nebenbei und teilt sie dem Attaché bei Gelegenheit mit. Wer sie kennt (Jawohl, die Tochter darf), wartet ebenfalls eine Weile, bevor er die Antwort übermittelt: Nur so gewinnt der Attaché das Gefühl, der Rechercheur habe sich für ihn ins Zeug gelegt.

Am besten funktioniert kooperatives Vorgehen dann, wenn die Recherche auch Interessen der Gesprächspartner positiv beeinflußt. Das ist oft der Fall, nur ist es den Betroffenen nicht immer bewußt. Dann ist es Aufgabe des Rechercheurs, dieses Bewußtsein zu schaffen. Den Wirtschaftsattaché könnte er mit dem Angebot locken: „Am Ende meiner Recherche werde ich über viele Details über Ihr Land und Ihre Nachbarstaaten verfügen. Ich bin gerne bereit, Ihnen dann eine Aufstellung von Vor- und Nachteilen speziell Ihres Landes zukommen zu lassen, die einen potentiellen Investor anziehen oder auch abschrecken." – Mit solchen Unterlagen kann sich der Attaché profilieren. Also erscheint ihm eine möglichst umfassende Kooperation plötzlich attraktiv.

Konfrontativ vorgehen

Weniger erfolgversprechend, doch trotzdem manchmal unvermeidbar, ist eine konfrontative Strategie. Damit ist nicht die Situation gemeint, in welcher der Rechercheur den Befragten so weit in die Ecke gedrängt hat, daß dieser nicht mehr anders kann, als sich zu wehren. Darunter fällt auch nicht das unter Journalisten beliebte, zum Abdruck bestimmte Streitgespräch (siehe auch: 8.2 Zu zweit gegen einen), von dem sich der Interviewte letztendlich ein geschärftes Profil verspricht.

Bei konfrontativem Vorgehen hält der Rechercheur mit seinen tatsächlichen Absichten nicht hinter dem Berg. Stattdessen sind die Fronten von vornherein klar. Der Gesprächspartner muß sich also gleich entscheiden, ob er Gesprächspartner sein will oder nicht. Ein typisches Beispiel:

Die Autoren waren einmal beauftragt, über einen großen bundesdeutschen Energiekonzern zu recherchieren, mit dem sich der Kunde im Streit befand. Die Basisrecherche ergab, daß der Konzern außerdem bereits Druck auf eine Reihe von kommunalen Stromerzeugern ausübte. Offensichtliches Ziel war, dort die Stromversorgung zu übernehmen oder aber Kommunen daran zu hindern, eine eigene, unabhängige Stromversorgung aufzubauen. Diese Informationen besaßen Relevanz für einen bevorstehenden Prozeß zwischen Kunde und Energiekonzern.

Dementsprechend hatten sich die Autoren bemüht, Kontakte zu den verantwortlichen Kommunalbeamten und Leitern der Stadtwerke aufzubauen. Die Botschaft lautete: „Unserem Kunden steht eine juristische Auseinandersetzung mit X bevor. Sind Sie bereit, uns für diesen Rechtsstreit mit brauchbarem Material zu versorgen?"

Die Hauptaufgabe während der ersten Kontaktaufnahmen bestand jeweils darin, bei potentiellen Gesprächspartnern Vertrauen zu wecken. Sie mußten überzeugt werden, daß der Auftraggeber der Recherche mit seinem Vorhaben nachvollziehbare und seriöse Ziele verfolgte.

In solcher Situation macht es wenig Sinn, einen Betroffenen auf die Vorteile einer Kooperation hinzuweisen. Das mußten die zuständigen Stadtdirektoren und Kraftwerksbetreiber schon selbst entscheiden. Heißt es Hopp! oder Top!, gehen Überredungsversuche („Wenn unser Kunde gewinnt, ist das schließlich auch Ihr Vorteil") mit ziemlicher Sicherheit nach hinten los.

Auch Kooperationsangebote („Wenn Sie unserem Kunden jetzt helfen, dann wird er später auch Ihnen beistehen") wirken im Angesicht der möglichen Bedrohung und der Situation nur lächerlich. Versuchen Sie mal, vorbeikommende Passanten als Kampfgenossen zu gewinnen, wenn Ihnen eine Schar Rocker gegenübersteht. Dann hilft Ihnen nur noch, wer dazu von vornherein entschlossen ist.

Von der oben angesprochenen Recherche hatte natürlich auch der betroffene Energiekonzern erfahren und wurde seinerseits aktiv. Jedenfalls meldeten sich kurze Zeit später eine Reihe von Kontaktpersonen, um bereits verabredete Treffen wieder abzusagen. Als Grund wurde stets die selbe Begründung genannt: „Wir hoffen auf eine außergerichtliche Einigung mit Konzern X und wollen darum vermeiden, in den Prozeß zwischen X und Ihrem Kunden hineingezogen zu werden." – Offensichtlich hatte der Konzern folgende Botschaft verbreitet: „Wenn Ihr Euch aus diesem Streit heraushaltet, könnten wir unseren Rechtsstreit um Einspeisungsrechte außergerichtlich regeln. Andernfalls steht Euch eine jahrelange juristische Auseinandersetzung bevor." – Es kann auch anders gewesen sein. Dies jedenfalls war die neue Situation.

Damit waren die Fronten mit Beendigung der Basisrecherche geklärt. Andere Kommunalbeamte standen zu ihrem Wort und lieferten schließlich Informationen. (Der Prozeß nahm ein glimpfliches Ende.)

Verborgen arbeiten

Im oben besprochenen Fall stand der „Gegner" von vornherein fest, und die Aktivitäten der Rechercheure mußten ihm unweigerlich bekannt werden. Eine solche Recherche im Verborgenen zu führen, wäre angesichts der Vielzahl von Gesprächspartnern, dazu solchen aus dem politischen Spektrum, völlig aussichtslos gewesen: Gerade Energieversorger haben Interessenvertreter regelmäßig in kommunalen Parlamenten plaziert, und umgekehrt ist eine stattliche Anzahl von Kommunalpolitikern in den Aufsichtsgremien der Stromversorger vertreten.

Unbestimmtes Lavieren wäre hier Fehl am Platz gewesen und hätte nur eine Menge Zeit gekostet. Die Gesprächspartner mußten von Anfang an ganz deutlich wissen, worauf sie sich einließen. Andernfalls hätte es ein Ende mit Schrecken gegeben.

Es kann allerdings auch Recherchen geben, in denen es sinnvoll ist, eine mögliche „Zielperson" erst offen anzusprechen, wenn möglichst das gesamte Umfeld zuvor abgearbeitet worden ist. Dies ist besonders bei personenbezogenen Recherchen angebracht.

Beispiel: Ein Unternehmen ist auf der Suche nach einem neuen Mitglied für den Aufsichtsrat. Unternehmensberater haben dem Kunden bereits eine Palette von Kandidaten benannt, davon sind drei in der engeren Auswahl verblieben. Qualitativ nehmen sich die Kandidaten nichts. Allerdings war einer einmal in eine nie geklärte politische Affäre verstrickt; vom zweiten wird berichtet, er habe bei seinem letzten

Arbeitgeber innerbetrieblichen Schaden angerichtet (Streit mit Betriebsrat) und werde nun davongelobt. Der dritte Bewerber gilt als Exot mit immer stärker werdendem Drang zum Übersinnlichen.

Der Kunde hat bewußt darauf verzichtet, die drei Kandidaten selbst auf diese „wunden Punkte" anzusprechen, weil er Wert auf eine Schilderung aus Sicht Dritter legt.

Eine Basisrecherche in entsprechenden Dateien und Archiven wie Munzinger (siehe auch: 3.2 Datenbanken sowie 2.13 Praktische Hilfsmittel) bringt keine Erkenntnisse in der erforderlichen Qualität. – Jede Datenbank hütet sich aus juristischen Gründen, Bewertungen wie „aalglatt"; „kriegt regelmäßig Streit mit Gewerkschaften"; „ist überzeugt, im Jahr 1213 schon mal als König von Persien geboren worden zu sein", in ihren Speicher aufzunehmen.

- Entsprechend weist auch der Rechercheur seinen Auftraggeber schriftlich darauf hin, daß sämtliche im Verlauf solcher Recherche gewonnenen Daten nur für den persönlichen Gebrauch und nicht zur Weitergabe bestimmt sind, sowie darüber hinaus jede Wertung nicht allgemeingültig, sondern dem subjektiven Urteil des Verfassers zuzuordnen ist.

In heiklen Fällen – etwa wenn sich ein Verdacht auf sexuellen Mißbrauch auftut – sollte jeder Rechercheur vor Weitergabe der Information unbedingt seinen Anwalt zu Rate ziehen, ein Journalist wendet sich an den in diesen Dingen versierten Hausjuristen seines Verlages bzw. Auftraggebers.

Wenn der Rechercheur oder Journalist einen solchen Auftrag übernimmt, muß er zwangsläufig das Umfeld der betreffenden Person ansprechen und befragen.

Eine konfrontative Strategie „Ich recherchiere gerade das Umfeld Ihres Kollegen Müller. Können Sie mir sagen, wie der mit den Gewerkschaften klarkommt?", trennt sicher Freunde und Feinde des Bewerbers in zwei Lager, der Wahrheitsfindung dient sie aber nicht.

Eher funktioniert der positive Ansatz: „Ich arbeite gerade an einem Portrait Ihres Kollegen Müller. Können Sie mir vielleicht beschreiben, wo dessen besondere Stärken liegen?" – Was der Kollege nicht aufzählt, fällt in den Bereich potentieller Schwächen.

Wenn ein Rechercheur wie die Katze um den heißen Brei schleichen muß, ist es nur eine Frage der Zeit, bis er damit auffällt. Dann meldet sich das Subjekt der Recherche: „Guten Tag, mein Name ist Müller. Sie haben sich in meinem Bekanntenkreis und im beruflichen Umfeld nach mir erkundigt. Können Sie mir erklären, was das zu bedeuten hat?"

In dieser Situation hat die verborgene Recherche ein Ende. Hat der Rechercheur Pech, geht die angepeilte Person jetzt ihrerseits in die Offensive. Sie verweist etwa potentielle Gesprächspartner auf rechtliche Konsequenzen, falls bestimmte Informationen an die Öffentlichkeit gelangen, und mögliche Quellen versiegen. Daß die Zielperson sich damit selbst aus dem Rennen um einen lukrativen Posten wirft, steht auf einem anderen Blatt und geht nicht auf das Konto des Rechercheurs.

Ein Rechercheur darf in dieser Situation des Ertappt-werdens keinesfalls auf seinen Auftraggeber verweisen. Damit würde er seinen Kunden in Teufels Küche bringen (siehe auch: 13. Rechtliche Aspekte). Eine mögliche Antwort wäre aber: „Ich habe bereits auf Ihren Anruf gewartet. – Sie sind schneller als ich dachte (Kompliment). Ich muß Ihnen jetzt verraten, daß ich an einem Portrait über Sie arbeite. Dazu wollte ich zunächst möglichst unbefangene Auskünfte aus Ihrem Umfeld erhalten, bevor ich mich bei Ihnen melde. Lassen Sie mir bitte noch ein paar Tage Zeit, meine Recherchen zu komplettieren. Ich werde mich dann bei Ihnen melden und um einen Gesprächstermin bitten."

Damit ist die Situation gerettet, nicht aber die Recherche. Wer sich in dieser Lage auf die Zusicherung der Zielperson verläßt, den Rechercheur auch künftig in Ruhe gewähren zu lassen, ist ein Glücksspieler.

Der Rechercheur kann jetzt noch vorsichtig das Umfeld des Kandidaten erforschen und dabei lernen, wie rigoros die ergriffenen Gegenmaßnahmen sind. Dies kann er seinem Kunden mitteilen. Und er kann auf den berühmten abendlichen, anonymen Anruf warten: „Hallo. Meinen Namen möchte ich nicht nennen. Ich habe aber gehört, daß Sie sich für Herrn Müller interessieren. – Wußten Sie eigentlich, daß gegen den wegen Steuerhinterziehung ermittelt wird?"

4.4 Finde heraus, was ...

„Finden Sie heraus, wie sich die Welt verbessern ließe ..." Solcher Auftrag, Freibrief und Lebensaufgabe zugleich, wird wohl niemals erteilt werden. (Was als schöner Traum daherkommt, könnte sich allerdings schnell als Alptraum entpuppen.)

Dieser nie endende Auftrag würde jedenfalls in die bei Rechercheuren beliebte Kategorie „Finde, was" fallen:

- es gibt keine Einschränkung des Arbeitsgebietes

- keinerlei geographische Limits

- keine weitere Grundbedingungen einzuhalten (ob eine „verbesserte Welt" auch Königstigern Lebensraum bieten muß, kann der Rechercheur für sich entscheiden)

- keinerlei Lösungsvorgaben

Wer allerdings Wert darauf legt, eine Arbeit auch mal fertig zu kriegen und hinter sich lassen zu können, merkt sofort den Pferdefuß: Ein Finde-was-Auftrag ist ein Auftrag, an dem selbst der abgebrühteste Rechercheur verzweifeln kann, weil er kein Ende nimmt (siehe auch: 14. Tips und Tricks). Der Kunde, keine Sorge, wird schon noch etwas finden, das er gerne näher untersucht wüßte.

Ganz oben auf der Arbeitsliste jedes Finde-was-Auftrags steht darum das Eingrenzen der Aufgabe (siehe auch: 4.1 Zielsetzung). Das geht meist nur schrittweise. Lautete der Auftrag zum Beispiel: „Finde heraus, was sich in Taka-Tuka-Land am besten verkaufen läßt", stünde als mögliche Einschränkung ganz vorne:

- Was soll verkauft werden

 1. Konsumgüter
    a) Lebensmittel b) Brennstoffe c) Hygieneartikel
    d) andere Produkte des täglichen Bedarfs

 2. langlebige Produkte
    a) Elektronik b) hochwertige Kunststoffprodukte
    c) Fahrzeuge d) Baustoffe

Die dritte Kategorie hieße Schwerindustrie (Produktionsanlagen, Stahlhütten usw.), eine vierte könnte Rohstoffe heißen.

Die Aufgabe ließe sich genauso gut einschränken, indem man

- ein Preislimit setzt: alles bis 300 Mark ...

- ein Zeitlimit (muß innerhalb von 7 Tagen vor Ort sein)

- ein Gewichtslimit (muß ein normaler Mensch zu Fuß wegtragen können)

- ein Gewinnlimit setzt (Reingewinn mindestens 250 Prozent je verkauftem Stück)

- ein ökologisches Limit setzt (muß verrotten oder einfach zu recyceln sein)

- jedwedes andere Limit

Bei einer Finde-was-Recherche geht es immer um das Setzen von Limits. Um den entsprechenden Spielraum zu bewahren, den die Recherche bietet und den der Kunde verlangt, macht es allerdings keinen Sinn, diese Grenzen zu eng zu stecken.

Bei dieser Sorte Recherche geht es weniger um das Suchen als um das Finden! Und ist ein interessantes Ergebnis zutage gefördert, kann der Rechercheur dort in die Tiefe gehen.

Auftrag eingrenzen

Wie aber vermeidet er sinnloses Verzetteln? – Gar nicht (siehe auch: 13. Tips und Tricks). Bis zu einem gewissen Grad muß sich der Rechercheur während dieser Sorte Vorgehen „verzetteln", das heißt, er verschafft sich einen guten Überblick der möglichen Bandbreite seines Themas, bevor er mit richtungweisenden Vorschlägen an seinen Kunden herantritt.

Eine Finde-was-Recherche, bezogen auf Taka-Tuka-Land, hat seinen optimalen Ausgangspunkt im Internet. Dort hat der Rechercheur ja auch eine Reihe von Firmen gefunden, die in TTL bereits auf dem Markt sind. Die könnte er kontakten und so erfahren, was sich in TTL gerade besonders gut verkauft. Er könnte auch den umgekehrten Weg gehen und nach solchen Produkten suchen, die in TTL gerade nicht auf dem Markt sind, die sich aber anderswo sehr gut verkaufen ... Die Finde-was-Recherche ist in vielen Fällen nichts anderes als eine endlos in die Länge gezogene Basisrecherche, die ihre Ursache in der Unsicherheit des Kunden hat: Gewöhnlich ist er es, der eigentlich nicht weiß, was er wirklich wissen will.

Spätestens dann kommt der Finde-was-Bumerang zurückgeflogen: Was zu Beginn nach einem Rechercheauftrag mit größtmöglichen Freiheiten aussah, entpuppt sich jetzt als Machen-Sie-mal-Kerker, indem der Kunde die Verantwortung für den Zweck der Recherche und ihr positives Endergebnis von seinen Schultern lädt und dem Rechercheur aufbürdet.

Verläuft die Sache erfolgreich, ist der Kunde moralischer Sieger. („Den Rechercheur mußte ich an der langen Leine lassen. Dann habe ich ihn ganz ruhig dorthin geführt, wo ich ihn haben wollte.") Verläuft die Recherche ohne greifbares Ergebnis, ist der Kunde ebenfalls der Sieger. („Ich glaube, der Rechercheur hat bis zum Schluß nicht verstanden, was wir eigentlich von ihm wollten.")

Abgesehen vom dann anstehenden Ärger wegen des Honorars („Viel zu viel!") und des Ergebnisses („Das war aber nicht unser Punkt") macht es keinen Spaß, immer der Verlierer zu sein.

Genausowenig ist es aber zulässig, eigene Unsicherheiten zu überspielen (und die des Kunden auszunutzen), indem der Rechercheur immer neue Probleme aufwirft. Dann stehen Auftraggeber und Auftragnehmer schließlich vor einem unbewältigten Berg von Fragen, und nichts ist gewonnen.

Eine klassische Finde-was-Recherche macht eigentlich nur in zwei Fällen Sinn: Erstens, Sie kennen den Auftraggeber so gut wie dessen Umfeld, waren für ihn schon mehrfach erfolgreich tätig, genießen quasi einen Vertrauensvorschuß und wissen oder ahnen ziemlich genau, worauf die Recherche hinauslaufen muß.

Zweitens, Sie kennen sich in dem bewußten weiten Auftragsfeld zufällig sehr gut aus, haben das Ziel bereits ausgemacht und müssen Ihrem Auftraggeber nur noch erklären, das dieses Ziel jenes ist, welches ihm vor Augen schwebte. Dazu müssen Sie ein guter Pädagoge sein.

Meistens fahren Sie besser, den Auftrag auszuschlagen und den Kunden statt dessen an ein Fach-Institut zu verweisen, das sich mit der Thematik befaßt. Hat das Institut seine Arbeit beendet, legt es eine umfassende Studie vor, die sich der Kunde ins Regal stellen kann.

Kurz zum Unterschied zwischen einer Recherche und einer Studie: Die Recherche ist schlank und wohl proportioniert. Sie gelangt auf schnellem Weg zum Ziel. Die Studie ist behäbig und kommt nur langsam vom Fleck. Eine Studie ist mehr oder weniger die Beschreibung eines Zustandes. Sie benennt Möglichkeiten, schlägt aber selten konkrete Schritte vor. Eine Recherche dagegen sollte eine Grundlage für konkretes Handeln darstellen.

Warnung: Meiden Sie Kunden, die mit der Auftragsvergabe eine lange Liste von Studien „als Grundlage" vorlegen, oder die erkennbar große Mengen Studien im Regal stehen haben oder die erwähnen, Studien in Auftrag gegeben zu haben. Solche Leute wissen gemeinhin nicht, was sie eigentlich wollen, stehen aber unter hohem Erfolgsdruck. Zusammenarbeit mit solcher Klientel macht selten Freude.

Glücklicherweise sind reine Finde-was-Recherchen die Ausnahme. Schätzungsweise 90 Prozent aller Aufträge sind Mischungen aus einer Finde-was-Recherche und ihrem Antipoden, der berüchtigten Finde-daß-Recherche.

4.5 Finde heraus, ob/daß ...

„Finden Sie heraus, daß ich es spätestens nächstes Jahr zum Millionär gebracht haben werde."

Bei dieser Sorte Recherche sind die Ansprüche des Kunden dermaßen klar definiert, daß dem Rechercheur praktisch kein Spielraum mehr bleibt. Es bedeutet, daß der Auftraggeber an keinem anderen Ergebnis interessiert ist als an jenem, das er bereits für sich postuliert hat. – Er möchte gerne Millionär sein.

Jede Abweichung vom Wunschergebnis („Nach meinen Erkenntnissen ist es viel wahrscheinlicher, daß Sie nächstes Jahr Ihren Job verlieren werden") wird als Scheitern betrachtet. – Nicht unbedingt als Scheitern des Rechercheurs, obwohl der Überbringer der schlechten Nachricht keine Dankbarkeit erwarten sollte („Der hat bestimmt einfach nicht gründlich genug recherchiert"), sondern als Scheitern jenes Planes, welcher dem Finde-daß-Auftrag vorausgegangen ist.

Hinter jeder Finde-daß-Recherche steht ein bestimmtes Vorhaben, ein Plan, mindestens eine Idee, von der sich der Kunde einiges verspricht. Das ist sicher. – Wäre es anders, bräuchte der Auftraggeber keinen Wert auf einen ganz bestimmten Ausgang der Recherche zu legen.

Auch Journalisten kennen diese Sorte Aufträge zur Genüge. Sie sind aber meist wesentlich schwächer formuliert und lauten beispielsweise: „Finden Sie heraus, ob es bei der Auftragsvergabe durch die Baubehörde an die Firma Z tatsächlich mit rechten Dingen zugegangen ist"; oder der Ressortleiter sagt: „Ich kann mir nicht vorstellen, daß die Anwohner den Bau des neuen Parkhauses einfach so hinnehmen werden. Gehen Sie doch mal los und fühlen Sie den Leuten ein bißchen auf den Zahn."

Anfangsverdacht

Dem Finde-ob-Auftrag an den Journalisten liegt grundsätzlich ein Anfangsverdacht, wenigstens eine hinreichende Vermutung zugrunde, daß lohnenswertes Wissen auszugraben ist: Die Betreiber des Parkhauses sind bereits in einer anderen Stadt an Anwohnerprotest und unkluger Öffentlichkeitsarbeit gescheitert; ein früherer Mitarbeiter der Baubehörde ist kürzlich in die Geschäftsleitung der Firma Z gewechselt. Natürlich ist der Ressortleiter nicht in erster Linie an der Information interessiert, daß Baubehörde und Firma Z korrekt gehandelt haben bzw. die Anwohner zum Thema Parkhaus keine Meinung haben – damit kann man leider keine Seite füllen.

Folglich wird das vermeintlich negative Ergebnis nicht immer willkommen geheißen, besonders, wenn der vorausgegangene Aufwand in Zeit und Kosten hoch war. Erfahrungsgemäß können Journalisten darum versucht sein, ein Ergebnis zu „bewerkstelligen", das den Erwartungen entspricht.

- Journalisten, die sich aufgrund solch hohen Erwartungsdruckes bei einer „Finde-ob-Recherche" zu unkorrekter Arbeitsweise verführen lassen, befriedigen damit vielleicht kurzfristiges Wunschdenken, zerstören aber ihren eigenen guten Ruf wie den der Zeitung und schaden damit den vitalen Interessen ihres Arbeitgebers.

Nur selten sind Journalisten mit einem konkreten Finde-daß-Auftrag konfrontiert. Diese Situation kann jedoch eintreten, wenn ein vorausgegangener Finde-ob-Auftrag in der oben beschriebenen schlechten Manier bearbeitet wurde: Inzwischen liegen die Berichterstattung konterkarierende Leserbriefe oder gar eine Gegendarstellung vor, die niemand gerne drucken mag. Die Zeitung gerät also in gewissen Zugzwang. Damit taucht automatisch die Frage auf: Gibt es nicht doch Möglichkeiten, die vielleicht voreilig als Fakt verkaufte These, den einmal geäußerten Verdacht zu erhärten? Erinnert sei nur an die hartnäckigen, über Jahre betriebenen und nicht durchweg mit Erfolg beschiedenen Versuche des „Spiegel", den Politikern Gregor Gysi und Manfred Stolpe aktive Stasi-Mitarbeit nachzuweisen.

Die Gefahr für den Journalisten, – bewußt oder unbewußt – auf ein bestimmtes Wunschergebnis hinzuarbeiten und dabei wichtige Fakten außen vorzulassen, ist sowohl bei der Finde-ob- als auch bei der Finde-daß-Recherche gegeben.

- Niemals darf ein Journalist bei seinen Auftraggebern Hoffnungen wecken, schon gar keine falschen! („Noch eine Woche, dann haben wir ihn.")

- Journalisten, die an Finde-ob-Aufträgen arbeiten, brauchen unbedingt die kritische Begleitung des Teams. Von Finde-daß-Aufträgen sollten insbesondere unerfahrene Journalisten die Finger lassen.

- Eine nicht zu unterschätzende Rolle spielen Emotionen. Ein Journalist, der eine Flut von Leserbriefen oder eine Gegendarstellung verursacht hat, kann unter starken seelischen Druck geraten. Er ist dann nicht immer in der Lage, die folgende Berichterstattung sachgerecht zu führen. Hier ist der meist objektivere Blickwinkel der Kollegen wichtig.

Viel eher als ein Journalist wird jedoch ein Rechercheur mit einer Finde-daß-Recherche beauftragt. Gewöhnlich ist der Auftragserteilung eine Krisensituation und in der Folge ein Brainstorming auf höherer Ebene vorausgegangen. Das bedeutet: Eine Reihe von zumeist kreativen Menschen mit gutem Fach-, aber wenig Detailwissen haben sich zusammengesetzt, gegrübelt und sind nicht auseinandergegangen, bis jemand einen Vorschlag unterbreitete, der vom Rest der Konferenz als „brauchbarer Ansatz" betrachtet wurde.

Ein Beispiel: Eine Ziegelei, die sich auf die Herstellung eines neuen Typus von Dachpfannen spezialisiert hat, gerät in Schwierigkeiten. Kunden haben sich beschwert, weil sich die Pfannen angeblich schon bei leichtem Wind aus der Verankerung lösen. Inzwischen wurde eine Passantin von einer herabfallenden Dachpfanne schwer verletzt. Die Haftpflichtversicherung des Hausbesitzers hat darauf die Schadens-Regulierung verweigert. Verantwortung für den Unfall trage der Hersteller der fehlerhaften Dachpfannen, lautet die Begründung.

Ergebnisdruck

Das macht die Geschäftsführer der Ziegelei nervös. Gibt das Gericht dem Versicherer Recht, muß die Ziegelei eine Lawine von Schadensersatzklagen fürchten. Dann kann sie zumachen.

Während der Krisensitzung wirft sich der Produktionsleiter in die Brust: „Das ist doch alles Quatsch, was die erzählen. Unsere Dachpfannen sind so sicher wie andere auch. Wenn nicht sicherer. Wir müssen nur belegen, daß andere Dachpfannen genauso leicht oder noch leichter aus der Verankerung gerissen werden, dann sind wir aus dem Schneider."

Da ein Gutachten zu teuer käme und außerdem (durch Gegengutachten) in Frage gestellt werden könnte, beschließt die Geschäftsführung, eine statistische Recherche in Auftrag zu geben. Sie lautet: „Untersuchen Sie gemeldete Schäden und Unfälle durch herabfallende Dachziegel. Überprüfen Sie die Schadensursachen und belegen Sie, daß die Verwendung der Dachpfanne „Gleita" kein erhöhtes Risiko darstellt."

Das Ergebnis steht demnach von vornherein fest. (Der Produktionsleiter: „Ich wette, daß wir damit aus der Patsche kommen!") Die Geschäftsführung ist beruhigt und steigert schon mal die Produktion der Unglücks-Pfannen. – Erst zu diesem Zeitpunkt kommt der Rechercheur ins Spiel.

Natürlich gibt es auch hier Chancen, sowohl mit den Auftraggebern als auch mit der Aufgabe vernünftig umzugehen. Ein gangbarer Weg ist, das Thema behutsam in eine praktikable Richtung zu lenken. Der Rechercheur könnte folgenden Vorschlag machen: „Ich möchte als erstes schauen, ob neuverlegte Dachziegel nicht grundsätzlich sturmempfindlicher sind als andere. Dann bräuchten Sie keine Konkurrenzprodukte zum Vergleich heranziehen."

Dieser Versuch kann scheitern, und dann setzt sich der Rechercheur einem zusätzlichen Risiko aus: Daß nämlich seine These so falsch ist wie die seiner Auftraggeber. Es ist aber niemand mehr da, der ihn deckt.

Spielraum vergrößern

Sooft Menschen an der Lösung der ihnen gestellten Aufgaben scheitern, sooft können theoretisch Finde-daß-Aufträge vergeben werden (also quasi andauernd). Jemand kommt nicht mehr weiter, entwickelt aus der Not heraus eine rettende These und überläßt die Beweisführung einem Dritten. Wer sich mit Krisensituationen auskennt, weiß: So wird nicht selten Firmenpolitk gemacht. Die Verfasser sollten zum Beispiel einmal mit einer Recherche belegen, daß ein vom Auftraggeber namentlich genanntes Chemie-Unternehmen die Hauptverantwortung für die Verbreitung bestimmter Luftschadstoffe trägt (Industrie-Sparte und Thematik sind aus juristischen Gründen geändert). Grund war, daß der Auftraggeber, eine sogenannte „Nichtregierungsorganisation", sich bereits auf den Konzern „eingeschossen" hatte.

Die Recherche wurde schließlich unter folgenden Bedingungen angenommmen:

* Außer der Firma „Saubermann" werden deren beide Hauptkonkurrenten in die Basisrecherche einbezogen.

* Spricht die Basisrecherche für eine Hauptverantwortung der Konkurrenz, wird sich die Recherche auf diese Firma konzentrieren (dieser Punkt ließ sich nicht leicht durchsetzen).

* Ergeben sich keine konkreten Anhaltspunkte für den Anfangsverdacht, wird die Recherche auf <u>alle</u> großen Emittenten dieses Luftschadstoffes in Reihenfolge ihrer Jahresproduktion ausgedehnt.

Damit hatten sich die Autoren gegen mögliche Enttäuschung auf Seiten des Kunden erstmal abgesichert. Sie hatten den Kunden mit der Durchsetzung der zweiten Forderung dazu bewegen können, eine Handlungsalternative ins Auge zu fassen. Ist die Möglichkeit, das ursprüngliche Ziel aufzugeben, erstmal im Kopf des Kunden verankert, kann er sich später umso leichter mit der Wirklichkeit beschäftigen.

„Zum Glück" stellte sich der Anfangsverdacht als berechtigt heraus. Es ließ sich belegen, daß das angepeilte Unternehmen tatsächlich die Hauptverantwortung für den Ausstoß bestimmter Gifte trug.

Manche Finde-daß-Recherchen sind allerdings so haarig, daß man besser freundlich absagt:

An einen der Verfasser, Matthias Brendel, wurde einmal der Auftrag herangetragen, die Arbeitsbedingungen im kunststoffverarbeitenden Gewerbe in Entwicklungsländern zu untersuchen und anschließend mit bundesdeutschen Verhältnissen zu vergleichen. Das hörte sich interessant, machbar und ziemlich risikolos an. Stutzig machte aber, daß der Auftraggeber nicht Finanzier war, sondern nur als Mittelsmann auftrat.

Darauf wurde die Recherche sondiert. Das Ergebnis sprach für sich: Eigentlich sollte sich die Recherche gegen einen deutschen Plastik-Verarbeiter richten. Der stand anscheinend im Verdacht, in Entwicklungsländern unter untragbaren Arbeitsbedingungen zu produzieren. Jedenfalls war dem Auftraggeber von einem Dritten eine gewisse Summe für den recherchierten Nachweis dieser Theorie in Aussicht gestellt worden.

Nun war das angepeilte Unternehmen eines, das seine soziale Verantwortung ernst nahm. (Der Verfasser hatte bereits einmal in dieser Richtung recherchiert.) Erstaunlicherweise reagierte der Kunde auf diesen Einwand positiv: „Ich kann mir auch nicht vorstellen, daß dieser Verdacht zutrifft!"

Es kam zutage, daß der Kunde eigentlich eine Recherche zu den Arbeitsbedingungen in der Kunststoffindustrie im Land Soundso ins Auge gefaßt hatte. Da selbst mittellos, hatte er sich an eine soziale Einrichtung als Kostenträger gewandt. Die wiederum befand sich im Streit mit jener Firma. Das erforderliche Geld wollte die Organisation nur bereitstellen, wenn die Recherche ihren Fokus auf die Aktivitäten des „Gegners" im Land Soundso richten würde.

Plan des Kunden war nun, per Recherche die Schuldlosigkeit des Unternehmens zu beweisen, um darauf Geld für die Recherche zu bekommen, die er eigentlich im Kopf hatte. Ungefähr nach dem Motto: „Seht Ihr, an Eurem Verdacht war nichts dran. Jetzt laßt uns mal meine Spur verfolgen. Ich habe da auch schon eine Idee ..."

Der Verfasser hat den Auftrag nicht angenommen. Hier kam eine Findedaß-Recherche im Gewand einer Finde-was-Recherche daher, wobei der Finde-daß-Auftrag in Wahrheit ein Finde-daß-nicht-Auftrag war. Am Ende solch einer Arbeit – darauf gibt der Autor lebenslange Garantie – hat es sich der Rechercheur mit allen Beteiligten gründlich verdorben.

Nie vorverurteilen

Wie oben erwähnt, sind fast alle Recherche-Aufträge mehr oder minder diffuse Mischungen beider Kategorien. Dazu kommt die Vorstellung des Rechercheurs, die sich im Fortlauf der Arbeit immer stärker in eine Richtung entwickelt. Zeichnen sich erste brauchbare Ergebnisse ab, kann es sehr frustrierend sein, wenn neue Erkenntnisse ursprünglich ermutigende Resultate relativieren. Da hat man drei Wochen das Geschäftsgebahren einer Firma studiert und illegale Machenschaften zutage gefördert, als sich herausstellt, daß die Konkurrenz im selben Punkt wesentlich schlimmer verfährt. In solch einer Situation ist die Versuchung groß, dieses neue Wissen unter den Tisch zu kehren und auf dem eingeschlagenen Weg zu bleiben.

Nebenbei ist es Aufgabe des Rechercheurs, sich möglichst objektiv zu verhalten und nicht, einen Kunden in dessen Vorurteilen zu bestärken. Auch das ist nicht einfach, denn der Rechercheur ist selbst nicht vorurteilsfrei. Es ist darum wichtig, eigene Vorurteile rechtzeitig zu identifizieren. Eine Recherche über Weihnachtsbräuche geht mit ziemlicher Sicherheit daneben, wenn der Rechercheur Weihnachten haßt.

Noch schlimmer ist, wenn der Rechercheur einen Auftrag als willkommene Gelegenheit versteht, seine eigenen Vorurteile zu bestätigen: „Ich soll gegen das Unternehmen Saubermann recherchieren? – Bestens! Denen wollte ich schon immer mal eins reinwürgen." – Ein Wunschergebnis hat bereits der Kunde im Kopf, der Rechercheur muß sich davon freimachen. Es gibt kaum Schlimmeres, als wenn aus einer Finde-was-Recherche des Kunden eine Finde-daß-Recherche des Rechercheurs wird.

5. Recherchemethoden

Recherche ist grundsätzlich nicht starren Regeln unterworfen. Eine genaue Anleitung, welche Recherchemethode bei welcher Aufgabenstellung zum Erfolg führen wird, ist daher unzulässig, obwohl eine solche Vorhersage vermutlich in neun von zehn Fällen zutreffen würde.

Daß man nicht für jeden Auftrag gleich die passende Methode definieren kann, liegt schon daran, daß Recherchen von ihrer Aufgabenstellung her oft Zwitter sind. Da kann das Aufstöbern von Wissen in vergessenen Kellerwinkeln Hauptbestandteil einer dokumentarischen Recherche sein, eine wichtige Frage läßt sich aber nicht beantworten, ohne daß sich der Rechercheur tief in eine gut gehütete Thematik hineinkniet (siehe auch: 5.4 Tiefseetauchen).

Richtig ist andererseits auch, daß der Rechercheur zur Bewältigung eines Auftrags nicht nach Gusto unter verschiedenen Methoden wählen kann. Es ist deshalb notwendig, eine Recherche im Vorfeld gründlich zu analysieren und danach das passende Werkzeug zu wählen (siehe auch: 4. Systematik ff.).

Abgesehen davon ist jede erfolgreiche Recherche nicht nur Ergebnis methodisch sauberen Vorgehens, sondern beinhaltet genauso eine gute Portion Kreativität. Ein Rechercheur, der über wache Phantasie, Ein-fühlungsvermögen, Spontaneität und Einfallsreichtum verfügt, kommt zur Erledigung seiner Aufgabe notfalls auch ohne perfekt ausgearbeitete Methodik aus, besonders, wenn er mehr mit Menschen als mit Dokumenten zu tun hat. Schneller zum Ziel kommt er durch diesen Verzicht aber sicher nicht.

Phantasie beflügelt den Rechercheur, nach Lösungen Ausschau zu halten, die jenseits des Blickfeldes seines Kunden liegen: Wenn der in allzu geraden Bahnen denkt, kann es Aufgabe des Rechercheurs sein, auch einmal ungewöhnliche Wege zu beschreiten.

Einfühlungsvermögen und gute Menschenkenntnis sind weitere, gewaltige Pluspunkte für die Bewältigung der Arbeit (siehe auch: 8. Gesprächsführung). Menschen öffnen ihr Innerstes immer nur dann, wenn sie sich verstanden fühlen. Ein Rechercheur, der leicht in die Haut seines Gegenübers schlüpfen kann, erfährt mehr als ein anderer, der zwar kompetent und systematisch fragt, aber keine Herzenswärme ausstrahlt. Wer sich schon im Privatleben schwertut, Zugang zu anderen Menschen zu finden, sollte gründlich überlegen, ob er sich wirklich als Rechercheur versuchen will.

Spontaneität und Einfallsreichtum sind nötig, um sich aus echten oder vermeintlichen Sackgassen herauszumanövrieren.

In die Sackgasse kann eine Recherche relativ leicht geraten, wenn sie in einem geheimniskrämerischen Umfeld verläuft.

Beispiel: Ein Kunde hat von der Entwicklung einer neuen Sorte extrem langlebiger, stromsparender Glühbirnen gehört. Die Birnen seien aber nie in Massen produziert worden: das habe die Konkurrenz zu verhindern gewußt. Der Erfinder selbst, ein ehemaliger DDR-Bürger, sei bei einem mysteriösen Flugzeugabsturz ums Leben gekommen. (Von dieser Sorte Geschichten kursieren einige in der Welt.) Tatsächlich entdeckt der Rechercheur nach kurzer Zeit, daß es einige Patente in dieser Richtung gibt, nur sind keine Prototypen der Wunderbirne aufzutreiben. Angeblich lagert eine einmalige Tagesproduktion in einem Keller bei Dresden, nur ist der Besitzer seit einem halben Jahr auf Weltreise. Eine andere Spur verliert sich bei einer schweizerischen Investmentgruppe. Endlich kommt er in Kontakt mit den jetzigen Patentinhabern – und muß feststellen, daß die Erfindung nicht zu realisieren ist, weil sie im Widerspruch zu einem relevanten physikalischen Gesetz steht. (Richtig: Der Rechercheur hatte auf eine gründliche Basisrecherche verzichtet, ein schwerer Fehler.) Jetzt kann man die Arbeit abbrechen – oder sich auf die Suche nach anderen Lichtquellen begeben, die vielleicht den Wünschen des Kunden noch besser entsprechen.

Instinkt einsetzen

Manche Menschen besitzen die Fähigkeit, aus einem unüberschaubaren Wissensangebot mit instinktiver Sicherheit jenes herauszuziehen, welches die Recherche mit Riesenschritten voran bringt. – So wie jenes Kleinkind im Supermarkt, das aus einer riesigen Dosenpyramide mit sicherem Griff die zentrale Stützdose herauszieht (obwohl es die eigentlich gar nicht geben kann). Solch ein Talent ist Gold wert, denn es bewahrt den Rechercheur vor der Gefahr, daß ihm jeder Überblick über sein Arbeitsfeld abhanden kommt (siehe auch: 5.2 Mit der Machete durch den Dschungel).

Die oben genannten Eigenschaften sind Gaben, die eine gute Methodik zum Teil entbehrlich machen. Wer über diese Gaben nicht oder nur teilweise verfügt, kann sich jedoch genausogut mit entsprechender Erfahrung und Routine über die Runden helfen. Das sichere Wissen, daß sich der Nebel des Nichtverstehens einmal lichten wird, ist eine gute Versicherung gegen eventuell aufkommende Panik, und Routine im Ausbügeln von Fehlern nimmt dem Eingeständnis den Schrecken, selbige begangen zu haben.

Logik gegen Chaos

Mangel an Jagdinstinkt und fehlende Berufserfahrung brauchen andererseits niemanden wirklich abzuschrecken, sich auf Recherche zu begeben – solange der Rechercheur über ausreichendes logisches Denkvermögen verfügt.

Logik (Brockhaus: „Lehre von den formalen Regeln folgerichtigen Denkens") besitzt den großen Vorteil der Nachvollziehbarkeit sowie der Tatsache, daß sich ihrer auch alle anderen bedienen. Dieser Umstand macht die Logik zum universalen Instrument. Wenn jemand mit dem Flugzeug startet, ist es logisch, daß er irgendwo wieder landen will. (Zumindest stimmt das in 99,9 Prozent der Fälle.)

Die allgemeine Gültigkeit der Logik kann mangelnde Erfahrung ersetzen, denn erstere funktioniert global: Zehn Jahre Erfahrung hinter der Käsetheke eines Hamburger Supermarktes nutzt einem Hamburger Verkäufer wenig auf dem Basar in Marrakesch. Mit seinem kaufmännischen Wissen, daß die Gesetze des Handels weltweit dem gleichen Muster folgen, kann er sich aber das Geschehen auf dem Basar logisch erschließen und dann vielleicht ein günstiges Geschäft tätigen.

Logik ist ein zentrales Element für die Analyse von Rechercheergebnissen, die auf den ersten Blick rätselhaft erscheinen. Ein Rechercheur, der sich an die Regeln der Methodik hält, findet vielleicht nicht auf Anhieb den zentralen Stützstein der Dosenpyramide – das muß er aber auch nicht; denn er kann beweisen, daß es den gar nicht gibt.

In den folgenden vier Unterkapiteln stellen die Verfasser verschiedene Recherchemethoden vor, die sich sowohl für Journalisten (die an den Pressekodex gebunden sind) als auch für nicht publizierende Rechercheure eignen. Hierbei ist zu beachten, daß die letztgenannte Methode „Tiefseetauchen" unter Journalisten zwar beliebt, jedoch nicht unproblematisch ist. Die möglichen juristischen Folgen werden in Kapitel 13 „Rechtliche Aspekte" besprochen.

Die Verfasser weisen ebenfalls darauf hin, daß die dargestellten Methoden sicher nicht das Spektrum der Möglichkeiten abdecken. Es sind jene Vorgehensweisen, die sich beim Lösen verschiedener Recherchen als brauchbar erwiesen haben. Jeder Rechercheur sollte darüber hinaus eigene Vorgehensweisen entwickeln, die seinen Erfahrungen und seinen persönlichen Stärken und Schwächen entsprechen.

Leser, die weitere Methoden entdeckt, entwickelt und erfolgreich angewandt haben, sind herzlich eingeladen, sie in einer späteren Auflage zu beschreiben.

5.1 Das Puzzlespiel

Es war Ende der achtziger Jahre, als der Reporter eines Fernsehmagazins einen hohen Offizier der Bundeswehr auf der Hardthöhe aufsuchte. Der Reporter wollte den Mitarbeiter des Verteidigungsministeriums zu Tierversuchen befragen, welche die Bundeswehr nach seiner Kenntnis vornahm, um die Einsatzfähigkeit von chemischen Waffen zu testen.

Das Gespräch begann professionell harmlos und freundlich. Nach einer Weile wurde der Journalist ungeduldig und fragte immer frecher. Darauf antwortete der Offizier sinngemäß vor laufender Kamera: „Wir können uns jetzt ganz normal weiter unterhalten. Wenn Sie aber solch einen unverschämten Tonfall anschlagen, unterbreche ich das Gespräch, und dann müssen Sie die Informationen, die Sie brauchen, mosaikartig zusammensuchen."

Der Reporter reagierte sofort, indem er zum vorherigen, höflichen Fragestil zurückkehrte. Es ist ja nicht gerade ein Vergnügen, sich vor laufender Kamera zurechtweisen zu lassen: Entweder hatte der Mann schlechte Erfahrungen mit dem mosaikartigen Zusammentragen von Wissen gemacht oder er schreckte vor dem Aufwand zurück, den er auf sich zukommen sah.

Es ist ja auch eine schwierige Situation: Hier sitzt sie vor dem Rechercheur, die zentrale Figur, die über alle Informationen verfügt, welche aus vielleicht 20 noch nicht identifizierten Quellen stammen, und von denen wiederum keine das erforderliche Gesamtwissen hat.

Sicher hätte der Journalist notfalls den vom Offizier beschriebenen mühseligen Weg gehen können: Es gibt ja auch noch den Züchter, der regelmäßig Hunde an die Bundeswehr verkauft, aber nicht genau weiß, was mit den Tieren geschieht. Dann den Hersteller bestimmter Chemikalien, der lediglich weiß, daß diese regelmäßig Haltbarkeitstests unterzogen werden müssen. Woanders arbeitet ein Laborant, der Hundegewebe im Auftrag der Bundeswehr nach chemikalischen Fingerabdrücken untersucht, die Indikator für eine ganze Gruppe von Wirkstoffen sind (Den Hintergrund seiner Arbeit kennt der Laborant nicht). Die Reihe läßt sich beliebig fortsetzen.

Das Unterteilen eines komplexen Sachverhaltes in Partikularinformationen, die für sich nur einen begrenzten Sinn ergeben, ist nicht nur ein beliebtes Herrschaftsinstrument („Divide et impera"), sondern gleichfalls recht effektiv für das Verbergen von Wissen vor Neugierigen. Der Bundeswehroffizier wußte um diesen Vorteil und hatte ihn voll ausgespielt.

Quellen identifizieren

Wie im richtigen Leben steckt aber auch in dieser Erschwernis eine Gelegenheit: Sind die Informationen schön gleichmäßig auf viele Köpfe verteilt (die am besten nicht voneinander wissen), betreibt niemand mehr den Aufwand, dieses Einzelwissen nochmals aufwendig zu verschlüsseln oder zu verbergen. Wer sich also die Mühe macht, in alle Töpfe zu schauen und dabei eine gewisse Methodik einhält, gelangt mit Sicherheit ans Ziel – auch ohne die freundliche Assistenz eines allwissenden Offiziers.

Die Puzzlemethode funktioniert wie ein Puzzlespiel, weswegen es verschiedene Vorgehensweisen gibt, die zum gleichen Ergebnis führen.

Im Fall des angeblichen Hundeskandals bei der Bundeswehr könnte der Rechercheur sowohl im Zentrum als auch an der Peripherie beginnen. Im Zentrum hieße: Zunächst den Offizier checken, dessen Zuständigkeiten und nächste Kontaktpersonen. Dann diese Kontaktpersonen, deren Zuständigkeiten und Kontaktpersonen, usw., bis der Rechercheur auf die einzelnen Informationsbesitzer stößt. Je größer der Aktionsradius des Offiziers und seiner Kontakte ist, desto gewaltiger ist allerdings auch der Aufwand zur Beantwortung der Frage.

Eine Recherche an der Peripherie könnte mit Basisrecherchen über Kampfstoffe beginnen, die von der Bundeswehr gelagert und verwaltet werden: deren Herstellung, Zusammensetzung und – darauf soll einer kommen – Haltbarkeit.

Die Randinformation, daß diese Stoffe in bestimmten Abständen im Lebendversuch geprüft werden müssen, führt zu einer (harmlosen) Anfrage bei der Bundeswehr: Züchtet die Bundeswehr eigentlich Tiere und wenn ja, wo? Wenn nein, kauft Sie hin und wieder Tiere?

Gleichzeitig kontaktet der Rechercheur einen Spezialisten in Veterinärmedizin: Wenn ein Gift mit folgender chemischer Formel von einem Hund aufgenommen wird, welcher Stoff ist dann Indikator für den Nachweis des Giftes? Welche Laboratorien in Deutschland können diesen Nachweis führen?

In Laboratorien arbeiten Wissenschaftler, und die kennen einander über Grenzen hinweg (siehe auch: 2.11 Kongresse/Konferenzen). Vielleicht hat einer dieser Chemiker auf einem Kongreß erfahren, daß sich auch Kollege Schmidt, der bei der Bundeswehr in Dingenskirchen arbeitet, mit diesen Analysemethoden beschäftigt.

Besitzt die Bundeswehr in der Nähe von Dingenskirchen eine Hundestaffel bzw. hält sie dort Hunde? Eine harmlose Frage, die der zuständige Presseoffizier wahrscheinlich gerne beantwortet. Der Rechercheur setzt sich mit Hundezüchtern in Dingenskirchen und Umgebung in Verbindung und erfährt, daß die Bundeswehr so etwa alle 20 Monate bei verschiedenen Züchtern der Umgebung Hunde kauft, insgesamt jedesmal an die 15 Tiere ... allmählich entsteht vor den Augen des Rechercheurs ein deutliches Bild. – Eine solches Puzzlespiel hätte den Fernsehjournalisten nicht nur vor der Zurechtweisung durch den Offizier der Hardthöhe bewahrt, sondern die gesamte Situation zu seinen Gunsten verkehrt: Der Journalist hätte harmlos fragen, auf jede Antwort einen Vorhalt geben und gelassen zuschauen können, wie sein Gegenüber vor laufender Kamera die Nerven verliert. So war's vertan.

Das Zusammenfügen von dezentral verwahrten Teilinformationen zu einem Gesamtbild ist alles andere als langweilig und erfordert die volle Konzentration des Rechercheurs beim Auffinden möglicher Quellen. Deren anschließende Befragung ist dafür weniger kompliziert. Die Gesprächspartner fürchten schließlich nicht, mit Preisgabe ihres Wissens irgendwelche Geheimnisse auszuplaudern.

Es gibt Fragen, die noch nie gestellt wurden. Das bedeutet leider auch, sie wurden noch nie zuvor beantwortet. Wo aber Frage und Antwort fehlen, existiert auch keine Logistik der Informationswege. Sie muß erst noch geschaffen werden. Auch hier hilft die Puzzlemethode, einen Sachverhalt soweit zu strukturieren, daß er geklärt werden kann.

Ein Beispiel hierfür ist die sogenannte „Tanker-Recherche".

Die Tanker-Recherche

Ein Kunde hatte die Verfasser beauftragt, die Wege jener Tanker zu verfolgen, die in Nigeria gefördertes Öl der Firma „Shell" nach Europa und Amerika transportieren. Die Recherche sollte bei den nigerianischen Verlade-Terminals beginnen und in den Raffinerien der Abnehmer enden, um so einen lückenlosen Herkunfts- und Verwertungsnachweis führen zu können.

Damals, im Herbst/Winter 1995/96, sah sich der Mineralölkonzern Shell wegen seiner Umweltpolitik in dem afrikanischen Staat internationaler Kritik ausgesetzt.

Die Proteste gewannen an Stärke, nachdem der nigerianische Bürgerrechtler und Umweltschützer Ken Saro-Wiva von einem Gericht zum Tode verurteilt und gemeinsam mit acht weiteren Mitstreitern am 10. November 1995 erhängt worden war. Saro-Wiva gehörte zum Volk der Ogoni, in deren angestammtem Siedlungsraum Shell (wie auch andere

Ölgesellschaften) Öl förderte. Shell galt (und gilt) als hauptverantwortlich für gravierende Umweltzerstörungen im fruchtbaren Nigerdelta, dem Heimatland der Ogoni.

In der erhitzten Situation machten Shell und die übrigen in Nigeria tätigen Ölkonzerne offensichtlich alle Luken dicht. Mitarbeiter der Terminals waren zu keinerlei Gesprächen bereit. Selbst Informationen, welche Schiffe wann welche Terminals in Nigeria mit welcher Zielrichtung verlassen hatten, waren nirgendwo zu bekommen: weder bei Shell noch bei Reedereien, Maklern oder anderen, die am Ölhandel verdienten. Auch Mannschaftsangehörige von Tankern, die aus Afrika kommend Amerika oder Europa ansteuerten, gaben telefonisch unisono gleichlautende Erklärungen: „Wir sind angewiesen, keine Informationen über Herkunftsort oder Fahrtziel an Dritte weiterzugeben."

Eine parallele Recherche, deren Methode auf „Tiefseetauchen" (Kapitel 5.4) beruhte, hatte zwischenzeitlich einen Kontakt innerhalb von „Shell Nigeria" ergeben, und zwar ziemlich genau im logistischen Zentrum der Terminals. Diese Kontaktperson hatte sich freiwillig erboten, die Rechercheure mit relevanten Informationen zu versorgen. Zur Beschaffung der notwendigen Daten hätte sich die Kontaktperson allerdings einem erheblichen Risiko aussetzen müssen. Risiko in dieser Region der Welt bedeutet aber: drakonische Strafen, Gefängnisse, welche die Grundversorgung der Eingesperrten nicht vorsehen, und dazu zahlreiche Übergriffe der Ordnungsmächte einschließlich einer Reihe ungeklärter Todesfälle. Aus diesem Grund blieb die Quelle ungenutzt.

Statt dessen startete eine klassische Puzzle-Recherche.

Zunächst prüften die Rechercheure, welche Organisationen, Institutionen und Unternehmen in das Tankergeschäft mit Nigeria involviert sein könnten. Daß Ölgesellschaften, Schiffsbesitzer, -makler, -manager und die Crews selbst kein Wissen herausgeben würden, war bereits klar. Es gab ja aber auch noch die möglichen Zielhäfen mit den angeschlossenen Schiffsmeldediensten als Informationsquelle, außerdem Raffinerien sowie Schiffs- und Frachtversicherer: Es ist logisch, daß kein Supertanker mit 250.000 Bruttoregistertonnen Ladung unversichert über die Weltmeere schippert.

Also bestellten die Rechercheure Übersichten der Tankerbewegungen des laufenden Jahres zwischen Nigeria und anderswo. Solche Listen gibt es bei internationalen Schiffsversicherern. Sie sind nie vollständig, decken aber in der Regel 70 bis 80 Prozent des tatsächlichen Verkehrs.

Diese Listen sind außerdem inhaltlich ungenau. Manchmal werden sowohl der Belade- als auch Entladehafen genau benannt, andere Male steht in den entsprechenden Rubriken: „Westafrika" als Ursprungsort bzw. „amerikanische Atlantikküste" als Zielgebiet. Der gravierendste Nachteil dieser Listen ist jedoch, daß sie immer nur in die Vergangenheit schauen, nie in die Zukunft.

Wenn sich anhand der Listen auch keine Vorhersagen für die Ankunft bestimmter Tanker in bestimmten Häfen machen ließen – die Rechercheure gewannen Klarheit darüber, welche

- Tanker bevorzugt zwischen Nigeria und Europa bzw. Nigeria und den USA pendelten,

- welche Ladeterminals in Nigeria die Tanker bevorzugt anfuhren,

- welche Zielhäfen die Tanker gewöhnlich anliefen, z.b. Sête, Algeciras, Rotterdam, Baltimore.

Die Rechercheure erfuhren, daß es ebenfalls Informationen über Tanker zu kaufen gibt, die sich im Chartergeschäft befinden. Diese Informationen blicken logischerweise in die Zukunft und richten sich an Händler oder Spediteure, die Frachtraum für Öl suchen: Der Charterdienst kündigt an, wann welcher Laderaum von Tankern für welche Route von wem gechartert ist, ob das Schiff für weitere Buchungen zur Verfügung steht und/oder ab wann der Tanker zum erneuten Chartern frei ist.

Der Nachteil solch eines Dienstes: Als Ladeort wird statt eines genauen Terminals in der Regel „Western Africa" angegeben, als Ziel „Western Europe" oder „US Atlantic Coast". So genau braucht das ein Charterer zunächst ja auch nicht zu wissen.

Ein Abgleich mit den Listen der Versicherer ließ weitere Schlüsse zu: So ließ sich erkennen, daß ein Tanker namens „Gerechtigkeit" (der Name des Schiffes wurde von den Autoren geändert), den der Charterdienst für Januar als Pendler zwischen Westafrika und der US-Küste gelistet hatte, in der Vergangenheit meistens im nigerianischen Terminal „Bonny" Öl geladen und anschließend in einem bestimmten kanadischen Hafen gelöscht hatte. Wenn der Charterdienst die Ankunft der „Gerechtigkeit"

133

also mit Ende Januar an der Atlantikküste angekündigt hatte, war der Rest Routine. Es brauchte nur noch eine Person, die in dem relevanten Zeitraum den Schiffsmeldedienst des betreffenden Hafens kontaktete, um die genaue Ankunftszeit zu erfragen.

Inzwischen lagen (als Ergebnis einer Datenbankrecherche) Informationen vor, welche Terminals in Nigeria welchen Ölgesellschaften gehörten. Das Bild begann sich abzurunden.

Widerstand umgehen

Leider stellte sich bei der Prüfung dieser Angaben heraus, daß die Ölgesellschaften ihr Öl bisweilen über Pipelines zu Terminals anderer Unternehmen pumpten oder Terminals von mehreren Firmen gemeinsam betrieben wurden. Erschwerend kam hinzu, daß die nigerianischen Schiffsmeldedienste absolut unzureichend funktionierten.

Während es in Hamburg oder Rotterdam kein Problem war (und ist), aktuelle Informationen über das Ein- und Auslaufen von Schiffen aller Art zu erhalten, gaben die ins Visier genommenen nigerianischen Häfen dieses Wissen immer erst Wochen später preis. Dies lag nicht an der Schludrigkeit nigerianischer Behörden, sondern an dem Umstand, daß fast sämtliche nigerianischen Ölterminals in privater Hand der Ölgesellschaften waren (und sind). Und Privathäfen brauchen keine öffentlich zugänglichen Meldedienste. Entsprechend bestand für die Terminalbetreiber nicht die Notwendigkeit, ihre Daten unverzüglich weiterzuleiten.

Zum Ziel führte schließlich die gleichzeitig vollzogene Basisrecherche über die Ware Öl. Öl ist nicht gleich Öl. Es hat, wie andere Rohstoffe auch, einen eigenen geologischen „Fingerabdruck", der z.B. auf seinem Schwefelgehalt und anderen Bestandteilen beruht. So detaillierte Daten brauchen Förderer und Verarbeiter von Öl nicht immer. Zur genaueren Spezifizierung haben sie sogenannte „API-Zahlen" entwickelt, welche die Verarbeitungs-Qualität des Öls genau bestimmen (API: American Petroleum Institute). Entsprechend waren und sind auch die in Nigeria geförderten Sorten nach API-Nummern klassifiziert.

Die weitere Recherche ergab, daß die in Nigeria geförderten Öle fast alle über verschiedene API-Zahlen verfügten – nur in einem Fall förderten zwei Gesellschaften Öle mit gleicher API-Kennzahl.

Jetzt wußten die Rechercheure: Ein Tanker, der am Shell-Terminal „Forcados" im Nigerdelta geladen hatte, transportierte nicht unbedingt Öl von Shell. Es könnte auch von einer anderen Ölgesellschaft stammen. Hatte der Tanker aber Öl mit der entsprechenden API-Zahl an Bord, war klar: Diese Sorte förderte in Nigeria nur Shell. Und diese Sorte wurde in Nigeria nicht Offshore, also vor der Küste Nigerias, sondern einzig im Nigerdelta im Land der Ogoni gefördert. Das Öl klebte wie Kleister an den Händen seiner Besitzer.

Anfragen bei Charterern, Managern und Besitzern der Ladung nach der API-Zahl der verschifften Ware wurden umgehend beantwortet. Die Fragenden wußten bereits, daß Öl international gehandelt wird und Tanker nicht selten während der Fahrt die Richtung wechseln, wenn sich ein besser zahlender Kunde gefunden hat. In diesem Geschäft ist die Weitergabe von API-Zahlen zur Bestimmung der Ölqualität unumgänglich.

Damit war der wichtigste Beweis erbracht. Fest standen nun der Förderer des Öls, der Verlader, der Transporteur und der voraussichtliche Zielhafen. Noch war der Abnehmer des Öls unbekannt.

Verräterische Zahlen

Eine Basisrecherche zum Thema „Raffinerien" brachte aber zutage, daß Raffinerien aus technischen Gründen immer Öle mit gleichen API-Zahlen zu kaufen versuchen. Ein Wechsel der Qualität macht relativ aufwendige Veränderungen des Raffinierungsprozesses notwendig.

Der nächste Schritt war darum, die Raffinerien in der Umgebung der jeweiligen Zielhäfen nach den API-Nummern der von ihnen verarbeiteten Öle zu fragen. – Es ist ganz normal, daß sich Broker zunächst nach dieser Zahl erkundigen, bevor sie den Raffinerien eine Ware anbieten.

Mit diesen Zahlen im Hintergrund (und den Daten der Versicherer und Charterer im Kopf) war es möglich, sowohl die genaue Herkunft als auch den genauen Abnehmer einer Tankerladung Öl zu bestimmen.

Damit war das Ziel erreicht. Trotz offenkundig verhängter Informationssperre hatte Shell keine Chance, den erfolgreichen Abschluß der Recherche zu verhindern.

Das Puzzlespiel ist nach Ansicht der Autoren die aufwendigste, anstrengendste und zeitzehrendste Recherchemethode überhaupt. Das ständige Graben nach Hintergrundwissen, welches einer „harmlosen" Einzelinformation wie der API-Zahl ja erst ihre Qualität verleiht, kann sehr ermüdend sein. Vieles Graben ist zudem vergeblich oder führt nicht weiter. Dabei muß der Rechercheur dauernd aufpassen, daß er keinen Aspekt übersieht, denn wichtige Informationen stecken oft im Detail. Dieses Suchen kann sehr frustrieren, weil sich Erfolge nicht immer sofort einstellen. Der Rechercheur braucht viel Geduld, sein Auftraggeber ebenso. Es ist nicht ratsam, eine Recherche mit Puzzlecharakter anzunehmen, wenn gleichzeitig ein unumstößliches Zeitlimit vorgegeben ist.

Die Puzzlemethode erfordert eine sehr gute Vorbereitung. Dazu macht es Sinn, sich alle Punkte, die für ein Thema relevant sein könnten, genau zu notieren. Diese Punkte sollten die Rechercheure nicht hintereinander, sondern möglichst nebeneinander abarbeiten: Auf diese Weise läßt sich früher beurteilen, welche Themen wirklich vielversprechend sind und welche zwar in die Tiefe führen, für das Puzzle aber ohne Bedeutung sind. Um die Möglichkeiten der Puzzlerecherche optimal auszuschöpfem, sollten wenigstens an regelmäßigen Brainstormings mehrere Personen teilnehmen. So läßt sich die Gefahr eindämmen, daß der Rechercheur wichtige Basisrecherchen unterläßt, weil sie schlicht niemandem einfallen.

Ein Vorteil der Puzzlemethode ist, daß sie keine kommunikativen Fähigkeiten oder ausführliche Gesprächsvorbereitung erfordert. Hier gibt es keinen zentralen Informationsbesitzer, auf den sich der Rechercheur einstellen muß. Auch mißtrauische Fragen nach dem Warum treten praktisch nie auf, denn die abzuklärenden Sachverhalte wirken lächerlich nichtig: Ist die Information vorhanden, wird sie mit großer Wahrscheinlichkeit weitergegeben.

Seinen eigentlichen Charme entwickelt das Puzzlespiel, weil es gut gehütete Geheimnisse enthüllt, ohne dabei ein einziges Geheimnis gelüftet zu haben.

5.2 Mit der Machete durch den Dschungel

Um Mißverständnissen vorzubeugen: Diese Recherchemethode hat nichts Gewalttätiges an sich. Die Machete des Rechercheurs ist sein Urteilsvermögen – das er schärfen muß – und der Dschungel ist zwar dichtes Gestrüpp, doch besteht dies aus einer gigantischen Zahl einander teilweise widersprechender Informationen. Der erfolgreiche Einsatz der Machete erfordert Umsicht und Entscheidungsfreude zugleich. Hinzu kommen gute kommunikative Fähigkeiten (siehe auch: 8. Gesprächsführung) und ein gewisses Gespür für das Machbare oder, anders herum: ein gesunder Skeptizismus.

Zur Machete sollte ein Rechercheur greifen, wenn er sich im unübersichtlichen Informationsdschungel zu verirren droht. Seitenweise neues Wissen, das neben der Abwicklung der Telefongespräche täglich mit der Post auf dem Schreibtisch landet, kann ein gut organisierter Rechercheur verarbeiten. Wenn die Unterlagen aber paketeweise eintrudeln, droht der Info-Kollaps.

Typisches Beispiel für dieses Phänomen ist Recherchearbeit auf Kongressen. Dort kann der Rechercheur leicht einer Legion von Fachleuten und Informationsträgern gegenüberstehen, die ihr gebündeltes Wissen in Form von Referaten, Postern und persönlichen Gesprächen zur Verfügung stellen.

Für den Einsatz auf Kongressen und Fachkonferenzen (siehe auch: 2.11 Kongresse/Konferenzen) eignet sich die Machetenmethode daher besonders gut. Ein typisches Beispiel: Der Rechercheur soll seinen Kunden über den neuesten Stand auf einem Gebiet informieren, das dieser vielleicht als zukünftiges Tätigkeitsfeld ins Auge gefaßt hat. Gerade wird zu dem Thema eine internationale Tagung veranstaltet – die ideale Gelegenheit, das neueste Wissen auf diesem Gebiet zu erfahren.

Warum die Teilnahme an einer Fachkonferenz den Rechercheur rein zeitlich stark beansprucht, ist in dem oben angegebenen Kapitel beschrieben. Das gleichzeitige Überangebot an Informationen, anfangs noch als Glücksfall eingestuft, erweist sich bald als zweischneidiges Schwert: Neben seiner starken zeitlichen Beanspruchung muß der Rechercheur immer neu entscheiden, welche Vorträge ihm wichtig sind und welche nicht. Es ist nichts ungewöhnliches, wenn während einer

Fachkonferenz zwei Veranstaltungsreihen parallel zueinander stattfinden. Oft sind es vier.

Zu viert auf einer Konferenz mit vier parallelen Vortragsreihen aufzutauchen, ist aber ein Luxus, den niemand bezahlen mag. Das wäre auch Zeitverschwendung und ein Armutszeugnis für die Rechercheure, denn trotz des großen Wissensangebotes sind viele Referate für den Kunden nicht relevant. Sie sind zu speziell oder die besprochenen Projekte befinden sich in einem sehr frühen Entwicklungsstadium.

Wichtig ist also, die relevanten Vorträge herauszufiltern und anschließend mit den Referenten möglichst tiefergreifende Gespräche zu führen. Nur, welche Vorträge und Referenten sind das?

- Die Frage legt nahe, daß eine exzellente Basisrecherche unabdingbare Voraussetzung für den Einsatz der Machete ist. Niemand sollte, lediglich ausgestattet mit enzyklopädischem Wissen und weiteren Informationen aus einer Reihe von Fachartikeln, zu einer Fachkonferenz angereist kommen. (Da könnte er sich besser gleich in das beliebte touristische Programm für Begleiter der Konferenzteilnehmer eintragen: Er wird ohnehin nicht verstehen, wovon während der Tagung im einzelnen die Rede ist.)

- Der Rechercheur muß sich über die jeweiligen Fachrichtungen innerhalb seines Themenfeldes informieren und vorab im qualifizierten (oder qualifizierenden) Gespräch mit seinem Kunden klären, welche Punkte er im Zweifelsfall außen vor läßt. Der Auftrag- und Geldgeber ist natürlich daran interessiert, daß der Rechercheur das ganze Spektrum abdeckt, denn schließlich ist die Teilnahme an Konferenzen ein relativ teurer Spaß (siehe auch: 14. Tips und Tricks).

Thema eingrenzen

Zurück zur Vorauswahl: Der Rechercheur ist gut beraten, bereits zu diesem Zeitpunkt mit der Machete mutig zuzuschlagen. Sein Auftraggeber wird ihm ohnedies das eine oder andere zusätzliche Thema aufbürden, und während der Recherche selbst tauchen abermals zahlreiche interessante Aspekte auf, die bald zum festen Bestandteil des Arbeitsprogrammes mutieren.

Es ist darum ganz wichtig, mit dem Auftraggeber gründlich über die Zielsetzung der Recherche zu reden (siehe auch: 4.1 Zielsetzung). Am besten, der Rechercheur nimmt den Konferenzplan (oder den potentiellen Rechercheplan) zur Hand und stellt daraus einen Katalog von Punkten zusammen, die in das engere Arbeitsfeld fallen. Dann streicht er gemeinsam mit seinem Auftraggeber nochmals aus, was aus Zeit- und Kostengründen nicht behandelt werden kann. So entgeht der Rechercheur später dem Vorwurf, am Thema vorbeirecherchiert zu haben.

Allerdings sind Konferenzpläne selten ausführlich und selten stabil. Ein Referent bringt seine Arbeit nicht fertig und sagt kurz vorher ab, eine Firma ist inzwischen Pleite gegangen ... nichts ungewöhnliches, denn die Vorlaufzeit einer Fachtagung beträgt etwa ein Jahr. In der Zwischenzeit kann viel passieren.

• Behalten Sie bei der Auswahl der Vorträge ganz genau die Interessen Ihres Kunden im Auge und erwarten Sie nicht, daß Ihr Auftraggeber diese Arbeit für Sie übernimmt.

Für den Kunden ist der Konferenzkatalog wie die Dose Kekse für das kleine Kind: Er möchte alles auf einmal haben. Außerdem hat er (schon wegen mangelnden Einblicks) nicht die Chance, sich aus der Distanz zu entscheiden.

Mutig fallenlassen

Wahrscheinlich entpuppen sich während der Konferenz einzelne Themen als überbewertet. Dann hatte der Referent den Mund zu voll genommen oder der Rechercheur hat den inhaltlichen Ansatz des Referates falsch verstanden. Der Rechercheur sollte in dieser Lage Mut beweisen und von sich aus entscheiden, welche alternativen Angebote dem Interesse des Kunden entsprechen. Er muß im Zweifelsfall zwei von drei Themen fallenlassen, anstatt zusätzlich ein viertes aufzunehmen – auch wenn letzteres auf den ersten Blick den Wünschen des Kunden entgegenkommt.

Die wichtige Frage lautet: „Muß mein Kunde das wirklich wissen oder bin nur ich gerade von der Thematik fasziniert (so wie der Rest der Konferenzteilnehmer)?" Man kann ja auch mit der Machete von einem zentralen Platz aus fünf oder sechs gangbare Wege in den Dschungel hauen. Gegangen wird immer nur einer.

Ein Informationsdickicht, welches den Einsatz der Machete notwendig macht, begegnet dem Rechercheur nicht nur auf Fachkonferenzen. Das kann schon bei einer ganz einfachen Frage losgehen wie jener: „Wie hoch ist die Produktion von Waschmaschinen in der Volksrepublik China, was ist der nationale Bedarf und wie lauten die Prognosen für die kommenden fünf Jahre?"

Schon der erste Teil der Frage, eine Zahl über die aktuelle Produktion, kann zu völliger Konfusion führen. Der Rechercheur muß sich darauf gefaßt machen, drei verschiedene Zahlen zu erhalten, die von z.B. 20 Millionen über 26 Millionen bis zu 33 Millionen reichen. Sind die Unterschiede derart gravierend, wäre es kundenfeindlich, einfach die Schnittsumme als vermeintliches Ergebnis zu präsentieren. In dem Fall hilft nur, die verschiedenen Quellen gründlich zu überprüfen – und schon gehen die Schwierigkeiten los. Hinter chinesischen Quellen stehen in der Regel Chinesen, und die sprechen nicht immer Englisch.

Es liegt in der Verantwortung des Rechercheurs, jetzt nicht den leichtesten Weg einzuschlagen – das hieße: den als Gesprächspartner wählen, der zufällig Englisch spricht und die übrigen Quellen fallen lassen (kriegt ja keiner mit!) –, sondern zäh Herkunft und Glaubwürdigkeit der angebotenen Zahlen zu hinterfragen. Am Ende läuft es wahrscheinlich darauf hinaus, eine vierte Zahl auf den Tisch zu legen.

Arbeiten nach der Machetemethode heißt eben nicht: Alles weghauen, was dem Rechercheur Probleme bereitet. Es bedeutet: Weghauen, was der Kunde nicht wissen muß und was ihn verwirren könnte. Kann der Rechercheur seine eigenen Zweifel nicht ausräumen, sollte er darauf hinweisen, das widersprüchliche Angaben existieren. Wer sich dieses Verhalten zur Gewohnheit macht, untergräbt damit allerdings schnell seine eigene Glaubwürdigkeit.

Kontrollen schaffen

Diese Gefahr läßt sich mindern, wenn zusätzliche Kontrollmechanismen eingebaut sind. Bei der Machetenmethode hat sich das Team als Kontrollinstanz bewährt. Teamarbeit bremst das Ausschlußverfahren zwar zeitlich ab, da viele Köpfe prüfen müssen. Weil andererseits bei der Machetenmethode während jeder einzelnen Arbeitsphase gleich schwere Fehler begangen werden können, ist die Kontrolle des Teams nichtsdestotrotz wichtig.

Gleiches gilt für die extrem weitgefaßten „Finde-was-Aufträge", für die sich die Macheten-Methode zwingend anbietet (siehe auch: 4.4. Finde heraus, was ...). Ein Kunde will sich etwa einen möglichst umfassenden Überblick über neue Entwicklungen in einem bestimmten Marktsegment verschaffen. Oder er benötigt eine auf seine Bedürfnisse zugeschnittene Analyse eines grundsätzlichen Sachverhaltes, in der Art: „Welche Antriebssysteme haben auf dem Weltmarkt Zukunft und welche werden voraussichtlich in den nächsten zehn Jahren hinzukommen?" Wer sich mit diesem Feld auseinandersetzt, wird schnell feststellen, daß die Lösung der Aufgabe Monate, wenigstens Wochen in Anspruch nehmen kann. Es geht aber auch schneller, wenn sich der Rechercheur der Machetenmethode bedient.

Zunächst könnte er genauer prüfen, welche Antriebe den Kunden wirklich interessieren: die billigsten, die einfachsten, die wirtschaftlichsten, die effektivsten oder die ökologischsten? (Sie müssen jetzt mindestens drei der fünf Fragen weghauen können, sonst wird Sie der Dschungel verschlingen!)

Ganz schnell kommt nämlich bei dieser Recherche ein wichtiger Aspekt ins Spiel, der für sich genommen bereits Anlaß für eine gesonderte Recherche böte: Das ist die Frage nach den künftigen Treibstoffen für diese Motoren.

Sobald sich der Rechercheur dieser Frage zuwendet, wird er feststellen, daß die Diskussion über „Antriebe der Zukunft" von den Einsichten beeinflußt ist, daß a) die weltweiten Vorräte an fossilen Brennstoffen begrenzt sind und b) fossile Brennstoffe wie Gas, Benzin, Diesel usw. mit großer Sicherheit das befürchtete Klimachaos fördern. (Das erste Problem wird mit Sicherheit nicht innerhalb der nächsten zehn Jahre akut, das zweite hoffentlich nicht.)

Natürlich existieren bereits eine Reihe wegweisender Entwicklungen, die auf Antriebstechnik ohne Einsatz fossiler Treibstoffe setzen. Ein Motor, der mit Wasserstoff betrieben wird, gehört dazu. Wie steht es aber mit hochentwickelten Schwungrädern, die, von Sonnenenergie aufgeladen, bald Fahrzeuge durch die Landschaft bewegen könnten? – Wenigstens zwei amerikanische Firmen haben sich mit dieser Möglichkeit beschäftigt, und immerhin wurden entsprechende Projekte von der US-Regierung gefördert ... außerdem findet der Rechercheur das Thema reizvoll und spannend. Leider muß hier die generelle Devise lauten: So viel wie nötig und so wenig wie möglich.

Denken Sie immer an die Interessen und Möglichkeiten des Kunden. Ist der ohnehin mit der Herstellung von Präzisionsteilen beschäftigt, eröffnet ihm die Schwungradtechnologie vielleicht ein neues Geschäftsfeld. Ein Hersteller von Dieselgeneratoren dagegen muß lediglich das Nötigste zur Schwungradtechnologie wissen und dazu, ob und wann ihm diese als ernstzunehmende Konkurrenz das Geschäft verderben könnte.

Gutachter einsetzen

Im konkreten Fall waren die Rechercheure zusätzlich einer Lawine von Angeboten ausgesetzt, die zahllose Erfinder von Motoren oder Antriebssystemen dem Kunden bereits unterbreitet hatten. Vom Gummi-Aufzug bis zum Motor, der mit Wasser fährt, war so ziemlich alles darunter, was Menschen austüfteln können. Patentschriften lagen beinahe allen Angeboten bei, was leider kein Qualitätsmerkmal ist: Die Erteilung eines Patentes gibt noch keinen Hinweis darauf, daß die Erfindung auch funktioniert.

In solcher Situation ist jeder „gewöhnliche" Rechercheur überfordert – es sei denn, er ist zufällig Ingenieur mit dem Fachgebiet Motorentechnik/Antriebe. Seine Aufgabe kann in diesem Fall höchstens darin bestehen, die Hintergründe der Angebote abzufragen:

- Verfügt der Entwickler über ausreichendes technisches Verständnis oder ist er nur ein Träumer?

- Besitzt er Zugriff auf das notwendige Equipment oder bastelt er in der Garage?

- Ist der Erfinder jung genug, um sein Projekt zu realisieren? (Viele Erfinder sind Rentner, die sich nun ihrer 40 Jahre alten, „tollen Idee" hingeben.)

- Hat es in der Vergangenheit ähnliche Projekte gegeben, und was ist daraus geworden?

- Wurde die Erfindung bereits von einer anderen Stelle geprüft und bewertet?

Das sind, wie gesagt, Hintergrundfragen, die lediglich einen wichtigen Teilbeitrag zur Beantwortung des Auftrags leisten können und im Vorfeld geklärt werden müssen. Die eigentliche Entscheidung, welche Systeme realisierbar sind oder nicht, bleibt tunlichst in den Händen des Auftraggebers.

Ist diese Entscheidungsfindung Bestandteil des Rechercheauftrags, raten die Verfasser dringend, unabhängige Gutachter beizuziehen – nicht einen, sondern mindestens zwei. Besser wären drei. Diese Gutachter sollten sich vom Profil stark voneinander unterscheiden, damit eine Prüfung aus möglichst verschiedenen Blickwinkeln gewährleistet ist. Im beschriebenen Fall kämen in Frage:

- Ingenieure, die selbst auf dem Gebiet tätig sind und die aktuelle Situation kennen (Durchschnittskosten je Projekt, tragbarer Zeitrahmen, Trends usw.),

- "alte Füchse", z.B. ehemalige Entwicklungsleiter von Automobil-Konzernen, die ihre Erfahrung und Interessensfreiheit einbringen,

- Wissenschaftler oder Techniker (siehe auch: 2.9 Experten), die bereit sind, jenseits herkömmlicher Pfade zu denken und sich auch einmal „aufs Eis wagen".

Diese Gutachter zu finden, ist gar nicht so schwer: Vereinigungen wie der VDI (Verein Deutscher Ingenieure) in Düsseldorf verfügen über ein grosses Potential fähiger Mitarbeiter und Mitglieder und helfen in der Regel gerne weiter (siehe auch: 3. Informationen aus Datenbanken und Internet). Ein Rechercheur, der aufgrund seiner Erfahrung auf einen Fundus bewährter Gutachter zurückgreifen kann, ist in solcher Lage fein heraus.

Jetzt sind diese Gutachter die Machete des Rechercheurs. Er sollte wirklich nur jene Projekte einer weiteren Prüfung unterziehen, die einstimmig als machbar eingestuft wurden. (Gibt es kein einziges „einstimmiges Gutachten", sind entweder die Projekte untauglich oder etwas stimmt nicht mit der Chemie unter den Gutachtern. Das letzte erfordert vermittelndes Eingreifen des Rechercheurs.)

Ortstermine

Projekte, die ein einstimmiges Votum erhalten, sollten einer dritten Prüfung unterzogen werden. Diese sollte unbedingt aus einer Inaugenscheinnahme bestehen. Es kann ja durchaus sein, daß ein potentielles Projekt an Streitigkeiten der Entwickler untereinander scheitert, an Geldgier, stümperhaftem Management oder weil der Pleitegeier kreist. Wirft der Ortstermin mehr Fragen auf, als er beantwortet, sollte das Projekt nicht weiter verfolgt werden.

Genauso wichtig ist in dieser Phase das stichprobenartige Überprüfen relevanter Details. Nehmen Sie ihren kritischsten Gutachter mit und lassen Sie ihn ohne Zeitlimit in einzelnen Punkten bohren. Wenn diese Fragen nicht bis ins Detail geklärt werden können, sollten Sie das Projekt ebenso fallen lassen.

Der Rechercheur läuft in dieser Situation Gefahr, daß sämtliche Projekte der Prüfung nicht standhalten und er am Ende seinem Kunden mit leeren Händen gegenübertritt. Ein Ergebnis, das bei dieser Kombination einer Finde-was-Recherche mit der Arbeitstechnik „Machetenmethode" leicht geschehen kann. Überprüfen Sie in diesem Fall Ihre Arbeitsschritte noch einmal ganz genau: Entweder liegen Sie tatsächlich richtig – oder Sie haben in einer Recherchephase mit der Machete zu drastisch gehauen oder Sie sind mit der Recherche auf einem völlig falschen Dampfer und haben ganz zu Beginn entscheidende Aspekte übersehen. Letztere Möglichkeit besteht immer. Weil die Machetenmethode ein Ausschlußverfahren darstellt, ist diese Gefahr im Vergleich zu anderen Vorgehensweisen aber besonders groß. Sie verringern das Risiko des Scheiterns durch regelmäßige kollegiale Kontrolle, völlig ausschalten können Sie es jedoch niemals.

Die Machetenmethode erfordert darum sehr großes Vertrauen des Kunden in seinen Rechercheur: Dieser ist der Pfadfinder, der Kunde muß ihm letztlich folgen.

5.3 Pendeln

Hinweis: Die Methode des Pendelns wurde von Dr. Michael Haller in seinem Buch „Recherchieren" in den Kapiteln „Wie man der Sache auf den Grund geht" und „Methoden zur Durchführung schwieriger Recherchethemen" wissenschaftlich beschrieben. Das folgende Kapitel beruht teilweise auf diesen Ausführungen.

Der von den Verfassern gewählte Oberbegriff „Pendeln" umfaßt die Technik des Durchfragens, der Gegenrecherche und des Einholens konträrer Aussagen zu umstrittenen Sachverhalten. Zweck der Übung ist, Licht in ein auf den ersten Blick undurchschaubares Dunkel zu bringen und faire Berichterstattung zu gewährleisten.

Das Pendeln ist die klassische Recherchemethode des Journalisten, weniger des nicht publizierenden Rechercheurs (weshalb in diesem Kapitel der Begriff „Rechercheur" durch „Journalist" ersetzt ist).

Pendeln eignet sich, komplizierte oder konfliktgeladene Sachverhalte aufzuarbeiten, widersprüchliche Botschaften zu klären, aber auch, eine Auseinandersetzung zu beleuchten, in der sich beide Parteien ihrer Sachlichkeit rühmen und die jeweilige Gegenseite der Lüge bezichtigen. Wenn der pendelnde Journalist zwei zerstrittene Parteien geschickt „hochschaukelt", kann er auch verborgenes Wissen zutage fördern.

Wichtig beim Pendeln ist, bei der Suche nach Informationen möglichst alle Quellen systematisch zu erfassen und abzufragen. Das Befragen dieser Quellen sollte dem Muster des Konfliktes, den der Journalist beschreiben will, so nah wie möglich folgen: Nach einem Gespräch mit dem Vertreter einer Interessengruppe „Weiß" besucht der Journalist die Interessengruppe „Schwarz" und legt dort die Argumente von „Weiß" vor. Die „schwarzen" Gegenargumente hält er wiederum „Weiß" entgegen oder er nimmt die unterschiedlichen Positionen zum Anlaß, die auch involvierte Interessengruppe „Rot" um eine Stellungnahme zu bitten.

Beim Pendeln geht der Journalist immer von außen nach innen bzw. von oben nach unten vor:

- Erst werden die generellen Ursachen eines Konfliktes studiert, dann die speziellen.

Auf diese Weise erspart der Journalist sich und seinen Gesprächspartnern viel Zeit. Lautet die Streitfrage: Brauchen wir eine Umgehungsstraße oder eine Brücke?, bringt es nichts, z.B. mit einem Ingenieur für Brückenbau das Für und Wider der Brücke als solcher zu diskutieren. Dieses Thema kann der – inhaltlich übergeordnete – Landschaftsplaner besser beleuchten. Vom Brückenbauer erfährt der Journalist zu einem späteren Zeitpunkt, ob im speziellen Fall eine Jochbrücke, eine Fachwerkbogenbrücke oder eine Stahlbetonbrücke den gestellten Anforderungen gerecht wird.

Ähnlich verfährt der Journalist bei Recherchen innerhalb einer Institution: Er bewegt sich grundsätzlich von oben nach unten (siehe auch: 2. Wege der Informationsbeschaffung). Erst werden die offiziellen Stellungnahmen der Verantwortlichen eingeholt, dann die eigentlichen, mit dem Problem betrauten Fachleute befragt. Erst am Ende der Recherche werden die Entscheidungsträger für den Journalisten nochmals wichtig, wenn er sie erneut aufsucht und deren ursprüngliche Aussagen mit seinen hinzugewonnenen Erkenntnissen abgleicht.

Eigeninteressen erkennen

Im Gegensatz zum Puzzlespiel stehen die zu recherchierenden Informationen beim Pendeln eigentlich zur Verfügung. Sie sind nur durch die Eigeninteressen der beteiligten Parteien derart unkenntlich gemacht, daß sie in einem Wust aus Schönfärberei, Augenwischerei, gegenseitigen Beschuldigungen und Unterstellungen verschwinden. Es ist dann die Aufgabe (und Pflicht) des Journalisten, Klarheit zu schaffen und den Sachverhalt so objektiv wie möglich zu beschreiben.

Ein im Privatauftrag agierender Rechercheur wird eher selten mit solchen Arbeiten betraut, da das Ausleuchten oder Aufklären von Konflikten weitaus mehr im öffentlichen als im privaten Interesse liegt. Passieren kann es aber doch: Etwa, wenn ein Kunde besorgt über einen internen Konflikt bei einem Partner ist und für künftige Entscheidungen weitere Informationen über den Inhalt der Auseinandersetzung benötigt oder über die Protagonisten des Streits.

Wie wichtig Pendeln für die tägliche journalistische Recherchearbeit ist, läßt sich an zwei kleinen, tatsächlichen Beispielen aufzeigen.

Mitte der achtziger Jahre nahm die „Asylanten-Debatte" in der Bundesrepublik erstmals schärfere Formen an. Auf der einen Seite standen die Verfechter des – inzwischen geänderten – liberalen und „asyl-freundlichen" Grundgesetzes, auf der anderen jene Kritiker, welche die ins Land kommenden Asylbewerber als „Wirtschaftsflüchtlinge" und potentielle Konkurrenz (um Geld und Arbeitsplätze) betrachteten.

Der grobe Ablauf des Geschehens: In der Lokalredaktion einer niedersächsischen Zeitung ging der Anruf eines Hausbesitzers ein. Sein von der Verwaltung gepachtetes Anwesen, klagte der Mann, sei ruiniert, seit es von der Behörde für die Unterbringung von Asylbewerbern genutzt werde. Der damalige – junge und recht unerfahrene – Leiter des Lokalressorts begab sich vor Ort und inspizierte das Gebäude. Was er vorfand, stank im wahrsten Sinn des Wortes zum Himmel: Müll im Hausflur, Zerstörungen im Treppenhaus und in den Wohnungen. Dazu abweisende bis unfreundliche Bewohner.

Und dann begannen die Fehler:

* Obwohl kein Zeitdruck bestand, erschien gleich darauf ein großer Artikel zu dem Thema, sogar als sogenannter „Aufmacher" auf der Seite eins des Lokalteils.

* Umrahmt von Fotos, welche angeblich den Vandalismus belegten, hatte der Hauseigentümer überreichlich Gelegenheit, seine ungebetenen Mieter zu kritisieren.

* Die vom Hausbesitzer beschuldigten Asylbewerber, die Stadt als Pächter oder andere Beteiligte kamen kaum oder gar nicht zu Wort.

* Die möglichen Motive der verschiedenen Parteien für ihr Verhalten blieben weitgehend unberührt.

* Auf erhellende Hintergrundberichterstattung hatte der Journalist schließlich auch verzichtet – z.B. über die Lage der Asylbewerber, die Wohnraumsituation in der Kommune, über vorhandene Finanzmittel und andere Unterbringungsmöglichkeiten.

Leser, die jetzt den Kopf schütteln und denken: Wie unprofessionell!, sei nochmals gesagt: Die Geschichte ist tatsächlich geschehen!

In Folge dieser gravierenden Versäumnisse wurde der Leiter des Lokalressorts bald darauf seiner Verantwortung entbunden. In den nächsten Tagen war die Lokalredaktion reichlich beschäftigt, weitere Berichte zu dem Thema zu bringen und Platz für Stellungnahmen von Seiten Dritter zu schaffen.

Leider passiert derlei immer wieder: Mal sind es Termine, die dem Journalisten die Zeit zum Pendeln rauben, mal ist es Nachlässigkeit, mal arrogante Selbstgewißheit. Mitunter sind es auch die eigenen Vorurteile, die sich so hervorragend mit den ersten Ergebnissen der Recherche decken.

Angst vor Vorurteilen

Mindestens genauso gefährlich ist das Wissen um die eigenen Vorurteile und die Angst, ihnen zu erliegen.

Einen solch schweren Fehler hat einer der Verfasser, Matthias Brendel, während seines Volontariats einmal selbst begangen. Die Geschichte beginnt im Lokalressort der „Deister-Weser-Zeitung". Eine Musikband aus sogenannten „Skinheads" war von einem freien Mitarbeiter als rechtsradikal eingestuft worden. Darauf hatte sich die Gruppe mit einem – im Grundsatz berechtigten – Beschwerdebrief an die Zeitung gewandt. Dessen Kernaussage: „Wir mögen vielleicht so aussehen. Rechtsradikal sind wir aber nicht."

Der Verfasser, wahrlich kein Freund rechtsradikalen Gedankengutes, wurde beauftragt, sich um den Fall zu kümmern. Um die Gefahr einer Vorverurteilung klein zu halten, hatte sich der Rechercheur entschlossen, den Fall möglichst objektiv anzugehen – was auch immer er damals darunter verstand.

Der Rechercheur arrangierte ein Treffen mit den Musikern und führte ein ausführliches Gespräch über Musik, Skinheads und Soziales. Er versuchte die politische Einstellung der Bandmitglieder kennenzulernen. Rechte Parolen waren nicht zu hören, im Gegenteil: Die Mitglieder der Band zeigten demokratisches wie soziales Bewußtsein und sprachen sich ausdrücklich für Toleranz gegenüber sogenannten „Andersdenkenden" aus. Am Ende der Unterhaltung stand ein längerer, wohlwollender Artikel im Lokalteil. Er zeigte ein großes Foto der Band, dazu eine Überschrift des Inhalts: „Wir sind keine Nazis".

Wenige Tage später wurde dem Verfasser berichtet, daß staatliche Organe zumindest gegen ein Mitglied der Band sehr wohl relevantes Material zusammengetragen hätten ... der Rechercheur hatte versäumt, diese wichtige Quelle zu befragen. Der wohlwollende Artikel entpuppte sich im Nachhinein als eine sehr fragwürdige, dumme, vermeidbare Geschichte.

Tiefen ausloten

In der Regel liegen die Ursachen für Konflikte und Probleme allerdings etwas tiefer und versteckter als in den oben beschriebenen Beispielen. Und gerade dann treten die Stärken des Pendelns zutage. Hierzu ein leicht verfälschtes Beispiel aus dem wirklichen Leben:

Die Behörde für Umwelt und Abfallwirtschaft einer großen deutschen Stadt stellt ein neues Müllkonzept vor. Danach sollen die eigenen Deponien geschlossen werden und Verträge mit Betreibern von Hausmüll-Deponien in spätestens acht Jahren auslaufen. Stattdessen soll der Müll in Zukunft zum Teil sortiert und wiederverwertet, der Rest in einer noch zu bauenden Abfallverbrennungsanlage behandelt werden. Die verbleibenden Schlacken und Filterrückstände sollen in der Anlage nach einem neuen Verfahren verglast werden und könnten später als Rohmaterial für Straßenbau und anderes dienen, so das Konzeptpapier.

Ein mitgeliefertes Gutachten belegt, daß die Anlage sehr hohen Ansprüchen genügen wird: Schadstoffeinträge in die Luft – insbesondere der gefürchteten Dioxine – werden sich danach weit unterhalb der gesetzlichen Grenzwerte befinden.

Gleich erscheint eine eilig gegründete Bürgerinitiative auf dem Plan. Ihre Forderung: Keine Verbrennung, stattdessen intensivere Wiederverwertung und Vermeidung des bisherigen Müllaufkommens um achtzig Prozent. Die verbleibenden Restabfälle sollen für weitere 20 Jahre auf Deponien gekarrt werden. Dazu legt die Bürgerinititative ein eilig aus einer anderen Kommune besorgtes Gutachten auf den Tisch. Darin steht unter anderem, daß die voraussichtlichen Schadstoffeinträge des Müllofens in die Luft – insbesondere der gefürchteten Dioxine – zu erheblichen gesundheitlichen Risiken besonders bei Kindern führen können. (Versuchen Sie jetzt nicht, einen neutralen Sachverständigen zu finden! Den gibt es nicht.)

Ein Journalist, berufserfahren, aber sehr neu in der Stadt, wird beauftragt, die Berichterstattung zu dem Thema zu übernehmen. Er entschließt sich, nach der Pendelmethode vorzugehen. Dazu besorgt er sich zuerst das ausführliche Abfallkonzept der Behörde.

Daraufhin beschafft er Informationen von Stellen, die nicht in den lokalen Konflikt verwickelt sind: Das sind

- allgemeine Unterlagen der Hersteller von Abfallverbrennungsanlagen,

- eine Stellungnahme des Bundesverbandes der Entsorgungswirtschaft zur Müllverbrennung,

- Vermeidungsstrategien der überregionalen Bürgerinitiative „Das bessere Müllkonzept",

- Papiere des Umweltbundesamtes zur Verglasungstechnik und Prognosen über Müllaufkommen in Ballungsgebieten,

- Statistiken über Müllvermeidungsquoten,

- Angaben über Wiederverwertungsmethoden und deren Systeme,

- Informationen über das Langzeitgeschehen innerhalb von Deponien sowie

- eine für die Bundesländer erarbeitete Einschätzung von Luftschadstoffen in der Rangfolge ihres krebserregenden Potentials (siehe auch: 3.1 Das Internet sowie 3.2 Datenbanken).

Aus dem Archiv erhält er außerdem die gesamte Berichterstattung der Zeitung zu dem Thema aus den vergangenen fünfzehn Jahren.

Aus letzterer geht hervor, daß das Blatt nie kontinuierlich, sondern immer nur sporadisch über Abfallentsorgung berichtet hatte. Bedingt durch häufig wechselnde Autorenschaft ist die Qualität der Artikel sehr unterschiedlich. Offensichtlich mochte sich kein Redakteur jemals so richtig für dieses Thema erwärmen.

Gründliche Vorarbeit

Bei seiner Basisrecherche lernt der Journalist folgendes:

- Es gibt unterschiedliche Brennverfahren zur Müllbehandlung mit unterschiedlichen Reststoffmengen und unterschiedlichen Schadstoffbelastungen der Abgase. Was letztere angeht, haben Wissenschaftler insbesondere extrem giftige Dioxine und Furane im Visier, genauso aber Schwermetalle wie Cadmium und Quecksilber.

- In modernen Anlagen sind giftige Emissionen gegenüber alten Öfen dramatisch reduziert. Verantwortlich für beeindruckende Meßergebnisse sind aber auch Meßstandards, die wichtige Parameter wie Temperaturschwankungen schlicht übergehen.

- Das von der Verwaltung favorisierte Brennverfahren verspricht nochmals verbesserte Werte. Das belegen Versuche in einer Pilotanlage. Noch ist diese Technik aber nicht serienreif. Der Bundesverband der Entsorger verhält sich darum abwartend.

- Verschiedene, voneinander unabhängige Gutachten der jüngsten Zeit erklären Mülldeponien zu Zeitbomben. Hervorgehoben wird jeweils die Gefährdung des Trinkwassers nachfolgender Generationen. Manche Experten plädieren sogar dafür, sämtliche Deponien auszuräumen und „thermisch zu behandeln", also den Müll zur Verschlackung durch eine Verbrennungsanlage zu leiten, bevor er erneut deponiert wird.

- Laut Studien und ersten Erfahrungen in Modellversuchen läßt sich das Hausmüllaufkommen in Kommunen drastisch reduzieren – wenn Verbraucher ihr Konsumverhalten entsprechend ändern. Einige pädagogische Konzepte zuständiger Abfallbehörden waren erfolgreich, andere sind allerdings fulminant gescheitert.

- Das Umweltbundesamt in Berlin weist darauf hin, daß die Anbieterin der neuen Verbrennungsanlage, eine Aktiengesellschaft in der Schweiz, wichtige Eckdaten ihres Verfahrens bislang nicht auf den Tisch gelegt hat.

- Eine Analyse des Umweltbundesamtes kommt weiterhin zu dem Schluß, daß nach einem vermeintlichen „Müllnotstand" bald eine Überkapazität an Entsorgungsmöglichkeiten entstehen könne, die

Vermeidungskonzepte ad absurdum führt: Herrscht Mangel an Müll-Nachschub, muß teures und wertvolles Öl als Ersatzbrennstoff zuge-feuert werden.

- Die Experten-Einschätzung von Luftschadstoffen kommt zu dem Ergebnis, daß Schadstoffe wie „Benzol" oder „Polyzyklische Aroma-tische Kohlenwasserstoffe" aufgrund ihres Massenaufkommens ein weitaus höheres Krebsrisiko darstellen als Dioxine. Diese stehen vielmehr im Verdacht, die Fruchtbarkeit von Menschen und Säuge-tieren einzuschränken.

- Laut ausführlicher Unterlagen der städtischen Umweltbehörde ist der Bau der neuen Abfallverbrennungsanlage nur Teil eines neuen wirtschaftlichen Konzeptes, das mittelfristig die Privatisierung ver-schiedener kommunaler Dienste im Entsorgungsgeschäft vorsieht. Namentlich erwähnt ist die Sammlung, Behandlung und Verwer-tung von Sondermüll.

- Für die Errichtung des neuen Müllofens ist zwar ein mögliches Grundstück genannt und ein Zeitplan besteht auch, es fehlt aber jedes nachvollziehbare Finanzierungskonzept. Im Budget der zu-ständigen Umweltbehörde ist außerdem kein ernstzunehmender Posten für das Vorhaben ausgewiesen.

Das Konzept der Abfallbehörde hat sich der Journalist mit Bedacht für zuletzt aufgehoben, entsprechend der Methode: von außen nach innen. Erst jetzt kann er die Schwächen und Stärken des Dokumentes qualitativ soweit einschätzen, daß er für ein qualifiziertes Gespräch bereit ist.

Umfeld befragen

Bei der Umweltbehörde erhält der Journalist einen Termin mit dem Lei-ter der Müllentsorgung. Nach einem halbstündigen Gespräch erklärt sich der Beamte für überfordert und verweist für weitere Detailfragen an seinen zuständigen Abteilungsleiter Albert Edel (alle Namen geändert), den Architekten des Konzepts.

Die Verabredung des Journalisten mit Mitgliedern der Bürgerinitiative gegen das neue Müllkonzept – fast alle stammen aus der Nähe des ge-planten Standortes für den Müllofen – verläuft enttäuschend: Die meisten Leute scheinen emotional aufgeheizt, gleichzeitig aber kein großes Interesse an den Detailfragen zu haben, um deren Beantwortung sich der Journalist bemüht. Der gewinnt langsam den Eindruck, die Thematik besser zu verstehen als die Mitglieder der Bürgerinitiative selbst.

Immerhin erfährt er, daß das ins Auge gefaßte Grundstück für die Abfallverbrennungsanlage einer dubiosen Nachwendezeit-Firma gehört. Die habe in letzter Zeit überdies mehrfach den Besitzer gewechselt.

Als jüngste Besitzerin der Firma und damit des Grundstücks ist beim Katasteramt die „Telbo AG" gelistet. Telbo wird im Handelsregister als GmbH geführt und ist das frühere Familienunternehmen eines ortsansässigen Müllhändlers. Die Umwandlung zur Aktiengesellschaft sei erst vor wenigen Wochen erfolgt, erfährt er von der Firma selbst. Ansonsten hält sich das Unternehmen bedeckt.

Der Journalist nähert sich der Firma nun von einer anderen Warte: Einmal aufmerksam geworden, wolle er sich mit der Geschäftsführung über die Zukunftspläne der jungen AG unterhalten, erklärt er dem Pressesprecher – und bekommt einen Termin.

Während der Unterhaltung mit einem Mitglied der Telbo-Führung erfährt der Journalist von großen Perspektiven: Telbo wolle Marktführer der Entsorgung im gesamten Bundesland werden. Die neue Verbrennungsanlage sei erst der Anfang. Derzeit bemühe man sich außerdem um die Übernahme weiterer Dienstleistungen im Entsorgungsbereich der Stadt.

Der Journalist wird hellhörig: Nicht die Stadt, Telbo will den neuen Müllofen privat betreiben! Auf die Frage nach notwendigen Geldmitteln sagt der Geschäftsführer, man sei „sehr optimistisch" auf der Suche nach einem Finanzierungskonzept.

Was der Telbo-Mann mit „weiteren Dienstleistungen" meint, stellt sich beim Nachhaken heraus: Telbo verhandelt mit der Stadt um das Monopol für das Sammeln und Sortieren von Wertstoffen aus dem „Dualen System".

Motive suchen

Dem Journalisten fällt auf, daß die Pläne von Telbo wie maßgeschneidert in das neue kommunale Müllkonzept passen – und umgekehrt. Er bremst aber seinen Drang, umgehend mit dem bereits angepeilten Abteilungsleiter Albert Edel zu sprechen – erst will er mehr über Telbo erfahren.

Der Journalist führt telefonisch weitere Hintergrundgespräche mit dem Bundesverband der deutschen Entsorgungswirtschaft e.V. (BDE) und mit einem Anbieter konventioneller Müllverbrennungsanlagen. Dabei stellt sich heraus, daß Telbo mit dem BDE über Kreuz liegt: Mit einer agressiven Politik hat das Unternehmen in jüngster Zeit viele mittelständische BDE-Mitglieder geschluckt oder in den Bankrott getrieben. Schließlich erhält der Journalist die „Off-the-record"-Information (siehe auch: 14. Tips und Tricks), bei den laufenden Verhandlungen über das neue Müllkonzept der betroffenen Stadt gehe „ja anscheinend vieles nicht mit rechten Dingen zu". Näheres verschweigt der Kontakt aus „politischen Gründen".

Der Sprecher eines Anbieters von Müllverbrennungsanlagen behauptet gleich zu Beginn, das von der Stadt ins Auge gefaßte Abfallverbrennungssystem sei „technisch gesehen eigentlich eine Anlage zur Behandlung von Sondermüll. Wir bezweifeln aber stark, daß das System funktioniert. Der Entwickler macht ja überhaupt keine Angaben über den benötigten Energieeinsatz je Tonne."

Darüber hinaus zeigt sich der Firmen-Sprecher über den Vorgang ausgesprochen gut informiert. Schließlich sagt er noch (wieder „im Vertrauen"): Man halte sich „aus politischen Gründen" zurück, aber „es geht doch nicht, wenn die Leute quasi mit sich selbst verhandeln". Weiter will er sich nicht äußern.

Etwas verwirrt wendet sich der Journalist jetzt an die zuständigen Experten der oppositionellen Parteien in seiner Stadt: Wer weiß genaues über Verhandlungen zwischen Umweltbehörde und Telbo AG? – Es stellt sich heraus, daß die zuständigen Fachleute anscheinend geschlafen haben: Einzelheiten sind niemandem bekannt.

Jetzt ist es Zeit für den Termin mit Albert Edel, dem Schöpfer des neuen Müllkonzeptes. Der Journalist beginnt die Unterhaltung mit der Bemerkung: „Ich finde es gut, daß endlich jemand Nägel mit Köpfen macht und die Privatisierung teurer öffentlicher Dienste in Angriff nimmt."

Edel bestätigt bald, daß der geplante Müllofen von Telbo und der Stadt gemeinsam finanziert und betrieben werden soll. Der städtische Anteil werde 25 bis 35 Prozent betragen. – Und woher nimmt die Stadt das Geld? – Edel gibt ein Geheimnis preis: Von ihm selbst stamme das Finanzierungskonzept, über das gerade mit Telbo verhandelt werde: Anstelle von Geld biete die Stadt der Telbo AG auf 25 Jahre das – ebenso geldwerte – Monopol für das Recycling wiederverwertbarer Rohstoffe.

Ein Monopol, welches sich die Stadt erst kurz zuvor in Verhandlungen mit dem zuständigen „Dualen System Deutschland" verschafft hatte. Telbo sei gerade dabei, entsprechende Verwertungskapazitäten aufzubauen. Darüber hinaus werde Telbo im „Rahmen der Reduzierung des öffentlichen Engagements im Dienstleistungsbereich auch weitere Teile der Müllentsorgung übernehmen". Einsicht in die Vertragsentwürfe sei aber „wegen der laufenden Verhandlungen" unmöglich. Auf eine entsprechende Frage des Journalisten antwortet Edel, er persönlich sei der städtische Verhandlungsführer.

Der Journalist will jetzt wissen, woher Telbo das Geld für die mehrere hundert Millionen Mark teure Müllverbrennungsanlage nehmen wolle und erfährt von dem Abteilungsleiter, die Stadt wolle Telbo bei der Kreditbeschaffung unterstützen.

Das Thema „Müllvermeidung", erklärt Edel auf Anfrage, sei außerdem fester Bestandteil des städtischen Konzeptes. Die Behörde habe eine entsprechende Initiative gestartet und sei überdies im Gespräch mit „Gruppen vor Ort" (die Bürgerinitiative gegen den Müllofen). Zuerst aber gelte es, den „akuten Müll-Notstand" zu beseitigen. Eine Auslastung der Anlage sei im übrigen durch das hohe Abfallaufkommen im Umland garantiert.

Der Journalist fragt noch nach parallelen Verhandlungen mit anderen privaten Entsorgern. Albert Edel bedauert: Es habe eine Ausschreibung gegeben, doch habe nur der Entsorger vor Ort – Telbo – ein „verhandlungsfähiges Angebot" vorgelegt.

Von der Stadtkämmerei erfährt der Journalist, die Umweltbehörde habe einen Vorschlag eingereicht, für eine Kreditaufnahme der Telbo AG in

Höhe von 80 Millionen Mark eine Bürgschaft zu übernehmen. Die Summe entspräche dem rechnerischen Anteil der Stadt an einer neuen Müllverbrennungsanlage.

Die von der Stadt erhaltenen Aussagen werden von dem bereits kontakteten Geschäftsführer der Telbo AG nach Vorhalt weitgehend bestätigt. Darauf fragt der Journalist ins Blaue: „Sagen Sie bitte mal etwas zur Entsorgung der Reststoffe aus der Müllverbrennung."

Die überraschende Antwort: „Was sollen wir da sagen, wir finden das Konzept natürlich gut, aber letztlich ist das eine politische Entscheidung der Stadt." – Der Frager hat ins Schwarze getroffen: Es stellt sich heraus, daß sich die Stadt verpflichten will, die verglasten Schlacken aus der Verbrennung zu übernehmen. Gedacht sei wohl an den Einsatz als Schotterersatz im Straßenbau, meint der Telbo-Mann.

Thesen aufstellen

Der Journalist zieht jetzt Zwischenbilanz und stellt ein Thesengerüst auf:

- Die Stadt will ihre Müllentsorgung nach dem neuen Konzept soweit als möglich privatisieren.

- Müllvermeidung wird in dem Konzept nur eine nachgeordnete Rolle eingeräumt.

- Mangels eigener Mittel räumt die Stadt Telbo eine Monopolstellung in der Entsorgung ein.

- Da Verbrennen und Verwerten bei Telbo in einer Hand liegen werden, kann das Unternehmen Reststoffe in Zukunft kaum kontrollierbar hin und her schieben.

- Telbo hat offensichtlich sehr gut verhandelt: Quasi alle finanziellen und wirtschaftlichen Risiken des Projektes liegen bei der Stadt, einschließlich der Kreditsicherung.

- Das Problem der Entsorgung von Schlacken und anderen Resten aus der Abfallverbrennung schultert die Stadt ebenfalls.

- Und wenn die Anlage sich wirklich zur Sonderabfallverbrennung eignet – wird sie vielleicht auch einmal dafür eingesetzt.

- Der zuständige Abteilungsleiter der Umweltbehörde, Albert Edel, befindet sich als Konzeptentwickler und Verhandlungsführer in einer Schlüsselposition.

Der Journalist setzt die Pendelarbeit fort. Jedesmal, wenn er mit seiner Recherche ins Stocken gerät, wechselt er die Quelle: Von Edel zu Telbo, von Telbo zu dessen Konkurrenten, von dort zu den schweizerischen Anbietern der Anlage, zum Umweltbundesamt, zu Edels Vorgesetztem, zur Stadtkämmerei, zum oppositionellen Mitglied im Umweltausschuß der Stadt, zur Bürgerinitiative usw: Der Journalist weiß längst so gut Bescheid, daß ihm niemand mehr das Gespräch verweigern würde.

Nach einer Weile ist der Journalist in der Lage, den für die Stadt ungünstigen Sachverhalt komplex darzustellen, Gewinner (Telbo) und Verlierer (Steuerzahler) exakt auszurechnen, die vertanen Chancen zur Müllvermeidung aufzuzeigen sowie den Konflikt zwischen Stadt und Bürgerinitiative sachkundig und hintergründig zu kommentieren. Damit hat er den berühmten „Meinungsbildungsprozeß" entscheidend vorangebracht.

Sicherungen einbauen

So gut sich Pendeln sowohl zur Klärung einfacher als auch reichlich komplexer und verborgener Sachverhalte eignet, gibt es doch eine Reihe von kritischen Punkten, auf die der Rechercheur oder Journalist achten muß:

- Keine voreiligen Schlüsse aus ersten Informationen ziehen, statt dessen Hintergründe ausleuchten!

- Keine verfügbaren Quellen auslassen, systematisch abfragen!

- Den Kern des Konfliktes finden, Schlüsselfiguren identifizieren!

- Recherchethesen nie aufstellen, bevor ausreichend Indizien gesammelt sind!

- Niemals mit Betroffenen vor Abschluß der Arbeit über Recherchethesen sprechen!

- Für die Vervollständigung der Recherche Zeit lassen.

Der letzte Punkt, keine Frage, ist ein permanentes Problem für Journalisten bei vielen Tageszeitungen. Für so ein Thema läßt ein Ressortleiter höchstens einen halben Tag recherchieren, dann muß die Geschichte stehen, mag mancher Journalist denken. – Das ist sicher in vielen Redaktionen bittere Tatsache.

Es ist aber auch Tatsache, daß in vielen Redaktionen aus Zeitmangel Polizeimeldungen und Presseerklärungen zu Artikeln umgeschrieben werden, wobei der zeilenschinderische Einsatz aus einem Anruf bei der Quelle besteht. Dieser Anruf enthält dann gewöhnlich den Satz: „Ich bräuchte nur noch ein Zitat von Ihnen. Fällt Ihnen da nicht was Schönes für mich ein?"

Oft ist solche „Hofberichterstattung" dem Produktionszwang zuzuordnen und der Überlastung des Journalisten. Hier ist es am einzelnen, sich die notwendigen Freiräume zu schaffen. Ein bißchen mehr Zeit ist meistens doch drin, und der Aufwand muß ja nicht jedesmal aufs neue betrieben werden.

- Was Sie einmal über Abfallbehandlung, Verkehrssysteme, schulische Erziehungsmethoden, Gesundheitswesen oder Landschaftspflege gelernt haben, können Sie meist für den Rest des Lebens nutzen – und Ihr Arbeitgeber auch.

Wenn Sie jetzt übrigens glauben, im wirklichen Leben komme eine Geschichte wie die von Albert Edel und der Telbo ohnehin nicht vor, hier ein kurzer Nachtrag: Der richtige „Albert Edel", Abteilungsleiter der Umweltbehörde und Verhandlungsführer der Stadt mit der richtigen „Telbo AG", hat kurz nach Abschluß der Verhandlungen seine Beamtenkarriere aufgegeben. Er wurde Geschäftsführer bei Telbo.

5.4 Tiefseetauchen

Das Tiefseetauchen ist gleichzeitig Ausnahmesituation und Klassiker des investigativen Journalismus, die Kunst, mit schlafwandlerischer Sicherheit die berühmte Nadel aus dem Heuhaufen zu ziehen. Ausnahmesituation, weil sich ein Journalist nur im Einzelfall dieses Mittels bedienen darf und Klassiker, weil die Ergebnisse dieser Arbeitsweise im

Erfolgsfall meist Spektakuläres zu Tage fördern. Tiefseetauchen ist lernbar.

Im Gegensatz zum richtigen Tiefseetauchen läuft der Rechercheur keine Gefahr, irgendwo in völliger Finsternis zu ertrinken, auch nicht im übertragenen Sinn. Allerdings teilt er mit echten Tauchern das Schicksal, tief unter Wasser auf Gedeih und Verderb auf seine Partner angewiesen zu sein.

Beim Tiefseetauchen werden die verborgenen Gründe für das Handeln eines Dritten erforscht. Dies kann sogar bedeuten, daß sich der Rechercheur nach erfolglosen offiziellen Anfragen auf Umwege begibt, um an die in seinen Augen entscheidende Information zu gelangen. Er wird unter Umständen soweit gehen, daß Recherchen an der Pressestelle vorbei im Inneren eines Unternehmens vorgenommen werden, um an Daten oder Dokumente zu gelangen, die aus bestimmten Gründen vor dem Zugriff Dritter geschützt sind. Der Rechercheur arbeitet also zu weiten Teilen im Verborgenen. Unterhalb der Wasserlinie. Für seine Kontrahenten – eine solche Recherche hat immer Kontrahenten – bleibt der Rechercheur unsichtbar oder unkenntlich, wenigstens nicht greifbar.

Die strafrechtlichen Aspekte des Tiefseetauchens sind in Kapitel „13. Rechtliche Aspekte" beschrieben. Journalisten müssen sich aber darüber hinaus bei ihrer Arbeit immer am Pressekodex orientieren. Er besagt: „Bei der Beschaffung von Nachrichten, Informationsmaterial und Bildern dürfen keine unlauteren Methoden angewandt werden." Nur im Einzelfall, etwa zur Aufklärung krimineller Tatbestände, ist der Journalist berechtigt, diese Linie zu verlassen. Diese Einzelfallprüfung wird der Deutsche Presserat in Bonn im Fall einer Beschwerde gewissenhaft vornehmen, und darum tut ein Journalist gut daran, jeden Schritt, der ihn von offiziellen Pfaden wegführt, genauso gewissenhaft zu bedenken. (Näheres hierzu in Kapitel „6. Recherchen im Zwielicht".) Nicht publizierende Rechercheure, deren Arbeitsergebnisse zur internen, nicht aber zur öffentlichen Weitergabe bestimmt sind, sind nicht an den Pressekodex gebunden. Die Autoren empfehlen jedoch ausdrücklich, ihn dennoch und in jedem Fall zu befolgen:

- Solange kein Recherchekodex entwickelt ist, und der ist nicht absehbar, stehen keine anderen probaten Richtlinien zur Verfügung, an denen sich ein Rechercheur orientieren könnte.

Recherchen, die nicht durch den Pressekodex gedeckt sind, gehören in andere Hände. Rechercheure sind weder Geheimagenten noch Industriespione. Wer sich darüber hinwegsetzt, hat rasch seinen guten Ruf und seine Gesprächspartner verloren.

• Genaue Orientierung am Pressekodex gibt dem Rechercheur die Möglichkeit, in Folge der Recherche beschaffte Informationen, die jenseits des eigentlichen Auftrags liegen, später zu publizieren.

Zeitungen und Magazine sind ständig an exklusiv beschafften Informationen interessiert. Und die Exklusivität der beschafften Information ist das Markenzeichen der investigativen Recherche schlechthin. Sie gilt nicht umsonst als besonders schwierig. Im Film arbeiten Detektive und Journalisten praktisch immer investigativ. Sie

• überrumpeln ihre Gesprächspartner,

• setzen sie unter Druck,

• reden ihr Gegenüber an die Wand,

• verführen sie unter Einsatz schöner Augen und anderem zur Preisgabe von Geheimwissen,

• zahlen in bar für vertrauliche Dokumente.

Was letzteres angeht, müssen die Verfasser passen: Keiner von ihnen hat je für Geheimunterlagen gezahlt, die ihm zugespielt oder nach Zögern übergeben wurden.

Scheckbuch-Recherche

Der lockere Umgang mit dem Scheckbuch ist ein erfolgreiches Verfahren und sicher besonders angebracht, wenn dafür anderes als das eigene Geld zur Verfügung steht. Das Kaufen wichtiger Unterlagen von frustrierten oder gefeuerten Mitarbeitern beinhaltet jedoch handfeste Risiken: Sobald Geld ins Spiel kommt, erscheinen Betrüger und Geschäftemacher auf der Bildfläche. Sie verkaufen, was der Rechercheur hören will (siehe auch: 12. Betrügern auf der Spur).

Doch auch wenn die angeblichen Geheiminformationen einer unvoreingenommenen Prüfung standhalten, bleibt die Tatsache bestehen, daß der Rechercheur mit Menschen zusammenarbeiten muß, die das Vertrauen anderer zum Zweck der eigenen Bereicherung mißbrauchen. Das hinterläßt erstens einen unangenehmen Nachgeschmack. Und zweitens könnte der Verräter versucht sein, für weiteres Geld den Rechercheur zu verraten.

Zum dritten spricht aus Sicht der Verfasser gegen diese Art Geschäfte: Wer Geld bietet oder Bereitschaft zeigt, Geld zu geben, der schreckt auf diese Weise jene Informanten ab, die ihr Wissen aus ideellen Gründen preisgeben wollen. Wer es dagegen ablehnt, Geld für vertrauliche Unterlagen zu zahlen, vermeidet einerseits den Umgang mit unsympathischen Zeitgenossen und mindert andererseits die Gefahr, aufs Kreuz gelegt zu werden.

Bleibt die – aus Sicht der Verfasser untragbare – Variante, daß ein Journalist oder Rechercheur nicht nur für Informationen zahlt, sondern von sich aus Geld anbietet, um „eine Zunge zu lösen". Der Deutsche Presserat hat einen solchen Fall geschildert. Danach „hatte eine Jugendzeitschrift Kindern, die von zu Hause ausgerissen waren, Geld für eine sensationell aufgemachte Bildreportage angeboten." (Pressemitteilung des Presserats vom 17.9.97; siehe auch: 6. Recherchen im Zwielicht.) – Die Minderjährigen befanden sich also überdies in einer Notlage. Wem solches Verhalten von Kollegen bekannt wird, sollte diese umgehend darauf ansprechen und notfalls auch den Gang zum Staatsanwalt nicht scheuen. Mit Recherchieren hat solches Vorgehen nichts zu tun.

Charme und gutes Aussehen sind hilfreich, eine Kommunikation aufzubauen, aber leider völlig ungeeignet, die Glaubwürdigkeit eines anderen Menschen zu testen. Die angesprochene Person könnte im Gegenteil versucht sein, sich aus reiner Gefallsucht aufzuspielen und Märchen zu erzählen. Dann hat der Rechercheur nicht gut, sondern einfach schlecht gearbeitet. Mit der Glaubwürdigkeit der Gesprächspartner steht und fällt jede investigative Recherche.

Keinen Druck ausüben

Einen potentiellen Gesprächspartner zum Reden bringen, indem man ihn unter Druck setzt, ist ein aus Filmen bekanntes Mittel der Informationsbeschaffung, allerdings auf keinen Fall das Mittel der Wahl. Die Anwendung von Druck funktioniert sowieso nur bei charakterlich unfesten Menschen und wenn es zum richtigen Zeitpunkt geschieht.

Zunächst sollte sich jeder Rechercheur vor Augen halten, daß das Ausüben von Druck auf andere kein Vergnügen ist – es sei denn, man hat eine sadistische Ader. Hinzu kommt, daß Druck nicht nur zurückgehaltenes Wissen emporfördern kann, sondern ebenso das Handeln und Denken des Gesprächspartners stark beeinflußt: Druck – und Geld – leisten dem Entstehen von Gefälligkeits- und Notlügen gewaltigen Vorschub.

Wie das Anbieten von Geld kann die Anwendung von Druck bei charakterlich festen Menschen außerdem kontraproduktiv wirken – der Gesprächspartner zieht sich zurück und nichts geht mehr.

Möglicherweise hat dieses Vorgehen Erfolg, wenn

- sie ihrem Ansprechpartner auf einfache Weise Gelegenheit geben, sich von diesem Druck zu befreien („Nur die eine Zahl, mehr will ich nicht"),

- der Gesprächspartner glaubt, sich in einer Situation zu befinden, die ihm keine andere Perspektive läßt,

- der Gesprächspartner so heillos von Angst ergriffen ist, daß jeder Beruhigungsversuch scheitern muß.

Natürlich ist es immer besser, einen verängstigten Gesprächspartner aufzufangen und ihm Hilfe anzubieten. Dies wird jeder schnell feststellen, der einem Menschen unter Druck gegenübersteht; denn der ist schwer berechenbar.

Der Rechercheur kann sich den labilen Zustand eines Menschen in einer Krisensituation zunutze machen – wenn er die Verantwortung auf sich nehmen will. Von ganz wenigen Ausnahmen abgesehen, haben die Verfasser stets darauf verzichtet, einen Gesprächspartner wirklich in die Enge zu treiben. Nach ihrer Auffassung heiligt der Zweck dieses Mittel nur, wenn die Aufklärung krimineller Machenschaften das Ziel der Recherche ist.

Einen potentiellen Gesprächspartner an die Wand reden oder mit harschen Worten in die Schranken weisen: so etwas machen nur Reporter im Film. Im wirklichen Leben ist dieses Auftreten zum Vergraulen aufdringlicher Zeitgenossen geeignet, nicht aber, um einen anderen Menschen zum Reden zu bringen.

Ein tieftauchender Rechercheur diskutiert mit seinen Kontakten – ehrlich und gegebenenfalls auch kontrovers – und nimmt sich reichlich Zeit dafür. So demonstriert er seine Achtung vor dem anderen und vermittelt das Gefühl, daß er nicht nur seine Aufgabe, sondern auch die Probleme und Gedanken seines Gesprächspartners sehr ernst nimmt.

Arbeit mit Informanten

Gewinnt der Journalist oder Rechercheur den Eindruck, über einen wichtigen Sachverhalt von öffentlichem Interesse gezielt getäuscht zu werden, kann er sich – nach gründlicher Güterabwägung – auf die Suche nach einem Informanten begeben. Dabei setzt er grundsätzlich auf Kooperation: Das mit Abstand wichtigste Mittel, einen längeren Tauchgang erfolgreich zu gestalten, sind helfende Hände an den entscheidenden Stellen. Keine Sorge – diese Helfer sind wahrscheinlich längst an Ort und Stelle. Je größer das Objekt der Recherche, desto größer sind auch die Chancen, auf Helfer zu stoßen: Große Objekte sind schwer zu kontrollieren, und große Objekte haben regelmäßig Kritiker in den eigenen Reihen, da sie bereits aufgrund ihrer schieren Größe automatisch Konflikte produzieren.

Der Rechercheur muß diesen Kritikern lediglich begegnen. Dabei hilft ihm seine Authentizität sowie die Tatsache, daß er etwas zu bieten hat. Verfügt er über Glaubwürdigkeit und ein gutes Angebot, sitzt er schon beinahe in dem Unterseeboot, das seinen Ausflug in die Tiefen wesentlich vereinfacht.

Es ist nun mal so: Wer nichts zu bieten hat, ist nicht besonders interessant. Ein Rechercheur sollte selbst bei Routineaufgaben immer einen Grund vorweisen können, warum sein angepeilter Gesprächspartner seine knappe Zeit gerade in ihn investieren soll. Bei Tauchgängen dieser Kategorie gilt das erst recht: Eine Hand wäscht die andere.

Glücklicherweise hat jeder Rechercheur eine ganze Menge zu bieten. In den Augen seiner Gesprächspartner ist das mitunter mehr, als der Rechercheur glaubt.

Da ist einmal sein Bauchladen von nationalen und internationalen Kontakten sowie sein Wissen aus der Basisrecherche. Für einen konspirativ agierenden Gesprächspartner in einem Unrechtsstaat mit eingeschränkten Bewegungsmöglichkeiten können bestimmte Adressen und Nachrichtenkanäle Gold wert sein.

Das Gleiche gilt für Hintergrundinformationen, auf die der Informant mangels Infrastruktur, Zeit oder Geld keinen Zugriff hat. Ein Journalist hat als weiteres gewichtiges Lockmittel die geplante Publikation an der Hand. Auch ein nicht publizierender Rechercheur hat die Gelegenheit, Informationen an Journalisten weiterzureichen (und kann darauf verweisen), sofern dies nicht den Interessen seines Auftraggebers zuwiderläuft.

Authentisch sein

Eine weitere, elementare Voraussetzung für das Tiefseetauchen ist die Authentizität des Rechercheurs. Diese ist kaum zu simulieren. Anfänger sollten unbedingt die Finger von solchen Versuchen lassen, auch wenn sie begnadete Schauspieler sind. Im übrigen ist solche Simulation nur in wenigen Extrem-Situationen zulässig, das heißt: unter Kriminellen (siehe auch: 6. Recherchen im Zwielicht). Authentizität kommt von innen heraus: Blick, Stimme, Gestik und Worte müssen im Einklang sein, damit beim Zuhörer das Gefühl von Glaubwürdigkeit entsteht. Aus Glaubwürdigkeit wächst Vertrauen, und Vertrauen zwischen dem Rechercheur und seinen Gesprächspartnern ist die optimale Grundlage für einen längeren Tauchgang.

Schließlich bewegt sich der Rechercheur in unsicheren Gewässern. Sein Kontakt, den er unterwegs trifft, weiß das natürlich – und muß trotzdem zur Hilfe bereit sein. Dies wird nur geschehen, wenn er fest darauf vertrauen kann, daß der Rechercheur

- mit seinem Gesprächspartner gemeinsame Ziele verfolgt und insbesondere

- weder bezahlter Spitzel noch „agent provocateur" und auch

- kein unzuverlässiges Subjekt ist (Angeber, Weichling oder Umfaller), sondern bereit, seinen Kontakt zu schützen und

- nicht vorhat, seinen Gesprächspartner für unbekannte Zwecke auszunutzen.

Um dieses tiefe Vertrauen zu schaffen, reicht Authentizität allein nicht aus. Der potentielle Kontakt braucht Gelegenheit, den Rechercheur näher kennenzulernen und für sich einzuschätzen. Es ist darum beim Tiefseetauchen sehr wichtig, sich bei allen Gesprächen die nötige Zeit zu lassen. Das hilft auch dem Rechercheur; denn einmal kommt der Zeitpunkt, wo er entscheiden muß: Lege ich die Karten auf den Tisch oder nicht?

Der Rechercheur sollte gründlich mit sich zu Rate gehen, bevor er sein eigentliches Anliegen offenbart. Verfügt er über große Menschenkenntnis, ist das sein Glück. Dann wird er wahrscheinlich bereits während der Basisrecherche auf einen Gesprächspartner treffen, von dem der Rechercheur spürt: Der ist bereit, noch viel mehr zu erzählen. Aber Vorsicht: Wenn man an den Falschen gerät („Wollen Sie mich etwa überreden, meine eigene Organisation auszuspionieren?"), können vertrauliche Angebote irreparablen Schaden anrichten.

- Ein Informant, der vertrauliche Informationen weitergibt, geht ein hohes rechtliches Risiko ein (siehe auch: 13.4 Recherche mit Hilfe von Informanten). Weisen Sie den Informanten gegebenenfalls auf dieses Risiko hin!

Erster Kontakt

Ein erfahrener Journalist oder Rechercheur geht im Gespräch mit einem möglichen Informanten sehr langsam auf den anderen zu: Zunächst beschreibt er sich selbst bzw. seinen Auftraggeber so deutlich wie möglich. Das versetzt sein Gegenüber in die Lage, die Beweggründe des Rechercheurs zu bewerten. Für den Angesprochenen stehen in dieser Situation zwei – bereits erwähnte – Fragen im Vordergrund:

- Ist diese Person für mich oder meine Parteigänger von Nutzen?

- Kann ich dieser Person trauen?

Zu Frage eins: Der Rechercheur redet jetzt unter keinen Umständen über seine politischen Vorstellungen oder seine Ideale – zum einen sitzt er vielleicht einem Kontrahenten gegenüber, zum anderen kann ungefragte Meinungsäußerung schnell Aversionen auslösen. Der Rechercheur berichtet vielmehr ganz konkret über seine Medienkontakte, seine Fähigkeiten und Möglichkeiten. Er preist sich aber nicht an: Der Angesprochene soll (und muß) von selbst zu dem Schluß kommen, daß der Rechercheur ihm nützlich sein könnte. Sobald der Kontakt diese Schlußfolgerung zieht, ist das Wichtigste geschafft: So wie der Rechercheur sein Gegenüber, begreift ihn auch der andere als möglichen Partner, wenigstens als mögliches Mittel zum Zweck – das ist nicht zynisch gemeint, sondern erprobte Basis für eine fruchtbare Zusammenarbeit.

Wenn die – unaufdringliche – Selbstbeschreibung des Rechercheurs stattgefunden hat, kann dieser über seine Schwierigkeiten berichten, glaubwürdige und nachvollziehbare Informationen zum Thema zu erhalten. Er kann sich auch kritisch über eine bestimmte Informationspolitik äußern. Der Rechercheur wird dann eventuell feststellen, daß ihn sein Gegenüber sehr genau beobachtet. Das bedeutet: Der Gesprächspartner hat die Botschaft aufgenommen und ist angespannt, weil er nicht sicher ist, ob ihm der Rechercheur eine Falle stellt.

- Vergessen Sie nie: Es ist in aller Regel der Informant, der das weitaus größere Risiko eingeht.

Erfolgt keine erkennbare Reaktion, sollte der Rechercheur von weiteren „Ermunterungsversuchen" dringend Abstand nehmen: Entweder wurde die Botschaft nicht verstanden, dann ist der Kontakt ignorant. Oder sie wurde verstanden, aber nicht aufgegriffen, und dann macht es keinen Sinn, lange zu bohren. Der Gesprächspartner will aus bestimmten Gründen nicht reden, und dies muß unbedingt respektiert werden.

Gesetzt den Fall, der Kontakt hat sein Gegenüber verstanden, wird er jetzt zum Vertrauensbeweis ebenfalls eine „ein bißchen" kritische Bemerkung machen. Der Rechercheur greift die Bemerkung auf. So geht es weiter, bis eine der Parteien das Risiko auf sich nimmt, der anderen die entblößte Kehle hinzuhalten. (Die Verfasser vertreten – aus oben angeführten Gründen – die Meinung, daß immer der Rechercheur dieses Risiko eingehen muß. Er hat im Zweifelsfall weniger zu verlieren.)

Ganz sicher wird der Gesprächspartner des Rechercheurs auch dessen Charakter und Eigenarten unter die Lupe nehmen: Ein Rechercheur, der sich der Gefährlichkeit einer Situation nicht bewußt ist oder seinen Mut beweisen will oder betont sorglos vorgeht, stellt für jeden Informanten ein Sicherheitsrisiko dar. Das gleiche gilt für zu ängstliches Auftreten.

Wer sich wie ein Geheimagent im Film verhält und entsprechende Vorschläge unterbreitet (geheime Treffen an dunklen Orten, Codewörter, tote Briefkästen), beweist Mangel an Professionalität. – Kommen solche Vorschläge von der Seite des Gesprächspartners, bedeutet es, daß dieser genauso unprofessionell ist. Es kann allerdings auch sein, daß der Gesprächspartner tatsächlich unter konkretem Verdacht oder kurz vor der Entdeckung steht. Dann sollte sich der Rechercheur sehr genau überlegen, ob die weitere Pflege des Kontaktes das Risiko des Aufffliegens wirklich wert ist.

Das oben beschriebene Ritual des Beschnupperns und der Schaffung vertrauensbildender Maßnahmen kann Minuten oder auch Tage in Anspruch nehmen. Der Zeitaufwand steht gewöhnlich in direktem Verhältnis zu dem Risiko, das beide Seiten eingehen.

Wenn der Rechercheur das Gefühl hat, daß ihm die Zeit davonläuft, sollte er seinen Kontakt auf diese Tatsache aufmerksam machen. Wenn der Kontakt ein „echter" ist, wird er darauf entsprechend reagieren.

Eine Kontaktaufnahme muß nicht derart aufwendig verlaufen. Der Einsatz lohnt sich aber meistens. Und ist ein Rechercheur einmal unter die Oberfläche vorgedrungen, ist der Rest weitaus weniger kompliziert. Er wird gegebenenfalls weitergereicht (siehe auch: 6. Recherchen im Zwielicht), und zeitraubendes Einander-kennenlernen entfällt, da Oppositionelle bzw. Reformwillige innerhalb einer Firma/eines Gemeinwesens/ einer Interessengemeinschaft einander zu kennen pflegen.

Überzeugungstäter

Verläuft die Kontaktaufnahme positiv, wird der Ansprechpartner jetzt möglicherweise Aktivitäten entfalten, die dem Rechercheur seine weitere Arbeit gewaltig erleichtern. Dies hat der Rechercheur aber nicht seinem einnehmenden Wesen zu verdanken, sondern der Tatsache, daß er es mit sogenannten „Überzeugungstätern" zu tun hat.

Praktisch alle glaubwürdigen Informanten sind ohnehin Überzeugungstäter. Die es nicht sind und eigene Interessen verfolgen (Konkurrenten ausbooten, andere geldwerte Vorteile), stellen für den Rechercheur und seine Arbeit dagegen eine Gefahr dar, denn er wird ungewollt zum Werkzeug anderer.

Überzeugungstätern unter den Gesprächspartnern lassen sich relativ leicht identifizieren: Sie schwimmen oft gegen den Strom. Sie haben Ideale, zumindest eindeutige Ziele jenseits der Gegenwart und nehmen zum Teil erhebliche Risiken auf sich, um diese Ziele umzusetzen. All das tun Überzeugungstäter nicht für Geld. Dies (und anderes) macht Überzeugungstäter zu starken Persönlichkeiten, auf die sich der Rechercheur entsprechend verlassen kann. Sie sind bereit, sehr viel für ihre Sache und damit auch für den Rechercheur zu tun.

Ein Rechercheur sollte sich aber im klaren sein, daß jeder Überzeugungstäter umgekehrt große Erwartungen in seine Verbündeten setzt. Und aus dem Blickwinkel des Überzeugungstäters ist der Rechercheur immer ein Verbündeter. Alles andere ist Augenwischerei.

Der Rechercheur muß sich genau überlegen, ob er sich auf solche Situation einlassen will (und darf). Falls nicht, hat er neben den bereits angesprochenen Problemen einen weiteren Grund, die Finger von dieser Art Recherche zu lassen. Er kann sonst schnell in Schwierigkeiten geraten, die dann von allen Seiten auf ihn einwirken. Ein vermeintlich verbündeter Rechercheur, der sich im Nachhinein als vermeintlicher „Verräter" entpuppt, hat jeden vor den Kopf gestoßen und bald keine Freunde mehr, dafür viele Feinde. Falls er ein zweites Mal in die Thematik eintaucht, wird er mit Sicherheit vor verschlossenen Türen stehen.

In „fremden Gewässern"

Tiefseetauchen ist ein journalistisch nur selten gerechtfertigtes Vorgehen, in der Praxis aber gar nicht so schwierig und wiederum gut am Beispiel Nigeria aufzeigbar. Es gab damals – neben der sogenannten Tanker-Recherche (siehe auch: 5.1 Das Puzzlespiel) einen weiteren Recherche-Ansatz: Die Verfasser hatten im Spätherbst 1995 ebenfalls den Auftrag erhalten, die soziale, ökologische und politische Lage im Nigerdelta zu untersuchen – dort, wo der internationale Konzern Shell offensichtlich auf ökologische, ökonomische und politische Kosten der Einheimischen Öl förderte.

Zur Erinnerung: Kurz zuvor hatten die Militärmachthaber in der Hauptstadt Lagos den Wortführer der Ogoni, den Schriftsteller Ken Saro-Wiva und weitere acht Oppositionelle dieses Volksstammes aus dem Nigerdelta nach einem äußerst umstrittenen Gerichtsverfahren zum Tode verurteilt und kurz darauf hängen lassen.

Die Hinrichtungen verursachten internationale Proteste und Boykottdrohungen. Daraufhin machte das Militärregime offizielle Informationskanäle aus und nach Nigeria praktisch dicht. Das Nigerdelta selbst wurde militärisch abgeschirmt und war auch für in Lagos akkreditierte Journalisten nur unter Inkaufnahme großer Risiken erreichbar. Mit den privaten Nachrichtenverbindungen stand es nicht besser. Zum einen war es schon Glückssache, eine offene Leitung nach Nigeria zu erwischen. Verbindungen nach Port Harcourt, größte Hafenstadt und politisches Zentrum im Nigerdelta, kamen wenn, dann meist erst nach stundenlangen Versuchen zustande.

Mehrere voneinander unabhängige Quellen berichteten außerdem, daß Telefongespräche von Nigeria ins Ausland und umgekehrt vollständig kontrolliert würden. Unter diesen speziellen Umständen schien die Methode des Tiefseetauchens allemal gerechtfertigt. Im Ergebnis stand nach wenigen Wochen ein funktionierendes Informationsnetz zur Verfügung.

Zu verdanken hatte dies der Rechercheur seinen freiwilligen, konspirativen Helfern in Nigeria, die ihrerseits ihn als ihren freiwilligen, konspirativen Helfer betrachteten (übrigens zu Recht).

Regime-Kritiker

Worin die ersten Kontakte nach Nigeria bestanden und wie sie zustande kamen, muß hier zur Sicherheit der Beteiligten im Dunkeln bleiben (siehe auch: 6. Recherchen im Zwielicht). Der schematische Ablauf funktionierte etwa folgendermaßen: Im Lauf der Basisrecherche geriet der Rechercheur in Kontakt mit „regime-kritischen" Personen vor Ort in Lagos.

"Regime-kritisch" will in dem Zusammenhang heißen: Diese Personen waren keine aktiven Untergrundkämpfer oder Revolutionäre. Sie gehörten aber zu jener kleinen Gruppe verantwortungsbewußter, gebildeter Bürger, die sich mit Polizeistaatlichkeit und Willkürakten nie abfinden und sich hartnäckig für ihre Vorstellung von Demokratie und Meinungsfreiheit einsetzen. Diese mutigen Menschen sind in praktisch jedem autoritären System anzutreffen.

Sie bekleiden oft offizielle Positionen im Sozialwesen oder in der Verwaltung, wo sie – wegen ihrer gewöhnlich hohen Arbeitsleistung und Unbestechlichkeit – auch von den Machthabern geschätzt sind. Sie arbeiten als unterbezahlte Helfer in Religionsgemeinschaften, für die geduldete Opposition oder an Universitäten. Manchmal dienen sie nebenbei als Mittler zwischen Staatsgewalt und Widerstand (eine äußerst heikle und lebensgefährliche Funktion).

Aufgrund der „schlechten Telefonverbindungen" war ein persönliches Treffen mit den wichtigsten Kontaktpersonen unumgänglich. Es fand im Winter 1995/96 außerhalb Nigerias statt. Das Treffen diente sowohl der Identifizierung nutzbarer Nachrichtenkanäle, dem Austausch von Informationen als auch dem „gegenseitigen Beschnuppern" und war in jeder Hinsicht erfolgreich. Als sich die Beteiligten trennten, war die Recherche einen großen Schritt weiter gekommen. Die Verfasser und seine Auftraggeber verfügten jetzt über internes Wissen, das ihnen erlaubte, die Aktionen und Motive der nigerianischen Regierung sowie von Shell genauer zu bewerten.

Entscheidend aber blieb, daß mit der Zusammenkunft der Zugang in die oben beschriebenen Kreise gelungen war. Ein enormer Informationsfluß war die Folge. Starrte der Rechercheur zuvor noch in ein undurchdringliches Dickicht, erkannte er jetzt dessen Strukturen mit seinen Stärken und Schwächen. (Und es ist ja die Kenntnis der Strukturen, die einen Organismus anfällig macht.)

Eigendynamik

Wie es in solchen Fällen nicht ungewöhnlich ist, entwickelten manche der Beteiligten große – und wertvolle – Eigeninitiative, um die Recherche voranzubringen.

Natürlich liegt in solchen Initiativen die Gefahr, daß die Handelnden zuviel erreichen wollen und der Rechercheur darüber die Kontrolle über den Verlauf der Recherche verliert. Eine Sorge, die bei vielen Tieftauchgängen früher oder später auftaucht.

Dies ist aber nur eine scheinbare Gefahr: Die Helfer des Rechercheurs kennen die Situation vor Ort gut und können ziemlich genau einschätzen, worauf sie sich einlassen. Zusätzlich gibt es aufgrund der gut verknüpften Strukturen unter den Helfern wirksame Kontrollen, welche die Fehler eines einzelnen rechtzeitig entdecken und damit die Gefährdung der Recherche verhindern können. Und schließlich sind es ja die Informanten vor Ort bzw. im Inneren des anvisierten Objektes, die das eigentliche Risiko eingehen. (Die Verfasser sind selbst überhaupt kein Risiko eingegangen. Keiner von ihnen hat Nigerias Boden je betreten.)

Aufgrund des umfangreichen Engagements der Beteiligten standen am Ende des Auftrages zur Verfügung:

- aktuelle Hintergrund-Informationen über die sozio-ökonomische, ökologische und politische Situation in Nigeria und speziell im Nigerdelta,

- Informationen über den Stand der Pläne zur Öl- und Gasexploration in dem Gebiet,

- ein Netz von Informanten und potentiellen Helfern, verteilt auf Schlüsselpositionen in Lagos, in der Delta-Hafenstadt Port Harcourt und in weiteren informellen Schnittpunkten der Region,

- eine Anzahl interner Unterlagen von Shell, die u.a. belegten, daß über die Hälfte der im Fördergebiet eingesetzten Pipelines und Leitungen altersschwach und unfallträchtig waren. (Eine Shell-interne Statistik bewies unter anderem, daß die zahlreichen Leckagen der Förderleitungen vor allem altersbedingt waren. Shell hatte damals behauptet, die zahllosen Ölseen in dem von Fischern und Bauern genutzten Gebiet seien das Ergebnis von Sabotage.)

Gegenrecherche

Besonders wichtig beim Tiefseetauchen ist eine gründliche Endkontrolle der Ergebnisse, zumal viele Informationen nicht vom Rechercheur selbst, sondern von Dritten beschafft werden. Und damit sind auch deren Interessen im Spiel. Die Endkontrolle sollte unverzüglich nach dem Wiederauftauchen stattfinden. Sie ist weit weniger schwer als der vorausgegangene Teil der Arbeit.

Die Echtheit eines Dokumentes läßt sich leicht belegen, indem sich der Rechercheur bei dessen Urheber meldet. Im Fall der firmeninternen Dokumente setzte sich der Rechercheur einfach mit Shell Nigeria in Verbindung und bat um Zusendung der Unterlage mit dem entsprechenden Aktenzeichen. Die Antwort, dieses Dokument sei nicht für die Öffentlichkeit bestimmt, war erstes Indiz für dessen Echtheit. Als Shell Nigeria die Richtigkeit bestimmter Zahlen aus dem Dokument bestätigte, die darin zwar enthalten, aber weit von der Recherche entfernt waren, reichte dies dem Rechercheur und seinem Auftraggeber.

Grundsätzlich ist das Überrumpeln von Gesprächspartnern – wie hier geschehen – zwar äußerst effektiv, aber ebenfalls nur im Einzelfall gerechtfertigt. Dies schien in der beschriebenen Situation der Fall zu sein. Nebenbei eignet sich diese Vorgehensweise sehr gut, um Kernaussagen zu verifizieren: Dann kann der Rechercheur sein Gegenüber (aber nicht den Pressesprecher!) mit einer Information konfrontieren, die er eigentlich gar nicht besitzen dürfte. Wird die Information nicht umgehend bestritten, ist ihre Echtheit ziemlich sicher. Fällt dann noch eine Bemerkung in der Art: „Wenn Sie die Zahlen schon haben ...“ oder „Wie konnte das jetzt wieder nach draußen gelangen!“, kann der Rechercheur davon ausgehen, daß die Angaben stimmen.

An dieser Stelle kurz zur Überprüfung von Informationen: genaue Gegenrecherche ist die selbstverständliche Pflicht des Rechercheurs. Ihr sind aber Grenzen gesetzt.

Ein Rechercheur kann das Risiko, hereingelegt worden zu sein oder mit falschen Zahlen zu operieren, niemals ausschließen, sondern immer nur versuchen, es gegen Null zu führen.

Kontrollfragen

Arbeitet ein Rechercheur wie in dem beschriebenen Fall hauptsächlich mit Informanten, ist die Überprüfung der Glaubwürdigkeit der erhaltenen Angaben von größter Bedeutung. Weil oft nur Augenzeugenberichte gegen offizielle Erklärungen stehen, ist die Verifikation nicht immer so einfach wie die Echtheitsprüfung eines Dokuments. Die Beantwortung einer Reihe von Fragen gibt aber brauchbare Hinweise, ob eine Aussage stimmt oder erlogen ist, ob ein Dokument, dessen Besitz bereits eventuell strafbar ist, echt ist oder manipuliert. Sie lauten:

- Wurde die Information ungefragt angeboten?

- Sprengt sie den Rahmen des Erwarteten oder Wahrscheinlichen?

- Wurde für die Weitergabe der Information Geld verlangt?

- Wurde die Information von einem Unbekannten geliefert?

- Wurde die Information „heiß gemacht", d.h., wurde Zeitdruck aufgebaut oder wurde sie unter ungewöhnlichen Umständen zu einer ungewöhnlichen Tageszeit geliefert?

- Hat der Informant normalerweise keinen Zugang zu der besagten Information?

- Unterscheidet sich das Dokument/die Aussage in Form und Duktus von anderen Dokumenten/Aussagen aus derselben Firma/Behörde/Institution etc.?

- Lenkt die Information die Recherche in eine völlig neue Richtung?

Kann der Rechercheur alle Fragen klar mit „Nein" beantworten, ist die Information mit sehr großer Sicherheit echt. Taucht wenigstens ein „Ja" auf, sollte der Rechercheur die betreffende Unterlage oder Aussage sehr gründlich prüfen. Muß zweimal mit „Ja" geantwortet werden, herrscht – zumindest bei den Verfassern – höchste Alarmstufe: Falls es nicht gelingt, die Echtheit der besagten Information von zwei voneinander unabhängigen Quellen nochmals bestätigen zu lassen, sollte sie der Rechercheur nicht verwenden. Falls das aus bestimmten Gründen unumgänglich ist, muß er zumindest ausdrücklich darauf hinweisen, daß die betreffende Aussage nicht gesichert ist.

Selbstverständlich kann eine Information stimmen, auch wenn acht Mal ein „Ja" verteilt wurde, und sie kann trotz acht „Nein" gefälscht sein, keine Frage. Falls nicht andere außergewöhnliche Umstände vorliegen, senken acht „Nein" das Restrisiko aber auf einen tolerablen Wert.

Andererseits gilt nach wie vor: die perfekte Kontrolle gibt es sowenig wie die perfekte Lüge. Und wenn sich mehrere „Profis" wirklich einmal mit dem Ziel zusammentun, einen erfahrenen Rechercheur aufs Kreuz zu legen, wird es vermutlich für beide Parteien sehr schwer (siehe auch: 12. Betrügern auf der Spur).

6. Recherchen im Zwielicht

Die im vorausgegangenen Kapitel geschilderten Recherchemethoden sind – von den in „5.4 Tiefseetauchen" und „13. Rechtliche Aspekte" angesprochenen Einschränkungen abgesehen – für Journalisten grundsätzlich anwendbar, sowohl unter rechtlichem als auch journalistischem Blickwinkel. Allerdings gibt es eine Reihe weiterer Methoden, derer sich die – mehr oder weniger – „schwarzen Schafe" unter den Journalisten gelegentlich bedienen, auch wenn sie hierzu nicht berechtigt sind: „Die Achtung der Wahrheit, die Wahrung der Menschenwürde und die wahrhaftige Unterrichtung der Öffentlichkeit sind oberste Gebote der Presse", lautet Ziffer 1 des „Pressekodex", herausgegeben vom Deutschen Presserat in Bonn.

Weil Journalisten es mit dem Pressekodex nicht immer ganz genau nehmen, erhält der Deutsche Presserat jährlich rund 450 Eingaben wegen Verstoßes gegen den Kodex. Etwa 130 davon landeten 1996 vor dem Beschwerdeausschuß, elf endeten mit einer Rüge. Solche Rügen können durchaus geeignet sein, den Ruf einer Zeitung zu schädigen – und das fällt auf den verantwortlichen Journalisten zurück: „Es entspricht fairer Berichterstattung, vom Deutschen Presserat öffentlich ausgesprochene Rügen abzudrucken, insbesondere in den betroffenen Publikationsorganen", steht in Ziffer 16 des Kodex. Dieses Mittel zur Disziplinierung ist gerechtfertigt, denn Journalisten, einmal „heiß geworden" und „auf der Jagd", können schon einmal versucht sein, die Grenzen des Zulässigen zu überschreiten. Schließlich kann eine gute Enthüllungsstory die Karriere eines Journalisten steil befördern. Damit Journalisten enthüllen können, sind sie – anders als nicht publizierende Rechercheure – bei der Informationsbeschaffung privilegiert (siehe auch: 13. Rechtliche Aspekte). Dazu kommt eine gewisse Medienmacht, welche dem Journalisten in vielen Fällen den Rücken stärkt, besonders, wenn die Befragten im Umgang mit Journalisten unerfahren sind. Eine ominöse Drohung wie: „Sie wollen nicht mit mir reden? Dann ziehen Sie sich mal warm an", ist völlig unzulässig, wird aber manchmal benutzt, verängstigte Gesprächspartner zusätzlich unter Druck zu setzen – ein klarer Verstoß gegen den Kodex und der Tatsache zu verdanken, daß nur wenige Menschen über die Umgangsregeln zwischen Journalist und Befragtem gut informiert sind. Fehlt nur noch eine letzte Angabe, um eine spannende Geschichte „dicht zu machen", kann die Versuchung eben groß sein, dieses letzte Detail auf unzulässigen Wegen zu besorgen. Solchem Mißbrauch hat der Deutsche Presserat durch die Aufstellung seiner publizistischen Grundsätze dort einen Riegel vorgeschoben, wo das Strafrecht nicht greift oder bürgerliches Recht mangels Unkenntnis der Betroffenen nicht zum Tragen kommt.

Nicht publizierende Rechercheure verfügen über keinerlei Privilegien bei der Informationsbeschaffung, weshalb sie an den Pressekodex nicht gebunden sind. Weil nicht publizierende Rechercheure ihre gewonnenen Erkenntnisse nicht öffentlich machen, ist die Gefahr des möglichen Schadens für das potentielle Opfer allerdings in aller Regel auch wesentlich geringer.

Die Verfasser raten nicht publizierenden Rechercheuren dennoch, sich an die im Pressekodex aufgestellten Grundsätze buchstabengetreu zu halten. Die Gründe hierfür sind bereits in „5.4 Tiefseetauchen" dargelegt.

Für Recherche-Tätigkeiten sind neben der erwähnten Ziffer 1 insbesondere die Ziffer 4 sowie die Ziffern 5, 6 und 8 sowie darunter aufgeführte Richtlinien von Bedeutung. Journalisten müssen, reine Rechercheure sollten sie unbedingt beachten.

Ziffer 4 lautet: „Bei der Beschaffung von Nachrichten, Informationsmaterial und Bildern dürfen keine unlauteren Methoden angewandt werden." Zur Erläuterung heißt es weiter (Richtlinie 4.1): „Recherche ist unverzichtbares Instrument journalistischer Sorgfaltspflicht. Journalisten geben sich grundsätzlich zu erkennen. Unwahre Angaben des recherchierenden Journalisten über seine Identität und darüber, welches Organ er vertritt, sind grundsätzlich mit dem Ansehen und der Funktion der Presse nicht vereinbar." – Mit einer Ausnahme: „Verdeckte Recherche ist im Einzelfall gerechtfertigt, wenn damit Informationen von besonderem öffentlichen Interesse beschafft werden, die auf andere Weise nicht zugänglich sind."

Von Bedeutung ist hierbei das genannte „besondere öffentliche Interesse", dem nicht publizierende Rechercheure schließlich nicht nachkommen, weshalb sie – von wenigen, beispielhaft geschilderten Ausnahmen abgesehen – dem Risiko einer straf- oder zivilrechtlichen Verfolgung in erhöhtem Maße ausgesetzt sind. Doch auch für Journalisten ist die „Verdeckte Recherche" eine Gradwanderung, die nicht ohne entsprechenden rechtlichen Beistand erfolgen sollte (siehe auch: 13.5.1 Strafrechtliche Schranken der Recherche und 13.5.2 Zivilrechtliche Schranken der Recherche).

Der letzte Teil der Richtlinie 4.1 ist nicht für reine Rechercheure, umso mehr aber für Journalisten von Bedeutung: „Bei Unglücksfällen und Katastrophen beachtet die Presse, daß Rettungsmaßnahmen für Opfer und Gefährdete Vorrang vor dem Informationsanspruch der Öffentlichkeit haben." Diese Selbstverständlichkeit bedarf keiner weiteren Erläuterung.

Im September 1997 hat der Deutsche Presserat eine weitere Richtlinie unter Ziffer 4 aufgenommen: „Bei der Recherche gegenüber schutzbedürftigen Personen ist besondere Zurückhaltung geboten. Dies betrifft vor allem Menschen, die sich nicht im Vollbesitz ihrer geistigen oder körperlichen Kräfte befinden oder einer seelischen Extremsituation ausgesetzt sind, aber auch Kinder und Jugendliche. Die eingeschränkte Willenskraft oder die besondere Lage solcher Personen darf nicht gezielt zur Informationsbeschaffung ausgenutzt werden."

Auch diese Regelung betrifft in erster Linie Journalisten, die Verfasser zumindest hatten während reiner Recherchetätigkeiten niemals mit schutzbedürftigen Personen, wie dargestellt, zu tun. Der Hintergrund dieser weiteren Einschränkung laut Deutschem Presserat vom 17.9.1997 war, „daß sich in letzter Zeit Klagen über mangelnde Rücksichtnahme von Reportern häuften. So hatte eine Jugendzeitschrift Kindern, die von zu Hause ausgerissen waren, Geld für eine sensationell aufgemachte Bildreportage angeboten. Andere Reporter hatten sich unberechtigt Zutritt zu Krankenzimmern und Heimen verschafft oder Trauernde ohne deren Zustimmung fotografiert." Es scheint, daß Journalisten das „öffentliche Interesse" bisweilen mit dem Interesse ihres Auftraggebers verwechseln, hohe Auflagen zu erzielen.

Straftäter als Informanten

Ziffer 5 des Pressekodex ist sowohl für Journalisten als auch für Recher-cheure von gleich hoher Bedeutung: „Die vereinbarte Vertraulichkeit ist grundsätzlich zu wahren." Dies ist in Richtlinie 5.1 näher erläutert: „Hat der Informant die Verwertung seiner Mitteilung davon abhängig ge-macht, daß er als Quelle unerkennbar oder ungefährdet bleibt, so ist die-se Bedingung zu akzeptieren." Allerdings sind die Ausnahmen gewichtig: „Vertraulichkeit kann nur dann nicht bindend sein, wenn die Information ein Verbrechen betrifft und die Pflicht zur Anzeige besteht. Vertraulichkeit muß nicht gewahrt werden, wenn bei sorgfältiger Güter- und Interessenabwägung gewichtige staatspolitische Gründe überwie-gen, insbesondere wenn die verfassungsmäßige Ordnung berührt oder gefährdet ist."

Vermittelt der Befragte im vertraulichen Gespräch den Eindruck, daß er Verantwortung für schwere Verbrechen trägt oder daß er zur Aufklä-rung eines solchen Verbrechens beitragen könnte, muß sich der Journa-list gemäß Pressekodex nicht mehr an die zugesagte Vertraulichkeit gebunden fühlen.

In der Praxis werden sowohl Journalist als auch Rechercheur in weniger schweren Fällen die Vertraulichkeit vielleicht dennoch wahren, um künftige Hintergrundgespräche nicht zu gefährden. Notfalls werden die relevanten Informationen „überhört".

Ein reiner Rechercheur bleibt hier mit seinem Gewissen nicht selten al-lein: Informationen, die er erhält, sind oft nicht zur Veröffentlichung be-stimmt, sondern bedienen ein privates Wissensbedürfnis. Journalisten können sich im Zweifelsfall auf das Zeugnisverweigerungsrecht zurück-ziehen (siehe auch: 13.4.2 Das Zeugnisverweigerungsrecht und Be-schlagnahmeverbot zur Absicherung des Informantenschutzes). Recher-cheure können das nicht.

Hier einen klaren moralischen Standpunkt zu finden, ist ungeheuer schwierig und läßt sich nur im Einzelfall entscheiden. Ein „Beichtge-heimnis" gibt es jedenfalls nicht. Die Verfasser vertreten folgenden Standpunkt:

- Das eigene Gewissen hat Vorrang vor dem gegebenenfalls nicht vorhandenen Gewissen des Gesprächspartners.

Ein Informant, der über Drogengeschäfte berichtet und dabei seine eigene Verwicklung in Kindesmißbrauch kundtut, besitzt kein Recht auf Vertraulichkeit und hat sie auch nicht verdient.

Recherche im „Unrechtstaat"

Eine andere Lage tritt ein, wenn die Strafbarkeit einer Handlung nicht rechtsstaatlichen Prinzipien entspricht. In dieser Situation ist besondere Sorgfalt umso wichtiger. Ziffer 8 des Pressekodex behandelt das Privatleben und die Intimsphäre des Menschen. Unter der Richtlinie 8.5 hat der Presserat festgehalten: „Bei der Berichterstattung über Länder, in denen Opposition gegen die Regierung Gefahren für Leib und Leben bedeuten kann, ist immer zu bedenken: Durch die Nennung von Namen oder die Wiedergabe eines Fotos können Betroffene identifiziert und verfolgt werden. Gleiches gilt für die Berichterstattung über Flüchtlinge. Weiter ist zu bedenken: Die Veröffentlichung von Einzelheiten über Geflüchtete, die Vorbereitung und Darstellung ihrer Flucht sowie ihren Fluchtweg kann dazu führen, daß zurückgebliebene Verwandte und Freunde gefährdet oder noch bestehende Fluchtmöglichkeiten verbaut werden." Nur der Vollständigkeit halber sei noch einmal gesagt, daß auch nicht publizierende Rechercheure sich aus moralischen Gründen grundsätzlich immer an diese Richtlinie halten müssen (siehe auch: 5.4 Tiefseetauchen).

Eindeutig äußert sich der Deutsche Presserat in Ziffer 6 zum Schutz von Informanten, die, eventuell unter Gefährdung ihrer beruflichen Existenz, Wissen an Journalisten weitergeben: „Jede in der Presse tätige Person wahrt das Ansehen und die Glaubwürdigkeit der Medien sowie das Berufsgeheimnis, macht vom Zeugnisverweigerungsrecht Gebrauch und gibt Informanten ohne deren ausdrückliche Zustimmung nicht preis." Das hohe persönliche Risiko, dem sich Informanten aussetzen, ist in Kapitel „13. Rechtliche Aspekte" behandelt. Ein Rechercheur, der eben nicht zur Veröffentlichung recherchiert, wird in der Regel allenfalls von seinem Auftraggeber nach Namen und Herkunft eines Informanten befragt. Er sollte jede Auskunft hierüber vorher mit dem Informanten abstimmen und im Zweifelsfall auf die Nennung der Quelle oder auf die Quelle ganz verzichten; denn auf das Zeugnisverweigerungsrecht kann er sich nicht berufen (siehe auch: 13. Rechtliche Aspekte).

Weil sich nicht nur Journalisten, sondern auch Rechercheuren manchmal eine ganz bestimmte Spezies „Informationsbeschaffer" nähert, sei an dieser Stelle auch die Richtlinie 6.2 des Pressekodex zitiert: „Nachrichtendienstliche Tätigkeiten von Journalisten und Verlegern sind mit den Pflichten aus dem Berufsgeheimnis und dem Ansehen der Presse nicht vereinbar." Auch zu diesem Punkt erübrigt sich nach Meinung der Verfasser jeder weitere Kommentar.

Die Beschränkungen, die sich sowohl ein Journalist als auch ein Rechercheur gemäß Pressekodex auferlegt, rechtfertigen unter bestimmten Umständen aber eben Ausnahmen. Und ist die Ausnahmesituation gegeben, sollten sich sowohl Journalisten als auch reine Rechercheure darin bewegen können. Im Vordergrund muß dabei aber immer die Frage stehen:

- Ist mein Vorgehen in Kenntnis des Pressekodex sowie nach sorgfältiger Abwägung der Güter und Rücksprache mit einem Rechtsanwalt tatsächlich gerechtfertigt?

Nur wenn diese Frage eindeutig mit „ja" beantwortet werden kann, geraten die im folgenden geschilderten Recherchemethoden aus dem „Zwielicht".

6.1 Die verdeckte Recherche

Mit dem Begriff der „Verdeckten Recherche" ist hier jene konkrete Ausnahmesituation gemeint, die in Richtlinie 4.1 des Pressekodex beschrieben ist. Demnach ist verdecktes Vorgehen „im Einzelfall gerechtfertigt, wenn damit Informationen von besonderem öffentlichen Interesse beschafft werden, die auf andere Weise nicht zugänglich sind".

Diese Voraussetzungen waren bei dem später geschilderten Fall gegeben. Der Rechercheur hatte sich frühzeitig mit Strafverfolgungsbehörden in Verbindung gesetzt. Unmittelbare Folge der Recherche war ein Gerichtsverfahren gegen Personen, die Objekt der vorausgegangenen Recherche waren. Diese Personen wurden auch von den Behörden als möglicherweise gefährlich eingestuft. Um ihn vor eventuellen Racheakten der Betroffenen zu schützen, wurde dem Rechercheur die Möglichkeit eingeräumt, seine wahre Identität nicht offenzulegen. Auf eine unmittelbare Einvernahme vor Gericht wurde verzichtet. Um diesen von den Strafverfolgungsbehörden gewährten Schutz aufrechtzuerhalten, verzichten auch die Verfasser auf die namentliche Nennung oder Kennt-lichmachung des besagten Rechercheurs.

Verdeckt recherchieren, das regt die Phantasie an. Die Gedanken wan-dern zu fahl beleuchteten Schuppen im Irgendwo, in denen brisante Ware lagert. Durch diese schlendert der verdeckt arbeitende Recher-cheur wie selbstverständlich und bespricht mit den Schiebern die Moda-litäten für den nächsten illegalen Handel.

Die Szene entbehrt nicht ganz der Realität, sondern kann sich durchaus ereignen. Solche Situationen sind aber auch gefährlich. Ohne Mitwisser begibt sich deshalb kein vernünftiger Mensch in diese Lage.

Grundregeln

Die verdeckte Recherche, dies sei nochmals erwähnt, ist das absolut letz-te Mittel der Wahl und wird für die meisten Rechercheure, insbesondere Journalisten, nie Realität. Verdeckt recherchieren beinhaltet nicht nur das Vorspiegeln falscher Tatsachen und permanentes Verschleiern der eigentlichen Beweggründe (siehe auch: 6.2 Verschleiern und 6.3 Vorspie-geln falscher Tatsachen). Vielmehr taucht der Rechercheur komplett in kriminelle oder subversive Kreise ein und führt unter Umständen darin ein befristetes Leben. Schließlich geht es darum, unbeschadet und heil aus diesen Kreisen wieder aufzutauchen.

Damit das gelingt, bedarf es eines großen logistischen Aufwandes, eines kühl agierenden Rechercheurs und eines fein gesponnenen Netzes, in das sich der Rechercheur gleichsam fallen lassen kann, sollte er seiner Aufgabe nicht mehr gewachsen oder enttarnt worden sein.

Natürlich sind in unserem Gesellschaftssystem verdeckte Ermittlungen in erster Linie eine Aufgabe von Polizei und Staatsanwaltschaft. Es gibt aber auch Situationen, in denen Polizisten und Staatsanwälten die Hän-de gebunden sind und in denen es darum sinnvoll sein kann, eigene Re-cherchen in dem anvisierten kriminellen Umfeld vorzunehmen (siehe auch: 13. Rechtliche Aspekte).

Die Untätigkeit der staatlichen Organe kann verschiedene Ursachen ha-ben und sich mit der herrschenden Gesetzeslage ändern. Typische Grün-de sind etwa folgende:

- Die Verdachtsmomente für weitere Ermittlungen sind für die Strafverfolgungsbehörden nicht hinreichend.

- Das Verbrechen ist neu, also noch nicht von Gesetzen erfaßt und kann deshalb strafrechtlich nicht verfolgt werden. (Kommunikationstechniken und Betrügereien oder neue synthetische Drogen können z.B. unter diese Rubrik fallen.)

- Die Struktur eines Tatbestandes ist hochkompliziert. Ob ein tatsächlicher Gesetzesverstoß nach herrschender Gesetzeslage tatsächlich vorliegt, läßt sich im Rahmen erster Ermittlungen schwer abschätzen. Die zuständige, ohnehin überlastete Staatsanwaltschaft bearbeitet den Fall deswegen nicht oder nur als Akte. (Eine Aufklärung liegt aber trotzdem im öffentlichen Interesse, da eine Wiederholung des Vorfalls große Nachteile für Dritte nach sich zieht.)

- Es gibt innerhalb der zuständigen Behörden scheinbar „übergeordnete" Interessen, die Angelegenheit nicht oder nicht mit der erforderlichen Akribie zu bearbeiten.

Bevor sich der Rechercheur letztendlich in eine verdeckte Arbeit begibt, sollte er jedesmal genau überlegen: Kann eine Recherche unter richtigem Namen und mit den üblichen Methoden nicht auch zum Erfolg oder zumindest soweit führen, daß das allgemeine öffentliche Interesse gewahrt bleibt?

Diese Frage läßt sich nur im Gespräch mit kompetenten Dritten, darunter wenigstens einem Juristen klären, weshalb exzellente Teamarbeit wesentliche Voraussetzung für verdecktes Recherchieren ist. Der Rechercheur, der gerade brisante Informationen erhalten hat und eine große Story wittert, ist erfahrungsgemäß oft nicht in der Lage, diese Frage allein zu beantworten.

Als nächstes gilt es – ebenfalls am besten im Team – die folgenden Fragen zu klären:

- Können oder sollten die fälligen Recherchen nicht doch von den offiziellen Stellen wie Polizei und Staatsanwaltschaft bearbeitet werden?

- Sind die schon vorhandenen Informationen wirklich so brisant, daß sich eine verdeckte Recherche mit all ihren Risiken und ihrem enormen logistischen Aufwand lohnt?

- Und noch einmal: Gibt es tatsächlich keine andere Möglichkeit, an die gesuchten Daten und Informationen zu kommen?

Camouflage

Nur wenn diese Fragen eindeutig und immer wieder mit „Ja" beantwortet werden, kann der Rechercheur in Absprache mit seinem Team eine verdeckte Recherche in Erwägung ziehen.

Leider sind die oben aufgeführten Kriterien zu einer verdeckten Recherche nicht nach einem einfachen objektiven Muster zu beantworten. Den Umstand, ob die bereits vorliegenden Informationen in der Tat brisant sind, können alle Beteiligten fast immer nur subjektiv beurteilen. Die Beteiligung erfahrener und kompetenter Kollegen an der Vorbereitung der Recherche ist daher unbedingt nötig.

Eines muß dem verdeckt arbeitenden Rechercheur und seinen Helfern natürlich klar sein. Sollte die Camouflage während der laufenden Ermittlungen auffliegen, muß der Rechercheur – in Abhängigkeit zu dem Personenkreis, gegen den er recherchiert – mit der Gefährdung der eigenen Person rechnen!

Für eine verdeckte Recherche kommt darum grundsätzlich nur eine Person in Frage, deren Aussehen und Stimme den potentiellen Zielpersonen der Recherche noch absolut unbekannt ist.

Diese Person benötigt eine gut durchdachte zweite Identität.

Es geht nicht nur um einen falschen Namen, auf den der Rechercheur auf Zuruf reagieren muß wie auf den eigenen. Er muß eine komplette kleine Welt parat haben, die er genauso natürlich vertreten kann wie seine reale.

Natürlich ist es immer am einfachsten, wenn diese konstruierte Welt möglichst simpel gestrickt ist und möglichst viele Bezugspunkte zur tatsächlichen Welt des Rechercheurs bietet, um der Basisversion kleine Facetten beifügen zu können.

Glaubwürdigkeit

Je mehr Geschichten der Rechercheur erzählt, desto größer ist aber auch die Gefahr, daß er sich um Kopf und Kragen redet. Bei allen Gesprächen, die der verdeckt arbeitende Rechercheur führt, gilt deshalb die Grundregel: so wenig wie möglich und nur soviel wie nötig über die eigene Person erzählen. Kriminelle gehen mit ihren Lebensgeschichten auch nicht unbedingt hausieren und eine gewisse Verstocktheit des Rechercheurs zu bestimmten Kapiteln seines Lebens kann ihn vielleicht sogar besonders glaubwürdig erscheinen lassen.

So ist es nicht schlimm oder bisweilen sogar nützlich, unklare Aussagen über den eigenen beruflichen Werdegang zu machen oder die eigenen Geschäfte nicht richtig offenzulegen. Der Rechercheur sollte aber immer bei seiner Geschichte bleiben und nicht ständig verschiedene Versionen anbieten. Fragen nach der eigenen Person kann er bisweilen auch mit einem glatten: „Das geht sie gar nichts an!", abweisen.

Dies erhöht – in Maßen eingesetzt und außerhalb des gerade besprochenen eigentlichen Geschäfts – in diesen Kreisen durchaus die eigene Glaubwürdigkeit.

Natürlich kann man viele Gespräche, so sie gefährlich zu werden drohen, genau wie auch im richtigen Leben abwürgen, in dem man einfach das Thema wechselt oder sich bedeckt gibt und sagt: „Darüber möchte ich jetzt nicht sprechen." Aber selbstverständlich sind aus Gründen der Glaubwürdigkeit dieser Taktik Grenzen gesetzt.

Übertriebene Geheimnismeierei kann auch kontraproduktiv sein. Die Frage nach dem Ort des Schulbesuchs, so sie denn einmal im Raum stehen sollte, muß der Rechercheur in der Regel beantworten können. Und wer behauptet, er wäre in Duisburg zur Schule gegangen, sollte notfalls auch den Namen der Schule und den Stadtteil, in dem sich diese befindet, parat haben.

Kriminelle kennen sich – berufsbedingt – meistens auch gut mit dem Justizwesen aus. Der verdeckte Rechercheur muß nun nicht unbedingt das Gefängnis in Celle von innen beschreiben können. Er sollte aber Grundkenntnisse über die deutsche Justiz haben und zum Beispiel wissen, welche Unterschiede zwischen einem Amts- und einem Landesgericht bestehen und vor welchen Gerichten Betrug, Körperverletzung oder Kapitalverbrechen verhandelt werden.

Neben diesen spezifischen Aspekten gilt natürlich für die verdeckte Recherche ganz besonders: Der Rechercheur muß sich gründlich mit dem Thema auskennen.

Enttarnte Kriminelle können bekanntlich sehr nachtragend sein. Vor allem dann, wenn sie durch die Tätigkeit des Rechercheurs viel Geld verloren haben oder sogar eine Zeit im Gefängnis verbringen mußten.

Vorsichtsmaßnahmen

Ist die Recherche erfolgreich gelaufen, stellt sich für den Rechercheur die nächste, genauso wichtige Aufgabe wie die Recherche selber: Wie komme ich aus der Geschichte unbeschadet wieder heraus? Im besten Fall soll ja der enttarnte Kriminelle nicht den verdeckten Rechercheur mit seiner Enttarnung in Zusammenhang bringen. So dies unumgänglich ist, darf auf keinen Fall eine Spur zurückbleiben, die ein potentieller Rächer aufnehmen kann. Der Rechercheur muß deswegen von Anfang an seinen Rückzug aus den Ermittlungen planen und sich offenhalten.

Folgende Vorsorge sollten der Rechercheur und sein Team unbedingt treffen:

- Die genutzten Autos müssen Mietwagen sein.

- Als Wohnort kommen während der Recherche – es sei denn, es steht eine unauffällige Wohnung zur Verfügung – nur Hotels in Frage.

- Als Telefone kommen nur Handys in Betracht.

- Gut gemachte Visitenkarten mit falschem Namen sollten immer griffbereit sein.

- Alle persönlichen Gegenstände wie Notizbücher, der eigene Laptop, das Taschentuch mit den Initialen oder gar der Schlüsselanhänger mit der Heimatadresse zum Nachsenden müssen unbedingt zu Hause bleiben.

Neben diesen Grundbedingungen für einen passablen Ausstieg aus einer verdeckten Recherche sollte der Rechercheur gegenüber offenkundig Kriminellen von Anfang an möglichst viele falsche Fährten legen. Diese werden es später einmal schwermachen, seine Spur zu verfolgen. Fast alle Kleinigkeiten des Lebens können hier hilfreich sein: besteht beim Rechercheur im wirklichen Leben eine Vorliebe für Fußball, kann er sich bei der Recherche als eingefleischter Eishockey-Fan zu erkennen geben. Der Opel-Fahrer schwört auf BMW, der Lederjackenfreund kleidet sich in Sackos oder Strickjacken, der Anhänger der Volksmusik mutiert zum Stones-Fan. Doch Vorsicht: Erstens wird – wie schon erwähnt – die zu spielende Rolle durch solche kleinen Einzelheiten auch komplizierter. Zweitens muß sich der passionierte Opel-Fahrer dann auch mit BMW auskennen.

Rückzug sichern

Niemals darf der verdeckte Rechercheur auf eigene Faust handeln. Stattdessen muß er sein Team immer über seine jeweiligen Tätigkeiten und den derzeitigen Wissensstand zum Thema informieren. Zu diesem Personenkreis können (und sollen) ab einem bestimmten Stand der Recherche auch Angehörige von Polizei und Justiz gehören (siehe auch: 2.5 Staatsanwaltschaft/Polizei).

Wenn der Rechercheur persönliche Kontakte zu den Kriminellen aufnimmt, sollte er diese Termine möglichst nicht alleine wahrnehmen. Damit ist nicht gemeint, daß eine zweite Person in unmittelbarer Nähe körperlich anwesend sein muß. Im Gegenteil: Zwei Personen lassen sich im Zweifelsfall mit einer Waffe genauso gut in Schach halten oder bedrohen oder verletzen wie eine.

Eine Kontaktperson des Rechercheurs sollte sich besser unauffällig in Ruf- oder Sichtweite aufhalten. Damit dies einen Sinn macht, müssen zwischen den Beteiligten eindeutige Zeichen verabredet sein, um das Verhalten im Zweifelsfall zu koordinieren. Während seiner Kontakte zu Kriminellen sollte der Rechercheur immer eins bedenken: Nichts ist schlimmer für seine ihn betreuenden Helfer, als wenn er auf einmal Handlungen begeht, für die es kein verabredetes Verhalten gibt.

Vor der persönlichen Kontaktaufnahme mit Kriminellen muß auch feststehen, wie weit der Rechercheur im Zweifelsfall geht:

- Läßt er sich in die vermeintliche „Räuberhöhle" einladen oder besteht er auf Treffen an öffentlichen oder neutralen Orten?

- Besteigt er ein fremdes Auto?

- Läßt er sich auf den Treffpunkt an der abgelegenen Raststätte ein, zu nächtlicher Stunde?

- Kann eine räumliche oder optische oder akustische Trennung zwischen dem Rechercheur und seinen Helfern akzeptiert werden und wenn ja, für wie lange?

- Welches ist das definitive Zeichen für die Helfer, den Rechercheur aus seiner Situation zu befreien?

Bei Einbeziehung von Polizei oder Staatsanwaltschaft in die verdeckte Recherche, wozu die Autoren ausdrücklich raten, ist das Rückzugsrisiko entsprechend geringer. Aber auch das überraschende Auftauchen eines kompletten Fernsehteams mit Kameras und vielen Scheinwerfern schafft meist die erforderliche Öffentlichkeit, um Kriminelle von ihren Absichten abzuhalten.

Gefährdung Dritter

Der Rechercheur und sein Team müssen sich allerdings nicht nur darüber im klaren sein, wann das Risiko weiterer Recherchen für sie selber zu groß wird. Es können Situationen auftauchen, in denen Dritte durch das Zuwarten des Rechercheurs gefährdet sind.

Kommt der Rechercheur etwa zu der Erkenntnis, daß verseuchtes Fleisch zu einem bekannten Zeitpunkt über einen bestimmten Grenzübergang illegal – also falsch deklariert – in ein Land eingeführt werden soll, stellen sich sofort weitere Fragen:

- Muß er den Transport an der Grenze hochgehen lassen oder im Ausland weiter verfolgen, um die Verwertungswege offenzulegen?

- Was passiert, wenn der Transport aus nicht vorhersehbaren oder bedachten Gründen aus den Augen gerät? (Vor solchen Pannen sind auch gut ausgerüstete polizeiliche „Beschatter" nicht gefeit.)

- Wer kann die Verantwortung für die mögliche Gefährdung vieler Verbraucher übernehmen? (In dem geschilderten Fall wohl niemand!)

Bevor die Verfasser eine verdeckte Recherche schildern, die sich im Jahre 1992 ereignet hat, möchten sie noch einmal auf zwei Sicherheitsaspekte hinweisen:

- Recherchen gegen Kriminelle sind gefährlich und in erster Linie eine Sache der Polizei. Sollten sie nach gründlicher Prüfung dennoch gerechtfertigt erscheinen, ist eine nahezu perfekte Vorbereitung und Planung im Team die unbedingte Voraussetzung.

- Kriminelle versuchen immer, sich einen Vorteil auf Kosten anderer zu verschaffen. In Polizeikreisen wird gern von verdeckt arbeitenden Journalisten erzählt, die zwar in der Sache nichts herausbekommen haben, aber am Ende der Recherche selber als die Betrogenen dastanden und viel Geld in den Sand gesetzt haben.

Der Informant

Anfang 1992 bekam die Umweltschutzorganisation Greenpeace einen halbanonymen Anruf. Der Anrufer sprach von skandalösen Schiebereien mit Giftmüll über die deutschen Grenzen. Seinen Namen wollte er nicht nennen. Auf die Bitte seines Gesprächspartners bei Greenpeace hinterließ er jedoch eine Telefonnummer, unter der er erreichbar sei. (Anmerkung des Verfassers: 1992 war es Privatpersonen in Deutschland noch praktisch unmöglich, Telefonnummern den entsprechenden Inhabern der Anschlüsse namentlich zuzuordnen.)

Greenpeace beauftragte daraufhin einen freien Journalisten, mit dem Informanten Kontakt aufzunehmen. Der Journalist hatte sich schon mit Problemen der Entsorgung von Sonder- und Giftmüll befaßt und in diesem Bereich auch schon verdeckt recherchiert.

Nach einer telefonischen Kontaktaufnahme willigte der Informant in eine persönliche Begegnung mit dem Rechercheur unter bestimmten Bedingungen ein.

Bei dem Treffen berichtete der Informant über Einzelheiten von zurückliegenden Exporten von Giftmüll aus den fünf neuen Bundesländern nach Osteuropa. Bei diesem Giftmüll sollte es sich um alte, abgelaufene, aber teilweise hochgiftige Agrarchemikalien aus der ehemaligen DDR handeln. Es wurden Namen von beteiligten Personen und Firmen genannt, einige Akteure auch mit ihren Neigungen und Schwächen näher beschrieben.

Auch detaillierte Angaben zu Qualitäten und Quantitäten der Geschäfte, geleistete Schmiergeldzahlungen und deren Empfänger kamen auf den Tisch. Der Informant schilderte ebenfalls das offenkundige Desinteresse der Behörden, Hinweisen auf die illegalen Geschäfte nachzugehen. Aus dem Gespräch ging weiter hervor, daß der Informant bis vor kurzem offenbar persönlich in die illegalen Geschäfte verwickelt und nun von seinen Kumpanen ausgebootet worden war. Jetzt fühlte er sich selbst betrogen, sein Motiv für die Preisgabe seines Wissens war offensichtlich Rache.

Experten von Greenpeace diskutierten anschließend ausführlich mit dem Rechercheur die Ergebnisse dieses Gesprächs. Die Umweltschützer kämpften schon seit einigen Jahren gegen den illegalen Export von Giftmüll und besaßen daher viel Detailwissen über die Abwicklung illegaler Exporte. Gleichzeitig verfügte Greenpeace auch über sehr gutes Wissen zur Situation auf dem Entsorgungsmarkt, kannte die Preise für die Verbrennung oder Entlagerung verschiedener Giftstoffe und hatte auch Einblick in die in Deutschland und im benachbarten Ausland zur Verfügung stehenden Kapazitäten zur legalen Entsorgung von Gift- und Sondermüll. Vor dem Hintergrund dieses versammelten Know-hows kamen die Beteiligten zu dem Ergebnis, daß die Aussagen des Informanten trotz dessen offensichtlich niedriger Beweggründe glaubwürdig schienen.

Kooperation mit Behörden

Der Rechercheur erhielt nun den Auftrag, die zuständigen Behörden auf die illegalen Machenschaften anzusprechen und deren etwaige Erkenntnisse mit den Informationen des Informanten abzugleichen.

- Es ist selbstverständlich, daß ein Rechercheur den Behörden seine tatsächliche Identität sowie sein wirkliches Anliegen mitteilt.

Bei Gesprächen mit Vertretern der Behörden stellte sich schnell heraus, daß diese keinen Handlungsbedarf sahen. Der Rechercheur bekam zwar regelmäßig den Rat, bei neuen, konkreten Vorfällen wieder vorzusprechen. Eigene Ermittlungen wurden von den Behörden aber abgelehnt, vor allem wegen

- mangelnder Zuständigkeit (Treuhandanstalt Berlin, als formale Besitzerin einiger betroffener Firmen),

- zu großer Überlastung und nicht eindeutiger Einschätzung der Rechtslage (durch eine involvierte ostdeutsche Staatsanwaltschaft),

- Einstufung der Vorfälle als einmalig und ohne Wiederholungsgefahr (so ein ostdeutsches Polizeipräsidium),

- noch nicht ausreichender Erkenntnisse (ostdeutsches Landeskriminalamt).

Der Leiter einer zumindest in einem vergangenen Fall zuständigen Umweltbehörde warnte schließlich den Rechercheur, sich weiterhin mit der Angelegenheit zu befassen. Er habe nach eigenen bescheidenen Ermittlungen anonyme, aber massive Drohungen erhalten und rate von der Einmischung in laufende Geschäfte ab. Es gehe hier um zuviel Geld. Für weitere Gespräche stünde er nicht zur Verfügung.

Lediglich aus dem Landeskriminalamt kam abschließend nicht nur die Bitte, über mögliche zukünftige Recherchen auf dem laufenden gehalten zu werden. Der zuständige Mitarbeiter signalisierte für die Zukunft auch eine gewisse Kooperationsbereitschaft.

Wieder wurde bei Greenpeace die Situation eingehend beraten. Sollten die illegalen Exporte andauern – und danach sah es aus – bestand Gefahr im Verzug für die potentiellen Empfänger des Giftmülls. Greenpeace waren in den möglichen Empfängerländern keine Möglichkeiten zu einer adäquaten Behandlung oder gar Nutzung des Giftmülls bekannt. Vielmehr bestand der Verdacht, daß der Giftmüll in den Empfängerländern einfach irgendwo gelagert wurde – mit all den damit verbundenen Gefahren für die Bewohner der betroffenen Orte. Der Rechercheur wandte sich mit erweitertem Auftrag wieder den Giftmüllexporten zu.

- Allerdings informierte er den Mitarbeiter des Landeskriminalamtes ständig über neue Aktivitäten und Erkenntnisse.

Kontaktaufnahme

Der Rechercheur bemühte sich nun um einen Kontakt mit einigen von dem Informanten genannten Firmen. Dabei faßte er zuerst die Unternehmen ins Auge, die sich in der Vergangenheit hatten „entsorgen" lassen. Ziel war, so mehr über die vermuteten laufenden Aktivitäten der Giftmüllhändler zu erfahren.

Der Rechercheur trat in die „heiße Phase" der verdeckten Recherche ein: Bei den folgenden Kontakten mit verdächtigen Personen trat er von nun an als ein Neuling in der Entsorgungsbranche auf, der aber angeblich über sehr gute Beziehungen verfüge. Durch den ersten Kontakt mit dem Informanten besaß der Rechercheur ausreichendes Wissen, um diese Rolle spielen zu können. Er besaß inzwischen Informationen über übliche Schmiergeldzahlungen, bestechliche und unbestechliche Mitarbeiter in den betroffenen Firmen und weitere nützliche Details über Verflechtungen der Betroffenen untereinander. Auch kleine Pannen der Giftmüllschieber aus der Vergangenheit waren ihm bekannt.

Bei seinen Gesprächen mit den Müllschiebern konnte der Rechercheur sein eigentliches Anliegen zwar nie zur Sprache bringen, doch bekam er Informationen über weitere beteiligte Personen und ehemalige Entsorgungswege und potentielle Empfängerländer. Unter anderem wurde er von den Schiebern mehrfach vor einem Sachbearbeiter eines Regierungspräsidiums gewarnt, der durch ständiges Nachfragen und Einmischen in Entsorgungsaktivitäten auffalle.

Logischerweise setzte sich der Rechercheur mit eben dieser Person in Verbindung. Der Kontakt zu dem Sachbearbeiter war dann der sogenannte Glücksfall der Recherche. Der Mann verfügte zwar nicht über die finalen Beweise, um den Aktivitäten ein Ende zu setzen. Er erwies sich aber als ein Träger von vielerlei Detailwissen über zurückliegende Entsorgungen. Unter anderem benannte er eine kleine Stadt in Ostdeutschland, in der einer der Beteiligten angeblich ein Lager unterhielt. Näheres wisse er aber nicht, und da die genannte Stadt in einem anderen Regierungsbezirk liege, sei er auch nie vor Ort gewesen. Er könne sich aber vorstellen, daß hier der Giftmüll aus verschiedenen Bundesländern gesammelt werde, bevor er mutmaßlich über die Grenze verschwände.

In der Löwenhöhle

Der Rechercheur besuchte die benannte Stadt und identifizierte das Gebäude, in dem sich das Zwischenlager befand. Bevor er die Stadt wieder verließ, konnte der Rechercheur noch den Namen des neuen Untermieters der Lagerhalle in Erfahrung bringen. Der Name stand in direktem Zusammenhang mit ehemaligen Giftmülltransporten.

Darauf kam es erneut zu Beratungen mit den Auftraggebern von Greenpeace.

Es war immer noch völlig unklar, ob gegenwärtig noch Transporte stattfanden und ob das Zwischenlager – so in ihm tatsächlich Giftmüll deponiert war – überhaupt noch genutzt wurde. Fest stand aber nach entsprechenden Anfragen bei den zuständigen Behörden, daß diese nie einen Genehmigungsbescheid für ein solches Lager in der betreffenden Stadt erteilt hatten.

Es war jetzt klar, daß der Rechercheur Kontakt mit den eigentlichen Giftmüllhändlern aufnehmen mußte. Greenpeace stattete ihn mit dem nötigen Equipment aus und schickte ostdeutsche Greenpeace-Mitarbeiter zur Absicherung des Rechercheurs vor Ort.

Der Rechercheur suchte zunächst die Firma auf, zu der die anvisierte Lagerhalle gehörte. Einem Führungsmitglied der Firma teilte er dabei sehr direkt mit, daß er Lagerkapazitäten für spezielle Abfälle brauche, bevor er diese zur Entsorgung weitergeben könne. Dabei nannte er den Namen eines illegalen Entsorgers als Tipgeber. Der Firmenvertreter gab unumwunden zu, daß die Halle tatsächlich als Giftmüllager diene, verwies aber darauf, daß sie eben schon vermietet sei. Eine Besichtigung der Halle sei auch nicht möglich, da der neue Mieter die Schlüsselrechte habe. Nach einem zweiten Kontakt, bei dem der Rechercheur dem Mitglied der Firmenleitung hohen Mietzins für eine Mitnutzung des Lagers in Aussicht gestellt hatte, wurden ihm vom Firmenvertreter Name und Anschrift des Mieters genannt. Auf Bitten des Rechercheurs vermittelte der Firmenvertreter schließlich einen Kontakt zwischen dem Rechercheur und dem Mieter des Giftmüllagers.

Kurze Zeit später stand der Rechercheur mit dem Mieter der Halle mitten in dessen Giftmüllager und verhandelte mit diesem die finanziellen Bedingungen für eine Mitnutzung des Depots. Da der Mieter gleichzeitig in die Abtransporte des Giftmülls verwickelt war, erhielt der Rechercheur auch Informationen zu bevorstehenden neuen Giftmülltransporten und auch den Namen des Landes, wohin die gefährliche Fracht verschoben werden sollte.

„Amtshilfe"

Dem Rechercheur fehlte nun noch die genaue Zieladresse des Giftmülls. Nur über sie war endgültig zu klären, ob und wie der Giftmüll am Zielort entsorgt wurde. Der in Frage kommende Grenzübergang und das zuständige Hauptzollamt für die angekündigten Exporte ließen sich auf Grund der geografischen Lage der Stadt schnell ausfindig machen.

Hier führte der Rechercheur – unter seinen wahren Identität – ein längeres Gespräch mit dem zuständigen Zollbeamten. Dabei gelangte er auch an die Adresse des Empfängers der Giftmülltransporte.

Diese Adresse zu überprüfen war ein leichtes. Natürlich gab es in dem angebenen Ort – in Rumänien – nur eine Briefkastenfirma.

- Zu diesem Zeitpunkt war das zuständige Landeskriminalamt über alle Aktivitäten und Erkenntnisse des Rechercheurs im Detail unterrichtet.

Kurze Zeit später verfolgten Greenpeace-Aktivisten, welche das Lager observiert hatten, zwei Lastwagen-Gespanne vom Mülldepot zum Grenzübergang und stoppten sie dort. Nachdem am nächsten Tag die Presse über den Grenzzwischenfall berichtet hatte, machte der Rechercheur dem Mieter des Lagers telefonisch schwere Vorwürfe wegen des aufgeflogenen Transports. Danach brach er alle Kontakte zu ihm und den anderen Beteiligten ab.

Greenpeace konnte glaubwürdig erklären, daß alle Informationen zu den Giftmülltransporten von Einwohnern der Stadt in Ostdeutschland und der Stadt in Rumänien gekommen seien.

Im Jahr 1993 wurden 350 Tonnen Giftmüll auf Kosten der deutschen Regierung aus Rumänien zurückgeholt. Die Zustände vor Ort waren unhaltbar. Die Kosten betrugen dabei für den Rücktransport nach Deutschland und die ordnungsgemäße Entsorgung rund sieben Millionen Mark. Während der damaligen Recherche sind Honorarkosten von rund 7500 Mark entstanden. Bei späterer Gelegenheit hat sich der damalige Bundesumweltminister Klaus Töpfer bei Greenpeace für die Recherchen der Organisation auf dem Gebiet illegalen Müllhandels ausdrücklich bedankt. Der Rechercheur hatte sich während seiner Arbeit an den Richtlinien des Pressekodex orientiert.

6.2 Motive verschleiern

Es gibt weitere Recherchemethoden, bei denen sich der Fall weniger eindeutig darstellt. Ein einfaches Beispiel: Der Pressekodex verlangt ausdrücklich, daß ein Journalist sich zu erkennen gibt. Er muß seine Identität bekanntgeben und das publizistische Organ nennen, daß er vertritt.

- Der Journalist ist aber nicht verpflichtet, das Anliegen und das Ziel seiner Recherche im Detail zu offenbaren.

Gewinnt er etwa den Eindruck, von einem Gesprächspartner belogen zu werden, muß er seinem Gesprächspartner diesen Eindruck nicht mitteilen. Vielmehr ist er berechtigt, sich über diesen Eindruck durch das Befragen Dritter zum selben Sachverhalt Gewißheit zu verschaffen. Kein Rechercheur und auch kein Journalist wird (oder muß) sich in dieser Lage besagten Dritten mit der Aussage nähern: „Ich möchte mich mit Ihnen über diese Angelegenheit unterhalten, weil ich den Eindruck habe, daß mich Herr X in ebendieser Sache belügt." Abgesehen davon, daß hier unter Umständen der Tatbestand der üblen Nachrede gegeben sein kann, entwertet der Rechercheur das Gesprächsergebnis, weil er den Befragten befangen macht: Dieser wird unter Umständen nicht objektiv antworten, da er einem Konflikt aus dem Wege gehen will. In diesem Fall hätte der Journalist das Ergebnis der Befragung unter Umständen sogar ungewollt manipuliert.

Schwieriger wird es, wenn ein Journalist oder ein Rechercheur sein Anliegen soweit verschleiert, daß die Intention der Befragung nicht unmittelbar erkennbar ist.

Anfangsverdacht

Ein einfaches Beispiel: Eine Kommunalverwaltung beabsichtigt, ein denkmalgeschütztes Haus aus Privatbesitz zu erwerben. Darauf erhält ein Journalist den anonymen Hinweis, daß die Fundamente der Immobilie komplett ausgetauscht werden müssen. Der Anfangsverdacht entsteht, die Verwaltung solle übers Ohr gehauen werden oder kaufe die „Katze im Sack" oder sie verschweigt der Öffentlichkeit den tatsächlichen Gebäudezustand absichtlich. Zuerst muß also geklärt werden, ob der Zustand des Hauses der anonymen Schilderung entspricht.

Der Journalist könnte sich nun folgendermaßen beim Besitzer melden: „Bei uns ist ein anonymer Anruf eingegangen, wonach Sie gegenüber der Verwaltung als Käuferin falsche Angaben über den Zustand Ihres Hauses gemacht haben. Die Redaktion hat sich inzwischen überlegt, daß Sie die Angaben, auch wenn Sie falsch sind, eventuell sogar in Absprache mit der Käuferin gemacht haben. Dem möchte ich nun nachgehen. Würden Sie mir bitte einen Besichtigungstermin einräumen?"

Solches Vorgehen geht mit Sicherheit schief. Nur wenn der Anfangsverdacht unbegründet war, wird der Hausbesitzer dem Ortstermin zustimmen. Schlägt er das Anliegen aus, läßt sich daraus umgekehrt aber keine Bestätigung des anonymen Hinweises ableiten: Vielleicht hat der Besitzer einfach keine Zeit für den Journalisten oder mag gerade nicht. War der Verdacht begründet, schlägt er eventuell bereits bei seinen Helfern in der Verwaltung Alarm. Damit hätte der Journalist die Beschaffung von „Informationen von besonderem öffentlichem Interesse", wie in Ziffer 4 des Pressekodex dargelegt, eher be- oder verhindert. Schließlich geht es um mögliche Verschwendung von Steuergeldern oder mehr. Der Öffentlichkeit bzw. den Steuerzahlern wäre wohl kaum gedient.

Der Journalist könnte ja auch folgendes sagen: „Ich interessiere mich sehr für den Baustil des Gebäudes und habe bereits erfahren, daß sich noch einige Überraschungen hinter den dicken Mauern verbergen. Bestünde eventuell die Möglichkeit, das Gebäude einmal zu besichtigen? Wir würden unsere Leser nämlich gern im Vorfeld Ihres beabsichtigten Verkaufes an die Verwaltung exklusiv informieren."

Hat der Journalist gelogen? Eindeutig nein. Dennoch geht der Gesprächspartner nicht davon aus, daß der Journalist einen Verdacht gegen ihn hegt. Hat der Verkäufer aber tatsächlich einiges zu verbergen und ist dazu entsprechend vorsichtig, wird er den unwillkommenen Besucher dennoch abwimmeln und so die Recherche wiederum vereiteln.

Ein weiteres Beispiel: Wer sich z.B. satirisch des Themas „Die Kakaomotte im Kampf gegen die Schokoladenindustrie" annimmt, sollte dabei nicht unbedingt auf die vorbehaltlose Unterstützung der Schokoladenindustrie rechnen. Die bekommt er viel leichter für seine Themenankündigung: „Die Schokoladenindustrie im Kampf gegen die Kakaomotte".

- Um Konflikte mit dem Pressekodex zu vermeiden, sind Rechercheure und Journalisten immer gut beraten, wenn sie sich zur Klärung von Einzelfragen an den Deutschen Presserat in Bonn wenden.

Ist unter Berücksichtigung der jeweiligen Umstände die Entscheidung gefallen, daß ein Verschleiern der Motive der Recherche notwendig und zulässig ist, sollte der Rechercheur sich Zeit nehmen, einen guten Grund für sein „Anklopfen" zu finden:

- Die – manchmal große – Kunst des Verschleierns besteht darin, einen Hintergrund zu schaffen, vor dem ungewöhnliche oder vermeintlich gefährliche Fragen plötzlich normal und plausibel erscheinen. („Können Sie mir bitte mal den Safe öffnen?" – „Auf keinen Fall!" – „Ich muß aber ein neues Schloß einbauen. – Soll ich dafür vielleicht den Schweißbrenner benutzen?" – „Sagen Sie das doch gleich. Ich helfe Ihnen gerne.")

So simpel ist es natürlich nie. Umso wichtiger ist die Suche nach auf die Zielgruppe zugeschnittenen Motiven. Diese erschließen sich aus den potentiellen Ängsten der zu Befragenden.

Es gibt eine Reihe von Fällen, in denen Gesprächspartner fast automatisch eine – unerwünschte – Abwehrhaltung einnehmen:

- Je komplexer und komplizierter ein Thema, desto geringer ist die Dialogbereitschaft der Beteiligten. Der Gesprächspartner könnte ja mißverstanden werden und ein anderer dem Befragten „einen Strick daraus drehen", daß er sich in dieser Angelegenheit so und so geäußert hat. Statt des Dialogs bevorzugen die Beteiligten dann den unergiebigen Monolog: Man gibt sein Statement ab, zu weiteren Aspekten möchte man sich nicht äußern, weil hier „andere zuständig" seien.

- Ein wichtiger Grund für mangelnde Dialogbereitschaft kann auch die (vielleicht berechtigte) Sorge sein, im Gespräch quasi „aus Versehen" Firmen- oder Behördengeheimnisse auszuplaudern, die der

Rechercheur dann gegen den Gesprächspartner oder dessen Arbeitgeber verwendet.

- Dem gleichen Phänomen begegnet der Journalist, wenn er Thematiken untersucht, die zuvor einmal im öffentlichen Kreuzfeuer standen. Je größer die Gefahr für den Befragten ist, erneut in den Mittelpunkt der Kritik zu geraten, desto größer ist sein Mißtrauen. (Dies gilt übrigens mehr für Behörden und weniger für geschäftsorientierte Privatpersonen oder Firmen: Manche Öffentlichkeitsstrategen haben erkannt, daß eine schlechte Meldung über ein Unternehmen bisweilen besser ist als keine Meldung. Und wenn die Öffentlichkeit etwa eine unzureichende Sozialversicherung kritisch wertet, kann das manchen Kunden locken (niedrige Lohnkosten).

Ängste abbauen

In allen Fällen dient das Verschleiern von Recherchemotiven dem Zweck, bei Gesprächspartnern begründete oder unbegründete Ängste abzubauen. Um dies zu erreichen und die Dialogbereitschaft der Gesprächspartner zu fördern, ist es vorteilhaft, die Ängste und potentiellen Motive des anderen zu kennen. Manchmal ist beides offensichtlich:

- Lehrer haben Sorge, als „Freizeitmeister" angeschwärzt zu werden – ein verschleiernder Rechercheur erklärt seinem Kontakt, er wolle über sein soziales Engagement außerhalb der Schule berichten.

- Banken fürchten das Image des Spekulantentums. – Der Rechercheur spricht mit dem Banker über neue Wege der Projektfinanzierung.

- Eine Baubehörde sieht sich permanentem Korruptionsverdacht ausgesetzt. Den Rechercheur interessiert nun deren Mut, ungewöhnliche und unpopuläre, aber notwendige Entscheidungen zu treffen.

6.3 Vorspiegeln falscher Tatsachen

Ein Rechercheur oder Journalist, der falsche Tatsachen vorspiegelt, sollte gute Gründe für sein Verhalten anführen können, will er einer Rüge durch den Presserat entgehen: Der Rechercheur gibt jetzt nicht nur falsche Motive für seine Recherche an. Er gibt außerdem seine Identität nicht preis. Seine Fragen führen den Befragten „auf Glatteis", was bedeutet: Der Inhalt der Fragen hat nichts mit der eigentlichen Aufgabenstellung zu tun, der Befragte vermutet das Interesse des Rechercheurs in einer völlig falschen Richtung. Tatsächlich aber kann der Rechercheur die Antworten seines Gesprächspartners so interpretieren, daß diese zur Lösung der eigentlichen Aufgabe beitragen.

Zurück zum bereits im vorhergehenden Kapitel 6.2 erwähnten Ortstermin im möglicherweise baufälligen Gebäude, welches die Stadtverwaltung erwerben will. Um die Einladung zur Besichtigung mit hoher Sicherheit zu erhalten, würde sich der Journalist am besten als potentieller Käufer mit viel Geld im Hintergrund ausgeben, der notfalls auch einen Liebhaberpreis zahlen würde. Dann aber agiert er als verdeckter Rechercheur. Rechtfertigt nun der Sachverhalt dieses Vorgehen oder nicht? Liegt ein besonderes öffentliches Interesse vor, wie in Ziffer 4 des Pressekodex gefordert, bloß weil vielleicht ein cleverer Hausbesitzer versucht, ein verfallenes Gemäuer weit über Preis loszuschlagen? Diese Fragen lassen sich immer nur im Einzelfall klären (siehe auch: 13. Rechtliche Aspekte). Darum noch einmal:

- Die Nennung falscher Hintergründe bei einer Recherche darf immer nur in Ausnahmesituationen erfolgen.

- Eine eindeutige Festlegung für oder gegen solches Vorgehen ist manchmal schwierig. Rechercheure und Journalisten sollten sich im Zweifelsfall durch anwaltlichen Rat und/oder Anfrage beim Deutschen Presserat über mögliche Konsequenzen informieren.

- Ein lockeres Argument wie „Der Zweck heiligt die Mittel" rechtfertigt dagegen nichts und ist eher ein wichtiger Hinweis, daß gute Gründe gerade Mangelware sind.

Von diesen Gesichtspunkten abgesehen, sollte sich der Rechercheur im klaren sein, daß glaubhaftes „Vorspiegeln falscher Tatsachen" gar nicht so leicht ist, besonders, wenn diese „Tatsachen" in einem komplexen Sachverhalt bestehen müssen.

Situation analysieren

Ist eine Entscheidung für solches Vorgehen gefallen, muß der Rechercheur zunächst diesen komplexen Sachverhalt erkennen und analysieren. Die erste zu klärende Frage lautet: „Wer würde die gesuchten Informationen erhalten bzw. wem müssen Sie erteilt werden?" – Staatsanwälte oder Richter sind hier nicht gemeint. Die Verfasser raten im Gegenteil unbedingt davon ab, sich zur Informationsbeschaffung als Mitarbeiter einer Behörde auszugeben, schon gar nicht einer strafverfolgenden Institution. – Gemeint sind vielmehr Kunden oder Zulieferer eines Unternehmens bzw. die Klienten einer Behörde, die bestimmte Angaben zur Erfüllung ihrer Verträge/ihrer Auflagen benötigen oder leisten müssen. Es sind ja nur wenige Informationen so geheim, daß wirklich nur ein kleiner Kreis Zutritt hat.

Hat der verdeckt operierende Rechercheur die potentiellen Wissensempfänger ausgemacht, ist die halbe Arbeit getan. Jetzt muß er noch einen plausiblen Grund finden, der ihn in den Kreis dieser Wissensempfänger befördert.

Um diesen Personenkreis zu identifizieren und sich thematisch gut vorzubereiten, startet der Rechercheur eine – nicht verdeckte – Vorrecherche bei Branchen-Mitgliedern, über-, unter- oder zugeordneten Behörden, kooperierenden Institutionen oder einem zuständigen Dachverband (siehe auch: 2.2 Unternehmen und 2.3 Verbände).

Dort erkundigt er sich, welche Kunden besonders „pingelig" sind und sehr genaue Angaben in manchen Bereichen benötigen. Er kann sich auch direkt mit dem Kundenkreis in Verbindung setzen und dort fragen, worauf diese als Käufer oder Abnehmer eines Produktes besonders achten. Das gleiche Muster läßt sich auf Zulieferer anwenden.

Besteht einmal der sicher äußerst seltene Anlaß, gegenüber einer Behörde verdeckt zu arbeiten, kann sich der Rechercheur ähnlich vorbereiten. Dann meldet er sich zunächst bei einer gleichartigen Behörde in der Nähe oder im nächsten Bundesland und erkundigt sich, welche typische Fragen und Anliegen sind, die an das Amt herangetragen werden. Der Rechercheur kann sich auch erkundigen, welche Informationen das Amt nicht herausgeben kann und in welchen Ausnahmefällen dies trotzdem geschehen darf.

Die oben aufgeführten Beispiele sollen zeigen, daß gute Vorbereitung ein verdecktes Vorgehen, wenn es geschehen muß, auf einen erträglichen Rahmen reduziert. Schließlich muß der Rechercheur mit seinem

Gewissen weiterleben, und wer gerne lügt, beweist Verantwortungslosigkeit und hat in diesem Metier nichts verloren.

Der Ehrlichkeit halber seien aber Öffentlichkeitsarbeiter und Pressesprecher gewarnt: Manche Journalisten und Rechercheure nehmen es weder mit dem Gesetz noch mit dem Pressekodex allzu genau. Was Unternehmen und Behörden, die mit solchen „Nachrichtenjägern" in Berührung kommen, blühen kann, wird im folgenden Fallbeispiel dargestellt.

Das dokumentierte Telefongespräch mit einem Großunternehmen aus der ehemaligen DDR wurde zum Schutz des unfreiwilligen Informanten in einigen Sachpunkten geändert, ebenso der Name der betroffenen Person. Grund der Recherche war: Die Firma stand in dem Verdacht, verschiedene Sanierungsposten zu ihren Gunsten geschönt zu haben. Der Verfasser, Matthias Brendel, bekennt, daß das beschriebene Überrumpeln trotz des vermuteten betrügerischen Hintergrundes sicher unzulässig war.

B: Borchert, Guten Tag.

Rechercheur: Brendel, Guten Tag. – Bin ich jetzt richtig in der Buchhaltung gelandet?

B: Jawohl, hier sind Sie richtig.

Rechercheur: Sie sind Herr Borchert?

B: Das ist auch richtig.

Rechercheur: Herr Borchert, Frau Knieriem hat mich an Sie verwiesen ... (Frau Knieriem, zuständige Abteilungsleiterin, hat den Rechercheur vor einer halben Minute abblitzen lassen.) Wir haben uns gerade über die Sanierungskosten für das Grundstück des VEB Glückauf bei Treptow unterhalten, Sie wissen schon, die alten Salzkavernen ...

B: Und da hat Frau Knieriem an mich verwiesen? Unverständlich. Für sämtliche Immobilien ist der Kollege Sandrock zuständig.

Rechercheur: Frau Knieriem hat keine genauen Zahlen parat, und ich auch nicht ... Frau Knieriem geht von Rückstellungen von etwas über 4 Mark pro Quadratmeter aus, aber nach meiner Erinnerung ist das viel zu niedrig ...

B: Ich bin nicht zuständig, wie gesagt.

Rechercheur (bittend): Herr Borchert, wir brauchen die Angaben dringend! Und es ist doch sicher kein Problem für Sie, das mal kurz nachzuschauen ... Seien Sie so nett und tun Sie uns den Gefallen ...

B (seufzt): Na gut. Das kann jetzt aber ein bißchen länger dauern, weil ich mich auf dem Computer meines Kollegen nicht so gut auskenne – Geduld müssen Sie also schon haben.

Rechercheur: Ich warte.

(Eine Weile vergeht)

B: So, ich habe die Zahl tatsächlich gefunden ... Entschuldigen Sie, wenn ich jetzt so dumm frage, aber ich habe noch nicht genau verstanden, wer die Zahl braucht ... Frau Knieriem?

Rechercheur: Bitte?

B: Sind Sie ein Mitarbeiter von Frau Knieriem oder wo gehören Sie hin?

Rechercheur (lacht): Wo ich hingehöre? – In den Urlaub, hahaha. – Nein, Spaß beiseite: Ich bin kein Mitarbeiter von Frau Knieriem. Wir arbeiten nur vereinzelt zusammen ... Eigentlich bin ich gar nicht aus dem Haus. Ich arbeite hier nur im Auftrag und auch das nur zeitweise ... Warum? Haben Sie vielleicht einen Job für mich?

B (bitter): Einen Job! Na, Sie sind vielleicht gut! ... Wo hier alles den Bach runtergeht. – Also, Sie wollten doch eine Zahl von mir.

Rechercheur: Stimmt, natürlich! Also, liegen wir mit unseren vier Mark pro Quadratmeter einigermaßen im grünen Bereich?

B: Ich weiß nicht, wie Frau Knieriem auf vier Mark kommt ... Da hab ich hier in den Unterlagen eine ganz andere Zahl.

Rechercheur: Hauptsache, Sie liegt höher!

B: Ja, das will ich meinen ... Also, wenn ich das richtig lese, haben wir da 5,50 Mark pro Meter angesetzt.

Rechercheur: Das ist auch vernünftig, unter uns gesagt ... haben Sie jedenfalls vielen Dank, und für die restliche Zeit: Angenehme Mittagspause!

Drei Minuten zuvor hatte Frau Knieriem erklärt, für die Sanierung seien 10 Mark pro Quadratmeter zurückgestellt. 17 Mark wären realistisch gewesen. Ob die Zahl von Herrn Borchert stimmte, ließ sich nicht gegenrecherchieren, weil die damalige Treuhand jede Auskunft verweigerte. Sie erschien aber realistisch. Der Verfasser hat die Angaben damals mit ausdrücklichem Hinweis auf dieses Manko weitergeleitet.

7.   Zielführend recherchieren

Zielführend recherchieren, was denn sonst? Vorsicht: Die Pfade der Recherche sind oft verschlungen, und nichts ist leichter, als vom Wege abzukommen und sich im Dickicht des Themas zu verlieren. Erschwerend kommt hinzu, daß das Abweichen von einmal beschrittenen Pfaden in bestimmten Situationen sogar zwingend geschehen muß, um eine sich im Kreise drehende Recherche doch noch zum Erfolg zu führen.

Solche Situationen können ganz leicht entstehen und lassen sich am besten an einem konstruierten Fallbeispiel erklären, das freilich keinen Anspruch auf inhaltliche Richtigkeit erhebt. Die Vielzahl der Wegscheiden, vor denen der Rechercheur in der folgenden Darstellung stehen wird, ist nicht typisch, sondern exemplarisch. Die gemachten Fehler werden – leicht versetzt – im Fortlauf der Recherche beleuchtet. Aufmerksame Leser werden sie bereits im Vorfeld erkennen.

Der Rechercheur Robert recherchiert rund um eine berüchtigte Hühnerfarm. Deren Betreiber ist trotz zahlloser größerer und kleinerer Skandale bislang immer „mit einem blauen Auge" davongekommen. Roberts Auftraggeber, ein örtlicher Tierschutzverein, hat das klare Ziel, Fakten in Erfahrung zu bringen, mit denen die Schließung der Farm erzwungen werden kann.

Es ist naheliegend, daß Robert als erstes untersucht, ob der Besitzer, in der Stadt als „Hühnerbaron" bekannt, möglicherweise gegen das Tierschutzgesetz verstößt.

In die Farm selbst kommt er nicht hinein, eine Augenscheinnahme oder gar fotografische Dokumentation kann er somit vergessen. Also bedient sich Robert verschiedener Hilfsmittel: Zunächst beschafft er von der Firma Auskünfte über die tägliche Verkaufsmenge von Hühnerfleisch und über die Eierproduktion des Betriebes.

Da Robert sich im Rahmen seiner Basisrecherche (siehe auch: 4.2 Basisrecherche) zuvor ein Buch über Hühnerzucht beschafft hat, kann er mit

Hilfe dieser beiden Zahlen auf den Bestand von Masthähnchen und Legehennen schließen. Weiteren Einblick verschafft er sich durch Nachfragen bei der zuständigen Wasserbehörde über Qualität und Menge der Abwässer aus der Hühnerfarm, denn er weiß inzwischen: Jedes Huhn produziert täglich soundsoviel Mist. Die Zahl der eingepferchten Hühner ist erschreckend hoch, sogar gigantisch.

Robert vergleicht die Zahlen mit der Fläche, die den Hühnern zur Verfügung steht. Die Fläche kennt er, weil er sich beim Bauamt über die Grundrisse der Hühnerfarm kundig gemacht hat und anhand seines Buches weiß, daß Hühner in Reihenkäfigen mit einer gesetzlich vorgeschriebenen Mindesthöhe und Mindestfläche gehalten werden müssen. Es stellt sich aber heraus: Wenn der Betrieb sich streng an die gesetzlichen Bestimmungen hält und keinen Quadratzentimeter Platz verschwendet, kann und darf er diese riesige Zahl Hühner auf dieser kleinen Fläche halten. Der Besitzer hält sich an das Gesetz.

Suche im Müll

Wie steht es aber mit dem Futter? Vielleicht werden den Tieren ja unzulässige Wachstumshormone zugefüttert. Dann hat der „Hühnerbaron" zwar nicht gegen den Tierschutz, dafür aber gegen andere Verordnungen oder Gesetze verstoßen, und man kann ihm den Laden wegen Einsatz verbotener Präparate dicht machen.

Robert durchwühlt darauf den ungesicherten, neben dem Betriebsgelände zwischengelagerten Müll der Hühnerfarm. (Hierbei handelt es sich um eine rechtlich mögliche Vorgehensweise bei der Recherche, die auch vom Deutschen Presserat – bislang – nicht beanstandet wurde.) Die Arbeit ist zwar ekelhaft, aber lohnenswert: Robert fördert etliche Groß-Verpackungen zutage, auf denen Wirkstoffe und Darreichungsgrößen angegeben sind.

Mit diesem Material wendet sich Robert an das Institut für Tiermedizin der nächstgelegenen Universität. Er möchte wissen, bei welchen Krankheiten und zu welchem Zweck bestimmte Mittel verabreicht werden und ob man die eventuell mißbrauchen kann.

Sein Gespräch mit einem Institutsmitarbeiter führt zu dem spektakulären Ergebnis, daß ein bestimmtes von ihm vorgefundenes Medikament, nur unwesentlich chemisch manipuliert, als Hilfsmittel bei bestimmten gentechnischen Experimenten eingesetzt wird. Finden in der Hühnerfarm – womöglich illegale – Genexperimente statt? Robert informiert sich über stattgefundene oder geplante gentechnische Untersuchungen an Hühnern. Tatsächlich spielt ein Wirkstoff, der dem auf der Hühnerfarm sehr ähnlich ist, bei bestimmten Experimenten eine tragende Rolle. Obwohl Robert dem Besitzer der Hühnerfarm bislang keinen Verstoß gegen das Tierschutzgesetz nachweisen kann, steht er nun vor der Entdeckung eines Skandals, der ungleich schwerer wiegt und vielleicht bundesweite Schlagzeilen machen wird! Robert wittert jene große Story, von der nicht nur viele junge Journalisten, sondern auch Rechercheure träumen.

Robert informiert sich über die Risiken der Gentechnik und versucht sich ein Bild davon zu machen, welche Versuche mit Hühnern für Gentechniker augenblicklich besonders interessant und wichtig sind. Alles paßt zusammen. Und immer wieder stößt er auf den besagten Wirkstoff.

- Robert hat systematisch begonnen, sich dann aber zu schnell auf die Suche nach einem sensationellen Skandal begeben.

Zur Recherche weiterer Fakten spricht Robert beim Kreisveterinäramt vor. Daß er möglicherweise illegalen gentechnischen Versuchen auf der Spur ist, verschweigt er. Stattdessen berichtet Robert dem offensichtlich Hühnerfarm-kritischen Tierarzt, daß der Betrieb möglicherweise verbotene Medikamente oder aber zu große Mengen bestimmter Medikamente einsetzt.

Stille Hilfe

Robert hat Glück: Zwar erklärt der Mediziner ausdrücklich, daß er solche Daten nicht herausgeben darf, holt nach gewisser Zeit aber eine Akte hervor, legt sie auf den Tisch und verläßt das Zimmer: „Ich bin in fünf Minuten wieder zurück." Eine Einladung also. Diese Form der „Überlassung von Informationen" geschieht häufiger, als Außenstehende vermuten mögen. Auch wenn der Rechercheur Zahlen aus der Akte später öffentlich machen sollte, kann der Informant jederzeit darauf verweisen, daß er die Herausgabe der Informationen klar verweigert hat. Weiterhin muß der Beamte dem Rechercheur nicht von vornherein unredliches Vorgehen unterstellen. Und die Daten sind zwar nicht zur Weitergabe bestimmt, andererseits aber nicht als „geheim" eingestuft.

Robert erhält Einsicht in den Medikamentenverbrauch der Hühnerfarm. Da ist auch der ins Visier genommene Wirkstoff, und in welchen Mengen wird dort das Präparat verbraucht! Es ist geradezu unglaublich. Robert schreibt die Medikamentenliste samt Mengenangaben ab. Als der Amtstierarzt nach einer Weile das Zimmer wieder betritt, verkneift er sich jede Bemerkung über den Inhalt der Akte. Er weiß, daß der Beamte auf keinen Fall von ihm hören will, daß er einen Blick hinein getan hat. Niemand, der auf diese Weise Hilfe geleistet hat, mag es gerne, wenn darüber gesprochen wird, nicht einmal unter vier Augen.

Robert kontaktet ein weiteres Mal den wissenschaftlichen Mitarbeiter der Universität. Der ist von den gelieferten Mengen äußerst beeindruckt, wirkt aber gleichzeitig leicht verunsichert. Erst nach mehrmaligem Nachfragen erklärt der Wissenschaftler, daß eine solche Menge des besagten Wirkstoffes selbst für umfangreiche gentechnische Versuche bei weitem zuviel sei. Die Zahl übertrifft jede realistische Menge um das zwanzigfache.

- Die Hypothese, daß vielleicht illegale Medikamente eingesetzt werden, ist plötzlich zur These mutiert, die nur noch bewiesen werden muß. Das ist unseriös und der Grund, warum Robert in die Gentechnik-Recherche geschliddert ist.

Robert ist jetzt auch verunsichert und beschließt, das Gespräch mit dem Wissenschaftler zu vertiefen. Er kommt noch einmal auf das Gentechnik-Medikament zu sprechen. Es stellt sich heraus, daß der Wissenschaftler kurz vor ihrem ersten Treffen in einer amerikanischen Fachzeitschrift von der Möglichkeit gelesen hatte, den bewußten Wirkstoff des Medikaments zu verändern. Ziel sei gewesen, auf diese Weise Kosten zu sparen, da die ähnliche, in der Gentechnik benutzte Spezialarznei noch patentrechtlich geschützt und entsprechend teuer sei. Eine kleine Änderung der chemischen Zusammensetzung des gängigen Mittels könnte so erheblich Kosten sparen. Es handele sich aber bislang um eine theoretische Möglichkeit. Bis heute sei der veränderte Wirkstoff zumindest nicht auf dem Markt entdeckt worden.

Nach weiteren Fragen erfährt Robert, daß für die Veränderung des Medikaments eine Anlage notwendig ist, die aus technischen Gründen enormen Platzbedarf hat. Robert klärt den Forscher über die Platzverhältnisse der Hühnerfarm auf und weiht ihn schließlich sogar in den gesamten Hintergrund der Recherche ein. In dieser Situation erklärt der Forscher, daß er die Manipulation des Medikamentes durch einen Hühnerfarmer für schlechterdings unmöglich hält. Zu guter letzt entschuldigt er sich, Robert auf eine falsche Fährte gesetzt zu haben, verspricht jedoch, in Zukunft für weitere Fragen jederzeit gerne zur Verfügung zu stehen.

- Bevor Robert in die Gentechnik-Recherche eingestiegen ist, hätte er unbedingt eine zweite Stimme zu dem Thema hören müssen. Je haarsträubender eine Geschichte klingt, desto unrealistischer ist sie in der Regel auch.

Robert ist frustiert. Da er zunächst aber nichts anderes in der Hand hält, will er die auf dem Amt kopierte Medikamentenliste des „Hühnerbarons" weiter untersuchen.

Er nimmt dazu Kontakt mit einem praktizierenden Tierarzt im Nachbarkreis auf und bittet diesen, anhand der Liste Aussagen über den Krankheitsbefall in der Hühnerfarm zu machen. Der Tierarzt stolpert sofort über die gelieferte Menge verschiedener Mittel: Das würde ja reichen, um zwanzig Hühnerfarmen über fünf Jahre großzügig einzudecken. Von Eigenbedarf könne da keine Rede mehr sein. Eine Bevorratung sei allerdings auch auszuschließen, da einige der aufgelisteten Mittel ein kurzes Verfallsdatum hätten.

Robert beschließt, den Müllcontainer der Hühnerfarm nochmals zu durchwühlen. Bei genauerem Hinsehen fällt ihm jetzt auf, daß die Hersteller der Medikamente sämtlich in Kirgisien ansässig sind. Ein Anruf beim Bundesamt für Veterinärmedizin hat zum Ergebnis: Die Medikamente werden anscheinend ohne Lizenz, also illegal, in Kirgisien produziert und auf dunklen Kanälen nach Deutschland verschoben. Alle Hühnerfarmer Deutschlands sind sehr an der Ware interessiert, da sie genauso gut und um ein Vielfaches billiger ist.

- Als Robert das erste Mal die Mülltonne der Hühnerfarm durchsuchte, war er nicht umsichtig genug. Kirgisien als Herkunftsland der Medikamente hätte ihm sofort auffallen müssen.

Observierung

Robert faßt die Ergebnisse der bisherigen Recherche für seine Auftraggeber vom Tierschutzverein zusammen: Es besteht der Verdacht, daß der sogenannte „Hühnerbaron" nebenbei illegal mit Medikamenten handelt. Die Tierschützer und Robert beschließen gemeinsam, die Zufahrt zur Farm ab sofort rund um die Uhr zu überwachen.

Tatsächlich wird die Farm auffällig häufig von Kombis mit Kennzeichen aus allen Ecken der Bundesrepublik angefahren. Mit einem Trick verschaffen sich die Tierschützer die Namen der Fahrzeughalter. Die Daten vergleichen sie mit einem Verzeichnis der bundesdeutschen Hühnerfarmen. Anrufe bei den Farmen bestätigen den anfänglichen Verdacht. Fast immer sind die Besitzer der beobachteten Fahrzeuge Mitarbeiter von Hühnerfarmen. Robert und die Tierschützer sind soweit, mit ihrem Wissen und ihrem Fotomaterial an die Öffentlichkeit gehen zu können.

- Angesichts der Faszination, Polizeiarbeit leisten zu können, haben Tierschützer und Rechercheur ihr Ziel kollektiv aus den Augen verloren. Da die Beobachtung gemeinsam geleistet wurde, fehlten kritische Stimmen, welche die Recherche aus der Distanz hätten beurteilen und lenken können.

Zwei Tage später titelt die lokale Zeitung: „Ist bekannter Hühnerbaron Medikamentenschmuggler?"

Die Geschichte wird zuerst regional, dann bundesweit publik. Die Tierschützer werden von Zeitungen, Radio und Fernsehen interviewt, überall ihr kluges und hartnäckiges Vorgehen gelobt. Die Staatsanwaltschaft schaltet sich ein und erstattet kurze Zeit später Anzeige gegen den Farmbesitzer und Drahtzieher der Arznei-Geschäfte. Der wird einige Zeit darauf wegen illegalen Handels mit Medikamenten zu einer hohen Geldstrafe verurteilt.

- Robert hat einen Fehler begangen, als er ausschließlich der Sache mit dem illegalen Medikamentenhandel nachgeht. Ob Medikamente illegal oder legal eingeführt werden, ist letztlich ein Problem der Pharma-Industrie; der hat Robert mit seiner Arbeit zumindest einen großen Gefallen getan.

Triumpf auf der ganzen Linie? – Im Gegenteil: Der Verurteilte läßt den Medikamentenhandel bleiben und widmet sich wieder voll und ganz seiner Hühnerfarm, denn die blieb von dem hektischen Rummel unberührt.

- Erst jetzt begreifen Robert und seine Auftraggeber, daß sie zwar verwertbare Informationen recherchiert haben, ihr eigentliches Ziel, nämlich die Verbesserung der Tierhaltung in der Farm, aber völlig verfehlt wurde.

Da meldet sich bei Robert ein Tierarzt, der von dem Fall in der Zeitung erfahren hat. Der Arzt ist als kritischer Fachmann für Veterinär-Arzneimittel bundesweit anerkannt. Robert faxt ihm die Liste zu. Eine Stunde später meldet sich der Arzt erneut: Nach einem kürzlich veröffentlichten Fachartikel steht eines der auf der Liste befindlichen Medikamente in der Kritik. Das Mittel fördere zwar die Verdauung der Tiere, erhöhe andererseits die Gefahr einer Salmonellenverseuchung des Fleisches und der Eier. Der Arzt schlägt vor, doch einmal Produkte der Hühnerfarm auf Salmonellenverseuchung untersuchen zu lassen.

Die Tierschützer beherzigen den Rat. Kurze Zeit darauf können sie den Medien berichten, daß Eier und Fleisch besagter Hühnerfarm überdurchschnittlich hoch verseucht sind.

- Daß sich am Ende ein weiterer Arzt meldet und den entscheidenden Hinweis gibt, fällt unter die Rubrik „Glück gehabt". Da Robert sich einmal auf das Thema „Einsatz von Medikamenten" eingelassen hatte, hätte er diesen Aspekt von vornherein gründlicher bearbeiten müssen.

Weil der „Hühnerbaron" gerade erst durch den Blätterwald gerauscht war, nutzen die Medien den Vorfall für einen Nachklapp. Die Folge: Binnen Tagen sind die Produkte des Unternehmens bundesweit unverkäuflich. Um ihren Ruf wiederherzustellen, verbessert die Betriebsleitung die hygienischen Bedingungen und stellt dazu die Produktion von Käfig- auf Bodenhaltung um. Damit haben die Auftraggeber des Rechercheurs letztendlich einen Erfolg erzielt.

Alles in allem hat Robert für seine Arbeit etwa drei Wochen Zeit aufgewandt. Der Anteil der effektiven Recherche, die zum Erfolg geführt hat, beträgt etwa drei Stunden: Dazu zählt der Besuch beim Amtsarzt, der Robert die entscheidende Liste „zur Verfügung gestellt" hat. Die Suche nach einem qualifizierten und kritischen Tierarzt, der ihn auf die Salmonellengefahr beim Einsatz eines bestimmten Mittels hinweisen konnte, hätte nicht länger als eine Stunde gedauert.

Hätten die Tierschützer den Wirbel um den illegalen Medikamenten-handel andererseits nicht veranstaltet, wären sie mit ihrer Botschaft – Eier aus der Hühnerfarm sind salmonellenverseucht – in den Medien nicht so erfolgreich gewesen. Allerdings hätten sie dann auch nicht unter Zeitdruck gestanden und wären planvoller in die Öffentlichkeit gegangen – was gleichfalls zum gewünschten Ergebnis führen kann.

Was zielführend recherchieren bedeutet, läßt sich letztlich nur über eine Frage beantworten. Sie lautet „Was mache ich hier gerade eigentlich?". Jeder Rechercheur sollte sie sich zumindest einmal täglich stellen.

8. Gesprächsführung

Bevor im folgenden Feinheiten der Gesprächsführung behandelt werden, möchten die Autoren einige grundsätzliche Bemerkungen zu Recherchegesprächen machen.

Grundvoraussetzung für ein erfolgreiches Gespräch ist innere Ruhe. Ein aufgeregter Rechercheur wirkt auf sein Gegenüber unprofessionell und eventuell vorbelastet. Außerdem kann ein „heißes Herz" den Verstand beeinflussen, und die wirklich wichtigen Informationen gehen am Rechercheur vorbei.

Zu einem erfolgreichen Gespräch gehört eine gute innere Gesprächsvorbereitung.

- Machen Sie sich sicher.

Diskutieren Sie das Thema in ihrem Kollegen- oder Bekanntenkreis, lassen Sie sich ausfragen und so die Qualität Ihrer Basisrecherche testen. Fühlen Sie sich aufgrund einer guten Vorbereitung im Thema zurecht,

- stellen Sie sich auf den Gesprächspartner ein.

Das heißt in erster Linie, sich in denselben hineinzudenken. Über welche Position in der Behörde oder dem Unternehmen verfügt der Informationsträger? Ist es für ihn gefährlich, Informationen herauszugeben oder zählt die Weitergabe von Informationen zu seinen beruflichen Aufgaben? Welche Interessen oder Positionen vertritt seine Firma, sein Verband oder seine Behörde?

All dieses Wissen kann helfen, an das eigentliche Ziel zu gelangen, welches heißt: der Gesprächspartner soll den Rechercheur nicht als lästige Person empfinden, sondern Freude an der Diskussion haben oder am besten den Eindruck gewinnen, daß ihm das Gespräch Vorteile bringt.

Weiter muß sich der Rechercheur darüber im klaren sein, welche Informationen er am Ende des Gesprächs besitzen möchte und welche anderen Sachverhalte bei dem diskutierten Problem eine Rolle spielen könnten. Spricht der Rechercheur mit einer Firma über deren geplante Verlagerung oder Ausweitung ihrer Produktion nach Asien, sollte er sich über die Produktionsmöglichkeiten oder -beschränkungen im eigenen Land genauso gut informieren wie über die Bedingungen in Asien.

Zu den Selbstverständlichkeiten der Gesprächsvorbereitung gehört natürlich auch eine gewisse Gesprächsplanung. Der Rechercheur sollte vor jedem Gespräch eine kurze Stichwortliste anfertigen, die ihm im Gespräch als Leitfaden dienen kann.

Eins ist jedoch klar: Kein Gespräch läuft in der Realität so ab, wie es vorher geplant war. Deshalb sollte diese Stichwortliste den Rechercheur nicht davon abhalten, auch für andere, überraschend einfließende Informationen ein Ohr zu haben und gegebenenfalls nachzuhaken.

Erster Eindruck

Gerade bei telefonisch geführten Gesprächen, und die meisten Recherchen werden am Telefon gemacht, ist der Beginn oft schon entscheidend.

Hat der Angerufene den Eindruck, es mit einem aufdringlichen oder feindseligen Zeitgenossen zu tun zu haben, wird er das Gespräch schnell beenden. Am Telefon stehen zu diesem Zweck viele Ausreden zur Verfügung, ohne daß der Befragte selber unhöflich werden muß. Das reicht von: „Ich muß jetzt gerade in eine Besprechung", „Dafür bin ich nicht zuständig" bis zum vielleicht schlicht gelogenen: „Davon weiß ich nichts." Ist eine Blockadehaltung beim Gesprächspartner erst einmal eingetreten, stehen dem Anrufer nur wenige Möglichkeiten zur Verfügung, den negativen Eindruck wieder zu korrigieren.

• Grundvoraussetzung für ein erfolgreiches Recherchegespräch ist ein freundliches und höfliches Auftreten des Rechercheurs demjenigen gegenüber, der die Informationen besitzt.

Nicht verhören!

Weiter gilt: ein Gespräch ist ein Gespräch und kein Verhör! Niemand mag sogenannte „Einbahnstraßengespräche". Weder privat noch im Beruf! Deshalb ist es wichtig, den Angesprochenen freundlich und sachlich über die Intention der Unterhaltung ins Bild zu setzen.

Gegenfragen müssen genauso ausführlich, freundlich und sachlich beantwortet werden, wie es der Rechercheur selbst auch von seinem Gegenüber erwartet. Eine Antwort auf immer wieder auftauchende Standardfragen wie: „Warum wollen Sie das denn wissen?" kann nicht einfach lauten: „Darum", sondern muß plausibel erklären, warum es einen Sinn macht, die erbetenen Informationen weiterzugeben.

Unternehmen und auch Verbände oder Behörden sind es im übrigen gewohnt, immer wieder Zahlen für Statistiken zu liefern. Stellt der Befragte die Gegenfrage: „Wieso wollen Sie wissen, mit wieviel verschiedenen Zulieferern wir zur Zeit zusammenarbeiten und wieviele es in den vergangenen Jahren waren?", so wird ihm folgende Antwort die Frage plausibel erscheinen lassen: „Auf einer Tagung von Wirtschaftswissenschaftlern wurde die These aufgestellt, daß das sogenannte 'Outsourcing' im Produktionsbereich, also die Vergabe von Aufträgen an Zulieferer, in den modernen Industriestaaten wieder auf dem Rückmarsch ist. Je moderner eine Industrieregion entwickelt sei, desto stärker sei dieser Trend. Ich möchte unsere regionale Industrie mal unter diesem Aspekt beleuchten."

Hat der Rechercheur den Eindruck, daß sich sein Gesprächspartner am anderen Ende der Leitung geistig und inhaltlich von ihm verabschiedet, so ist es nützlich, selber eine unvermutete und halbwegs neue Information ins Gespräch einzuflechten. Gelingt es auf diese Weise, den Angerufenen zu sachlichen Gegenfragen zu bewegen, kann der Rechercheur danach wieder die eigenen Fragen ins Spiel bringen. Beim Thema 'Outsourcing' könnte dies so aussehen: „Sie haben bestimmt von der neuen Studie des japanischen Industrieministeriums gehört. Danach sparen die Firmen durch das Outsourcing Produktionskosten, verlieren in wichtigen Bereichen aber ihre technische Kompetenz. Mittel- und langfristig würde nach dieser Studie den Zulieferern eine wesentlich bedeutendere und mächtigere Rolle innerhalb der Wirtschaft zukommen." Erfahrungsgemäß hat der Rechercheur schon nach kurzer

Recherchezeit diverse solcher kleinen Bonbons im Hinterkopf, mit denen er allerdings dosiert umgehen sollte. Denn nichts ist überflüssiger, als Gesprächspartnern den noch abzufassenden Rechercbericht am Telefon schon mal mündlich zu erzählen.

Auch versteckte Vorverurteilungen wie: „Verstößt Ihre Firma mit dem Export der Ware Y nicht gegen die Einfuhrbestimmungen des Landes X?" oder „Wie lange will ihr Amt das Problem eigentlich noch ignorieren?" haben in Recherchegesprächen nichts zu suchen. Wenn schon offensiv gefragt wird, dann eher so: „In der WTO (World Trade Organisation) werden zur Zeit Handelsbeschränkungen für das Produkt C diskutiert. Könnte das nicht auch Ihre Exportbemühungen beeinflussen oder sind Ihre Exporte nach Afghanistan sogar schon jetzt Restriktionen unterworfen?" oder „In dem Stadtteil A gibt es folgendes Problem. Eigentlich müßte Ihre Behörde für den Fall zuständig sein. Können Sie mir sagen, ob Sie den Fall behandeln oder ist er Ihnen noch gar nicht bekannt?"

Verweigerer

Dies sind die Grundregeln für ein Gespräch, doch garantieren sie keinen erfolgreichen Gesprächsverlauf. Gegen den Mitarbeiter, der sagt: „Ich gebe telefonisch grundsätzlich keine Auskünfte!" oder „Ich spreche nie mit Journalisten!" sind nur wenige Kräuter gewachsen.

Natürlich schaden solche Mitarbeiter im Zeitalter des relativ offenen Zugangs zu Informationen dem Ansehen der Firma, der Behörde oder Institution, für die sie arbeiten, erheblich. Da auch ihre Vorgesetzten dies in der Regel wissen, kommen nach Erfahrung der Autoren solche „Gesprächsblocker" immer seltener im Bereich der Öffentlichkeitsarbeit zum Einsatz.

Selbstverständlich können auch Situationen im Verlauf eines Gesprächs entstehen, die ein aggressiveres Auftreten des Rechercheurs gegenüber seinem Gesprächspartner nahelegen: „Sie haben mir gerade mitgeteilt, daß Sie XY schon lange nicht mehr herstellen. Die Firma Z hat mir aber schriftlich bestätigt, daß Sie ihren gesamten XY-Bedarf bei Ihnen deckt, weil Sie die beste Qualität liefern. Können Sie diesen Widerspruch aufklären?" In solch einer Situation ist es für den Befragten schwierig, die Antwort schuldig zu bleiben.

Es gibt weitere Wege, Informationen zu erhalten, die eigentlich zum Verbleib im Inneren des Unternehmens oder der Behörde gedacht waren.

Eine Möglichkeit ist: Der Rechercheur hat einen Informanten im Bauch des Wals (siehe auch: 2.12 „Gute Kontakte"). Den kennt er persönlich und hat ihn mal im vertrauten Gespräch überzeugt, daß er zuverlässig ist, also immer darauf achtet, seinen Informanten vor Enttarnung zu schützen, und daß die Weitergabe der Informationen dem allgemeinen Wohl der Menschheit und auch der Behörde oder des Unternehmens dient, da Fehlentwicklungen so rechtzeitig gebremst werden können. Solch eine Person gibt es in jedem Unternehmen und jeder Behörde, nur kennt der Rechercheur sie meistens nicht, und wenn er sie kennenlernt, gibt sich der potentielle Informant nicht ohne weiteres als solcher zu erkennen (siehe auch: 5.4 Tiefseetauchen). Der Rechercheur schlägt deshalb ein angebotenes Gespräch unter vier Augen niemals aus, auch wenn der Gesprächspartner dem ersten Augenschein nach nicht den Eindruck macht, als ließe sich ein ergiebiges Gespräch mit ihm führen. Ändert sich dieser Eindruck auch im privaten Gespräch nicht, heißt das schlicht und einfach: Pech gehabt!

Umwege

Ist eine zu recherchierende Fragestellung schon in der öffentlichen Diskussion oder zumindest in der nichtöffentlichen, sind auch die Mitarbeiter von Unternehmen und Behörden auf entsprechende Anfragen eingerichtet. Die Antworten kommen dann von allen Seiten stereotyp. Welche Informationen an die Öffentlichkeit dürfen, ist unter den beteiligten Akteuren längst abgesprochen. Hier hilft, nach Fakten zu fragen, die eigentlich gar nicht interessieren, um sich über Umwege den eigentlichen Zielen der Recherche zu nähern. Ein einfaches Beispiel wäre folgendes: Der Rechercheur interessiert sich für die Einhaltung oder Nichteinhaltung der Arbeitsstättenverordnung innerhalb einer Fabrik. Er fragt aber nicht nach den eingeleiteten Schutzmaßnahmen für die Arbeiter während der Produktion, sondern nach den Rohstoffen, mit denen in der Fabrik gearbeitet wird

Liegen die Informationen über die Rohstoffe oder Grundchemikalien vor, kann der Rechercheur nach dem Verarbeitungsprozeß fragen und dann auch logischerweise über entsprechende Bestimmungen der Arbeitsstättenverordnung – so denn welche einzuhalten sind – sprechen. In diesem Moment wird sich das Gespräch quasi automatisch dem gewünschten Thema zuwenden. Der Rechercheur ist also bei seinem Auftrag angelangt, ohne daß der Angesprochene den Eindruck hat, er führe gerade ein Gespräch, indem es in erster Linie um die Einhaltung der Arbeitsstättenverordnung in der Firma geht. Selbstverständlich muß der Rechercheur alle auf diese Weise erhaltenen Informationen so behandeln, als hätte er sie von einem Informanten bekommen, das heißt, der Informantenschutz muß unbedingt beachtet werden, auch wenn der Informant nicht weiß, daß er gerade als solcher dem Rechercheur gedient hat. Die sonst möglichen Konsequenzen dürften den Interessen aller Beteiligten zuwider laufen.

Viele Informationen tauchen oft erst dann auf, wenn der Gesprächspartner einen Rechtfertigungsdruck verspürt. Um den zu erzeugen, muß der Rechercheur gelegentlich auch mit Unterstellungen arbeiten. „Von Kläranlagenbauern habe ich gehört, daß in Ihrer Branche der Anfall von stark belastetem Abwasser nach wie vor überdurchschnittlich groß ist. Stimmt das und wenn ja, wieso ist das so?"

Aber Vorsicht: Die Gerüchte oder Unterstellungen, die der Rechercheur ins Spiel bringt, müssen erstens typisch sein und dürfen nicht nur irgendeine grelle Phantasie wiederspiegeln. Die Unterstellung: „Ich habe gehört, daß Ihre Firma mit radioaktiv bestrahlten Eiern handelt!" gegenüber einem Kunststoffproduzenten wirkt bestenfalls erheiternd. Zweitens muß sich der Rechercheur deutlich und erkennbar von dem Gerücht distanzieren und klar machen, daß es darum geht, gemeinsam den Sachverhalt aufzuklären. Sätze wie: „Mir wurde berichtet, daß Ihre Behörde den Handel mit salmonell verseuchten Eiern deckt. Das ist mal wieder typisch!", führen selten zu einer konstruktiven Unterhaltung.

Abwimmler

Mit einem muß der Rechercheur natürlich immer rechnen: Aus dem Gespräch wird gar nichts, die Kommunikation muß schriftlich abgewickelt werden, weil der Angerufene am anderen Ende der Leitung sagt: „Faxen Sie mir Ihre Fragen doch mal rüber. Sie hören dann wieder von uns." Leider ist dies eine durchaus gängige Form der Bearbeitung von Anfragen und ärgerlicherweise verliert man bei dieser Form des Informationsaustausches eine Menge Zeit (siehe auch: 2. Wege der Informationsbeschaffung).

Noch ärgerlicher ist es, wenn man dann feststellen muß, daß der Angefaxte die Fragen entweder absichtlich oder unbeabsichtigt mißverstanden hat. Letzteres kann schnell eintreffen, da es nicht selten ist, daß ein Thema mit dem Pressesprecher eines Unternehmens besprochen wird, derselbe aber die schriftlich gestellten Fragen an den zuständigen Sachbearbeiter weiterleitet, dem aber das Einführungsgespräch unbekannt bleibt und der deshalb auch nicht Hintergründe und Intention der Fragen kennt und diese deshalb mißversteht.

Im Gegensatz zur Situation bei einer schriftlichen Befragung findet der Rechercheur im Gespräch allerdings kaum die Zeit, sich ständig messerscharfe und schlaue Fragen zu überlegen, an denen sein Gegenüber nicht vorbei kommt. Eine gute Strategie und Planung der Kommunikation ist deshalb ein weiterer wesentlicher Faktor, eine Unterhaltung für alle Beteiligten erfolgsversprechend zu gestalten.

Allerdings ist Kommunikation eine Wissenschaft, die man studieren kann. Wer sich intensiver mit dem Thema auseinandersetzen möchte, dem raten die Autoren zur Lektüre der einschlägigen, zahlreichen Fachliteratur oder zum Belegen eines entsprechenden Studienganges, wie er heute an vielen Universitäten angeboten wird. Leser, die dies bereits hinter sich haben, können die folgenden drei Kapitel vielleicht überspringen. Sie richten sich vor allem an jene Leser, die (wie die Verfasser) Kommunikationswissenschaften nicht studiert haben, sich jedoch anhand einiger Beispiele einen groben Überblick über mögliche Vorgehensweisen verschaffen möchten.

Die im folgenden beschriebenen Verfahren erheben keineswegs den Anspruch auf Alleingültigkeit, sondern sind nur ein Sprengsel von unendlichen Variationen. Sie sollen als Anhaltspunkte dienen, anhand derer ein Rechercheur sein individuelles Vorgehen entwickelt.

Letztendlich wird jeder eine eigene Strategie finden, die seinen Wesenszügen nahekommt und somit den größten Erfolg verspricht. Denn eines bleibt bei noch so guter Planung und Technik eisernes Gesetz: Glaubwürdigkeit des Ansinnens und Authentizität der Person sind der Schlüssel für erfolgreiche Kommunikation. Gelingt es nicht, diesen Schlüssel zu finden, ist die Recherche ein hartes Stück Brot und schon beinahe zum Scheitern verurteilt.

8.1 Einer gegen einen

Fast alle Kommunikation, die ein Rechercheur betreibt, verläuft im Zwiegespräch. Kaum eine andere Gesprächsform bietet die Gelegenheit, eine vertrauensvolle, den Austausch von Informationen fördernde Atmosphäre zu schaffen wie diese. Die wichtigsten Informationen wechseln fast immer unter vier Augen den Besitzer: Im Dunkeln ist gut munkeln. Das ist wie im normalen Leben, und darum sind auch die mit dem Zwiegespräch verbundenen Tücken und Gefahren den meisten Menschen hinreichend bekannt. Da dieses Wissen andererseits niemanden daran hindert, dieselben Fehler stets aufs Neue zu begehen (Wer redet nie am anderen vorbei, wer mißversteht nie eine Aussage, wer streitet sich nie sinnlos herum?), lohnt eine selbstkritische Analyse. Zumal der Dialog die mit Abstand häufigste und erfolgversprechendste Form der investigativen Recherche ist.

Es liegt auf der Hand, daß ein Zwiegespräch umso fruchtbarer verläuft, je größer das Interesse beider Seiten daran ist. Das Interesse des Rechercheurs ist eindeutig: Er sucht Antworten auf ganz bestimmte Fragen. Aber welchen Nutzen könnte sein Gegenüber aus dem Gespräch ziehen? – Der Rechercheur muß sich im klaren sein, daß dies die erste Frage ist, die sich jeder potentielle Interviewpartner stellt.

Motivieren

„Erklären Sie mir erst mal, warum ich mich überhaupt mit Ihnen unterhalten sollte!", ist eine Aufforderung, die Rechercheure nicht selten zu hören bekommen. Selbiges gilt für Journalisten, wenn sie ihr bekanntes Umfeld verlassen und nicht klangvolle Auftraggeber wie Spiegel, Frankfurter Allgemeine oder Süddeutsche Zeitung anführen können. Wenn der Rechercheur auf diese Aufforderung nicht sofort und plausibel reagiert, ist das Interview zu Ende, bevor es richtig begonnen hat. Aber auch wenn der Gesprächspartner weniger unfreundlich reagiert, sollten Sie ihm ein gutes Motiv liefern, den gewünschten Dialog zu führen: Die Frage steht ohnehin im Raum. Kreist sie ungelöst im Hinterkopf des Kontaktes, wirkt sie als Hemmschuh, wenn das Gespräch kritische Punkte berührt.

Eine allgemeine Antwort wie: „Die Frage ist von öffentlichem Interesse", macht übrigens niemanden redselig. Im Gegenteil verleitet der Rechercheur damit sein Gegenüber, eine ähnlich schablonenhafte Antwort zu geben. Das „öffentliche Interesse" ist auch insofern ein schlechter Türöffner, weil es die versteckte Botschaft transportiert, die eigenen Interessen des Befragten hätten dahinter zurückzutreten.

Journalisten, speziell Lokaljournalisten mit der nicht selten hinter ihnen stehenden Meinungsmacht, können auf die Warum-Frage mit dem Angebot reagieren: „Man hört immer nur die Argumente der anderen Seite. Ich möchte Ihnen gern Gelegenheit geben, auch einmal Ihre Position darzustellen." (Siehe auch: 5.3 Pendeln) Das Angebot greift freilich nur, wenn ein Konflikt öffentlich ausgetragen wird – wie in der lokalen Berichterstattung üblich.

Ein Rechercheur, der nicht im Auftrag von Medien arbeitet, muß eine genauso triftige Begründung für seinen Gesprächswunsch parat haben. Je besser der Rechercheur die Interessenlage seines Gegenübers erfaßt und versteht, desto leichter fällt ihm die Antwort.

Ein geschickter Rechercheur versucht, die entsprechende Analyse seinem Gesprächspartner zu überlassen. Er sagt darum nicht: „Wenn Sie mit mir sprechen, könnte Ihnen das neue geschäftliche Kontakte eröffnen", sondern schildert seinen Hintergrund. So kann der Kontakt von alleine die Schlußfolgerung ziehen: Wenn ich mit dem ein geschicktes Gespräch führe, kann mir das Vorteile einbringen.

Dieser Gedanke, einmal im Bewußtsein des Gesprächspartners entstanden, kann für ein gewinnbringendes Gespräch entscheidend sein – vorausgesetzt, der Rechercheur hört genau zu und behält die Fäden in der Hand.

- Wenn Sie Ihren Gesprächspartner überzeugen können, daß das geplante Gespräch seinen Interessen zuträglich ist, haben Sie eine große Hürde genommen. Nutzen Sie diese Möglichkeit, wann immer sie sich bietet.

Oft genug werden Sie Menschen aber auch zum Dialog bewegen müssen, die darin für sich keinen oder kaum praktischen Nutzen erkennen können. Auch dies ist machbar, wobei allerdings erschwerend hinzukommt, daß quasi jede Kontaktaufnahme am Telefon stattfindet, also im blinden Zwiegespräch.

Natürlich nutzen Befragte zunehmend die Möglichkeiten moderner Telekommunikation und beziehen Dritte, etwa Kollegen oder Vorgesetzte, ins telefonische Gespräch ein. Jedoch ist dies auf Seiten der Gesprächspartner mit verdoppeltem Arbeitsaufwand verbunden und bleibt darum Situationen vorbehalten, die den Befragten besonders heikel oder wichtig erscheinen (siehe auch: 8.3 Allein gegen alle).

Pressesprecher

Bevor das Arbeitsgespräch beginnt, lohnt es sich, einen kurzen Blick auf die Situation des Ansprechpartners zu werfen.

Da gibt es einmal die sogenannten „Professionellen": Medienleute, Mitarbeiter von Pressestellen, mit Pressearbeit beauftragte PR-Agenturen, Werbeleute und andere Personen, die den Umgang mit Journalisten und Rechercheuren von Haus aus gewohnt sind: Also führende Mitarbeiter in Behörden und Unternehmen, Politiker und sonstige Personen, die öffentliche Kommunikation zum Erreichen der eigenen Ziele nutzen.

Ein Professioneller versteht die Kontaktaufnahme des Rechercheurs als Möglichkeit, über den „Anklopfenden" wichtige Informationen über das Unternehmen in der Öffentlichkeit zu plazieren bzw. dessen Image zu pflegen oder zu verbessern. Gleichzeitig ist dem Profi bewußt, daß ein Rechercheur oder Journalist auch das Gegenteil bewirken kann, indem er Informationen falsch versteht und wiedergibt. Und schließlich gibt es immer noch jene schwarzen Schafe unter den Journalisten, die von vornherein mit dem Ziel antreten, eine Firma oder Institution „in die Pfanne zu hauen".

Wirklich erfahrene Professionelle haben solche Sorgen abgelegt. Sie wissen längst, daß sie erstens einen guten Rechercheur doch nicht daran hindern können, seine Arbeit zu erledigen, zweitens eine positive Eigendarstellung nur gelingt, wenn Außenkontakte positiv verlaufen und sie drittens jenen, die Schlechtes planen, durch Gesprächsverweigerung meist nur neue Nahrung liefern.

Dabei sind negative Ergebnisse unvermeidlich und bis zu einem gewissen Grad einkalkuliert. Ein sehr guter Professioneller ist leicht daran zu erkennen, daß er dem Rechercheur große Mengen an Informationen anbietet und auch liefert. Darüber hinaus bietet er weitere Informationen an, deren Gehalt sowohl den eigenen Interessen entspricht als auch denen des Rechercheurs nahekommt. Den wird er aber weniger gern oder nur unter persönlicher Begleitung ins Innere des Wals vordringen lassen. So bleibt alles unter Kontrolle.

So angenehm die Zusammenarbeit mit einem professionellen Gegenüber ist, sind damit leider auch erhebliche Nachteile verbunden: Wirklich gute Informationsverteiler schirmen sich oder ihren Auftraggeber oft so dicht gegen das Eindringen unliebsamer Frager in relevante Bereiche ab, daß der potentielle Rechercheaufwand in keinem tragbaren Kosten-Nutzen-Verhältnis zum Ergebnis steht. Das ist auch eine (vielleicht sogar die beste) Möglichkeit, unliebsame Recherchen abzuwehren.

Es gibt dann noch eine Garde zumeist altgedienter, unverbesserlicher Pressesprecher, die Rechercheure und Journalisten als neugierige Frager verstehen, die man irgendwie abwimmeln muß. Glück für den Rechercheur, wenn er solch einen „alten Haudegen" vor sich hat. Da heißt es einfach lauschen, zwischen dem Gesprochenen hören und nach einem simplen Ausschlußverfahren vorgehen: Alles, was dieser Gesprächspartner verschweigt, herunterredet oder unter den Tisch zu kehren versucht, ist in der Regel näherer Untersuchung wert.

Stars

Schwieriger ist der Umgang mit jener dritten Sorte Professioneller, denen der Dialog mit Journalisten oder anderen Fragern zwar Routine ist, die ihn gleichzeitig aber nicht nötig haben. Dies ist leider häufiger der Fall, als man fürchten mag. Solch ein Mensch hat bereits seine Schäfchen im Trockenen und empfindet den Rechercheur als lästigen Eindringling. Mit einem Wort: Ein Star. Der Prototyp dieses Stars ist der von Talkshow-Auftritten verwöhnte Bestseller-Autor. Star ist auch der Geschäftsmann, dessen Produkt einzigartig und erfolgreich ist, der Beamte, dessen Behörde Besonderes geleistet hat oder der Werbefachmann, dem der Erfolg zu Kopf gestiegen ist.

Wer hier erfolgreich sein will, muß entweder schlagende Kompetenz an den Tag legen oder durch Charme, Witz, vielleicht auch gutes Aussehen die Sympathie des Stars gewinnen. Die Anstrengung ist nicht immer der Mühe wert, da der Star meist nicht Star ist, weil er Außergewöhnliches leistet, sondern weil er Außergewöhnliches geleistet hat. Viel neues hat er selten zu erzählen.

Wissensträger

Erfolgreiche Gesprächsführung mit den oben genannten ist meistens angenehme Arbeit. Man ist ja gewissermaßen unter Kollegen. Richtig interessant und schwierig ist die Arbeit mit den eigentlichen Objekten der Begierde: Jenen Wissensträgern in allen gesellschaftlichen Bereichen, die dem Rechercheur sicher Wichtiges zu sagen hätten, nur leider gerade besseres zu tun oder schlicht keine Lust dazu haben (siehe auch: 2.9 Experten).

Der ins Auge gefaßte Informationsbesitzer steckt gewöhnlich bis über beide Ohren in seiner Arbeit, leistet sowieso schon zuviele Überstunden, verfügt über eine unbekannte Menge privater Sorgen und hat auf ewiges Frage-Antwort-Spiel mit einem inkompetenten Rechercheur gerade noch gewartet. Vielleicht verfügt er auch über Wissen, dessen Herausgabe gefährlich ist, was ihn in eine instinktive Abwehrhaltung treibt oder er hat dieses Wissen bereits anderen versprochen oder will es für seine eigenen Zwecke nutzen. Der anklopfende Rechercheur ist für sein Gegenüber also im besten Fall lästig, im schlechtesten sogar gefährlich.

Um den „anklopfenden" Rechercheur abzuwehren, bedient sich ein Wissensmonopolist im Zweifelsfall seiner schärfsten Waffe: seines Wissens.

„Wenn Sie sich so sehr für das Thema interessieren, wie Sie behaupten, machen Sie sich doch erstmal kundig. Dann dürfen Sie sich gerne nochmal bei mir melden. Im Augenblick ist mir meine Zeit für diese Sorte Unterhaltung aber zu kostbar." Solche Worte wird jeder Rechercheur mehr als einmal im Leben zu hören bekommen. Bei irgendeinem muß man ja immer anfangen.

Ein Rechercheur sollte aber niemals so dumm sein, nach der oben beschriebenen Replik beleidigt aufzulegen und den unhöflichen Gesprächspartner von der Liste zu streichen. Damit ist ihm nicht gedient, und eine böse Antwort hat außerdem immer einen Grund. In diesem Fall kommen nur drei „echte" Gründe in Frage:

- Der Rechercheur hat wirklich dumm gefragt. Das heißt, er hat zu früh den Richtigen kontaktiert. Dann bleibt ihm nur übrig, sich schlau zu machen und darauf erneut Kontakt aufzunehmen. Es lohnt sich mit Sicherheit.

- Der Rechercheur hat sehr gut gefragt und hat dabei in ein Wespennest gestochen. Als Reaktion wendet der Befragte gezielt Beleidigungen an, um den Fragenden abzuschütteln. Ein Grund mehr, die Angelegenheit akribisch zu durchleuchten.

- Inkompetente Kollegen des Rechercheurs haben dem Befragten einmal übel mitgespielt. Das ist leider keine Seltenheit. Ein guter Rechercheur hat dafür Verständnis und legt die Beweggründe seiner Kontaktaufnahme umso genauer dar.

Der vierte, „unechte" Grund für unfreundliches Verhalten: Ein Profit durch die Kontaktaufnahme des Rechercheurs ist für den Wissensträger sowieso nicht erkennbar. Er ist, im Gegenteil, gerade äußerst schlechter Laune und zudem unbeherrscht. Dann nutzt der Angesprochene den Anruf des Rechercheurs „zum Dampf ablassen". Das kann in handfeste Beleidigungen münden, sehr unangenehm sein und außerdem viel zu lange dauern – Angriffe von fünfzehn bis zwanzig Minuten Länge sind allerdings ein gutes Zeichen: Der Angreifer hat gerade Zeit.

Genauso wenig wie bei den „echten" Gründen für unfreundliches Verhalten sollte der Rechercheur in solcher Situation beleidigt den Hörer weghalten oder gar das Gespräch beenden. Wer viel schimpft, ist frustriert. Wer frustriert ist, hat Unangenehmes erlebt. Und Unangenehmes, das einem anderen widerfahren ist, ist meistens ebenso lehrreich wie interessant.

Stimmung schaffen

Zurück zu den weder bösartigen noch freundlichen, sondern ganz normalen Personen, mit denen sich der Rechercheur im Arbeitsalltag auseinandersetzt. Ziel ist, solch einen Menschen aus seiner gegenwärtigen Lage in eine entspannte zu lotsen, seine ungeteilte Aufmerksamkeit zu erringen und schließlich ein Gespräch zu führen, das der Befragte nach Beendigung als positiv, vielleicht sogar als profitabel empfindet.

Diese harte Nuß gilt es zu knacken.

Als Werkzeug dient die Situation des Zweiergesprächs selbst. Dabei ist der Rechercheur mit seinem Gegenüber allein. Mutterseelenallein. Und genau hier liegt ein erster Ansatzpunkt für den Beginn eines erfolgreichen Gesprächs: Die Suche nach Gemeinsamkeiten.

Menschen fühlen sich grundsätzlich wohler, wenn sie ein Gefühl, einen Gedanken, eine Vorliebe, Abneigung oder Marotte mit einem anderen teilen können. Wenn dies eintrifft, fallen viele unsichtbare Hürden. Dann tritt der zuvor mit Argwohn betrachtete Rechercheur in den Hintergrund und der mitfühlende Mensch vor. Es ist nichts anderes als das Einleiten erster, vertrauensbildender Maßnahmen.

Am Telefon ist das Erreichen der „menschlichen Ebene" sehr schwierig, besonders, wenn das Gegenüber noch völlig unbekannt ist. Wie sieht es in dessen Innerem aus, ist die Person übermüdet, gestresst, entspannt oder gutgelaunt? Dies sind Faktoren, die über Erfolg oder Mißerfolg des Gesprächs bestimmen. Und ein entscheidendes Gespräch, zum falschen Zeitpunkt mit einem übelgelaunten Informationsbesitzer geführt, kann diesen Kontakt für lange Zeit, wenn nicht für immer, zunichte machen. Gestörte Kontakte aber bedeuten bestenfalls zusätzliche Umwege, schlimmstenfalls eine schwer zu knackende Barriere, jedenfalls aber mehr Zeitaufwand und damit höhere Kosten.

Eine genauso banale wie gute Möglichkeit, die Stimmung und die Arbeitssituation eines Angerufenen auszuloten, ist das Betreten von Allgemeinplätzen. Reden Sie über das Wetter, die Arbeit, die Stadt, in welcher der Gesprächspartner arbeitet; oder was auch immer ihnen einfällt, bevor sie das eigentliche Thema ansprechen. Wer auf Allgemeinplätze eingeht, ist in der Regel guter Dinge und hat die nötige Zeit für das geplante Gespräch. Versuchen Sie darauf einen kleinen Scherz. Wird am anderen Ende der Leitung gelacht, ist die Gelegenheit für fruchtbare Kommunikation geradezu ideal.

Hand anbieten

Ist die Reaktion auf der anderen Seite weniger vielversprechend, liegt es nahe, um einen späteren Termin zu bitten. Ist die Unterhaltung aus zeitlichen oder organisatorischen Gründen trotzdem gerade unumgänglich, hilft meist ein kleiner Kniff: Bieten Sie sich als Blitzableiter an! Dazu ist es wichtig, die Position des Unterlegenen, zumindest des Angeklagten einzunehmen. Erzählen Sie von Ihren Kopfschmerzen, die Ihnen kaum erlauben, einen klaren Gedanken zu fassen, geben Sie Schwächen preis (oder erfinden Sie welche): körperliches Unwohlsein, Überlastung, Unfähigkeit, das Thema in den Griff zu bekommen.

Es ist allerdings nicht ratsam, mit solchen Bemerkungen zu übertreiben, geschweige denn, ins Lamentieren zu geraten. Dann fühlt sich jeder Gesprächspartner schnell belästigt oder genervt. Ein Rechercheur gibt Schwächen preis, um der anderen Seite das Gefühl von Überlegenheit zu suggerieren. Dies darf aber kein gellender Hilferuf sein und schon gar keine Aufforderung zum Tanz. Sonst schlägt Mitgefühl in Verachtung um und der Hilfsbereite gewinnt den Eindruck, belästigt zu werden.

Grundsätzlich gilt: Am Anfang holt der Rechercheur seinen Gesprächspartner immer dort ab, wo dieser sich seelisch gerade befindet. Er läßt sich nicht provozieren, vergattern und trägt keine geistigen Ringkämpfe mit seinem Gegenüber aus. Dazu ist später noch Zeit genug.

Bei einer Kontaktaufnahme geht es nie um Gefühle und Marotten des Rechercheurs (die dürfen höchstens Vehikel sein), sondern um jene des Befragten. Aufgabe ist, die andere Hand zu ergreifen, auch und gerade, wenn deren Besitzer gerade wenig Bereitschaft zeigt, sie seinem Gegenüber hinzustrecken.

Selbstredend ist der oben dargestellte Aufwand schwer zu rechtfertigen, wenn irgendwelche Routineanfragen zu erledigen sind, wenn das Gespräch mit rangniedrigen Mitarbeitern stattfindet oder dieselbe Person mit Sicherheit nie wieder kontaktet werden muß – von wegen! „Irgendwelche Routineanfragen" können zur Teufelei ausarten, wenn der Befragte den Fragenden unsympathisch findet; und auch das Pflegen vermeintlich unwichtiger Kontakte lohnt sich: freundlich gesonnene Sekretärinnen können wichtige Dienste leisten, auch oder gerade wenn der Chef in der Pause ist. Dagegen ist jeder Nie-Wieder-Kontakt ein Armutszeugnis für den Rechercheur.

Zielperson aufsuchen

Leider ist das Telefon selbst im Idealfall für wichtige Kontaktaufnahmen kaum geeignet. Menschen wollen einander sehen, riechen, wahrnehmen, um ein Urteil zu gewinnen und sich entsprechend sicher zu fühlen. Dennoch läßt Zeitmangel oft keine andere Wahl, als nach diesem Mittel zu greifen.

Ist das geplante Gespräch von größerer Bedeutung, sollte der Rechercheur allerdings unbedingt um einen Besuchstermin bitten. Denn am besten läßt sich ein Mensch natürlich dort studieren, wo er sich beruflich oder privat häuslich eingerichtet hat. Ein wichtiger Grund, warum ein Rechercheur gerne darauf verzichtet, besucht zu werden und immer die Mühe auf sich nimmt, die angepeilte Person aufzusuchen.

Ein rascher Blick durch das Arbeitszimmer sagt meistens mehr als tausend Worte: Schafft hier ein Pedant, ein Spießer, ein Anarchist, ein Spaßvogel, ein Möchtegern oder ein aggressiver Charakter, der sich jeden Aufwärmwitz als deplaziert verbittet.

Gold wert sind Gemälde an der Wand, die eine bestimmte Vorliebe für Künstler oder Kunstrichtungen erkennen lassen – Der ideale Ansatz für ein Gespräch unter Kunstfreunden. Sport ist ein anderes Thema: Liegt da in der Ecke ein Golf- oder Tennisschläger, steht ein Pokal im Regal, glast eine Jagdtrophäe in den Raum?

Wertvoller Fundus für vertrauensbildende Maßnahmen ist außerdem der Schreibtisch des Gegenübers. Fast immer ist dort Brauchbares zu finden: Ein Familienbild, ein kleiner Wimpel, eine Muschel, irgendwelche Steinchen. All dies sind mögliche Anknüpfungspunkte für ein persönliches Gespräch. Ergeben sich auch keine Gemeinsamkeiten, zeigt der Rechercheur damit zumindest Interesse am anderen.

Es macht andererseits keinen Sinn, krampfhaft persönlich zu werden, wenn alle Signale dagegen stehen: Wer an seinem Arbeitsplatz gar nichts Intimes deponiert hat, der schaltet sein Privatleben mit Betreten des Büros aus. Ein unpersönliches, austauschbares Büro signalisiert entweder Desinteresse am Arbeitsplatz oder überbetonte Sachlichkeit. Solche Personen lassen sich wiederum am leichtesten durch betont nüchterne Gesprächsführung gewinnen.

Findet der Rechercheur nichts, das ihn selber zumindest ein bißchen interessiert, und verfügt er über wenig schauspielerisches Talent, sollte er den privaten Teil lassen und besser gleich zur Sache kommen: Nichts stößt übler auf als geheucheltes Interesse, das sich selbst entlarvt. Es wirkt schlicht beleidigend.

Vorsichtig fragen

Hat der Rechercheur durch sein Auftreten einmal die Zuneigung, wenigstens die Akzeptanz seines Gegenüber gewonnen, bietet sich jetzt die Gelegenheit, den Grund des Kommens nochmals plausibel und ausführlich darzulegen. Dies geschieht wiederum nicht aus der Position des Wichtigtuers, sondern aus der des Bittenden: Es ist immer der Rechercheur, der etwas vom anderen will, nie umgekehrt – auch wenn dies gerade offensichtlich wird oder längst ist.

Fühlt sich der Gesprächspartner einmal sicher – wozu die Befragung in den eigenen Räumen beiträgt – beginnt der Zeitabschnitt des vorsichtigen Fragens. Wichtig ist, daß der Befragte in dieser Phase genügend Raum erhält, seine Sicht der Dinge ausführlich darzustellen. Dabei spielt keine Rolle, ob die ausgestreuten Informationen interessant oder längst bekannt sind. Der Befragte soll sich einfach wohl fühlen.

Strukturell gesehen, befindet sich der Rechercheur noch immer auf einer Gesprächsebene unterhalb der des Befragten. Dies äußert sich zum Beispiel darin, daß der Fragende die Haltung eines Lernenden einnimmt: Gespannt, den Oberkörper leicht vorgebeugt, eifrig notierend, die Augen von unten nach oben auf den Vortragenden gerichtet. Ansprechen des Gesprächspartners sollte nur in Pausen und mit vollem Titel („Sehr geehrte Frau Professor Doktor Soundso") erfolgen.

Langsam kann sich der Rechercheur nun daran machen, jene Gesprächsebene zu erklimmen, die dem Befragten reserviert war. Die gestellten Fragen wenden sich den eigentlichen Problemen zu, konkretes Interesse an einzelnen Punkten wird deutlich. Jetzt zeigt sich, ob der Rechercheur genügend vorbereitet in das Gespräch gegangen ist (bei einem Besuchstermin unabdingbar) oder ob er bislang nur an der Oberfläche seines Auftrags gekratzt hat. Signalisieren die Fragen keine Kompetenz, wird der Antwortgeber die Kommunikation bald gelangweilt abbrechen wollen ("Tut mir leid, ich habe einen dringenden Termin") oder Grundsätzliches zum Besten geben, das genauso in jedem besseren Prospekt zu lesen steht.

Befindet der Befragte den Fragenden jedoch so kompetent wie sympathisch, wird er nun auch Antworten auf Fragen geben, die er unter anderen Umständen vielleicht als penetrant empfunden hätte. Verläuft der Rollenaufbau erfolgreich, sollten allzu große Formalitäten jetzt ein Ende finden ("Frau Soundso"). Es macht jedoch Sinn, immer wieder Verständnis für die Darstellung des Gegenübers zu bekunden. ("Ich kann mir gut vorstellen, daß Ihnen dieser Punkt nahe geht; ich kann verstehen, daß Sie auf diese Leute schlecht zu sprechen sind; es ist sicher schwierig, solch ein Problem zu lösen.")

Inzwischen hat sich der Rechercheur durch gezieltes Fragen dem eigentlichen Feld seines Interesses genähert. Der Wissensträger hat das Gefühl gewonnen, endlich einmal mit jemandem zu reden, der zuhören kann und – versteht.

Zugreifen

Das Gespräch hat weiter an Ernsthaftigkeit und Tiefe gewonnen. Ist der Rechercheur mit genügend Vorwissen gewappnet, kann er nun die entscheidende Ebene betreten: Gleichberechtigung des Fragenden gegenüber dem Antwortenden. Information durch Diskussion.

Der Rechercheur kann eine Aussage seines Gegenübers aufgreifen, die ihm fragwürdig erscheint, und nachhaken. Geht der andere darauf ein, ist er gezwungen, das Erklärte zu erklären. Damit beginnt er zu argumentieren. Auch diese Erklärung darf der Rechercheur jetzt freundlich hinterfragen, und notgedrungen muß der Informationsbesitzer tiefer und tiefer gehen, d.h. mehr und mehr Wissen preisgeben, um plausible Antworten geben zu können. Passen Sie in dieser Situation auf wie ein Luchs! Je komplizierter der geschilderte Sachverhalt, desto unvorbereiteter haben Sie Ihren Gesprächspartner in der Regel erwischt, desto wichtiger sind vermeintliche Nebensächlichkeiten, die der andere unvermutet fallen läßt. Tauchen neue Begriffe auf, sollten Sie diese unverzüglich klären.

In dieser Situation ist es für den Befragten ungeheuer schwierig, die Diskussion einfach abzubrechen (was aus seiner Sicht jetzt vielleicht sinnvoll wäre). Einmal ist er seelisch gehemmt, einem freundlichen Menschen gegenüber barsch zu werden. Zum anderen möchte er den Rechercheur auch deshalb nicht im Streit entlassen, weil dieser kompetent erscheint (den braucht niemand als Gegner), bereits viel Zeit geopfert ist (keine Zeit verschwenden!) und man sich ja auch etwas von der ganzen Veranstaltung verspricht (das Wohl der Firma!).

Zur Erhaltung und Förderung der Gesprächsebene ist es darum nützlich, immer wieder die Wertschätzung des Befragten deutlich zu machen. („Sie sind der erste, der diesen komplizierten Sachverhalt mit wenigen Worten erklären kann.") Passen Sie aber auf, daß Sie dabei nicht ironisch wirken.

Es kann auch Sinn machen, in einer kritischen Situation Vertrauen zu zeigen („Wissen Sie, Frau Soundso, warum ich Sie das alles frage, hat in Wahrheit natürlich folgenden Grund") oder persönliches zu offenbaren („Noch einen Kaffee?" – „Nein danke. Ich habe ein Magengeschwür, seit mich meine Frau verlassen hat"). Menschen, denen ein solcher Vertrauensbeweis erbracht wird, wollen sich unbewußt revanchieren. Wichtig ist, daß dies in den gewünschten Themenbereichen geschieht.

Hat der Rechercheur gründlich gearbeitet, wird der Befragte einzelne heikle Punkte von sich aus nochmals auf den Tisch bringen, bei Bedarf das vereinbarte Zeitlimit überschreiten und dafür sorgen, daß sein Gast zum Bahnhof/zum Flughafen/zur Tür begleitet wird. Meldet sich der Rechercheur erneut, wird er ohne Probleme durchgestellt oder umgehend zurückgerufen. Der Wissensträger ist jetzt ein „Guter Kontakt" (siehe auch: 2.12 „Gute Kontakte").

Gegenangriffe

Es kann ebenfalls passieren, daß der Befragte im Verlauf der Diskussionsphase zunehmend aggressiver reagiert. Dies beginnt in der Regel damit, daß er dem Fragenden ins Wort fällt oder probiert, Antworten auf nicht gestellte Fragen zum Mittelpunkt der Unterhaltung zu machen – eindeutiges Indiz dafür, daß der Gesprächspartner versucht, von für ihn oder seinen Arbeitgeber ungünstigen Aspekten des Themas abzulenken.

Eine heiße Fährte. Je nach Stimmungslage kann es trotzdem opportun sein, auf solch ein Ablenkungsmanöver einzugehen, den bewußten Aspekt daraufhin von einer anderen Seite erneut anzugehen oder erst sehr viel später telefonisch nochmals aufzugreifen. („Liebe Frau Soundso, vielen Dank für das interessante Gespräch neulich. Da gibt es allerdings immer noch einen Punkt, der geht mir einfach nicht aus dem Kopf ...".)

Meist genügt es sowieso und macht ein Gespräch bereits erfolgreich, wenn es gelingt, die relevanten, das bedeutet: die wunden, verdeckt gehaltenen, vom Befragten beschützten und verteidigten Themenfelder zu identifizieren.

Zur weiteren Klärung solcher Felder bedarf es ohnedies der Befragung dritter, und es ist meist gar nicht verkehrt, weitere Informationen einzuholen, bevor man sich mit seinen Fragen auf dieses sensible Terrain begibt. („Liebe Frau Soundso, ich erinnere mich gern an unser ausführliches Gespräch von neulich. Zu einem der besprochenen Punkte habe ich jetzt eine ganz andere Meinung gehört. Da würde ich Sie gerne aus Gründen der Fairness um eine weitere Stellungnahme bitten.")

Durchweg ist das Aufkommen von Aggressivität während des Gesprächs ein positives Zeichen. Im Vergleich zu Boshaftigkeiten bei erster Kontaktaufnahme – verursacht durch Frustration – oder zu Beginn der Unterhaltung – ausgelöst durch dumme Fragen – wird sie vom Befragten ausschließlich als Schutzmittel verwandt. Was will er schützen? Wo liegt der Hase im Pfeffer? Dies sind die Fragen, die in solcher Situation im Kopf des Rechercheurs kreisen.

Nie und nimmer darf sich der Rechercheur durch Ausfälligkeiten seines Gegenübers aus der Reserve locken lassen! Geschieht es doch, haben die Anwürfe ihren Zweck erfüllt. Dann befindet sich das Gespräch auf einer Ebene, die der Rechercheur nicht mehr kontrollieren kann. Die Stimmung ist schlecht, die Unterhaltung wird von der anderen Seite abgebrochen, der Kontakt ist kaputt.

Begegnen Sie statt dessen jedweden Anschuldigungen in dieser wichtigen Phase mit Verständnis. („Liebe Frau Soundso, es tut mir leid, wenn ich Sie mit dieser Frage verärgert habe. Das war nicht meine Absicht. Bitte, erklären Sie mir, warum Sie jetzt so reagiert haben. – Dann kann ich solche Mißverständnisse in Zukunft sicher vermeiden.")

Der Eskalation einer Befragung sind naturgemäß keine Grenzen gesetzt. Viele Beleidigungsversuche („Wenn Sie ein bißchen mehr Grips im Kopf hätten, würden Sie das vielleicht endlich kapieren!" – „Ich gewinne allmählich den Eindruck, Sie verstehen rein gar nichts!") lassen sich leicht auffangen. Am einfachsten: schweigen, freundlich-entschuldigend lächeln und abwarten. Neue Perspektiven eröffnet folgende Reaktion: „Entschuldigen Sie die dumme Frage. – Helfen Sie mir bitte: Wenn Sie die Frage stellen müßten, wie würden Sie sie dann formulieren?" Wichtig ist vor allem, am Ball zu bleiben und keine Angriffsfläche zu bieten. Der Rechercheur läßt sich nicht provozieren. Er ist es, der provoziert.

Versuche, einen Abbruch des Gesprächs zu verhindern, können natürlich trotzdem scheitern. Ab einem bestimmten Punkt („Verlassen Sie auf der Stelle den Raum") ist Beschwichtigung sinnlos und überflüssig. Hat der Rechercheur alle Regeln eingehalten, Kompetenz bewiesen, sich nicht reizen lassen und dennoch einen Hinauswurf erreicht, der vielleicht sogar mit einer Drohung verbunden ist („Ich werde genau aufpassen, was Sie aus dieser Sache machen!"), kann er sicher davon ausgehen, ein „heißes Eisen" angefaßt zu haben. Es ist jetzt an ihm, der Angst und dem Ärger seines Gegenübers auf den Grund zu gehen.

8.2   Zu zweit gegen einen

Es gibt Situationen innerhalb einer Recherche, in denen der Rechercheur oder der Journalist an einen Gesprächspartner mit solch großem Fundus an Wissen gerät, daß er vorzieht, für Teile des Gesprächs einen fachlich qualifizierten Kollegen dazuzuholen. Dann sprechen zwei Rechercheure bzw. Journalisten *mit* einem, nicht mehr oder weniger „*gegen*" einen Dritten.

In dieser Situation gelten dieselben Regeln wie im vorherigen Kapitel. Die Rechercheure sollten diese Regeln jedoch besonders gewissenhaft befolgen, um eine vertrauensbildende Atmosphäre zu schaffen. Schließlich muß sich ihr Gegenüber ja mit zwei Gesprächspartnern, mithin zwei relativ unbekannten Personen, auseinandersetzen, weshalb die innere Alarmbereitschaft steigt.

Im folgenden geht es um eine Gesprächssituation, in der zwei inhaltlich gleich versierte Rechercheure gemeinschaftlich einen Dritten befragen. Die Rechercheure versuchen jetzt, ihre Kommunikation so zu gestalten, daß sie dieser zahlenmäßigen Überlegenheit Rechnung trägt. Naturgemäß enthält eine solche Interviewsituation ein erhebliches Konfliktpotential, birgt aber auch viele Chancen.

Um es vorwegzunehmen: Kein erfahrener Ansprechpartner ist so naiv, sich ohne Not allein dem Gespräch mit zwei Rechercheuren zu stellen. Diese Situation bietet klug agierenden Rechercheuren einfach zu viele Möglichkeiten.

Falls es trotzdem einmal passieren sollte, kommen dafür eigentlich nur zwei Gründe in Betracht:

- Der Gesprächspartner ist unerfahren oder arrogant.

- Der Gesprächspartner ist ein gewiefter Diskutant und will bestimmte Botschaften transportieren, hat aber nicht vor, ein für die Rechercheure fruchtbares Gespräch zu führen.

Wenn die Rechercheure in letztere Situation geraten, brauchen sie nicht viel Mühe auf vertrauenschaffende Gesprächsführung zu verwenden. Ihr Ansprechpartner hat sich bereits auf ein Streitgespräch eingestellt. Das bedeutet, er wird ohnedies nichts äußern, was er nicht von Vornherein sagen wollte.

Es ist kein Zufall, daß diese Interviewform für die bekannten „Spiegel-Gespräche" gewählt wird. In diesen Gesprächen piesacken zwei oder mehr Redakteure des Magazins einen streitbaren Interviewpartner, der auch mal zurückholzt, wenn er sich ungebührlich angegangen fühlt.

Attraktiv ist das Gespräch für die Befragten vor allem deshalb, weil es für die Publikation bestimmt ist und reichlich Gelegenheit zur Selbstdarstellung bietet. Zusätzlich wird das zum Abdruck bestimmte Manuskript dem Gesprächspartner nochmals zur Autorisation vorgelegt, so daß schwerlich Schaden entstehen kann. Geheimnisse werden den Interviewten dabei selbstredend nie entlockt. Werden sie dennoch ausgesprochen, dann hat das Gespräch ausdrücklich als Plattform für deren Preisgabe gedient.

Falls Ihr Ansprechpartner dem Mißverständnis aufsitzen sollte, daß Sie solch ein Streitgespräch führen wollen, werden Sie das mit Sicherheit schnell herausfinden. (Er fragt z.B., ob Sie einen Fotografen mitbringen wollen.) Es ist dann unerläßlich, Ihr Gegenüber über den Hintergrund des Interviews und auch die eigenen Intentionen gründlich aufzuklären – wenn dies unterbleibt, werden Ihre gegenseitigen Ansprüche und Erwartungen so stark voneinander abweichen, daß Sie kaum auf eine gemeinsame Ebene gelangen können.

Falls ein Ansprechpartner nach dieser Aufklärung durch den Rechercheur oder Journalisten immer noch zu dem Gespräch bereit ist, sollte dieser oder ein Kollege trotzdem allein erscheinen, um die für solche Zwecke nötige, vertrauensfördernde Atmosphäre zu schaffen. Falls der Gesprächspartner ungeachtet dieses Angebotes immer noch zwei Besucher akzeptiert, ist das seine Sache. Die Rechercheure sollten sich aber nichts vormachen: Wer zu zweit erscheint, wird vom Dritten unbewußt immer als zahlenmäßig überlegener Gegner wahrgenommen, gegen den er sich wehren muß.

Zwei miteinander verbündete, mehr oder weniger unbekannte Wesen nähern sich dem Ich: Eine klassische Bedrohungssituation. Die dadurch ausgelöste Abwehrhaltung ist so tief im Unterbewußtsein jedes Menschen verwurzelt, daß kein Rechercheur eine Chance hat, innerhalb der kurzen Interviewzeit eine wesentliche Änderung herbeizuführen. Das ist auch nicht nötig, denn dafür sind die Rechercheure oder Journalisten ja zwei gegen einen.

Rollenverteilung

Wenn Rechercheure oder Journalisten also tatsächlich zu zweit ein ausführliches Hintergrundgespräch mit einem bereitwilligen Ansprechpartner führen dürfen, können sie davon ausgehen, daß sie einfach Glück haben. Sie müssen sich aber trotzdem sehr gut vorbereiten. Der Aufwand dafür lohnt sich, denn die Rechercheure können sich auf ein reichhaltiges Gespräch einstellen.

Als erstes sollten Sie Ihre unterschiedlichen Funktionen in dem Gespräch bestimmen – es macht ja keinen Sinn, zu zweit zu erscheinen und dann wie mit einer Zunge zu sprechen. Um die Bandbreite ihres Handelns voll ausnutzen zu können, müssen die Rechercheure darum innerhalb ihrer „Aktionseinheit" gegensätzliche Pole besetzen: Der eine laut, der andere leise, der eine angriffslustig, der andere friedfertig – eine Situation, die dem klassischen Kreuzverhör sehr nahekommt.

Sie müssen festlegen, wer den „guten" und wer den „bösen" Part übernehmen will. Die Rechercheure sollten sich bei dieser Entscheidung ruhig von ihren Gefühlen leiten lassen: Wer bereits in einer aggressiveren Grundstimmung ist, sei es bedingt durch seinen Charakter oder bestimmte Ergebnisse der Recherche, sollte auch im Interview die Rolle des „Bösen" spielen.

Gut und böse

Der „Gute" hingegen ist im Idealfall von Natur aus freundlich und verständnisvoll. Er kann auch gerne zu jener Sorte Menschen gehören, die instinktiv die Partei des Schwächeren ergreifen.

Dem „Guten" fällt dabei die schwierigere Rolle zu: Er muß den Interviewpartner auffangen, ihn beruhigen, gegenüber dem „Bösen" für Verständnis werben, den Befragten vielleicht vor Attacken des „Bösen" schützen, mitunter sogar stellvertretend für den Befragten diskutieren, um diesem eine Erholungspause zu verschaffen. Es ist der „Gute", dem die Verantwortung für ein erfolgreiches Befragen und damit auch die Feinabstimmung der Gesprächsführung zufällt.

Zu Beginn des Gesprächs spielt die Freund-Feind-Taktik noch keine Rolle: Bis die Ebene der gleichberechtigten Diskussion (siehe auch: 8.1 Einer gegen einen) erreicht ist, wirkt die offensichtliche Distanziertheit eines der Interviewer eher irritierend als konstruktiv für den Gesprächsaufbau. Zunächst müssen die Besucher ihren Ansprechpartner davon überzeugen, daß er sie durchaus überzeugen kann. Dazu benötigen sie eine vertrauensvolle Atmosphäre. Erst wenn die erreicht ist, kann das Infragestellen wichtiger Aussagen des Gegenübers die gewünschten umfassenden Informationen zutage fördern.

Sobald die Ebene der gleichberechtigten Diskussion erklommen ist, wird der sogenannte „Böse" vorsichtig die Position ausloten, in der er am erfolgreichsten agieren kann.

Der „böse" Rechercheur

- testet entsprechend dosiert die Reaktionen des Gesprächspartners auf Skepsis, Frechheit, Spott oder Unglauben. Seine Stimme, zunächst zurückgenommen, kann auch etwas lauter werden. Auf keinen Fall aber sollte er sich in dieser „Phase des Abtastens" zu weit vorwagen und unvermittelt über die Stränge schlagen.

- orientiert sich in seinem Verhalten stets an der erzielten Wirkung: Manche Menschen reagieren bereits auf leise Kritik sehr empfindsam, andere können harte Worte ohne weiteres ertragen.

- arbeitet optimal, wenn er bei seinem Gesprächspartner einen Gemütszustand kreiert, der von „berechtigtem Ärger" und „hohem Erklärungsbedürfnis" gekennzeichnet ist.

- kann in der „heißen" Diskussionsphase auch argwöhnische und angriffslustige Züge an den Tag legen, falls dies angebracht erscheint.

- darf dem Gesprächspartner aber nie einen wirklichen Anlaß bieten, die Diskussion zu beenden.

Der „Gute" ist der stabilisierende Faktor und hält die Diskussion in Gang. Dazu richtet er sein Verhalten an dem des „Bösen" und den Reaktionen des Interviewten aus.

Der „gute" Rechercheur

- muß unbedingt Entgleisungen des „Bösen" auffangen, wie sie vor allem in der Phase des Abtastens unterlaufen können. (Darum mag es der „Gute" grundsätzlich nicht, wenn der Befragte ungehörig angegangen wird.)

- muß dem Interviewten als Verbündeter erscheinen. Im umgekehrten Verhältnis zur Aggressivität des „Bösen" ist der „Gute" gegenüber dem Gesprächspartner in entsprechender Dosierung respektvoll, differenzierend und gutgläubig. Nicht nur den unbeabsichtigten, auch allen gezielten Schaden, den der „Böse" vermeintlich leichtfertig anrichtet, muß der „Gute" notfalls ausbügeln können.

- tritt als Mittler auf, um eine zu forsche Frage des „Bösen" in eine Variante zu transformieren, die der Gesprächspartner beantworten möchte.

- kann den Gesprächspartner eventuell sogar ermuntern, Schwächen einzuräumen. („Es ist doch verständlich, wenn Ihr neues Produkt nicht ganz so robust ist wie das alte: Dafür leistet es mehr und ist preisgünstiger.")

- kann den Interviewpartner auch von der Last erlösen, eine Schwäche einräumen zu müssen, indem er seinen Kollegen abkanzelt: „Lassen wir das Thema Robustheit mal außen vor, da hat mein Kollege Sie wirklich genug gelöchert. Erzählen Sie uns doch mal von der Leistungsfähigkeit des neuen Produktes."

Im Idealfall ist der verständigere gleichzeitig auch der verständnisvollere unter den Rechercheuren: Falls es mit seinem Charakter vereinbar ist, sollte der Fachmann immer den Part des „Guten" übernehmen. So kann er dem Interviewpartner im Streitfall kompetent helfen.

Konflikt vorbereiten

Eine Reihe „wunder Punkte" hat der „Gute" vor dem Gespräch aufgelistet und den „Bösen" mit den dazugehörigen Detailinformationen versorgt. Wirklich sehr gut vorbereiten muß sich der „Böse" nur auf seine stärksten Fragen: sie berühren jene Bereiche, die für den Fortgang der Recherche von essentieller Bedeutung sind.

Rückt solche essentielle Frage des „Bösen" in den Mittelpunkt der Diskussion, gibt der „Gute" für diesen Moment seine inhaltliche Unterstützung des Interviewpartners auf. Die moralische Unterstützung behält er bei. Seine Botschaft an den Gesprächspartner lautet dann in etwa: Ich bin ja prinzipiell auf Deiner Seite. Diese schwierige Frage mußt Du aber selbst beantworten. (Oder: ... mußt Du für uns beide beantworten.)

Um in dieser Gesprächssituation hervorragende Arbeit zu leisten, müssen beide Rechercheure einander allerdings sehr gut kennen und ein gewisses schauspielerisches Talent besitzen. Am besten, die Rechercheure haben die Situation vorher mit Kollegen einmal geübt und wurden anschließend auf Schwächen hingewiesen.

Es ist sehr wahrscheinlich, daß ein Rechercheur mit manchen Kollegen besser im Duo auftreten kann als mit anderen. Jeder ist im Zweifelsfall gut beraten, einen eingespielten Kollegen dem fachlich versierteren vorzuziehen. Wenn während des Gesprächs taktische Mißverständnisse zwischen den Rechercheuren entstehen, kann dies das Konzept leichter zerstören als eine inhaltlich unangemessene Bemerkung des „Bösen".

Grundsätzlich sollte der „Gute" in der Lage sein, fast alle Angriffe des „Bösen" auf den Gesprächspartner abzuwehren. Schließlich soll dieser den Eindruck gewinnen, den „stärkeren" der beiden Rechercheure als Verbündeten gewonnen zu haben.

Übrigens haben beide Rechercheure den Vorteil, daß sie nicht wirklich perfekt sein müssen: Wenn Sie im „richtigen Leben" unvermutet attackiert werden (von einem Räuber), schauen Sie sich einen plötzlich auftauchenden Verbündeten (einen anderen Passanten) mit großer Wahrscheinlichkeit auch nicht so genau an.

Erfolgskontrolle

Ob die Taktik des Kreuzverhörs Erfolg hat – und das wird in neun von zehn Fällen mehr oder weniger so sein – kann man ziemlich gut am Verhalten des Gegenübers ablesen. Richtet der seine Antworten hilfesuchend oder erklärend an den „Guten", obwohl der „Böse" die Frage stellte, haben die Rechercheure gewonnen: Der Interviewte hat die künstliche Situation unbewußt als gegeben akzeptiert. Gleiches gilt, wenn sich der Interviewte vom „Bösen" angreifen läßt und akzeptiert, vom „Guten" in Schutz genommen zu werden.

Hingegen sind die Rechercheure mit großer Sicherheit abgeblitzt, wenn der Interviewte beide grundsätzlich gleichzeitig anspricht, gleich behandelt und Hilfsangebote des „Guten" zurückweist. („Vielen Dank für Ihre unverhoffte Unterstützung. Aber diesen Punkt möchte ich eigentlich gerne selber klären.")

Natürlich läßt sich diese Art Gesprächsführung in sehr vielen Varianten durchspielen und ein eingearbeitetes Duo wird bald seine eigene Strategie entwickeln. Grundregel bleibt aber die gezielte Polarisierung der Diskussion, die helfen soll, die Problematik möglichst umfassend zu beleuchten.

Nur in Einzelfällen (ein Gesprächspartner liebt es, in „die Mangel genommen" zu werden) kann es angebracht sein, daß beide Rechercheure eine negative Rolle einnehmen. Wenn zwei Rechercheure einen Betrüger entlarven wollen, geschieht das andererseits sehr gut durch nachhaltige positive Verstärkung (siehe auch: 12. Betrügern auf der Spur).

Grundsätzlich gilt: Auch wenn beide Rechercheure erfahren und gut aufeinander eingespielt sind, werden sie feststellen, daß diese Art der Gesprächsführung sehr anstrengend ist.

Einige Ratschläge:

- Ein Kreuzverhör von 60 Minuten Länge liegt nach Erfahrung der Verfasser im oberen Bereich des Erträglichen. Brechen Sie das Gespräch ab, sobald sich auf Ihrer Seite Konzentrationsmängel einschleichen oder bitten Sie um eine Pause.

- Verhalten Sie sich genauso, wenn Sie Ihren Gesprächspartner erschöpft finden. Den wollen Sie ja nicht fertig machen, sondern befragen. Falls Sie das übersehen, riskieren Sie einen Rausschmiß, und der ist gleichbedeutend mit dem Scheitern des Interviews.

- Unterlassen Sie es, den Befragten nach dem Gespräch verunsichert zurückzulassen. Verunsicherung kann in Aggressivität umschlagen und das Ende des Kontaktes bedingen. Das liegt nicht im Interesse der Recherche.

- Der schlimmste Fehler, den Sie begehen können, ist, mitten während des Interviews plötzlich die Positionen zu wechseln: „Gut" mutiert zu „Böse" und umgekehrt. Das wird den Interviewten mit Sicherheit so sehr verwirren, daß er gar nichts mehr sagt oder sich in Worthülsen flüchtet.

- Geben Sie Ihrem Gesprächspartner niemals das Gefühl, die Auseinandersetzung verloren zu haben. Davon hat keiner etwas.

- Vermitteln Sie Ihrem Gesprächspartner stattdessen den Eindruck, seine Positionen klar und kompetent vertreten zu haben. Fühlt sich der Gesprächspartner am Ende als Sieger – und Sie werden ihn in dem Gefühl bestärken – läßt er sich vielleicht ein weiteres Mal auf ein Gespräch „zwei gegen einen" ein.

8.3 Allein gegen alle

Über kurz oder lang geschieht es jedem Rechercheur, daß ihm für einen Besuchstermin gleich mehrere Gesprächspartner angeboten werden.

Das kann dann so aussehen: 9.30 Uhr Treffen mit Dr. Müller; 11 Uhr Treffen mit Dr. Schmidt; 12.30 Uhr Mittagessen mit Schmidt, Müller und Lanz; 13.30-15.00 Uhr Treffen mit Dr. Lanz.

Die Alternative lautet: 9.30 Treffen mit Dr. Müller, Dr. Schmidt und Dr. Lanz; 12.30 Uhr gemeinsames Lunch; 13.30-15.00 Uhr Fortsetzung des Treffens und Schluß.

Zwischen beiden Treffen besteht ein gewaltiger qualitativer Unterschied.

Hat ein Rechercheur die Wahl, würde er sich immer für die erste Variante entscheiden: Er kann Gespräche unter vier Augen führen und hat zusätzlich die Chance, seine drei Gesprächspartner in einer entspannten Situation (Mittagessen) interaktiv zu erleben, so daß er sich ein gutes Bild ihrer Wesensart und ihrer Rangordnung machen kann. Seine Gesprächspartner investieren pro Kopf 1,5 Stunden Arbeitszeit, zusammen weniger als der Rechercheur selbst (der ja noch den An- und Abfahrtsweg hat): 4,5 Stunden.

Im zweiten Fall bleibt der Zeitaufwand des Rechercheurs derselbe, der seiner Gesprächspartner aber beträgt zusammen 13,5 Stunden! Dieses Vorgehen auf seiten der Ansprechpartner ist ungewöhnlich, kommt aber durchaus vor: Die Verfasser haben mehrfach an Treffen teilgenommen, an denen fünf bis zehn hochrangige Gesprächspartner einen halben Tag lang geschlossen zur Verfügung standen.

Nur ein Anfänger fühlt sich geehrt, wenn solcher Aufwand getrieben wird: Die Gesprächspartner des Rechercheurs rechnen genauso gut und wissen, was sie tun. Wenn sich die andere Seite entschließt, solch hohen Zeitaufwand zu treiben, bedeutet das, man nimmt den Besuch sehr wichtig. Aus Sicht des Rechercheurs betrachtet: Hier scheint einiges im Verborgenen zu liegen. Auf Grund seiner strukturellen Bedingungen kann das Gespräch mit einer mehrköpfigen Runde für den Fragenden allerdings immer nur von Nachteil sein.

Die Leute reden ja nicht mehr, wenn sie sich gemeinsam mit dem Rechercheur treffen. Reden kann immer nur einer. Die anderen Gesprächspartner erfüllen jetzt in erster Linie eine Funktion – sie kontrollieren den Vortragenden und damit alle einander gegenseitig. In dieser alles andere als entspannten Situation muß der Rechercheur Schwerstarbeit leisten, will er die Kontrolle über die Gesprächsführung behalten und gleichzeitig brauchbare Ergebnisse mit nach Hause nehmen.

Im Prinzip existieren seitens der Interviewpartner nur zwei Gründe, diesen so spürbaren Mehraufwand zu betreiben: Man verspricht sich besonders viel vom Besuch des Rechercheurs oder man befürchtet besonders viel. Im ersten Fall wird man den Rechercheur – fast wie bei einer normalen Präsentation – nur soweit informieren, wie es für eine optimale Vorstellung in den Augen der Gesprächspartner notwendig ist. Im zweiten Fall – gilt leider das gleiche.

Vorplanung der anderen

Der Rechercheur muß immer davon ausgehen, daß in dem Unternehmen/der Behörde/dem Institut ein Vorgespräch über den geplanten Besuch stattgefunden hat. In diesem Gespräch wurde mit Sicherheit

- über die Intentionen des Rechercheurs eingehend diskutiert,

- formuliert, welches ein optimales Ergebnis der Unterhaltung aus Sicht der Befragten wäre,

- erörtert, welche Strategie dazu eingeschlagen werden muß,

- die Liste Ihrer Ansprechpartner festgelegt,

- ein inhaltlicher Gesprächsplan, d.h eine Art „Stundenplan" ausgearbeitet (denen man Ihnen vorab zuschickt),

- intern aufgelistet, welche Themen man meiden will und welche Punkte keinesfalls Gegenstand der Unterhaltung sein können.

Führen Sie sich diese Tatsachen vor Augen, wenn Sie – von einer Delegation hochrangiger Fachleute oder dem Chef persönlich freundlich begrüßt – in einen Versammlungsraum geführt und mit Multi-Media-Präsentationen beeindruckt werden. So nett es Ihre Ansprechpartner offenbar meinen mögen: Auf diese Weise lernen Sie nicht viel, verlieren aber rasch die Kontrolle über den inhaltlichen und strukturellen Verlauf des Treffens.

Natürlich wird der Rechercheur während der Begrüßung nochmals nach dem Grund seines Erscheinens befragt. Er kann die Gelegenheit nutzen, seine Diskussionswünsche präzise zu formulieren. Wurde ihm der „Stundenplan" nicht vorab zugeschickt, hat der Rechercheur jetzt die Gelegenheit, um Änderungen des Planes zu bitten. Er sollte nicht zögern, diese vorzutragen!

Unterdessen betrachtet der Rechercheur seine Gesprächspartner genau und versucht, sich neben Namen und Funktionen weitere Einzelheiten einzuprägen:

- Wer wirkt nervös und ängstlich?

- Wer zählt zu den „Power-Playern"?

- Wer hat auf der anderen Seite die Diskussionsleitung?

Nervöse und ängstliche Gesprächspartner kann der Rechercheur in dieser Phase ruhig vernachlässigen. Niemand von den „Ängstlichen" in der Runde wird etwas anderes sagen als das, weswegen man ihn dazugeholt hat. Dieses aber wird der Rechercheur ohnehin zu hören bekommen, auch wenn er nicht danach fragt.

Ansprechpartner ausloten

Der potentielle Diskussionsleiter ist der erste Ansprechpartner des Rechercheurs. Es ist nichts dagegen einzuwenden, wenn die formale Leitung des Gesprächs in seiner Hand bleibt. Damit ist der grobe Zeitplan, die Reihenfolge der Themen und deren Anmoderation gemeint.

Höchstwahrscheinlich wird man dem Rechercheur vor Beginn der Diskussion eine Präsentation darbieten. Dies ist das gute Recht der Besuchten und gehört heute zum Standard vieler Unternehmen, Behörden und Institute. Es bedeutet aber nicht, daß sich der Rechercheur eine Reihe tagesfüllender Videos anschauen muß. Für den gut vorbereiteten Rechercheur ist die Präsentation sowieso fast wertlos, denn hier wird nur wiederholt, was er längst gelernt hat. Höchstens kann er einschätzen, welche Themenfelder den Befragten augenscheinlich relevant sind.

Die Gesprächspartner messen der Präsentation logischerweise eine wesentlich größere Bedeutung bei. Dies müssen Sie berücksichtigen. Ein

Mißverhältnis zwischen Vortrags- und Fragezeit ist aber sicher gegeben, wenn für den Vortragsteil mehr Zeit vorgesehen ist als für die anschließende Diskussion. Der Rechercheur ist ja nicht Teilnehmer einer Lehrveranstaltung.

Der Rechercheur muß es nicht unbedingt ankündigen, sich aber das Recht nehmen, jederzeit Zwischenfragen stellen zu dürfen, Einwände zu erheben und ein Thema zu beenden, wenn er genug zu wissen glaubt.

Es kann sein, daß der Diskussionsleiter dem Rechercheur jetzt ersten Widerstand entgegenbringt: Er spürt, daß die Veranstaltung nicht völlig nach Plan verlaufen wird. Der Rechercheur sollte jetzt genau auf die Reaktionen der weiteren Anwesenden achten. Die offensichtlich Unzufriedenen sind ziemlich sicher „Power-Player" – und damit seine Gesprächspartner. Bei aller Initiative muß der Rechercheur darauf achten, daß der Diskussionsleiter genügend Autorität behält, um diese Leute in das Gespräch einzubinden.

Kontrolle gewinnen

Wenn die Gesprächspartner daraufhin versuchen, die Initiativen des Rechercheurs zu ignorieren und den eingeschlagenen Weg stur fortsetzen, greift er wiederum ein. (Zeigen Sie Durchsetzungsvermögen!) Es ist für den Rechercheur in dieser Anfangsphase besonders wichtig, die Oberhand zu behalten. Im Gegensatz zum Beginn eines Zwiegesprächs oder eines Dreier-Gesprächs ist Höflichkeit hier nicht die erste Pflicht des Rechercheurs.

Auch wenn die Stimmung im Raum freundlich ist – der Rechercheur muß auf jeden Fall deutlich machen, daß er klare inhaltliche Vorstellungen zum Verlauf des Treffens hat. Wenn der Rechercheur das unterläßt, wird man ihn mit großer Wahrscheinlichkeit als nächstes um die Möglichkeit bringen, den Ablauf der Gespräche zu bestimmen. In jedem Fall muß der Rechercheur Versuche des Diskussionsleiters unterbinden, den Rechercheur – wie einen der ihren – auf die Diskussionsliste zu setzen und dadurch seine Befragung zu manipulieren. Dann sitzt der Rechercheur früher oder später als Gast einer Schauveranstaltung vor einer gekonnt agierenden Truppe.

Die Gesprächspartner werden Unduldsamkeiten von seiten des Rechercheurs übrigens bis zu einem ungewöhnlich hohen Grad tolerieren:
Schließlich verbindet die andere Seite mit seinem Erscheinen bestimmte Absichten, weshalb um seinen Besuch ein erheblicher Aufwand getrieben wurde – solch einen Termin läßt niemand schnell platzen. (Es sei
denn, dies war von vornherein der Plan.)

Ist die Stimmung zu aggressiv (einzelne der „Power-Player" machen An-
stalten, die Zusammenkunft zu verlassen), sollte der Rechercheur entsprechende Kompromisse schließen, ohne seine Position als Gesprächs-
führender wesentlich beeinträchtigen zu lassen. Dann hört er sich wenig aufschlußreiche, aber vorbereitete Stellungnahmen geduldig an,
um anschließend wieder den Inhalt der Diskussion zu bestimmen.

Einer der Verfasser mußte sich einmal in solcher Situation ziemliche Anwürfe gefallen lassen, die nur das Ziel hatten, eine bestimmte Thematik
auszuklammern: „Sie fragen ja wirklich wie im Kindergarten"; „Lassen
Sie den Kollegen mal ausreden, dann beantworten sich Ihre vielen Fragen ganz von selbst"; „Meine Güte, es kann ja nicht war sein, wie Sie auf
solchen Nebensächlichkeiten herumhacken! – Haben Sie überhaupt verstanden, wovon ich hier spreche?" – Wenn die versammelte Runde sich
zu solchem Betragen gegenüber einem Gast hinreißen läßt, ist der entweder hoffnungslos unverschämt oder hat den Finger in die Wunde gelegt. (Im betreffenden Fall wurde die inkriminierte – entscheidende –
Frage nach vielen vergeblichen Ablenkungsversuchen übrigens wahr-
heitsgetreu beantwortet.)

Anstatt einem Vortrag beizuwohnen, sollte der Rechercheur das Treffen
zu dem Zweck nutzen, für den es vereinbart war: Der Rechercheur fragt
hartnäckig nach jenen Informationen, die ihn bzw. seinen Auftraggeber
interessieren. Die Chancen, dieses Wissen wenigstens nachträglich zu
erhalten, stehen nämlich gar nicht schlecht. Wichtig ist aber, daß der Rechercheur seine Fragen an die verantwortlichen Personen richtet, nicht
an einen der „ängstlichen" Teilnehmer.

Schwächen nutzen

Aufgrund der Vielzahl der Kommunikationspartner wird das Gespräch die ganze Aufmerksamkeit des Rechercheurs fordern. Zunächst hält er unbedingt Blickkontakt zum jeweiligen Sprecher. Besonders achtet er darauf, ob der Antwortgeber bei einzelnen Punkten Blickkontakt mit einem Dritten sucht. Hier sollte der Rechercheur nachhaken! Wenn immer es aber möglich ist, sollte der Rechercheur auch das Umfeld des Redenden beobachten. Manche Reaktionen der „ängstlichen" Gesprächsteilnehmer – plötzlich weg- oder zu Boden schauen, nervös mit dem Kugelschreiber spielen, verunsichert in den Gesichtern der Umsitzenden lesen – sind verräterische Hinweise darauf, daß das Gespräch einen für die andere Seite kritischen Aspekt berührt. Sobald dies geschieht, sollte der Rechercheur eingreifen und nachdrücklich um weitere Erklärungen bitten.

Verstärkt sich darauf die Nervosität im Umfeld (oder auch im Gesicht des Sprechenden), verstärkt sich auch der Wissensbedarf des Rechercheurs. Es kann in dieser Situation geschehen, daß der Rechercheur vertröstet wird („Diese Zahlen habe ich jetzt leider nicht parat"; „Wenn Sie das so genau wissen wollen, muß ich selber nochmal fragen") – Nehmen Sie die Gelegenheit wahr und lassen Sie sich die nachträgliche Zusendung dieser Informationen vor der versammelten Runde zusichern!

Menschen fühlen sich in der Regel an Zusagen gebunden, besonders, wenn diese „vor Zeugen" abgegeben wurden. Dabei spielt es keine große Rolle, daß besagte Zeugen im speziellen Fall Kollegen sind. Wer das nicht glaubt, sollte einmal im – späteren – Dialog folgenden Hinweis versuchen:

„Sie haben mir damals doch vor Ihren Kollegen versprochen, daß Sie mir die Informationen zukommen lassen wollen."

9. Richtig fragen

„Dumme Fragen gibt es nicht." Diese Binsenweisheit hat schon jeder einmal im Leben gehört. Die Aussage trifft natürlich zu. Eine Frage zielt immer nach etwas Unbekanntem, welches aufgehellt werden soll. Doch der sich dann verbreitende Schein des Wissens kann den Fragenden mitunter sehr unvorbereitet erscheinen lassen.

Mit Situationen, in denen er lediglich mit Basiswissen ausstaffiert dasteht und sich nur vorsichtig fragend nach vorn tasten kann, muß jeder Rechercheur rechnen. Beim ersten Kontakt mit einem neuen Thema sind die Wissenslücken einfach zu groß. Der Weg in die – elektronische – Bibliothek (siehe auch: 3. Informationen aus Datenbank und Internet) und die stufenweise Herangehensweise an ein Thema (siehe: 4.2 Basisrecherche sowie 8. Gesprächsführung) sind hier eine entscheidende Hilfe.

Das Wissen darum, was man wissen will, führt aber leider nicht automatisch zur exakten Beantwortung einer Frage.

Um befriedigende Antworten zu erhalten, muß der Rechercheur bei der Formulierung seiner Fragen sehr genau überlegen, aus was für einer Situation und Position heraus sein Gesprächspartner die Fragen wahrnimmt.

Das bedeutet, daß alle Fragen den Kontext, in dem sie stehen, erklären müssen. Ist dies nicht möglich, muß der Hintergrund der Fragen selbstverständlich erläutert werden. Schon eine so simple Frage wie: „Wie komme ich am besten von hier zum Bahnhof?" wird unbefriedigende Antworten bringen, wenn der Befragte nicht die dem Fragenden zur Verfügung stehenden Verkehrsmittel kennt.

Hat ein Rechercheur die Aufgabe, die Verfügbarkeit von Kunststofffußböden für öffentliche Einrichtungen mit bestimmten Qualitätsmerkmalen (z.B.: Abriebfestigkeit, Rutschfestigkeit, bestimmte Verlegeeigenschaften, Elastizität bei definierten Temperaturen, Rollenbreite,

Brandschutzklasse usw.) aufzuzeigen, wird er sich vom entsprechenden Verband eine Liste aller in Betracht kommenden Hersteller besorgen.

Fragt er nun die Vertriebs- oder Verkaufsabteilung beim Hersteller T: „Führen Sie in Ihrem Sortiment Kunststofffußböden mit den folgenden Eigenschaften?" bekommt er vielleicht zur Antwort: „Tut uns leid, solch ein Produkt führen wir nicht." Der Mann aus der Verkaufsabteilung hat vollkommen korrekt geantwortet, und doch hat er seiner eigenen Firma und den Interessen des Rechercheurs – ohne es zu wollen – vielleicht geschadet.

Die Schuld wäre hier allerdings eindeutig beim Rechercheur zu suchen. Er hätte fragen müssen: „Führen Sie in Ihrem Sortiment Fußböden mit den folgenden Eigenschaften? Und wenn nicht, könnten Sie solch einen Fußboden herstellen? Und wenn Sie das könnten – zu welchen Preisen könnten Sie dies, in welchem Umfang und mit welchen Lieferzeiten?"

Wahrscheinlich wird der Rechercheur nun mit der Entwicklungsabteilung oder Produktionsabteilung der Firma verbunden und betreffs der Preise vielleicht darauf verwiesen werden, daß man diesen potentiellen Auftrag in Abhängigkeit zu seiner Größe erst kalkulieren müsse. Aber früher oder später wird er eine sehr konkrete Antwort bekommen.

Darauf, daß der Mitarbeiter des Fußbodenherstellers antwortet: „Nein, diese Fußböden führen wir nicht. Wir haben die aber früher produziert. Ich verbinde Sie mal mit der Produktionsabteilung", kann sich der Rechercheur nicht verlassen.

„Offene" Fragen

Genauso wie eine Frage mit Rücksicht auf die unterschiedlichsten Auffassungsgaben der Befragten formuliert werden muß und den Kontext der Befragung erklären soll, darf sie den zu klärenden Sachverhalt nicht präjudizieren oder zu sehr eingrenzen. Der Rechercheur muß sich offen halten für von ihm nicht vermutete Hintergründe und ständig seine eigenen Fragen überprüfen, ohne dabei sein Ziel aus den Augen zu verlieren.

Werden Lebensmittelexperten zur Gentechnik befragt, dürfte für die meisten Mitmenschen folgende Frage im Vordergrund stehen: „Ist der

Verzehr von gentechnisch veränderten Lebensmitteln mit Risiken für meine Gesundheit verbunden?" Zu dieser Fragestellung wird der Rechercheur schnell die unterschiedlichen Meinungen und Denkschulen der Experten in Behörden, Wirtschaft, Universitäten und anderen Forschungseinrichtungen, Verbraucherverbänden und Umweltgruppen kennenlernen.

Die Frage hingegen, ob mit gentechnisch veränderten Pflanzen auch noch ganz andere Risiken verbunden sein können, zum Beispiel für andere Pflanzen oder Lebewesen, bliebe völlig ungeklärt.

Die obige Frage müßte natürlich noch mit dem Zusatz: „Oder wo sehen Sie die größten Gefahren oder auch Chancen der Gentechnik?" versehen sein.

Ein weiteres interessantes Diskussionsfeld wäre sicher auch, welchen Nutzen der Endverbraucher durch den Einsatz der Gentechnik in der Landwirtschaft hat oder wer überhaupt bei der Einführung gentechnischer Agrarproduktion finanziellen Nutzen zieht.

Ein Diskurs über die Chancen und Probleme der Gentechnik bei der industriellen Erzeugung von Insulin mittels gentechnisch veränderter Bakterien würde den Fragerahmen „Gesundheit, Ernährung, Menschen" jedoch zu weit verfehlen und den Rechercheur von seiner eigentlichen Fragestellung entfernen.

Das Bemühen des Rechercheurs, seine Fragen in den richtigen Kontext zu stellen und seinem Gegenüber genügend Spielraum zur Beantwortung der Fragen zu lassen, hilft allen beteiligten Gesprächsteilnehmern, die Recherche zu einem sinnvollen Ergebnis zu führen.

Atmosphäre

Neben inhaltlichen Planungen und Vorbereitungen für eine Befragung ist natürlich die Atmosphäre eines Recherchegesprächs ein weiterer wichtiger Faktor für den Erfolg einer Recherche (siehe auch: 8.1 Einer gegen einen).

Die vielen verschiedenen menschlichen Charaktere lassen leider nur sehr wenige allgemeingültige Ratschläge zu. Der Rechercheur ist immer derjenige, der von seinem Gegenüber etwas will. Deswegen sind aber we-

247

der dienerisches Verhalten noch selbstherrliches Auftrumpfen Garantie für den Erfolg. Der Befragte sollte vielmehr den Eindruck haben, daß hier ein kühles Herz ein Thema erörtert. (Was nicht heißt, daß der Rechercheur keine Späße machen darf – nur nicht ausgerechnet über den Gesprächsgegenstand.)

Anschließende, wertende oder moralisierende Kommentare zum Thema, etwa zu Tierversuchen in der Kosmetik- oder Pharmaindustrie, sind absolut fehl am Platz. Auch sein Wissen über ähnlich gelagerte Fälle wie den gerade erörterten kann der Rechercheur getrost für sich behalten.

Seinem Gesprächspartner geht es oft anders. Behörden beziehungsweise deren Mitarbeiter sind in vielen Fällen per Gesetz zur Auskunft verpflichtet (siehe auch: 13. Rechtliche Aspekte). Dies heißt natürlich nur, daß die gestellten Fragen wahrheitsgemäß beantwortet werden müssen und nicht etwa, daß die Antworten die ins Auge gefaßte Problematik auch erklären.

Beabsichtigte Mißverständnisse treten deshalb bei problematischen Gesprächen oder auch schriftlichen Befragungen gerne auf. Und der Mitarbeiter einer Behörde verfügt über verschiedene Möglichkeiten, sich aufdringlicher Frager zu erwehren. Möchte der Rechercheur Informationen über die Verschmutzung eines bestimmten Gewässers und fragt deshalb schriftlich an: „Liegen Ihnen Informationen zur Belastung des Goldsees vor?", kann es passieren, daß nach zwei Wochen auf dem Postweg die erhellende Antwort kommt: „Betreffs Ihrer Anfrage vom soundsovielten möchten wir Ihnen mitteilen, daß der Umweltbehörde Informationen zur Belastung des Goldsees vorliegen. Mit freundlichen Grüßen! Müller." Denn Müller hat gelernt, daß er mit dieser Strategie sich erstens Arbeit erspart, und zweitens weiß er, daß die Zeit fast immer gegen Rechercheure arbeitet. Gegen solche Desinformationspolitik gibt es eine einfache Strategie:

- Alle Fragen werden so exakt und präzise formuliert, daß Mißverständnisse ausgeschlossen sind.

- Für die Beantwortung der Fragen werden zumutbare Fristen festgelegt.

Im Fall des belasteten Goldsees hätte der Rechercheur gezielt fragen müssen:

1. Sind Ihrer Behörde Belastungen des Wassers des Goldsees bekannt und
2. wenn ja: seit wann verfügt Ihre Behörde über die entsprechenden Informationen?
3. Wenn ja, welche Belastungen liegen vor und
4. in welcher Höhe pro Liter Wasser?
5. Auf welche weiteren Stoffe als die Ermittelten wurde das Wasser des Goldsees darüber hinaus untersucht?
6. Sind der Behörde die Gründe für die Belastungen des Goldseewassers bekannt und
7. wenn ja, seit wann und was sind die Ursachen?
8. Gibt es darüber hinaus Belastungen des Goldsees, für die der Behörde keine Ursachen bekannt sind?
9. Welche Maßnahmen wurden von Seiten der Verwaltung jeweils ergriffen, um die festgestellten Belastungen des Goldseewassers zurückzuführen?

Ich möchte Sie bitten, meine Fragen innerhalb der nächsten zehn Tage zu beantworten. Sollte Ihnen eine Antwort bis dahin nicht möglich sein, möchte ich Sie bitten, mir unter folgender Telefonnummer werktags zwischen 9.00 und 18.00 Uhr Mitteilung zu machen. Mit freundlichen Grüßen! Ingo Schmidt.

Dieselben Fragen hätte der Rechercheur natürlich auch bei einer mündlichen Befragung von Müller stellen müssen. Da die gesuchten Informationen aber sehr ins Detail gehen, verspricht in diesem Fall eine zunächst schriftliche Befragung größeren Erfolg.

Sprachnebel

Der Umstand, eine gestellte Frage wahrheitsgemäß beantworten zu müssen, trifft jedoch nicht nur auf auskunftspflichtige Behörden zu. Fast alle im öffentlichen Interesse stehenden Personen wie auch hochrangige Mitarbeiter in Unternehmen können es sich nicht leisten, unangenehme Fragen mit Lügen zu beantworten. Neben Halbwahrheiten oder dem Verschweigen von nicht abgefragten Zusammenhängen steht diesem Personenkreis zur Abwehr unangenehmer Fragen noch das Mittel der unklaren Formulierung der eigenen Aussage zur Verfügung.

Zu solchen Ausweichmanövern bietet auch die deutsche Sprache ausgiebig Gelegenheit.

„Wir haben vor, in diesem Sektor 100 Millionen Mark zu investieren" (vielleicht machen wir aber auch etwas ganz anderes), bedeutet nicht dasselbe wie:

„Wir haben beschlossen, in diesem Sektor 100 Millionen Mark zu investieren" (aber nur, falls wir den staatlichen Zuschuß erhalten), oder schließlich:

„Wir werden in diesem Sektor 100 Millionen Mark investieren" (ohne wenn und aber).

Deswegen ist es gerade bei mündlichen Befragungen von größter Wichtigkeit für den Rechercheur, alle entscheidenden Antworten seines Gegenübers noch einmal mit den eigenen Worten zu wiederholen und von seinem Gesprächspartner bestätigen zu lassen. In heiklen Fällen sollte der Rechercheur die Antwort möglichst sogar in ganzen Sätzen schriftlich zur Abnahme vorlegen.

Die Verantwortung dafür, in einem Gespräch die richtigen Fragen im erforderlichen Kontext auf eine angemessene Art und Weise zu stellen, liegt ausschließlich beim Rechercheur. Er wird sich gegenüber seinem Auftraggeber nie damit herausreden können, daß seine Gesprächspartner ihn nicht richtig verstanden hätten.

9.1 Der Befragungsplan

Um eine befriedigende Qualität der Antworten auf die eigenen Fragen zu gewährleisten, sollte der Rechercheur vor jedem Gespräch einen Befragungsplan erarbeiten.

Solch ein Plan sollte dabei möglichst alle relevanten Aspekte einer Unterhaltung erfassen und nicht nur die Fragen beinhalten, die in dem Gespräch zur Klärung anstehen.

Nach der Erfahrung der Autoren ist es dabei nützlich, die ins Auge gefaßten Gesprächspartner zuerst einmal in drei Kategorien einzuteilen:

- die Gruppe der aktiv in dem Fall handelnden Personen (sämtliche entscheidungsberechtigten Personen, deren Handeln Einfluß auf den zu recherchierenden Fall hat),

- die Gruppe der Betroffenen (sämtliche Personen, deren Lebensumstände vom Handeln der Personen der ersten Kategorie beeinflußt werden),

- der Kreis der neutralen Experten (außenstehende Experten und Wissenschaftler, Augen- und Ohrenzeugen).

Natürlich vermischen sich in der Realität die drei Kategorien. Ein Zeuge kann gleichzeitig Täter und Betroffener sein (der Bauamtsleiter als Häuslebauer) und zusätzlich als Experte auf dem Gebiet gelten. In solchen Fällen ist es nützlich, ein und dieselbe Person in verschiedene Kategorien aufzunehmen und sie beim Interview auch unter verschiedenen Gesichtspunkten zu befragen.

Das Einordnen in die verschiedenen Kategorien soll Gesprächspartner aber nicht in wichtige oder unwichtige Personen teilen und muß nicht zwangsläufig erfolgen. Es ist aber gerade bei größeren Recherchen mit vielen Akteuren eine große Hilfe, den Überblick auf die verschiedenen Hintergründe der einzelnen Beteiligten zu wahren. Dies gilt für die Befragung selber wie für die Auswertung der Ergebnisse.

Hat der Rechercheur die ausgewählten Gesprächspartner den Kategorien zugeordnet, kann er sich daran machen, individuelle Befragungspläne zu erarbeiten.

An die erste Stelle solch eines Planes gehört eine Einstufung des Gesprächspartners:

- Welche konkrete Position nimmt er in seiner Behörde, Firma oder Organisation ein (z.B. Pressesprecher, Sachbearbeiter, Abteilungsleiter, Geschäftsführer, Experte einer Universität)?

- Welche hierarchische Position und welches politische Gewicht hat der Gesprächspartner (ist er z.B. als Sachbearbeiter alleiniger Entscheider oder der Zuarbeiter für die eigentlichen Entscheidungsträger)?

- Welchen politischen Hintergrund hat der Gesprächspartner, ist er aktives Mitglied einer Partei?

Fragenliste

Darunter kann der Rechercheur in Stichworten notieren, wie er das Gespräch am sinnvollsten eröffnen wird, um die Gesprächsbereitschaft des Befragten anzuregen.

Dann sollten folgen:

- alle Fragen, die der Gesprächspartner auf jeden Fall beantworten soll, sorgfältig ausformuliert wie bei einer schriftlichen Befragung,

- alle anderen Fragen, die mit der Recherche in Zusammenhang stehen und mit dem Gesprächspartner zumindest erörtert werden sollen,

- Fragen zu allgemeinen Themen, die helfen, den Gesprächspartner besser einordnen zu können. (Was äußert er zur Industrie-, Umwelt-, Medienpolitik usw. seiner Behörde, Firma, Organisation?)

Dies mag jetzt so klingen, als ob die Vorbereitung auf ein Gespräch mitunter einen größeren Arbeitsaufwand als das Gespräch selber verlangt. Und richtig, dies ist oft der Fall.

Eine gute Organisation der Unterlagen ist deshalb eine große Hilfe, diese Arbeit nicht ausufern zu lassen und immer einen guten Überblick zu behalten.

Die Autoren möchten an dieser Stelle aber darauf verzichten, eine detaillierte Anleitung zur Struktur der Befragungspläne zu geben. Ob ein Rechercheur alle „wichtigen" Fragen auf die Vorderseite seiner Unterlagen schreibt und den Rest auf die Rückseite oder umgekehrt, ob er Fakten mit einem blauen Stift und Meinungen mit einem schwarzen notiert, ob er seine Unterlagen themen- oder personenbezogen sortiert, bleibt ihm selbst überlassen. Die Unterlagen sollten leicht in das jeweilige Datenerfassungssystem des Rechercheurs bzw. seines Teams passen.

9.2 Das Interview

Wenn in diesem Kapitel vom Interview die Rede ist, geht es um das telefonisch oder auch persönlich geführte Zwiegespräch und Fragestrategien, dieses zum Erfolg zu führen. Die Hinweise zur Gesprächsführung aus dem vorherigen Kapitel (siehe auch: 8.1 Einer gegen einen) haben auch hier Gültigkeit.

Leider gilt gerade für das telefonische Interview, daß es meist anders verläuft, als vom Rechercheur geplant. Der simple Grund liegt darin, daß zu allermeist der Rechercheur seinen Anruf zwar gut geplant hat, der Angerufene aber oft von den gestellten Fragen und der ganzen Interviewsituation überrascht ist.

- Nehmen Sie sich also für jedes telefonisch geführte Gespräch ausreichend Zeit.

- Fallen Sie nicht mit der Tür ins Haus und fragen Sie deshalb nie zuerst gezielt nach dem, was sie wissen wollen.

- Indem Sie zuerst das Umfeld Ihres eigentlichen Themas erörtern, geben Sie Ihrem Gesprächspartner Zeit, sich in die Thematik einzufinden.

Der Rechercheur erhält durch solche Umwege Gelegenheit, erste Reaktionen des Gesprächspartners auf das angesprochene Thema einzuschätzen. Doch Vorsicht: der Umweg darf nicht zu einem ganz anderen Fragenkomplex führen oder gar zur Sackgasse werden.

- Wenn Sie mit einem hohen Beamten des Bauamtes Modalitäten des Planfeststellungsverfahrens für die Erschließung eines neuen Gewerbeparks erörtern wollen, dann beginnen Sie nicht mit einer Diskussion über die Besoldung von Beamten.

Zu diesem Thema hat zwar erfahrungsgemäß jeder Beamte etwas zu sagen und deswegen erscheint es als guter „Türöffner". Es ist aber schlecht, den Einstieg in das Gespräch über ein Thema zu suchen, das am eigentlichen vorbeizielt und eventuell negativ besetzt ist.

Ein – einleitendes – Gespräch über die Architektur oder die Inneneinrichtung der Baubehörde wird ein Gesprächspartner vielleicht mit der Bemerkung quittieren, daß er für diese Thematik gewiß nicht zuständig sei. Wenn der Rechercheur nun anschließend versucht, auf das Planfeststellungsverfahren für den Gewerbepark zurückzukommen, entbehrt das vorhergegangene Gespräch jeder Plausibilität. Der Rechercheur wirkt auf seinen Interviewpartner wahrscheinlich unglaubwürdig.

Ein einleitendes Gespräch über die Komplexität des Baurechts im Allgemeinen bringt die Diskussion eher auf das richtige Gleis.

Wenn Rechercheur und Gesprächspartner schließlich beim anvisierten Gesprächsthema angelangt sind, sollte ersterer seine vorher festgelegten Fragen nicht dumpf herunterbeten.

- Arbeiten Sie sich durch Fragen zu Nebenaspekten des Themas an seinen Kern heran und bieten Sie dem Befragten dabei ausreichend Möglichkeit, selber thematische Schwerpunkte zu setzen.

Zum einen ist dies eine Frage des Respektes und der Höflichkeit des Rechercheurs gegenüber seinem Gesprächspartner. Zweitens ist der im Gegensatz zum Rechercheur direkt und inhaltlich mit dem Thema beschäftigt und hält vielleicht eine Erklärung für die aufgeworfene Problematik in der Hinterhand, an die der Rechercheur noch gar nicht denkt.

Antworten suchen

Im Fall des Planfeststellungverfahrens für den Gewerbepark kommt es beispielsweise zu großen Verspätungen. Das Bauamt macht für diese Verzögerungen seit langem eine Bürgerinitiative verantwortlich, die für den Erhalt eines Biotopes auf dem Gelände öffentlich streitet. Der tatsächliche Grund für die Verzögerung liegt aber darin, daß die zuständige Wasserbehörde Bedenken angemeldet hat. Dieser Umstand wird von Seiten der Baubehörde bewußt unter der Decke gehalten: Es ist ja viel leichter, die Schuld für behördliche Versäumnisse anderen in die Schuhe zu schieben.

Wenn Sie Ihr Interview geschickt führen, wird Ihnen der Mitarbeiter des Bauamtes diesen Sachverhalt offenbaren.

Doch Vorsicht: Verfolgen Sie nach dem interessanten Ausflug zu den Bedenken der Wasserbehörde trotzdem weiter Ihren Befragungsplan. Das Auftauchen neuer Gesichtspunkte muß nicht alle vorher ins Auge gefaßten anderen Probleme null und nichtig werden lassen.

Außerdem können Aspekte, die ein Gesprächspartner gerade für nicht wesentlich hält, später (in den Augen eines anderen Beteiligten) großes Gewicht besitzen und dürfen schon deshalb nicht vernachlässigt werden.

Die vorgegebene Antwort

Was aber bleibt, wenn der Interviewte trotz allem die entscheidenden Fragen partout nicht beantworten will und grundsätzlich ausweichend antwortet? – Wenn es geht, ist der Rechercheur großzügig, vergißt den Informanten für die Recherche und versucht, die offenen Fragen mit einem anderen Gesprächspartner zu klären.

Ist dies nicht möglich, weil der Interviewte als einziger oder als einer von nur sehr wenigen über die gewünschten Informationen verfügt, kann der Rechercheur noch mit dem Mittel der vorgegebenen Antworten arbeiten. Damit ist nicht gemeint, daß er die entsprechenden Informationen erfinden soll.

Im Fall des Gewerbeparks könnte er gegenüber einem beteiligten Beamten zum Beispiel folgenden Einwurf machen: „Wenn ich Sie richtig verstehe, wird keine endgültige Entscheidung zum Vorhaben Gewerbepark fallen, bis die Untere Wasserbehörde ihren neuen Leiter hat?"

Diese Form des Interviews mit vorgegebenen Antworten ist jedoch bei einer sachlichen Befragung nur als letztes Mittel angezeigt; denn es wirft kein gutes Bild auf den Rechercheur und seine Intentionen.

9.3 Verwertbare Umfragen

Das folgende Kapitel kann kein Studium der Betriebswirtschaft und Statistik ersetzen, welches ein Markt- oder Meinungsforscher in der Regel hinter sich hat. Bei komplexen Problemen raten deshalb die Verfasser, die oben erwähnten Fachleute zu kontaktieren. Im Fall kleinerer Umfragen, wie sie auch von Redaktionen manchmal vorgenommen werden, können die anschließenden Hinweise aber nützlich sein.

Die meisten Umfragen, deren Ergebnisse in Zeitungen und Magazinen veröffentlicht werden, spiegeln die Meinungen und Ansichten der Bevölkerung oder bestimmter gesellschaftlicher Gruppen wieder. Den überwiegenden Anteil machen aber Umfragen aus, die unter der Überschrift „Marktforschung" rangieren. Ähnlich sind Umfragen gestaltet, die sich für statistische Erhebungen innerhalb einer Recherche eignen.

Im Normalfall muß sich der Befragte mit einem Fragebogen auseinandersetzen, in dem er seine Vorlieben und Abneigungen gegenüber bestimmten Produkten zum besten geben soll. Diese Umfragen verlangen vom Befragten einen nicht unerheblichen Zeitaufwand: Die Frage nach dem Lieblingspolitiker läßt sich noch in einem Wort oder Satz spontan beantworten. Die unerwartete Frage nach dem durchschnittlichen monatlichen Stromverbrauch erfordert dagegen wohl bei jedem einen Blick in die Stromrechnung, sie läßt sich nicht auf der Straße beantworten und fordert dem Befragten schon eine gewisse – wenn auch sehr kleine – Mühe ab.

Umfragen sind Recherchemethoden, die Zeit, Personal und damit auch viel Geld sparen oder kosten können. Bestimmende Faktoren sind vor allem die Anzahl der angesprochenen Gruppen und Personen und der Umfang der Fragen. Eine Auslagerung der Umfragen an die schon erwähnten Dienstleister – Meinungsforschungsinstitute oder Marktforscher – sollte bei allen Vorhaben immer in die Überlegungen einfließen.

Eine elementare Voraussetzung für eine Umfrage ist die Eingrenzung und Erfassung der Zielgruppe. Richtet sich die Umfrage an Behörden, ist dies in der Regel kein großes Problem. Die Zieladressen stehen in diversen Behördenführern.

Andere Adressen sind, abhängig von der Zielgruppe, nicht ohne weiteres zu kaufen. Einer der Autoren war einmal beauftragt, die Adressen sämtlicher Gesundheitsämter Deutschlands auf Diskette zu besorgen. Weder im Gesundheitsministerium in Bonn noch beim damaligen Bundesgesundheitsamt in Berlin lagen die Adressen zentral erfaßt vor. Erst ein kleiner Verlag aus Leipzig, der sich auf die Zielgruppe „Medizinische Berufe" spezialisiert hatte, konnte schließlich die entsprechenden Daten liefern.

Handelt es sich bei der Zielgruppe um Firmen einer bestimmten Branche, können die zuständigen Wirtschaftsverbände dabei helfen, die Adressen zusammmenzustellen. Der Verband kann zwar nur die Adressen seiner Mitglieder und nicht etwa die Adressen sämtlicher Firmen der Branche nennen. Im Normalfall decken die Verbandsmitglieder aber die wichtigsten „Spieler" einer Branche ab. Viel schwieriger wäre jedoch z.B. die Zusammenstellung aller Mitglieder einer Branche, die mindestens einen bestimmten Umsatz machen und eine festgelegte Marge ihres Umsatzes mit Exporten nach Südostasien machen. Wenn der Verband in diesem Fall nicht intensiv mitarbeitet, läßt sich die Liste nur unter großem Aufwand erstellen.

Sind bestimmte Bevölkerungskreise im Visier der Fragesteller, können Adressenhändler in vielen Fällen weiterhelfen. Deren Klienteldateien sind allerdings vorwiegend nach Berufsgruppen, materiellen Gesichtspunkten beziehungsweise nach dem Konsumverhalten der Mitbürger zusammengestellt.

Motivieren

Ist die Zielgruppe eingegrenzt und erfaßt, geht es entscheidend darum, diese zur Teilnahme an der Umfrage zu motivieren.

Bei Behörden hat zum Beispiel jedermann Einsichtsrechte in das Einwohnermelderegister oder auch in das Handelsregister, um bestimmte Fakten zu erfahren. Auch alle Fragen, die Bezug zur Umwelt haben, müssen die Behörden nach dem geltenden Umweltinformationsgesetz beantworten (siehe auch: 13. Rechtliche Aspekte). Wird bei solchen Einsichtnahmen allerdings die Hilfe eines Mitarbeiters der Behörde in Anspruch genommen, können die Behörden dafür erhebliche Gebühren verlangen. Wird statt einer Grundgebühr der Arbeitseinsatz eines Beschäftigten im gehobenen Dienst angesetzt, stellen Behörden dies mit über 100 Mark in der Stunde in Rechnung.

Die meisten Befragten können aber aus freien Stücken entscheiden, wie sie mit der ihnen vorliegenden Umfrage umgehen. Allein ihre Motivation entscheidet über Erfolg oder Scheitern der Arbeit. Umfragen zum Konsumverhalten sind deshalb gerne mit der Ausschreibung eines Gewinnes verknüpft. Unternehmen oder Ämter lassen sich so natürlich nicht motivieren. Hier hilft nur eine plausible Erklärung zu Sinn und Zweck des Unterfangens sowie eine intensive Betreuung der Befragten vor und während der Umfrage. Um gerade die zeitaufwendige Betreuung der Befragten möglichst gering zu halten, ist es von größter Wichtigkeit, der Erläuterung von Sinn und Zweck der Umfrage genügend Zeit und Raum zu widmen. In diesem jeder Umfrage vorangestellten Anschreiben müssen auch alle eventuell erforderlichen Hinweise zum Ausfüllen des Fragebogens stehen.

Auch inhaltlich darf die Umfrage beim Befragten nie das Gefühl von zuviel oder gar unzumutbarer Arbeit auslösen. Dies wäre bestimmt der Fall, wenn man etwa bei allen Wasserämtern in Deutschland die Zahl der in den letzten fünfzig Jahren gestellten Anträge auf Wasserentnahmerechte mit einem Volumen unter 1000 Litern pro Tag erfragen würde. Die Mitarbeiter in den Ämtern müßten sich dann auf längere Zeit in die Archive ihrer Behörden verabschieden und könnten ihrer eigentlichen Arbeit nicht mehr nachgehen. Da ein gewisser Arbeitsumfang bei jeder Datenerhebung bei den Betroffenen unumgänglich ist, ist es wichtig, die zusätzliche Belastung in Grenzen zu halten und bei Problemen Hilfe anzubieten.

Hilfe anbieten

Es müssen also Telefonnummern für eventuelle Rückfragen angeboten werden, unter denen qualifizierte Mitarbeiter Rede und Antwort stehen und weitere Betreuung bieten: Werden in Deutschland für eine Umfrage alle Kreisbauämter (es sind mehrere hundert) angeschrieben und um eine Beantwortung bestimmter Fragen innerhalb der nächsten vier Wochen gebeten, werden zwanzig Ämter möglicherweise mitteilen, daß die Frist zur Beantwortung der Fragen nicht eingehalten werden kann, weil der zuständige Mitarbeiter gerade seinen Jahresurlaub nimmt. Selbstverständlich müssen die Betroffenen die Möglichkeit haben, diese Mitteilung auch machen zu können. Ein ständig besetztes Telefon könnte eine zur Mitarbeit willige Klientel schnell verärgern und der Umfrage selber Schaden zufügen.

Genauso, wie die Befragten während der Umfrage nicht allein gelassen werden dürfen, sollte ihnen nach erfolgter Umfrage ein Feedback, also die Auswertung oder das Resultat der Befragung angeboten werden. Erstens kann eine Teilhabe an den Resultaten der Befragung die zentrale Motivation sein, Zeit und Arbeit in die Beantwortung der Fragen zu stecken. Zweitens ist eine Rückmeldung nach Meinung der Verfasser ein Zeichen des guten Umgangs miteinander. Schließlich sind es die Frager, die ohne materielle Gegenleistung von den Befragten etwas wollen. Das Angebot, die erhobenen Daten bei Anfrage zur Verfügung zu stellen, ist praktisch die einzige Gegenleistung, die gewährleistet werden kann.

Natürlich ist die Anzahl der Fragen, deren Beantwortung der Zielgruppe zugemutet werden kann, abhängig von ihrer Qualität. Geht es um das reine Abfragen von Meinungen, können fünfzig Fragen, verteilt auf fünf DIN A4-Seiten, wahrscheinlich in zwanzig Minuten beantwortet werden. Der Umfang des Fragebogens könnte die Angesprochenen trotzdem davon abhalten, sich mit ihm auseinanderzusetzen. Als Faustregel sei empfohlen, die Zielgruppe bei Befragungen nach Daten mit nicht mehr als zwei DIN A4-Seiten zu belästigen. (Umfragen zum Konsumverhalten können dagegen drei, vier, fünf oder mehr Seiten umfassen.)

Antworten reduzieren

Bei der Formulierung der Fragen muß bedacht werden, daß sich nur bestimmte Fragen für eine statistisch sinnvolle Auswertung eignen. Die Fragen müssen deshalb so gestellt sein, daß nur bestimmte Antworten in Frage kommen.

Als Antwort dürfen dem Befragten nur folgende Angaben zur Verfügung stehen:

- Ja, Nein oder Weiß nicht,

- die Angabe einer Zahl,

- das Ankreuzen eines Kästchens innerhalb gemachter Vorgaben wie sehr gut, gut, befriedigend, ausreichend oder stimme zu, stimme weniger zu, stimme gar nicht zu usw.,

- anderes/andere, trifft auf mich nicht zu etc.

Nur für den Ausnahmefall sind längere schriftliche Aussagen akzeptabel. Zum einen empfinden viele Mitbürger das schriftliche Formulieren ganzer Sätze als Arbeit und somit als Zumutung. Zum anderen lassen sich längere und individuell formulierte Aussagen nur sehr schlecht auswerten. Auf die Frage: „Was würden Sie in Ihrem Leben gerne noch einmal erleben?" können einhundert Befragte einhundert verschiedene Antworten geben. In einem solchen Fall hilft nur eine drastische Eingrenzung der Frage:

Würden Sie in Ihrem Leben gerne noch einmal:

☐ eine Weltreise unternehmen   ☐ ein Haus bauen
☐ ein Schiff kaufen   ☐ sich Ihr Traumauto leisten
☐ nur noch für Ihr Hobby leben   ☐ etwas anderes machen

Eine große Hilfe ist beim Entwickeln von solchen Fragebögen immer die Einbeziehung von EDV-Experten, die berufsbedingt einen sehr guten Blick für die Verwertbarkeit und Verknüpfungsmöglichkeit von Antworten haben.

Letzter Test

Eine weitere Hilfe bei der Bearbeitung eines Fragebogens ist selbstverständlich auch dessen gutes und ansprechendes Layout.

Bevor er seine Fragen formuliert, muß der Rechercheur selbstverständlich die Fachbegriffe der Branche, gesellschaftlichen Gruppe oder Behörde lernen. Dreht sich der Fragenkomplex um die Einhaltung verschiedener Normen und Parameter bei definierten Produktionsprozessen, sollte der Rechercheur die entsprechenden DIN- und ISO-Normen kennen und die Fachbegriffe der Produktionstechniken beherrschen. Brancheninsider, Behördenmitarbeiter und andere Fachleute oder Experten bieten hier die beste Hilfe.

Wenn die Zielgruppe erfaßt ist, die Fragen in Zusammenarbeit mit Experten und EDV-Fachleuten formuliert sind, der Fragebogen sein Layout hat und zum Versand bereit liegt, sollten vor der massenhaften Versendung der Fragebögen einige Probeläufe mit Kandidaten aus der Zielgruppe gemacht werden, um etwaige letzte Mißverständnisse bei der Beantwortung der Fragen auszuschließen.

Vielleicht kommen dem Leser diese Vorsichtsmaßnahmen übertrieben vor. Doch bereits zehntausend versandte Fragebögen mit zwanzig eindeutigen und nur einer mißverständlichen Frage sind ein Unding. Denn natürlich hatte bei der Erstellung des Fragebogens jede Frage ihre Wichtigkeit und damit Berechtigung. Wegen einem Fehler ein zweites Mal zehntausend Briefe zu verschicken, um eine einzige mißverständliche Frage zu klären, ist mehr als ärgerlich.

10. Die lokale Recherche

Lokal recherchieren bedeutet: agieren in einem klar abgegrenzten Umfeld. Das klingt zunächst gut. Ist ein festes Arbeitsgebiet abgesteckt, sinkt die Gefahr, daß die Recherche plötzlich den Rahmen sprengt und der Rechercheur auf unbekanntem Terrain agieren muß. Sicher ist das ein gewisser Vorteil, doch macht dies die Arbeit gleichzeitig auch schwieriger. Viele Lokaljournalisten wissen ein Lied davon zu singen. Es ist gerade die überschaubare Zahl der Ansprechpartner und der handelnden Personen, welche die Recherche so schwierig macht.

In einer Kreisstadt, von der aus um die 150.000 – 200.000 Landkreisbewohner regiert werden, gelten andere Gesetze als im anonymeren Verwaltungsgerüst einer Großstadt, einer Landes- oder Bundesregierung. Ist der Rechercheur einmal mit dem Falschen aneinandergeraten, kann es passieren, daß ihm die Türen der lokalen Verwaltung für Jahre verschlossen bleiben, und das wiederum kann tödlich sein.

Vielen Bürgern einer Großstadt sind die einzelnen Leiter ihrer Stadtteilverwaltung unbekannt. Seinen Ortsbürgermeister, Stadt- oder Oberkreisdirektor dagegen kennt der Bewohner einer Kleinstadt oft mit Namen, und nicht selten sogar genauer: „Unser Stadtdirektor, Ihr kennt ihn ja, als der Berthold Meyer von der Fleischerinnung ihm dumm gekommen ist, da hat er ihm erstmal die Leviten gelesen. Aber er ist ja nicht nachtragend, das muß man ihm anrechnen."

Die Chefs solcher Verwaltungseinheiten haben sich mitunter ein beachtliches Machtpotential erarbeitet. Sie sitzen seit Jahren, vielleicht Jahrzehnten fest im Sattel, haben Parteiaustritte und Koalitionsgezänk souverän überlebt, mitunter als Hausmacht eigene „Unabhängige Wählervereinigungen" gegründet, erreichen bei Wahlen Traumquoten über 60 Prozent, und sind sich ihrer Macht bestens bewußt. Ziemlich einflußreiche kleine Könige.

Ein Lokaljournalist, der über das Verfolgen des Tagesgeschehens und Umschreiben von Presseerklärungen hinaus eigene Geschichten recherchieren will, hat außer dem Handelsregister und der Lokalzeitung kaum Archive zur Verfügung, die ihm bei seiner Recherche weiterhelfen können. Er ist deshalb fast immer auf die Hilfe der „Lokalmatadore" angewiesen. Dazu trifft er sich zum Beispiel regelmäßig mit dem Leiter des Bauamtes. Auf solchen „informellen Treffen" erfährt er dann vom Plan des Amtes, ein neues kommunales Parkhaus zu errichten. Natürlich darf besagter Journalist die Geschichte als erster – vor der Konkurrenz – im Lokalblatt bringen. Das verschafft ihm den Ruf, stets vor allen anderen Bescheid zu wissen.

Manchmal nimmt solch ein Journalist nicht wahr, wie leicht er dabei vom Insider zum Hofberichterstatter mutieren kann. Die vertrauliche Information ist eine Droge, die rasch abhängig macht. Käme der Journalist auf die Idee, das geplante Parkhaus zu kritisieren, riskiert er den Ausschluß aus den vertraulichen Zirkeln. Und wenn das geschieht, wird die Arbeit mit einem Mal unendlich viel schwerer. Nicht anders ergeht es dem Rechercheur. Macht er sich unvorsichtig unbeliebt, kann ihm ein „Lokalmatador" ohne weiteres alle möglichen Türen verschließen. Eine amts- oder betriebsinterne Parole der Art: „Vorsicht, redet nicht mit Soundso, das ist ein Nestbeschmutzer", kann für die Recherche tödlich sein. Querulanten und Besserwisser sind dort, wo jeder jeden kennt, besonders unbeliebt. Und in den meist funktionierenden Sozialgefügen einer Provinzstadt heißt das: einmal Außenseiter, immer Außenseiter. Wem das nicht paßt, der kann ja woanders hinziehen.

Lokales Minenfeld

Ein Rechercheur, der sich im Minenfeld von Lokalpatriotismus, verflochtenen Interessen und zementiertem Machtgefüge bewegt, muß über hohes Problembewußtsein und große Umsicht beim Vorgehen verfügen. Um verborgene Falltüren zu um- und der Rache einer Lokalgröße zu entgehen, sollte ein Journalist unbedingt einige Punkte im Hinterkopf und einige Tricks auf Lager haben.

- Hintergrundwissen sollte frühzeitig beschafft werden.

Gerade im lokalen Umfeld existieren über ein und denselben Vorgang meist zwei Versionen: Die offizielle ist zur Veröffentlichung bestimmt und informiert die Bürger über die für sie relevanten Fakten. Zusätzlich gibt es die zweite, hinter vorgehaltener Hand erzählte Variante.

Diese Geschichte hat einen zwielichtigen Charakter: Wer da mit wem gekungelt hat, welche internen Bedingungen an eine Zustimmung geknüpft waren, wer den Rahm abschöpft und ähnliches. Viele dieser Details lassen sich nicht erhärten, manche sind die phantastischen Produkte ungebremster Schadenfreude – und manche Geschichte ist wahr. Ein Journalist muß die inoffizielle Variante nicht kennen, um seinen Bericht zu schreiben. Er sollte sie aber kennen, will er sich nicht zum Spielball unbekannter Interessen machen. Ein Lokaljournalist hat es meistens leichter als etwa der ehrenamtliche Rechercheur einer lokalen Interessengemeinschaft, denn er hat mit seinen Kollegen einen reichlichen Wissensschatz im Haus. Doch auch für den Rechercheur gilt:

- Erste Anlaufstelle ist der erfahrene, zuständige Lokalredakteur.

Selbst hier ist die Informationsbeschaffung bisweilen mit Schwierigkeiten verbunden, denn viele Kollegen sitzen auf ihrem Hintergrundwissen wie die Henne auf dem Ei. Dies kann zwei Gründe haben: Entweder, der Kollege traut dem „Neuen" nicht und hat Sorge, dieser könnte unvorsichtig Porzellan zerschlagen. Oder der Kollege hat außer diesem Hintergrundwissen fachlich wenig zu bieten und hütet darum seinen Wissenvorsprung wie einen Schatz: So hält er sich Konkurrenz vom Leib. Wie ein Journalist diese kommunikativen Hemmnisse überwindet, ist in dem Kapitel „8.1 Gesprächsführung/Einer gegen einen" beschrieben.

Güter abwägen

- Je weiter ein Rechercheur in einer kritischen Angelegenheit vordringt, desto größeres Gewicht erlangt die Frage: Welche möglichen Konsequenzen ergeben sich aus meiner Arbeit?

Diese nie eindeutig zu entscheidende Güterabwägung begegnet dem Journalisten/Rechercheur in vielen Spielarten. Die Frage kann eventuell lauten: Lohnt es die Sache, daß ich mich deswegen mit X anlege? Wenn ich jetzt Streit mit Y provoziere, kann ich mir dann der Unterstützung von Z sicher sein?

Diese Fragen klingen hasenfüßig. Wer jedoch einmal das verschlungene Beziehungsgeflecht einer Kleinstadt kennengelernt hat, der weiß: sie sind es nicht.

Der Rechercheur muß sich vor allem im klaren sein, das der Raum für Ausweichmanöver in der Provinz begrenzt ist. Unangenehme Rechercheergebnisse lassen sich nicht einfach in Schubladen verstecken, Zuständigkeiten nicht an andere Behörden delegieren.

Wer eine Recherche beginnt, sollte bedenken, was er damit auslösen kann. Und er sollte Prioritäten setzen. Auch der kompetenteste Rechercheur handelt töricht, wenn er alles gleichzeitig attackiert. Damit ist jede Verwaltung, jeder Unternehmensverband irgendwann überfordert. Es macht keinen Sinn, in einem Atemzug die Verkehrsplanung, die Wirtschaftsförderung und das Klärwerk aufs Korn zu nehmen. Umso wichtiger ist es, an dem Thema der Wahl so lange zu arbeiten, bis es im Bewußtsein der Bevölkerung fest verankert ist.

Die Güterabwegung ist also ständige Begleiterin jeder lokalen Recherche. Sie kann lauten: Gut, wir können die schlampige Bauaufsicht bei der Errichtung der Stadthalle vor fünf Jahren dokumentieren und das Zustandekommen vieler Mängel darstellen. Andererseits hat die Stadt in den nächsten zwei Jahren kein Geld für die Reparaturen – es sei denn, der Bau des neuen Kindergartens wird verschoben. Spätestens jetzt wird es schwierig.

• Nie mit der Tür ins Haus fallen, dafür eine Karte im Ärmel behalten!

Ein Anruf beim Wirtschaftsförderungsamt nach dem Motto: „Ich habe gehört, daß sie keine Interessenten für das neue Industriegebiet finden, geben sie mir doch mal die genauen Zahlen durch", ist sicher zum Scheitern verurteilt. Andere Perspektiven ergeben sich dafür aus folgendem Vorgehen: „Guten Tag, ich möchte mich einmal über Ihre Strategien zur Ansiedlung neuer Unternehmen unterhalten." Weil er etwas vorzuweisen hat, lädt der Amtsleiter zum Gespräch. Läßt der Rechercheur währenddessen durchklingen, daß er von einer Gemeinde weiß, welche mit ungewöhnlichen Werbemethoden gerade besonderen Erfolg erzielt, wird er Informationen über den aktuellen Stand der Entwicklung mit großer Wahrscheinlichkeit auf den Tisch gelegt bekommen.

- Hüten muß sich selbst der kompetenteste Rechercheur vor der Versuchung, neben dem Kunden allzu nah mit ortsansässigen Interessengruppen oder Parteien zu paktieren.

Die Gefahr ist im lokalen Umfeld besonders groß, denn hier wird ein Rechercheur, insbesondere ein Journalist, schnell zur populären politischen Instanz. Solch eine Person ist automatisch Ziel von Lobbyisten jeglicher Couleur. Steht ein Journalist aber einmal in dem Ruch, zu sehr mit Dritten zu bandeln, wird er vor allem als Interessenvertreter wahrgenommen: „Der X, der ist ja ein guter Mann, aber leider hockt der ja immer mit den Schwarzen zusammen" oder „Was will der X eigentlich dauernd bei den Rotariern? Hat der was gegen uns vom Lions Club?"

Kompetenz beweisen

- Das beste Mittel, sich vor der Vergeltung einflußreicher Unternehmer, Beamter und Politiker (wobei diese Konturen im Lokalen oft genug verschwimmen) zu schützen, heißt Kompetenz.

Hierbei kommt dem Rechercheur zugute, daß Lokalmatadoren sich in ihrem täglichen Wirkungskreis gemeinhin sehr gut auskennen, jenseits dieses Tellerrandes jedoch über wenig Wissen verfügen. Der Leiter der kommunalen Verkehrsbehörde weiß nicht unbedingt über moderne Verfahren zur Lärmvermeidung in Wohngebieten Bescheid. Wer weiß, wann er zuletzt an einer Fortbildung (etwa durch das „Hamburger Lärmkontor") teilgenommen hat? Das kann Jahre her sein. Eine neue Technik zur Luftabführung in engen Straßen, vor zwei Jahren in den USA entwickelt? – Davon weiß er wahrscheinlich nichts.

Genau hier liegt der erfolgversprechende Ansatz: Ausgezeichnetes Wissen um das Problem, dazu die Kenntnis um dessen Lösung machen jeden Rechercheur zum gefragten Gesprächspartner auf allen Ebenen. Es ist darum besonders wichtig, sich gründlich in eine Materie einzuarbeiten, bevor der Rechercheur die wirklich unangenehmen Fragen stellt.

Hat sich der Rechercheur einmal den Ruf eines kompetenten Analysten oder Berichterstatters erworben, kann er sich einiges erlauben, bis er ihn wieder verloren hat.

Geschafft hat es jener Rechercheur oder Journalist, über den ein Amtsleiter sagt: „Der Kerl verfolgt ja zum Teil eine Berichterstattung, die mir
gar nicht gefällt. Aber eins muß man ihm lassen: Er kennt sich wirklich
gründlich aus und stellt kluge Fragen. – Eigentlich unterhalte ich mich
ganz gerne mit ihm."

11. Komplexe und schwierige Recherchen

Rechercheure werden ausnahmslos nur tätig, wenn sie einen entsprechenden Auftrag erhalten. Einem Journalisten kann es aber auch passieren, plötzlich über ein – vielleicht nur vermeintlich – großes Thema zu stolpern. Sobald er dann seine Erkundigungen beginnt, werden ihm von seinen wichtigsten Gesprächspartnern die Türen zugeschlagen. Und plötzlich steht er vor einer scheinbar unlösbaren Aufgabe. Sie ist zu lösen, allerdings fordert sie einige Vorbereitung und Ausdauer, Konzentration und Taktik.

Eine große Recherche entsteht meist aus einer vorhergehenden Recherche, aus in sich widersprüchlichen Aussagen der Befragten innerhalb einer stattfindenden Recherche, mitunter auch aus einem anonymen oder zu bezahlenden Hinweis.

Warum finden sich die Themen für eine große Recherche nicht anders?

• Läge die Geschichte offen, gäbe es die Story bereits.

Außerdem werden wichtige und für die Öffentlichkeit nicht bestimmte Tatsachen stets aktiv vor Entdeckung geschützt. Dazu bedient sich die Gegenseite verschiedener Methoden.

Aktive Informationspolitik steht dabei in der Öffentlichkeitsarbeit ganz oben auf der Liste: Gelingt es dem Unternehmen oder der Institution, selbständig Themen zu entwickeln und an die Medien zu bringen, steuern sie damit gleichzeitig erheblich die Berichterstattung über das Unternehmen.

Unangenehme Themen wehren Pressesprecher dagegen ab. Dies geschieht auf verschiedene Weise.

• Durch Fehlinformation: („Es gibt keine Probleme", „Es gibt nichts Neues zu berichten", „Sie sind offenbar einer Ente aufgesessen"),

- Werfen von Nebelkerzen: („Windkrafträder sind zu 99 Prozent verfügbar" – deswegen produzieren sie aber noch lange keinen Strom) oder

- Abwehr: („Dies sind vertrauliche Informationen und nicht für die Öffentlichkeit bestimmt", „Tut mir leid, wir haben in dieser Sache keinen Gesprächsbedarf" oder schließlich „Bitte, rufen Sie nicht wieder an"). Auch dafür werden Öffentlichkeitsarbeiter bezahlt.

Solches Verhalten von Seiten der Befragten ist grundsätzlich ein wichtiger Hinweis, daß es hier Interessantes zu recherchieren gibt. Es kann andererseits aber auch sein, daß dieses Thema zwar für das Unternehmen von Bedeutung ist, nicht aber für den Leser/Zuschauer/Zuhörer.

Nachhaken

Prinzipiell lohnt es sich immer, bei Informationsverweigerung nachzuhaken und die Gründe darlegen zu lassen. Ein Pressesprecher muß plausibel erklären können, warum er welches Wissen nicht weitergeben kann – oft sind es wirtschaftliche Gründe –, sonst macht er sich unglaubwürdig. Und wer sich unglaubwürdig macht, tut seinem Arbeitgeber keinen Gefallen.

In einem Fall hatte ein Unternehmen dem Autor ein ausführliches Hintergrundgespräch zu einem zuvor bereits telefonisch diskutierten Thema angeboten. Bedingung war: Während des Hintergrundgesprächs gegebene Informationen werden nur mit Zustimmung des Unternehmens verwendet.

Bereits die erste im Gespräch gestellte Frage wurde unter den Firmenmitarbeitern kontrovers diskutiert, und diese Uneinigkeit zog sich über eineinhalb Stunden fort. Nochmals andere Informationen und Einschätzungen erhielt der Autor während eines Ortstermins, der sich unmittelbar an das Gespräch anschloß. Bereits einen Tag später hatte die Firma ihren Mitarbeitern offenbar weitere Gespräche mit dem Journalisten untersagt, nach zwei Wochen wurde sämtliche Kommunikation von der Öffentlichkeitsarbeit abgebrochen. – Wer daraufhin nicht in eine große Recherche einsteigt, ist selber schuld.

Bequemer als dieses Vorgehen ist das Warten auf eine brisante Information, die irgendwer irgendwann dem Journalisten zusteckt. – Das kann auch reinen Rechercheuren passieren, ist aber weit seltener der Fall: Die Informationen sollen ja in die Öffentlichkeit gelangen. – Ein Journalist am Beginn seiner Laufbahn erhält aber nur mit Glück den berühmten vertraulichen Hinweis oder das zu bezahlende Informationsangebot. Informanten halten sich an Journalisten, die sie kennen und denen sie vertrauen können. Schließlich beinhaltet die vertrauliche Weitergabe ein erhebliches Risiko für den Informanten.

Wer dieses Risiko mit Geld bezahlt haben möchte, wendet sich an Journalisten in der oberen Hierarchie, denn nur die verfügen über die notwendigen Mittel.

Anfängern nähern sich stattdessen bevorzugt Denunzianten und Manipulateure, denen erfahrene Journalisten nicht trauen und die diesen darum auch kein Geld geben würden. (Ausnahmen bestätigen die Regel: Hitler-Tagebücher/Stern.)

Falsche Informanten

Die Beantwortung einer Reihe von Fragen gibt brauchbare Hinweise, ob eine Aussage stimmt oder erlogen ist, ob ein Dokument echt ist oder manipuliert. (Diese Hinweise sind in Kapitel 5.4, Seite 173 unter „Kontrollfragen" aufgeführt.) Eine präzise und gut abgesicherte Vorrecherche lohnt sich in solchen Fällen immer. Ein Journalist, dessen angekündigte „große Recherche" sich später als heiße Luft erweist, hat anschließend einen sehr schweren Stand.

- Darum: Vorsicht vor falschen Informanten und Betrügern!

Auch erfahrene Journalisten, die ihren Informanten trauen, stellen für sich zuerst immer die Frage nach den möglichen, meist verborgenen Motiven des Informanten. Überdies: Informanten zu gewinnen ist nicht leicht und erfordert oft jahrelange und bewährte Zusammenarbeit.

Es gibt eine dritte Tür zur großen Recherche. Diese Tür ist der kluge Kopf des Journalisten: Oft ist gründliche Reflexion Anstoß für eine große Recherche. Durch intensive Auseinandersetzung mit dem Thema erkennt der Journalist die verdeckten Widersprüche einer scheinbar glatten Darstellung. Vielleicht tun sich auch logische Fehler auf.

Wer eine große Recherche beginnen will, muß darum seine Arbeit äußerst gründlich angehen, und dazu gehört unbedingt eine intensive Auseinandersetzung mit den täglichen Ergebnissen:

- Am Ende des Tages oder nach einem intensiven Recherchegespräch die erhaltenen Informationen noch einmal Revue passieren lassen und auf Schlüssigkeit abgleichen.

- Gesprächssituationen nachdeuten: wurde ich von bestimmten Themen abgelenkt?

- Nach nicht gestellten Fragen und Lücken suchen, die nicht beantwortet oder behandelt wurden.

- Gründe für das Verhalten der Beteiligten suchen: Wer hat warum wie reagiert? Kam irgendwann Nervosität auf, wurde abgelenkt (gern durch die Denunziation Dritter)?

Es macht keinen Sinn, jeden kleinen Widerspruch und jede ungenaue Aussage zu klären, denn die sind menschlich und passieren einfach. Wenn sich jedoch gravierende Unstimmigkeiten herausfiltern lassen, bleibt oft nur eine Frage:

Was will die andere Seite verbergen?

Eine gute Technik ist das nochmalige Heranfragen an die sensiblen Bereiche: An welcher Stelle des Gesprächs wächst die Auskunftsbereitschaft, wann droht sie zu versiegen? Solche Befragungen sind nicht leicht, erfordern Geschick und Geduld. Den wunden Punkt kann der Journalist so zwar nicht exakt bestimmen, wohl aber den sensiblen Themenbereich. Die konkreten Aussagen des Gesprächspartners treten in den Hintergrund, der Befrager lauscht vor allem auf Signale wie „heiß" oder „kalt".

Zur Absicherung kann der Journalist zusätzlich einen „Zwilling" des Auskunftgebers befragen. Reagiert der ähnlich empfindlich oder sagt z.B.: „Da haben Sie aber ein heißes Eisen angefaßt", ist das ein wichtiger Hinweis, daß hier tatsächlich eine Geschichte im Busch ist.

Mit Abschluß der Phase „Thema bestimmen und eingrenzen" beginnt das eigentliche Problem, denn von nun an werden jene, die bislang Informationen verweigerten oder den Fragenden hinhielten, ihre Anstrengungen verstärken.

Wie aber Informationen erhalten, die einem die Gegenseite nicht geben will? – Das ist weniger schwer, als es den Anschein hat.

Hierbei helfen zwei Dinge: Erstens ist der Gegenstand der Recherche ein offenes System. In sich geschlossene Systeme existieren weder in der Natur noch in der Gesellschaft, eine vollständige Abschottung ist unmöglich und hemmt fast immer die Effizienz (Ausnahme: Geheimdienste etc.). Außerdem wird der Gegenstand der Recherche von Menschen verwaltet und geführt. Sie nehmen entscheidenden Einfluß auf das System, können es fördern oder im schlechtesten Fall zerstören. Gemeinsam mit der das System tragenden Struktur und seiner Logistik bilden sie einen Organismus, der das Recherchethema verwaltet, steuert und behütet.

Zweitens gibt es beinahe alles auf der Welt zweimal, gewöhnlich sogar mehrfach. Und damit kommen die bereits erwähnten „Zwillinge" ins Spiel. Macht die Gegenseite die Schotten dicht, befragen Sie einen Mitbewerber/das Krankenhaus im Nachbarkreis/die Uni am anderen Ende Deutschlands. (Recherchieren Sie notfalls im Ausland weiter. Was hier als Geheimnis gehütet wird, liegt anderswo mitunter offen.)

Organismus erkennen

Ziel der Übung ist, den Organismus zu erkennen. Behalten Sie aber ihr Thema im Auge, sonst recherchieren Sie Unnützes!

Einige Fragen, die fast immer weiterhelfen:

- Welches sind die prinzipiellen Probleme des Organismus?

- Wovor fürchtet sich die Branche am meisten?

- Mit welchen Unternehmen kooperiert der Organismus?

- Mit welchen Institutionen muß der Organismus kooperieren?

- Auf wessen Input (Unis) ist er angewiesen?

- Gibt es relevante Geldgeber/Fördergelder für den Organismus?

Der Journalist kennt nun die vielfältigen Beziehungen, die der Organismus bzw. Gegenstand der Recherche mit Dritten unterhält, systembedingte Schwächen und Stärken. Eventuell stellt sich jetzt heraus, daß der Organismus gar nicht die Firma selbst ist, sondern eine Interessengruppe, z.B. eine Abteilung, die in Zusammenarbeit mit einem Dritten, etwa einem Zulieferer, eine unangenehme Geschichte nicht nur vor dem Journalisten, sondern auch vor der Firmenleitung selbst vertuscht: Der Organismus ist erkannt.

Organismus verstehen

Die zweite Phase der Recherche beginnt: Das Befragen Dritter. Ziel ist, den Organismus zu verstehen. Fragen, welche die Gegenseite nicht beantworten will, stellt der Journalist jetzt der zuständigen Behörde/dem wissenschaftlichen Mitarbeiter der Universität, welche für den Organismus forscht/der Konkurrenz/dem Zulieferer – die Liste ist theoretisch endlos. Manchmal ist es auch möglich, eine parallele Recherche innerhalb des Organismus zu starten. Ist die Abteilung Unternehmenskommunikation groß genug, kann dies gelingen. Gesprächspartner, welche die Leitung der Pressestelle rundweg verweigert hat, werden dem Journalisten jetzt auf Initiative der Redaktion „Geschäftsbericht" vermittelt.

Dann ist es meist nicht schwer, von diesem Gesprächspartner an einen nächsten verwiesen zu werden. Dem stellen Sie sich z.B. mit folgenden Worten vor: „Guten Tag, ich bin gerade von der Pressestelle an Ihren Kollegen Müller verwiesen worden, und der hat mich jetzt zu Ihnen geschickt. Eine Frage konnten wir nämlich nicht klären, und Herr Müller sagt, da wären Sie der Fachmann. – Hätten Sie einen Moment Zeit?" Wieder ist der Journalist genau dort, wo ihn die Unternehmenskommunikation nicht wünscht: im Herzen des Organismus.

Es wird Ihnen in dieser Phase der Recherche eventuell passieren, daß Sie das Interesse an der Sache verlieren und die Recherche von sich aus beenden. Das kann auch Sinn machen, wenn das Thema vielleicht doch nicht so wichtig ist – das läßt sich jetzt meist erkennen – und der Aufwand in keinem Verhältnis zum Ertrag steht. Eines ist sicher: Die Gegenseite baut darauf, daß Sie diesen mühseligen Weg nicht beschreiten.

Jagdfieber senken

Der Weg gründlichster Informationsbeschaffung ist nebenbei gut geeignet, aufkommenden Recherche-Enthusiasmus zu dämpfen und Jagdfieber zu senken. Wer die Neigung besitzt, aus ersten Informationen voreilige Schlüsse zu ziehen, wird spätestens jetzt belehrt. Wer sich dagegen das Beschaffen umfangreicher Hintergrundinformation erspart, agiert als Glücksritter und landet früher oder später auf der Nase.

Das Lesen und Auswerten solchen Materials kommt oft einem Crash-Kurs gleich, der große Lernbereitschaft erfordert. Und schließlich: Wie die Spreu vom Weizen trennen, ohne dabei eine wichtige verfügbare Quelle zu ignorieren? – Der Autor hat die Erfahrung gemacht, daß es lohnt, in dieser Phase schlicht alles in Augenschein zu nehmen, dessen er habhaft werden kann.

Das kann eine Menge sein, aber sie bleibt überschaubar, da die sich öffnenden Fragen zu diesem Zeitpunkt schon recht spezifisch sind und entsprechend wenig Hintergrundmaterial erhältlich ist. Dennoch erfordert diese Arbeit Zeit und größte Konzentration, weil sich der Journalist mit spezifischen und komplexen Problemen auseinandersetzen muß, die ihm von Haus aus sicher nicht geläufig sind. Dazu braucht es eine gewisse Routine oder ständige Eigenkontrolle, um sich nicht festzubeißen oder vom Pfad abbringen zu lassen. Leider hat der Autor noch keinen bequemeren Weg entdeckt.

- Material, welches Gesprächspartner während einer Recherche zur Lektüre empfehlen, ist fast immer von Bedeutung. Material zum Thema, das von einem Infovermittler aus Datenbanken gefischt wird, ist weniger gut vorgesichtet.

Am Ende der zweiten Phase sind dem Rechercheur mit Sicherheit sämtliche Schlüsselfiguren zum Thema namentlich oder persönlich bekannt. Eine ganz wichtige Waffe, wenn Sie weitere Informationen via Diskussion beschaffen wollen. Viele Gesprächspartner geben verbalen Widerstand auf, sobald sie erfahren, wie gut der Journalist bereits durch andere informiert worden ist.

Recherchethesen

Spätestens in dieser Phase drängen sich dem Journalisten unweigerlich mehrere Recherchethesen auf. Der Sachverhalt ist nicht geklärt, doch er liegt klarer, und logisch ist jeder versucht, das gewonnene Bild zu vervollständigen. Das Ergebnis soll eine möglichst spannende Geschichte sein. Machen Sie aber nie einen Wunsch zum Vater Ihrer Recherchethese.

- Vorsicht! Recherchethesen nie aufstellen, bevor ausreichend Indizien gesammelt sind!

- Vor allem: Niemals mit Betroffenen vor Abschluß der Arbeit über Rechercheergebnisse sprechen!

Es gibt kein sichereres Mittel, um schlafende Hunde zu wecken. Natürlich ist die Versuchung groß, in einem Gespräch etwa folgenden Hinweis zu geben: „Was Sie mir gerade gesagt haben, legt ja den Schluß nahe, daß ...", oder „Man könnte ja auch meinen, was Sie als Zufall schildern, sei tatsächlich mit Absicht geschehen ..."

Eben diesen Gedanken will der Gesprächspartner wahrscheinlich unbedingt verhindern. Hören Sie dagegen am Ende eines Gesprächs: „Es war ja wirklich interessant, sich mit Ihnen zu unterhalten, endlich mal ein Journalist, der Ahnung hat. – Nur eins habe ich immer noch nicht richtig verstanden: Warum wollen Sie das alles eigentlich wissen?" – in diesem Fall haben Sie saubere Arbeit geleistet.

Die Frage „Warum wollen Sie das wissen" verliert übrigens mit Fortschreiten der Recherche zunehmend an Bedeutung, wenn der Journalist mit Fachleuten spricht. Fachmännisch gestellte Fachfragen werden von Fachleuten fast immer fachmännisch beantwortet.

Früher oder später ist der Journalist soweit, daß er an die Ursprünge seiner Recherche zurückkehrt. Die Gespräche verlaufen aber plötzlich ganz anders. Mit nötigem Hintergrundwissen ausgestattet, kann der Journalist seinem Gesprächspartner auf den Kopf zusagen, welche Aspekte der andere warum ausgelassen oder beschönigt hat. Sobald dies geschieht, bricht der Widerstand der Gegenseite zusammen. Entweder wird diese nun möglichst viele weitere Erklärungen (oder Angebote) nachschieben, um den Journalisten irgendwie zu überzeugen oder auf ihre Seite zu ziehen oder die Gegenseite ist gezwungen, die Diskussion unvermittelt abzubrechen. Wird das Gespräch qualifiziert und sachlich geführt, ist das aber nahezu unmöglich. Geschieht es doch, haben Sie in einem Wespennest gestochert.

Jetzt ist der Zeitpunkt gekommen, einzelne Recherchethesen seinen Gesprächspartnern gezielt auf den Tisch zu legen und um Kommentierung zu bitten. Der Journalist verfügt jetzt auch über genügend Fachwissen, einzelne Aspekte der These in scheinbar unverfänglichen Detailfragen zu verstecken und so weitere Erklärungen einzufordern. Er kennt auch inhaltliche Lücken seiner verschiedenen Gesprächspartner und kann seinerseits Informationen liefern – das Arsenal ist so gewachsen, daß kaum jemand mehr den Fragen ausweichen kann.

Details klären

Es kann leider immer passieren, daß ein letztes, aber wichtiges Detail nur sehr schwer zu klären ist. Natürlich ist die Versuchung groß, besagtes Detail einfach beiseite zu schieben und die Recherche endlich abzuschließen. Die Lebenserfahrung lehrt jedoch, daß gerade diese Details schwer wiegen können.

Darum sollte sich jeder für die Vervollständigung einer Recherche Zeit lassen. Eilig ist die große Geschichte sowieso nur im Kopf des Journalisten, er hat die Geschichte schließlich exklusiv für sich erarbeitet. Und hat er während seiner Recherche sein Thema und seine Leistungen nicht im Kollegenkreis herumposaunt, kann ihm niemand das Thema stehlen. So groß die Angst sein mag, jemand anderer könnte auf derselben Spur recherchieren: Die Sorge ist unbegründet. Wäre da tatsächlich noch jemand anderer zugange, der Rechercheur hätte das über seine zahlreichen Gesprächspartner längst erfahren.

Die größten Feinde eines investigativ arbeitenden Journalisten sind die eigene Schwätzerei, Prahlsucht, Selbstgefälligkeit und voreilig präsentierte Ergebnisse.

Ein guter Kollege, den der Journalist ins Vertrauen ziehen kann und besser noch ein vertrauensvoll zusammenarbeitendes Team sind natürlich Gold wert: Sie helfen dem Journalisten während aller Phasen der Recherche, Augenmaß und Selbstkontrolle nicht zu verlieren.

Ist die Recherche abgeschlossen oder steht kurz davor, ergibt sich ein weiteres Problem: Wie und auf welche Weise das erworbene Wissen an den Mann bringen? Diese Frage stellt sich für einen Redakteur anders als für einen freien Journalisten, im Kern bleibt sie jedoch gleich: Die Redaktion wünscht sich ein Stück, das den Sachverhalt möglichst eingängig, knapp und hart darstellt, soviel ist klar. Dazu soll die Geschichte rund und unangreifbar sein. Diese Geschichten gibt es leider nicht.

Gegenwind

Auch eine nach Einschätzung des Journalisten wasserdichte Geschichte kann angegriffen werden, und zwar auf vielfältige Weise: Namhafte Fachleute treten auf, die die Richtigkeit des Sachverhaltes mit scheinbar eingängigen Argumenten in Abrede stellen. Auch üble Nachrede („Der wird doch von der Konkurrenz/Industrie/Partei XY bezahlt") ist ein effektives Mittel, die Glaubwürdigkeit des Rechercheurs anzukratzen. Schließlich können auch Gegendarstellungen oder Klagedrohungen eine Redaktion verunsichern.

Gehen Sie grundsätzlich davon aus, daß Sie nun einen echten Gegner haben. Der Journalist hat etwas aufgedeckt, und diese Aufdeckung verursacht anderen hohen Schaden, sonst wäre der Sachverhalt nicht verborgen. Dabei gilt: Je besser die Recherche, desto größer der Schaden. Die Gegenseite zieht mit Sicherheit sämtliche akzeptablen Möglichkeiten in Betracht, um sich zu wehren und zu schützen.

Angriff ist ein gutes Mittel zur Verteidigung. Gehen Sie keinesfalls davon aus, daß Sie in dieser Situation fair behandelt werden. Wird der Druck durch die Gegenseite zu groß, kann durchaus auch passieren, daß sich die eigene Redaktion von Ihnen distanziert.

Selbst scheinbar klare Fälle können sich als Bumerang erweisen: Jener Journalist, der das Foto des toten Uwe Barschel in der Badewanne schoß, ist auch Jahre danach Recherchen der eigenen Kollegen ausgesetzt. Hat er nicht etwas weggenommen oder hinzugestellt, hat er wirklich die volle Wahrheit gesagt?

Es ist darum für den Journalisten und die Redaktion äußerst wichtig, nur einen Teil des erarbeiteten Wissens zu publizieren. Diese Strategie erlaubt es, im Zweifelsfall nachzusetzen und eine aktive Rolle zu bewahren. Solange sich der Journalist in der Position des Agierenden hält, die Gegenseite stets reagieren muß, befindet er sich in einer schwer angreifbaren Lage.

Hinzu kommt immer der psychologische Effekt: Was hat der noch in petto? Weiß er am Ende auch, daß ... – Ein verunsicherter Gegner hat Angst. Wer Angst hat, neigt zu Überreaktionen oder zum kompletten Rückzug – keine guten Taktiken.

Der Kronzeuge

Am wirkungsvollsten begegnen Sie solchem Gegenangriff, wenn Sie einen relevanten Kronzeugen zur Verfügung haben, der für Sie einspringt. Ein Kronzeuge ist der Schrecken aller, denn er kommt unverhofft und kann, da er sich ja stets (wenigstens teilweise) schuldig bekennt, die Strategie Ihrer Gegner durch einen einzigen Auftritt zerstören.

Besagter Kronzeuge ist immerdar. Er sitzt hinter seinem Schreibtisch oder sonstwo, hadert mit der Welt und seinem Gewissen und traut sich doch nicht, loszulassen. Haben Sie darum während eines Recherchegesprächs ein feines Ohr für Zwischentöne! Führen Sie niemanden augenblicklich vor, der Ihnen gegenüber Eingeständnisse oder inhaltliche Zugeständnisse macht, besonders nicht, wenn es sich um einen offensichtlichen Drahtzieher handelt! Solch ein Kronzeuge weiß zehnmal mehr als Sie, und er wird sein Wissen nur zur Verfügung stellen, wenn er sich beschützt weiß.

Noch ein Punkt, mit dem Sie leben müssen: Der Schaden, den Sie verursachen, mag andere vor noch größerem Schaden bewahren. Trotzdem ist die Verantwortung groß. Arbeitsplätze gehen verloren, manche Karriere geht baden, andere verlieren viel Geld, vielleicht wandert sogar jemand ins Gefängnis, und vielleicht erreicht Sie eines Tages ein Anruf einer unbekannten Person: „Warum haben Sie das getan, mit Ihrem Bericht haben Sie das Leben meines Mannes und unserer Familie zerstört. Unsere Kinder wurden heute von ihren Klassenkameraden in der Schule bespuckt!"

Halten Sie das aus? Rechtfertigt das Ergebnis der Recherche den angerichteten Schaden? Oder haben Sie einen läppischen Sachverhalt verantwortungslos aufgebauscht und nebenbei ganz locker andere Menschen ruiniert?

Was wollen oder wollten Sie eigentlich mit der großen Recherche erreichen?

12. Betrügern auf der Spur

Es gibt Situationen, da werden Jäger zu Gejagten. Genau das kann einem Rechercheur widerfahren, der an einen Betrüger gerät. Hier sind nicht jene Hütchen- und Taschenspieler gemeint, die versuchen, Gutgläubigen kleinere Beträge aus der Tasche zu ziehen. Solche Betrüger meiden den Umgang mit Rechercheuren automatisch.

Es geht vielmehr um jene ausgebufften Menschen, die darauf spekulieren, mit dem gezielten Verbreiten falscher Informationen Millionen zu verdienen. Darum sind leider Rechercheure und mehr noch Journalisten besonders lohnende Opfer für diesen „Berufsstand": In den Augen eines Betrügers sind sie potentielle Multiplikatoren der von ihm in die Welt gesetzten falschen Botschaft. Und steht eine Lüge einmal schwarz auf weiß, wird eine Fehlmeldung von einem seriösen Rechercheur übernommen und weitergetragen, dann ist das für den Betrüger schon die halbe Miete. (Es ist geradezu unglaublich, wie sehr selbst Menschen, die das Mediengewerbe kennen, an die Wahrheit des gedruckten Wortes oder des gesendeten Bildes glauben.)

Steht eine betrügerische Geschichte, gehüllt in das ernste Gewand eines Zeitungsartikels, nur eine kleine Weile unwidersprochen da, ist sie nur noch schwer aus der Welt zu schaffen. Eine Zeitspanne, die dem Betrüger leicht reichen kann, aus seiner Lüge Kapital zu schlagen. Denn darum geht es Betrügern grundsätzlich immer: Sie wollen Geld ergaunern oder sich geldwerte Vorteile verschaffen. Beides geht auf Kosten der Kunden des Rechercheurs (oder der Zeitung bzw. ihrer Leser) oder auf Kosten des Rechercheurs selber. Umso wichtiger ist es, Betrüger rasch zu identifizieren und dadurch größeren Schaden zu vermeiden.

Lorbeeren lassen sich leider nur selten mit dem Entlarven von Betrügern verdienen. Jeder Kunde erwartet vom Rechercheur, daß dieser sich nicht von Gaunern „aufs Kreuz legen läßt". Journalisten können Betrugs-Geschichten nur verwerten, wenn dabei nicht sie selbst, sondern Dritte auf die Nase fallen: „Stadtdirektor verhandelt mit vorbestraften Betrügern" ist eine Titelzeile. „Betrüger wollten die Redaktion aufs Glatteis führen", aber nicht. Titelt die Zeitung: „Betrüger hat Redaktion hereingelegt", ist der Hereingelegte mit Sicherheit bereits entlassen.

Die Anwesenheit von Betrügern im Umfeld des Rechercheurs verspricht also selten gutes. Regelrecht ruinös kann die Anwesenheit nicht identifizierter Betrüger im eigenen Umfeld sein – und Betrüger stellen sich nicht vor. Solange ein Rechercheur jedoch auf der Hut ist, hat er gute Chancen, den Betrüger zu enttarnen:

- Betrüger spielen grundsätzlich auf der Klaviatur der Wünsche ihres Gegenübers.

Betrüger nähern sich Rechercheuren nie mit leeren Händen, sondern immer mit bestechenden Angeboten. Verkauft wird ein neuartiger Vergaser, der den Spritverbrauch halbiert („läßt sich innerhalb von 30 Minuten in jedes Fahrzeug einbauen"), ein rückstandsfreier Müllofen, Kapitalanlagen mit 50 Prozent Rendite per anno – einfach alles, was zu schön erscheint, um wahr zu sein, aber gerade noch so glaubhaft, daß es wahr sein könnte.

Angebot nach Maß

Soll ein wertloses Grundstück verkauft werden, erklärt ein Betrüger dem potentiellen Hausbauer, hier werde demnächst ein Wohngebiet ausgewiesen. Einem Naturschützer gegenüber behauptet er, über genau dieses Grundstück solle demnächst eine Autobahn führen, was der künftige Besitzer verhindern könne. Einem Müllhändler wird er das Stück Land als ideale Lagerfläche für seinen Giftmüll andienen. Was dem einen sein Reibach, ist dem anderen sein Krötenwanderweg und dem dritten sein Säurefaß. Jedem das, was er verdient. Darum Vorsicht, wenn alles scheinbar ideal zusammenpaßt.

- Der gewöhnliche Betrüger ist ein gewohnheitsmäßiger Lügner, der ständig im Zweifel ist, ob sein Gegenüber ihm tatsächlich traut.

Diese Unsicherheit spiegelt sich im Gesicht des Lügners. Wer darum eine auf den ersten Blick reizvolle Geschichte auftischt, zwischendurch aber immer wieder innehält, mit der ungestellten Frage auf den Lippen: Na, hast Du das geschluckt?, der ist hochverdächtig.

Vorsicht: Besonders talentierte Betrüger schaffen es leider, an ihre eigenen Lügen zu glauben. Diesen Leuten ist nur durch genaueste Beobachtung auf die Spur zu kommen (irgendein Detail stimmt nicht!), denn sie wirken einfach authentisch.

- Recht gutes Indiz für betrügerische Absichten ist die „widersprüchliche" Körperhaltung des Betreffenden.

Die wenigsten Betrüger haben gelernt, verräterische Bewegungen auszumerzen; denn dies erfordert strenges Training. Wer zum Beispiel sagt: „Ich will ganz offen zu Ihnen sein", kehrt gewöhnlich die Handflächen nach oben und hält sie seinem Gegenüber hin. Das geschieht instinktiv. Wenn jemand dagegen die Handrücken zeigt und die Finger nach innen krümmt, dann hat der eigene Körper den Lügner entlarvt. Ich habe etwas zu verbergen, lautet das unbewußte Signal.

- Eine sehr wirksame Form der Selbstentlarvung ist die „positive Verstärkung": Anstatt möglichen Betrügern gegenüber Mißtrauen zu offenbaren, wird ein Rechercheur stets Interesse und Vertrauensseligkeit signalisieren.

Was der Rechercheur bei sich denkt, geht den Betrüger überhaupt nichts an. Sicher ist: Je mehr Mißtrauen und Ablehnung ein Betrüger spürt, desto mehr wird er sich anstrengen und bemühen, den augenscheinlich negativen Eindruck zu verwischen. Wer von Anfang an blinden Glauben demonstriert, weckt andererseits das Mißtrauen des Betrügers. Der nämlich ist auf seinem Gebiet mit Sicherheit versiert und hat sich auf eine Reihe kritischer Fragen vorbereitet. Der Rechercheur begibt sich auf eine Gradwanderung.

Ist der Betrüger einmal überzeugt, sein Opfer gefunden zu haben, kann er selten der Versuchung widerstehen, auf die erste Lüge noch eins draufzusatteln. Es ist sehr interessant, manchmal sogar unterhaltsam zu erleben, wie Betrüger ihrem vermeintlichen Erfolg und ihren eigenen Lügen verfallen, wie sie mehr und mehr ins Schwadronieren geraten und sich manchmal geradezu in einen Lügenrausch reden. Sie merken nicht mehr, daß sie die Grenze zur Glaubwürdigkeit längst hinter sich gelassen haben.

Wolkige Aussagen

- Weiteres Indiz für die Früherkennung von Betrügern ist ihre Wolkig-keit bei kritischen Punkten.

Auf die Frage, woher er wisse, daß die Autobahn gerade über dieses Grundstück führen werde, wird der Betrüger von befreundeten hohen Beamten sprechen, deren Namen er nicht nennen kann oder von einer brandneuen Verordnung, deren Inhalt freilich noch nicht einsehbar ist. Geht es um den Verkauf einer neuen Wundertechnik, wird der Betrüger an kritischen Punkten eine Vielzahl unbekannter Fachausdrücke ein-flechten. Er wird für Laien nicht sofort erkennbare falsche Behauptun-gen aufstellen: „Wie sie sicher wissen, haben Fusionstechniker in Greenwich kürzlich folgende bahnbrechende Entdeckung gemacht", usw.. Der Betrüger könnte auch auf bereits gemachte Untersuchungen verweisen, wobei der Verfasser und dessen Quellen undeutlich bleiben. Zwar wird eine auf den ersten Blick seriöse Quelle genannt („University of London"), doch fehlt eine detaillierte Adresse samt Telefonnummer, so daß die Suche nach dem Autor nahezu unmöglich wird.

- Fast alle Geschichten von Betrügern sind äußerst anfällig für Gegen-recherchen.

Immerhin machen sich viele Betrüger die Mühe, wenigstens die erste Ebene ihrer Geschichte gegen mögliche Gegenrecherche zu sichern. Im Fall des Baugrundstücks wird etwa ein Angestellter im Straßenbauamt genannt, der über den Vorgang informiert sei. Wählt der Rechercheur dann die angegebene Telefonnummer, ist tatsächlich jemand am ande-ren Ende, der die Autobahn-Geschichte bestätigt, und vielleicht ist der Rechercheur sogar wirklich mit dem Straßenbauamt verbunden. Es ist dann aber ratsam, sich beim Amtsleiter über den Angestellten Soundso zu erkundigen. Wahrscheinlich stellt sich spätestens dann heraus, daß dieser Mitarbeiter nicht existiert.

Seltsame Kleidung

- Viele Betrüger verraten sich durch ihre Kleidung.

Das Klischee des unseriösen Gebrauchtwagenhändlers im grellen Jacket kommt nicht von ungefähr. Die oft anzutreffende schräge Kleidung und das aufgesetzte Gebahren vieler Betrüger rührt daher, daß diese Leute in ihrer jeweiligen Rolle keine Authentizität besitzen und ihre Identität aus Selbstschutz verborgen halten. Also statten sie sich gerne mit Attributen aus, die ihnen vermeintlich zu einem künstlichen Image oder dem Anflug eines Charakters verhelfen. Das sind dann besagtes Jacket, ein übergroßer Siegelring, eine ausgefallene Uhr oder exotisch gelackte Schuhe, die verraten: Hier stimmt etwas nicht.

Gehen die Betrüger von einer geringen Erfolgsquote aus, entschließen sie sich eventuell, ihr Anliegen als eine Art Rundschreiben per Post oder per Fax zu präsentieren. Die einfachste Methode, um mit möglichst geringem Aufwand den Kreis potentieller Opfer zu vergrößern.

Ein Beispiel für solches Vorgehen ist folgendes Dokument, das einer britischen Umweltorganisation zugeschickt wurde. Die offenkundige Absicht war, einen Dummen zu finden, der für die Betrüger als Leumund herhalten sollte. Ein guter Rechercheur sollte für die gewissenhafte Prüfung der Unterlagen nicht mehr als 30 Minuten aufwenden, bis er zu einem klaren Ergebnis kommt.

Fehlerliste

Hier wurde gleich eine ganze Reihe relativ leicht identifizierbarer Fehler begangen:

- „News Release" ist unschwer als privat gesponsorte Firmeninformation zu erkennen. Der Magazin-Charakter des Blattes ist aufgesetzt.

The initial public offering price
will be in the range of $100
increments up to $1,000,000 per
profit-sharing certificate. Eight

Continued,on page two

Continued from page one

percent of net profits will go per
tax year to pay off the certificates,
up to a 300 percent return.

- Die Autoren werben mit möglichen Profiten um 300 Prozent. Das ist selbst in kriminellen Kreisen eine extreme Marge.

From Admiral Sir Anthony Griffin GCB

MOAT COTTAGE

THE DRIVE, BOSHAM

CHICHESTER

WEST SUSSEX PO18 8JG

TEL: 01243 573373
FAX: 01243 573409

- Die Verfasser werfen mit falschen Zahlen nur so um sich:

The hydrogen in one pint of water contains over 9 million Joules of potential energy and has about 2½ times the explosive power of gasolene. Significantly the oxygen needed for eventual ignition with hydrogen is provided from the water and not from the ambient air. The system does not therefore, unlike normal internal combustion systems, deplete the oxygen component of ambient air.

Ein ominöser „Admiral Sir Anthony Griffins" (siehe oben) behauptet etwa in seinem Aufsatz: „Wasserstoff in einem halben Liter (pint) Wasser enthält 9 Millionen Joule potentielle Energie und hat damit die 2,5fache Explosionskraft der gleichen Menge Benzin." Falsch: Wasserstoff, in Kilos gemessen, hat etwa ein Viertel der Energiedichte von Benzin. In Volumen gemessen, noch weitaus weniger.

- Komplett falsch interpretiert wurde auch das angeführte „Erste Gesetz der Thermodynamik".

> THE FIRST LAW *' The total energy of a thermodynamic system remains constant although it may be transformed from one form to another.'* In the case of WFC technology the 'system' expends photon electro-magnetic energy obtained from water. The water mist exhausted from the system is automatically replenished with photons from the virtually inexhaustible source of the sun. It then becomes normal water and re-enters the cycle through evaporation, clouds and rain.

Griffins behauptet: „Der aus dem System ausgestoßene Wasserdampf wird automatisch von Photonen aufgeladen, die aus der schier unerschöpflichen Energiequelle Sonne stammen. So wird er (der Dampf) wieder zu normalem Wasser und tritt als Verdampfung, Regen oder Wolke wieder in den Kreislauf ein." Das hat mit Thermodynamik nichts zu tun (siehe Enzyklopädie).

- Die Texte widersprechen einander sogar: Griffin schreibt: „.... übertrifft der potentielle Energiegehalt einer Gallone Wasser den von 2,5 Millionen Barrel Öl." Eine gewisse Marcia Thomson, Autorin von zwei Artikeln, die 1987/88! sowie 1994! erschienen sind, behauptet dagegen: „.... die Energieernte aus einer Gallone Wasser wird nach Schätzungen 44.000 bis 108.000 Barrel Öl gleichkommen." 44.000 oder 2.500.000 Barrel sind aber ein beachtlicher Unterschied.

> **preliminary tests show that energy yields of one gallon of water are predicted to equal that of 44,000 to 108,000 barrels of oil. The Hydrogen Fracturing Process is environmentally safe since the gas atoms are split into their component parts. releasing explosive thermal**

> passing through this area.'] The energy contained in individual oscillations is of course minute, but the accumulation of the total is vast and accounts for Meyer's claim that the potential energy in a gallon of water exceeds that of 2.5 million barrels of oil.
>
> It is however chaotic by nature and requires special treatment to make it coherent

- Verschiedentlich genannte Quellen sind bei genauerem Hinsehen nicht nachvollziehbar. Es fehlen genaue Daten zu den Publikationen, genaue Bezugsquellen und genaue Bezeichnung der Autoren. „Comments on the New Zesla Electromagnetics" etwa stammt von einem gewissen T.E. Bearden, 1982. Diese Angaben bieten überhaupt keine Hilfe. Auch die genannten illustren Mitglieder des Fördererkreises bleiben im Dunkeln. Adressen wie „Ola Deraker, Schweden" oder „Sir Frederic Bolton MC" sind unzureichend für eine Kontaktaufnahme.

- Jede Basisrecherche zu Brennstoffzellen (z.B. „Encarta Enzyklopädie" von „Microsoft") ergibt sofort, daß die beschriebene „Water Fuel Cell" rein gar nichts mit dieser Technologie zu tun hat. Was dort beschrieben wird, ist eher eine Art Phantasie-Konverter. Wer hier den Ausdruck „Fuel Cell" verwendet, gibt vor, ein Pferd zu reiten, obwohl er in Wahrheit nur einen Fisch besitzt.

- Schließlich besteht ein enormer logischer Widerspruch: Wer tatsächlich solch ein System wie die „Water Fuel Cell" erfunden hat, (und dabei sämtliche chemischen und physikalischen Gesetze auf den Kopf stellt), braucht niemandes Unterstützung oder Geld. Banken, Industrielle, Politiker und Militärs würden sich um die Technologie reißen, Nationen möglicherweise Kriege darum führen.

Jeder einzelne dieser Punkte reicht, um einen Rechercheur in höchste Alarmbereitschaft zu versetzen. Gibt es deren acht, lohnt es nicht, dem Projekt ernstgemeinte Aufmerksamkeit zu schenken.

Leider bringt es meistens nichts, solche Geschichten als Betrugsversuch in der Öffentlichkeit bloßzustellen. Die Betrüger haben bereits ihre Scheren herausgeholt. Jetzt warten sie auf das Erscheinen irgendeines Artikels, schneiden Passagen heraus, die sie in günstigem Licht erscheinen lassen oder verweisen demnächst unter Referenzen: „Wurde von der Zeitung Ixypsilon am soundsovielten ausführlich besprochen."

Die öffentliche Entlarvung verspricht nur dann Erfolg, wenn sich Betrüger an die Masse der Bevölkerung wenden. Dann sind publikumswirksame Warnungen sogar wichtig. Bei den kleinen Betrügereien bleibt wenig übrig, als die eigenen Kollegen auf die Falle hinzuweisen.

Wunschwahrheiten

Schließlich werden Journalisten und Rechercheure immer wieder mit einer beinahe genauso schädlichen Variante dieses Genres konfrontiert: Das sind nicht wirklich falsche, aber mißverständliche Geschichten, die meist zu PR-Zwecken von interessierten Dritten in die Welt gesetzt werden. Nach Auffassung der Autoren handelt es sich dabei um geschickte Propaganda, die nach ähnlichem Muster funktioniert wie eine typische Betrugsgeschichte. Auf diese Geschichten hereinzufallen, ist peinlich und kann den Ruf eines Rechercheurs oder Journalisten nachhaltig beeinträchtigen, im ungünstigsten Fall sogar zerstören.

Typisch und besonders hartnäckig ist eine Fehlmeldung, die Mitte der 90er Jahre durch die Medienlandschaft geisterte. Sie betrifft das Thema „Photovoltaik"(PV), also die direkte Umwandlung von Sonnenlicht in Strom und wurde offenbar von zwei US-amerikanischen Energiekonzernen in die Welt gesetzt.

Die besagten Konzerne hatten damals einen Hersteller von Photovoltaikmodulen erworben. Photovoltaik ist eine bis heute vergleichsweise teure Technologie: PV-Strom kostet in der Herstellung etwa 1,50 DM je Kilowattstunde (kWh), Strom aus Kohle, Öl oder Gas hingegen nur etwa 8 Pfennig je kWh.

Die PV-Tochtergesellschaft der Konzerne griff damals eine Ausschreibung der „Corporation for Solar Technology and Renewable Resources" (CSTRR) im US-Bundesstaat Nevada auf. CSTRR plante den Bau von Kraftwerken aus Wind- und Sonnenenergie mit einer Gesamtkapazität von rund 100 Megawatt.

Auf der Suche nach Abnehmern für den vergleichsweise teuren, aber umweltfreundlichen Strom aus Wind und Sonne startete CSTRR eine Umfrage in den Nachbargemeinden des geplanten Wüstenstandortes. CSTRR wollte wissen, wieviel man dort für den künftig lieferbaren „sauberen Strom" zu zahlen bereit wäre. Die – sehr enttäuschenden – Ergebnisse der Umfrage lagen bei nicht mehr als 6 bis 10 US-Cents (ca. 10 bis 16 Pfennig) je kWh.

Dennoch bewarb sich die PV-Tochtergesellschaft der Energiekonzerne um das Projekt und verbreitete zeitgleich folgende – mißverständliche – Meldung: Man plane den Bau eines riesigen Photovoltaik-Kraftwerkes in der Wüste von Nevada. Ziel sei, den gewonnenen Strom für Preise weit unter 10 Cent je kWh zu verkaufen. Wohlgemerkt: Ziel sei! Zahlreiche Journalisten, die sich selbst für den Einsatz der PV-Technologie stark machten, verstanden den Satz falsch und machten daraus sinngemäß: „Zwei amerikanische Energiekonzerne wollen ein PV-Kraftwerk mit 100 Megawatt Kapazität in der Wüste von Nevada bauen. Der PV-Strom wird etwa 10 Cents je kWh kosten. Damit gelingt dieser umweltfreundlichen Technologie der Sprung in die Rentabilität."

... als Spiegel-Story

Die Fehlmeldung war sogar dem „Spiegel" im Jahr 1995 eine längere Geschichte wert, in welcher der bevorstehende Durchbruch der Solartechnologie beinahe enthusiastisch gefeiert wurde. Für soviel Marken-Reklame hätten die Energiekonzerne normalerweise Millionen Dollar ausgeben müssen. Natürlich wurde das großspurig angekündigte Sonnen-Kraftwerk – zumindest bis Drucklegung Mitte 1999 – nicht gebaut, da gegenwärtig niemand PV-Strom zu diesem Preis herstellen, geschweige denn dauerhaft liefern kann.

Wenigstens hatten die Verbreiter der falschen Botschaft erreicht, daß heute mehr Menschen etwas über Photovoltaik wissen als zuvor. Gleichzeitig hatten sich die US-Konzerne, beide im wenig umweltfreundlichen Öl- bzw. Gasgeschäft engagiert, mit ihrer geschickten Propaganda ein sauberes „grünes Image" verschafft. Ob die US-Energiekonzerne dieser Technologie mit ihrem Vorgehen aber langfristig einen Gefallen getan haben, bleibt äußerst fragwürdig. Dafür zeigt die Geschichte, wie leicht Menschen bereit sind, aus Wünschen Wahrheiten zu machen.

13. Rechtliche Aspekte der Recherche

13.1 Einführung

Bei der Recherche, d.h. der Beschaffung von Informationen durch einen Journalisten mit dem Ziel, diese Informationen in Form eines Buches, eines Artikels oder Fernsehbeitrages zu veröffentlichen, sind rechtliche Aspekte in erheblichem Maße relevant. Auch die Recherchetätigkeit unterliegt rechtlichen Grundlagen, deren Kenntnis zum einen hilfreich, zum anderen notwendig ist. Aufgrund des hohen Ranges der Presse- und Informationsfreiheit stehen dem Journalisten Rechte zur Verfügung, die ihm bei seiner Recherchetätigkeit helfen und vor staatlichen Eingriffen schützen. Andererseits muß er bestimmte rechtliche Pflichten einhalten. Einschlägig sind hier zahlreiche Bestimmungen und Gesetze. Bereits das Verfassungsrecht gewährt dem Journalisten bestimmte Grundrechte. Ferner sind von Relevanz etwa die Vorschriften der Landespressegesetze, die dem Journalisten Auskunftsansprüche zubilligen, oder der Strafprozeßordnung, die sowohl Beschränkungen bei der Durchsuchung von Redaktionsräumen als auch der Beschlagnahme von Recherchematerial vorsehen. Aus Gründen des Informantenschutzes ist dem Journalisten auch ein Zeugnisverweigerungsrecht gegeben. Aber auch die zivilrechtlichen und strafrechtlichen Grenzen der Recherche sind zu beachten. So erfüllt das Eindringen eines Journalisten in die Räume eines Unternehmens gegen dessen Willen den Tatbestand des Hausfriedensbruches. Ohne Einwilligung darf auch das nicht öffentlich gesprochene Wort nicht mitgeschnitten oder das Briefgeheimnis verletzt werden.

Bereits dieser kurze Abriß zeigt, wie umfangreich die hier zu behandelnde Thematik ist. Ein Eingehen auf sämtliche Punkte würde den Rahmen dieser Darstellung sprengen. Im folgenden werden vorrangig die Themen skizziert, die für den Journalisten von praktischer Bedeutung sind, da sie die konkrete Recherchetätigkeit betreffen. Auch hier können indessen nur die Grundsätze dargestellt werden, ein Eingehen auf Einzelfälle ist aufgrund des vorgegebenen Rahmens nicht möglich. Sollten in der Recherchepraxis für den Journalisten rechtliche Fragen auftauchen, die er allein nicht beantworten kann, muß er sich an die in den Verlagen tätigen Juristen oder an presserechtlich versierte Anwälte wenden. Nur so kann eine spätere Story auch rechtlich abgesichert sein.

13.2 Rechtliche Grundlagen der Recherche in der Verfassung

Bereits in der Verfassung sind wichtige Rechte des Journalisten veran-kert, die ihm bei der Recherche zur Seite stehen. Artikel 5 Abs. 1 Satz 2 Grundgesetz (GG) stellt fest:

„Die Pressefreiheit und die Freiheit der Berichterstattung in Rundfunk und Film werden gewährleistet."

Die Tätigkeit des Journalisten von der Recherche bis zur Verbreitung der Nachricht steht daher unter dem besonderen Schutz dieses Grund-rechts.

Das für die Recherche noch speziellere Grundrecht ist das der Informa-tionsbeschaffungsfreiheit. Artikel 5 Abs. 1 Satz 1 GG gibt jedem Bürger das Recht, sich jederzeit aus allgemein zugänglichen Quellen ungehin-dert zu unterrichten. Dieses sogenannte Jedermannsrecht, das also auch und insbesondere Journalisten zusteht, umfaßt zum einen die passive Aufnahme von Informationen, zum anderen aber auch ihre aktive Be-schaffung. Es beschränkt sich indes auf „allgemeinzugängliche Quel-len". Vorrangig zählen hierzu der Rundfunk, also Hörfunk und Fern-sehen, die Presse, Museen, Bibliotheken, Zeitungsarchive sowie Bild- und Tonträger, also Film- und Tonaufnahmen.

Der Presse ist mit diesem Recht indes nicht hinreichend gedient. Sie kann ihre Aufgabe nur dann erfüllen, wenn sie über dieses Jedermanns-recht hinaus nicht auf die allgemeinzugänglichen Quellen beschränkt bleibt, sondern auch weitergehende Informationsrechte besitzt. Inso-fern wird aus dem hohen Rang der Pressefreiheit auch ein über den bloßen Informationsbeschaffungsanspruch hinaus, speziell den Medi-en zustehender Anspruch auf Informationsgewährung gegen Behörden und andere staatliche Stellen, abgeleitet. Eine Konkretisierung hat er in § 4 der Landespressegesetze erfahren (siehe im einzelnen: Auskunftsan-sprüche gegenüber staatlichen Stellen)

13.3 Informationsrechte des Journalisten bei der Recherche

13.3.1 Auskunftsansprüche

In der Bundesrepublik Deutschland gibt es kein allgemein gewährtes Recht des Bürgers auf Zugang zu Informationsbeständen der öffentlichen Verwaltung. Allerdings gibt es eine Vielzahl von Einzelregelungen, die ein solches Zugangsrecht begründen. So haben z.b. die Beteiligten eines Verwaltungsverfahrens im Sinne des § 13 Verwaltungsverfahrensgesetz (VwVfG) Anspruch auf Akteneinsicht gemäß § 29 VwVfG. Auch können Geschädigte im Sinne des Umwelthaftungsgesetzes, die ihren Schaden auf eine umweltgefährliche Anlage zurückführen, gemäß § 10 Umwelthaftungsgesetz (UmweltHG) einen Auskunfts- und Akteneinsichtsanspruch gegen Genehmigungs- und Überwachungsbehörde geltend machen. Schließlich bestehen eine Reihe von umfassenden Öffentlichkeitsbeteiligungen in zahlreichen Zulassungsverfahren und Planungsverfahren, die dem Bürger eine sogenannte Jedermann-Beteiligung ermöglichen. Die Bedeutung dieser Vorschriften für die journalistische Recherche ist jedoch nur sehr gering. Zum einen handelt es sich um bloße Jedermann-Rechte, zum anderen setzen sie eine Beteiligung an bestimmten Verfahren voraus.

Dem Journalisten sind jedoch spezielle Auskunftsansprüche im Landespressegesetz zugewiesen.

Auskunftsansprüche gegenüber staatlichen Stellen nach § 4 Landespressegesetz (LPG)

Gemäß § 4 der Landespressegesetze der Länder sind die Behörden verpflichtet, den Vertretern der Presse die der Erfüllung ihrer öffentlichen Aufgabe dienenden Auskünfte zu erteilen. Der Inhalt und Umfang dieses Auskunftsanspruchs beurteilt sich nach dem jeweiligen Einzelfall und insbesondere der Frage, was jeweils zur Erfüllung der öffentlichen Aufgabe der Presse erforderlich ist. Die Behörde ist hierbei zur wahrheitsgemäßen Auskunft in sachgerechter und entsprechender Weise verpflichtet. Sie hat jedoch bei der konkreten Bestimmung der Art der Auskunft ein gewisses Ausgestaltungsermessen. Wie die konkrete Auskunft aussieht, kann sie daher in einem gewissen Rahmen festlegen. So steht es ihr etwa frei, welche konkrete Auskunftsform sie wählt, nämlich, ob sie im Rahmen einer Presseerklärung, durch Abhaltung einer Pressekonferenz oder durch Vorlage behördlicher Akten und Dokumente Auskunft erteilt. In Ausnahmefällen kann dieses Ermessen jedoch dahingehend beschränkt sein, daß nur noch eine bestimmte Auskunftsform verfassungsrechtlich geboten ist.

Die Regelung in § 4 LPG

Anspruchsberechtigt sind diejenigen, die diesen Auskunftsanspruch einfordern können, sowie die Vertreter der Presse. Dies sind sämtliche Mitarbeiter von Redaktionen einschließlich der freien Pressevertreter bzw. die Verlage und Rundfunkanstalten selbst.

In der Praxis ist es das einfachste, bei der erbetenen Auskunft zugleich den Presseausweis vorzulegen und hiermit deutlich zu machen, daß man zum Kreis der Anspruchsberechtigten zählt.

Die Mitarbeiter von Verlagen und Rundfunkanstalten sowie der technischen Herstellung und der Verbreitung oder diejenigen, die sich mit der kaufmännischen Abwicklung der Medien befassen, gehören nicht zu dem Kreis der auskunftsberechtigten Personen, da sie nicht als Vertreter der Presse in § 4 Landespressegesetz angesehen werden.

Die Auskunftsverpflichtung besteht für die Behörden. Hierunter ist jede staatliche Stelle, die Aufgaben der öffentlichen Verwaltung wahrnimmt, zu verstehen. Es sind sowohl Stellen der Legislative als auch der Judikative. Dazu zählen die Verwaltungen des Bundes und der Länder, die Allgemeinen und Sonderordnungsbehörden, insbesondere die Polizei, Gerichte, Staatsanwaltschaften, aber auch Parlamente. Ferner Kirchenbehörden im vorgenannten Sinne. Nicht zu den Auskunftsverpflichteten zählen öffentlich-rechtliche Rundfunkanstalten sowie private Institutionen und Unternehmen. Inwieweit hier Auskunftsansprüche in Betracht kommen, wird unter „Auskunftsansprüche gegenüber Privaten und Unternehmen" dargestellt.

Innerhalb der jeweiligen Behörde bzw. staatlichen Stelle ist indes nicht jeder Beamte oder jeder öffentliche Angestellte zur Auskunft verpflichtet. So unterliegen Beamte oder öffentliche Angestellte auch bestimmten Verschwiegenheitspflichten. Dieser Konflikt ist in der Praxis gesetzlich dadurch gelöst worden, daß entweder der Behördenleiter

selbst der Auskunftsverpflichtete ist oder aber eine Pressestelle eingerichtet wird. Soweit sich der Rechercheur an irgendeinen, vielleicht in
der Sache zuständigen Mitarbeiter wendet, ist dieser gehalten, den Rechercheur bzw. Journalisten an die zuständige Pressestelle bzw. Behör-
denleitung zu verweisen. Er selbst muß keine weitere Auskunft geben.

Schranken des Auskunftsanspruchs nach § 4 LPG

Der soeben dargestellte Auskunftsanspruch gegenüber Behörden ist jedoch nicht schrankenlos gewährt. Vielmehr bestimmen die Landespressegesetze Auskunftsverweigerungtatbestände, d.h. Gründe,, in
welchen die Behörden keine Auskünfte geben müssen.

In § 4 des Hamburgischen Landespressegesetzes heißt es beispielsweise:

„Auskünfte können verweigert werden, soweit

1. hierdurch die sachgemäße Durchführung eines schwebenden Ge-
richtsverfahrens, Bußgeldverfahrens oder Disziplinarverfahrens beeinträchtigt oder gefährdet werden könnte oder

2. Vorschriften über die Geheimhaltung oder die Amtsverschwiegenheit
entgegenstehen oder

3. sonst ein überwiegendes öffentliches oder schutzwürdiges privates Interesse verletzt würde."

Die Begriffe „erschwert", „verzögert", oder „gefährdet" müssen aufgrund der öffentlichen Aufgabe der Presse eng ausgelegt werden. Eine
Gefährdung eines Verfahrens wird insbesondere dann angenommen,
wenn die Gefahr besteht, daß Zeugen oder Schöffen in einem Gerichtsverfahren beeinflußt werden. Auf jeden Fall wird eine konkrete Gefährdung verlangt. Die bloße theoretische Möglichkeit genügt nicht. Diese
Ziffer 3 des § 4 des Hamburgischen Landespressegesetzes gibt der Behörde jedoch kein absolutes Auskunftsverweigerungsrecht. Vielmehr muß
im Rahmen einer umfassenden Güter- und Interessenabwägung festgestellt werden, ob tatsächlich eine sachgemäße Durchführung eines Verfahrens in dem genannten Sinne beeinflußt werden könnte.

Vorschriften über die Geheimhaltung, die dem Auskunftsanspruch entgegenstehen können, sind insbesondere Regelungen, die öffentliche Geheimnisse schützen sollen. Vor allem sind dies Dienst- und Staats-

geheimnisse, deren Verletzung strafrechtliche Folgen nach sich zieht. Hierzu zählt auch das Steuergeheimnis nach § 30 Abgabenordnung. Insofern dürfen grundsätzlich Auskünfte über Steuerverfahren nicht gemacht werden. Etwas anderes gilt nur dann, wenn das jeweilige Steuerstrafverfahren von erheblicher öffentlicher Bedeutung und damit zwingendem Gemeininteresse ist. In diesem Fall ist eine Auskunft unter Verletzung des Steuergeheimnisses ausnahmsweise gerechtfertigt.

Auf jeden Fall zählen zu den Auskunftsverweigerungsgeboten sogenannte „Verschlußsachen", d.h. Vorgänge, die im Verwaltungsdeutsch als „Geheim" bezeichnet werden.

Schließlich kann die Auskunft verweigert werden, wenn ein überwiegendes öffentliches oder ein schutzwürdiges privates Interesse vorliegt. Die überwiegenden öffentlichen Interessen im Sinne dieser Generalklausel sind insbesondere Komplexe mit außenpolitischen Bezügen. Bei der Abwägung, ob ein solches überwiegendes öffentliches Interesse vorliegt, hat die Behörde Ermessen, welches sie jedoch im Rahmen des Verhältnismäßigkeitsgrundsatzes ausüben muß.

Schutzwürdige Privatinteressen müssen nicht überwiegen. Vielmehr steht ihre Verletzung einer Auskunft regelmäßig entgegen. Insbesondere geht es hier um die Persönlichkeitsrechte Privater. Soweit die Auskunft zugleich eine Persönlichkeitsrechtsverletzung darstellen würde, darf diese nicht erteilt werden. Insbesondere Personalakten, Ehescheidungsakten, medizinische Gutachten sowie Akten der Sozialdienststellen unterliegen daher der Geheimhaltung. Auch soweit durch die Auskunft ein Unternehmen in seinem sogenannten Recht am eingerichteten und ausgeübten Gewerbebetrieb verletzt werden würde, ist diese zu unterlassen, besteht also kein Anspruch der Medien auf Auskunft. Im „Birkel- Fall" hatte eine Behörde in Bezug auf einen Teigwarenhersteller bekanntgegeben, daß das hier verwendete Flüssigei „mikrobiell verdorben" sei. Sie hatte jedoch nicht klargestellt, daß es sich hier um einen bloßen Verdacht handelte.

Unter dem Begriff der schutzwürdigen privaten Belange fallen oftmals auch sogenannte Nachrichtensperren in Fällen von Entführungen. So muß das Informationsinteresse der Öffentlichkeit zurücktreten, wenn durch die Information zugleich Menschenleben gefährdet werden.

Gerichtliche Durchsetzung des Auskunftsanspruchs nach § 4 LPG

Verweigern Behörden entgegen der Regelung des § 4 LPG zu unrecht eine Auskunft, kann dieses auch gerichtlich im Wege der sogenannten Auskunftsklage durchgesetzt werden. Soweit es eilbedürftig ist, besteht die Möglichkeit einer einstweiligen Anordnung. Zuständig für derartige Verfahren sind die Verwaltungsgerichte, da es sich um Klagen auf Grundlage öffentlich-rechtlicher Vorschriften handelt.

Auskunftsansprüche gegenüber staatlichen Stellen nach dem Umweltinformationsgesetz (UIG)

Es wurde bereits an anderer Stelle gezeigt, daß der Zugang zu staatlichen Einrichtungen für die journalistische Tätigkeit von besonderer Bedeutung ist. Während § 4 LPG bestimmte Auskunfts- ansprüche für die journalistisch Tätigen begründet, existieren eine Reihe von allgemeinen Vorschriften, die es dem Bürger unter bestimmten Voraussetzungen ermöglichen, sich über staatliches Handeln zu informieren.

In jüngster Zeit hat der Bundesgesetzgeber eine weitere Regelung geschaffen, die auch für die journalistische Recherchearbeit von Bedeutung ist. Das sogenannte Umweltinformationsgesetz vom 8. Juli 1994 beruht auf der Umsetzung der Richtlinie 90/313/EWG des Rates vom 7. Juni 1990. Dieses Gesetz verpflichtet die Behörden, in einem bedeutenden Sektor moderner öffentlicher Verwaltung, nämlich im Bereich des Umweltrechts, sehr weitgehende Informationsrechte des Bürgers zuzulassen. Das Gesetz trägt somit der Tatsache Rechnung, daß in den 80er Jahren die Umweltpolitik in der öffentlichen Meinung immer mehr Beachtung gefunden hat. Die Komplexität dieser Materie hat es zwangsläufig mit sich gebracht, daß der Bürger an dem Hintergrund und den Grundlagen von umweltpolitischen oder verwaltungsbehördlichen Entscheidungen zunehmend teilhaben möchte. Wird staatliches Handeln auf diesem Sektor nicht transparent, so kann es zu Mißtrauen oder sogar zu einer Entfremdung des Bürgers vom Staat führen. Es ist daher nicht verwunderlich, daß die Debatte über den Stellenwert der Umweltinformation in Deutschland in den letzten Jahren deutlich zugenommen hat.

Die Bedeutung des Umweltinformationsgesetzes ist jedoch nicht auf das Verhältnis zwischen Bürger und Staat beschränkt. Gerade Journalisten, die sich im Bereich von Umweltfragen engagieren, können die zunächst als Jedermann-gedachten Bürgerrechte sozusagen stellvertretend für diese in Anspruch nehmen und damit ihre Recherchemöglichkeiten um eine zusätzliche Komponente erweitern. Im folgenden sollen deshalb kurz die wichtigsten Vorschriften dieses Gesetzes angesprochen werden, soweit sie für die Recherchetätigkeit von Bedeutung sind.

§ 1 UIG legt zunächst den Zweck des Gesetzes fest:

„Zweck dieses Gesetzes ist es, den freien Zugang zu den bei den Behörden vorhandenen Informationen über die Umwelt sowie die Verbreitung dieser Informationen zu gewährleisten und die grundlegenden Voraussetzungen festzulegen, unter denen derartige Informationen zugänglich gemacht werden sollen."

Die Gewährleistung eines freien Zugangs und der Verbreitung dieser Informationen bedeutet jedoch noch nicht, daß dieses Gesetz nicht bestimmten Schranken unterworfen ist. Gemäß § 4 UIG hat zwar jeder Anspruch auf freien Zugang zu Informationen über die Umwelt, die Behörde erteilt diese Informationen jedoch nur auf Antrag, der gemäß § 5 UIG gestellt und zudem hinreichend bestimmt sein sowie erkennen lassen muß, auf welche Information er gerichtet ist. Der Journalist, der darauf bedacht ist, eine Information besonders schnell zu bekommen, wird in seiner Arbeit auch dadurch beschränkt, daß ein solcher Antrag gemäß § 5 II UIG erst innerhalb von zwei Monaten beschieden werden muß. Eine journalistische Arbeit, die auf Aktualität bedacht ist, wird hierdurch also im erheblichen Umfang behindert.

Darüber hinaus bestehen in § 7 UIG eine Reihe von Schranken, die den Anspruch ähnlich wie in § 4 LPG nämlich zum Schutz öffentlicher Belange, eingrenzen. Danach besteht kein Anspruch, soweit das Bekanntwerden der Informationen die internationalen Beziehungen, die Landesverteidigung oder die Vertraulichkeit der Beratungen von Behörden berührt oder eine erhebliche Gefahr für die öffentliche Sicherheit verursacht werden kann. Außerdem ist der Anspruch ausgeschlossen, solange ein Gerichtsverfahren oder ein strafrechtliches Ermittlungsverfahren sowie ein verwaltungsbehördliches Verfahren andauert und der Anspruch sich auf Daten bezieht, die der Behörde aufgrund des Verfahrens zugehen. Schließlich besteht ein Anspruch dann nicht, wenn zu besorgen ist, daß durch das Bekanntwerden der Informationen Umweltgüter erheblich oder nachteilig beeinträchtigt oder der Erfolg behördlicher

Maßnahmen im Sinne des Umweltinformationsgesetzes gefährdet werden. Zur Erläuterung der allgemeinen Schranken kann auf die Ausführungen zu § 4 LPG verwiesen werden.

Eine weitere Besonderheit des Umweltinformationsgesetzes liegt darin, daß dieses Gesetz zumindest in einem gewissen Umfang auch die Möglichkeit bietet, Informationen von natürlichen oder juristischen Personen des Privatrechts zu bekommen. Soweit diese nämlich öffentlich-rechtliche Aufgaben im Bereich des Umweltschutzes wahrnehmen und der Aufsicht von Behörden unterstellt sind, findet das UIG mit allen Ansprüchen auch im Hinblick auf diesen Personenkreis Anwendung.

Zusammenfassend ist somit festzustellen, daß das UIG die journalistische Tätigkeit unter bestimmten Voraussetzungen zumindest bereichern kann. Der europäische Gesetzgeber hat durch seine Richtlinie die Mitgliedstaaten jedenfalls dahingehend verpflichtet, daß sie den Bürgern gegenüber ihre Umweltpolitik und behördliche Umweltentscheidungen transparent machen müssen. Auch wenn das UIG, als konkrete Umsetzung dieser Richtlinie, dem Informationsbegehren des Umweltinteressierten gewisse Schranken auferlegt, so stellt es in jedem Fall eine Verbesserung gegenüber der vorher bestehenden Rechtslage dar.

Auskunftsansprüche gegenüber Privaten und Unternehmen

§ 4 LPG nennt als Anspruchsverpflichteten nur Behörden. Keine Auskunftsansprüche lassen sich hieraus gegenüber Privaten und Unternehmen ableiten. Vielmehr stehen dem Journalisten und Rechercheur gegenüber privaten juristischen Personen sowie natürlichen Personen, also jedem Einzelnen, keine Auskunftsansprüche zu. Insofern ist kein Wirtschaftsunternehmen dazu verpflichtet, Anfragen von Journalisten auch nur zu beantworten. Das Verfassungsrecht bindet nur unmittelbar öffentliche Stellen. Ansprüche auf Informationen durch Private können sich daher lediglich auf Informations- oder Exklusivverträge zurückführen lassen. Wirtschaftsunternehmen müssen insbesondere auch nicht den Gleichbehandlungsgrundsatz beachten. Sie können daher bestimmte Pressevertreter von Informationen ausschließen, da sie mit bestimmten Journalisten nicht zusammenarbeiten wollen. Im Ergebnis gilt hier der Grundsatz der sogenannten Privatautonomie. Die Unternehmen können mit den Journalisten zusammenarbeiten, sie müssen es aber nicht.

13.3.2 Sonstige Informationsrechte des Journalisten bei der Recherche

Zutrittsrechte zu Veranstaltungen

Neben den Auskunftsrechten kommen beim Recherchieren auch spezielle Zutrittsrechte zu öffentlichen oder auch privaten Veranstaltungen in Betracht. Auch hier ist zwischen beidem zu trennen.

Zutritt zu Veranstaltungen staatlicher Stellen und öffentliche Ereignisse

Aufgrund der besonderen öffentlichen Aufgabe der Medien steht diesen gegenüber dem Staat in Bezug auf bestimmte staatliche Veranstaltungen das Recht auf Teilnahme zu. In jedem Fall hat der Staat hierbei den Gleichbehandlungsgrundsatz sowie das Neutralitätsgebot zu beachten. Im einzelnen gilt:

Vertreter der Medien ist uneingeschränkt Zutritt zu durch die Behörden und andere öffentliche Stellen veranstaltete Pressekonferenzen zu gewähren. Dem Staat ist es insbesondere verboten, hierbei bestimmte Medienvertreter aufgrund bisheriger negativer Berichterstattung auszuschließen. Lediglich in einem Fall hat das Bundesverwaltungsgericht entschieden, daß die öffentliche Hand eine Auswahl von Journalisten nach Sachkunde vornehmen kann, wenn die zu behandelnden Themen spezielle Kenntnisse erfordern. Diese Entscheidung ist indes zu recht auf Kritik gestoßen, weswegen sie als Ausnahmeentscheidung gelten muß. Gerade der ausdehnungsbedürftige Begriff „Sachkunde" ermöglicht es in Ausnahmefällen dem Staat, unliebsame Journalisten auszuschließen.

Die vorgenannten Grundsätze zum uneingeschränkten Zutrittsrechts gelten auch für die privatrechtlich als Verein organisierte Bundespressekonferenz bzw. Landespressekonferenzen. Der Staat kann sich nämlich nicht durch die Flucht in das Privatrecht seinen Verpflichtungen auf ungehinderten Zutritt für alle Medienvertreter entziehen.

Auch bei öffentlichen Ereignissen wie Demonstrationen oder Unglücksfällen muß den Medien grundsätzlich durch staatliche Stellen die Gelegenheit gegeben werden, vor Ort recherchieren oder berichten zu können. Hier kommt es jedoch jeweils auf die Umstände des Einzelfalls an, ob das allgemeine öffentliche Informationsinteresse der Öffentlichkeit hinter höherrangigen Rechtsgütern, wie das Leben und Gesundheit von Opfern in Entführungsfällen, oder die Durchsetzung von strafrechtlichen Verfolgungsmaßnahmen überwiegt.

Nicht als spezielles Recht der Medien, sondern als Jedermannsrecht ist das Recht ausgestaltet, an Sitzungen des Bundestages von Ländern und Gemeindeparlamenten teilzunehmen. Beschränkungen können sich hier aus Kapazitätsgrenzen, aber auch aus dem Hausrecht des Veranstalters ergeben. Das Hausrecht im Bundestag steht der Bundestagspräsidentin zu. Sie kann bestimmen, ob Beschränkungen für Bild- und Tonaufnahmen ausgesprochen werden.

In letzter Zeit kontrovers diskutiert wird die Frage der Teilnahme von Medienvertretern an Gerichtsverhandlungen.

§ 169 Gerichtsverfassungsgesetz (GVG) bestimmt hierzu:

„Die Verhandlung vor dem erkennenden Gericht einschließlich der Verkündung der Urteile und Beschlüsse ist öffentlich. Ton- und Fernseh-Rundfunkaufnahmen sowie Ton- und Filmaufnahmen sind zum Zwecke der öffentlichen Vorführung oder Veröffentlichung ihres Inhalts unzulässig."

Hieraus ergibt sich das grundsätzliche Prinzip der Öffentlichkeit der Verhandlung und zwar jeder Verhandlung, egal ob Straf-, Zivil- oder Verwaltungsgericht. Gleichzeitig aber das Verbot von Hörfunk- und Fernsehaufnahmen im Gerichtssaal. Der Grundsatz der Öffentlichkeit der Verhandlung ist nur in Ausnahmefällen durchbrochen. Als Ausnahmen gelten etwa Verfahren nach dem Jugendgerichtsgesetz, insbesondere sogenannten Jugendschutzsachen, d.h. Fällen, wo Jugendliche Opfer bestimmter Straftaten sind. Im übrigen kann das Gericht auch die Öffentlichkeit ausschließen, sofern schutzwürdige Privatinteressen berührt werden oder private Geheimnisse erörtert werden, deren Offenbarung strafbar wäre. Die Entscheidung hierüber ist im Rahmen einer umfassenden Güterabwägung zu fällen. Ein Ausschluß der Öffentlichkeit kommt etwa in strafrechtlichen Hauptverhandlungen vor, wo der Opferschutz und der Zeugenschutz in Ausnahmefällen höher wiegen kann als das Recht der Öffentlichkeit, an den Verhandlungen teilzunehmen.

Mit absolutem Verbot ausgestattet ist hingegen Satz 2. des § 169 GVG, welcher jegliche Aufnahmen von Verhandlungen verbietet. Dieses Verbot erstreckt sich indes nicht auf Aufnahmen im Gerichtssaal vor Beginn bzw. nach dem Ende der Verhandlung. Diese sind zulässig, soweit allerdings wiederum Kapazitätsprobleme auftreten. Dann kommt wiederum die sogenannte „Pool-Lösung" in Betracht. Diese wurde im Honecker-Prozeß angewendet. Dabei wird bestimmten Medien gestattet, Filmaufnahmen herzustellen, diese müssen jedoch dann an die anderen Medien gegen Kostenerstattung abgegeben werden.

Zutrittrechte zu privaten Veranstaltungen

Ähnlich wie bei den Auskunftsansprüchen besteht gegenüber privaten im Gegensatz zu öffentlichen Einrichtungen kein grundsätzlicher Anspruch der Medien, zu jeder privaten Veranstaltung Zutritt zu erhalten.

§ 6 Abs. 2 des LPG bestimmt indes, daß Pressevertretern ein Zutrittsrecht zu allen öffentlichen Versammlungen eingeräumt werden muß, damit auch zu solchen, die von Privaten veranstaltet werden. Sie müssen sich lediglich durch einen Presseausweis als Journalist zu erkennen geben. Zwar kann der Veranstalter bestimmte Privatpersonen aufgrund seines Hausrechts von der Veranstaltung ausschließen, nicht jedoch Pressevertreter im Sinne des § 6 Abs. 2. Ein Ausschluß eines Journalisten aufgrund negativer Berichterstattung wäre daher unzulässig. Voraussetzung ist jedoch, daß es sich um eine öffentliche Veranstaltung handelt, d.h. also um öffentliche Kundgebungen, Parteitage, Diskussionsveranstaltungen, Demonstrationen etc., zu denen jedermann grundsätzlich Zutritt hat.

Handelt es sich jedoch nicht um eine öffentliche Versammlung, sondern um eine wirklich rein private Veranstaltung, kann der Hausherr aufgrund seines Hausrechts bestimmen, wem er den Zutritt gewährt und wem nicht.

Eine Ausnahmevorschrift enthält § 4 des Rundfunkstaatsvertrages. Dieser gewährt jedem in Europa zugelassenen Fernsehveranstalter das Recht zur unentgeltlichen kurzen Berichterstattung über Veranstaltungen und Ergebnisse, die öffentlich zugänglich und von allgemeinem Informationsinteresse sind. Dieses Recht beinhaltet das Recht zum Zugang, zur kurzzeitigen Direktübertragung, zur Aufzeichnung, zu deren Auswertung, zu einem Einzelbeitrag sowie zur Weitergabe an andere Veranstalter. Es ist jedoch beschränkt auf die aktuelle Berichterstattung und nur auf eine bestimmte Dauer. In der Regel wird von einer Länge von 1 $\frac{1}{2}$ Minuten ausgegangen. So werden 90 Sekunden regelmäßig bei wiederkehrenden Veranstaltungen gewährt, sonst ist die Berichterstattung auf eine Länge beschränkt, die notwendig ist, um den nachrichtenmäßigen Informationsgehalt der Veranstaltung oder des Ereignisses zu vermitteln, vgl. § 4 IV S. 2 und 3 Rundfunkstaatsvertrag.

Einsichtsrechte in öffentliche Register und behördliche Akten

Ebenfalls als Jedermannsrecht und nicht als spezielles, den Rechercheuren zustehendes Recht sind bestimmte Einsichtsrechte in öffentliche Register und behördliche Akten ausgestattet. So verhält es sich etwa beim Handelsregister, beim Güterrechtsregister, beim Musterregister, beim Markenregister oder beim Schuldnerverzeichnis.

Von erheblicher Relevanz für die journalistische Tätigkeit ist die Auskunftsmöglichkeit nach dem § 21 MRRG (Melderechtsrahmengesetz). Danach kann Jedermann von der Meldebehörde Auskunft über Vor- und Familiennamen, Doktorgrad und Anschriften einzelner bestimmter Einwohner verlangen (Einfache Melderegisterauskunft).

Soweit darüber hinaus Auskünfte über Tag und Ort der Geburt, frühere Vor- und Familiennamen, Familienstand, Staatsangehörigkeiten, frühere Anschriften etc. verlangt werden, muß ein sogenanntes berechtigtes Interesse nach § 21 II MRRG nachgewiesen werden (Erweiterte Melderegisterauskunft). Auch das öffentliche Interesse, das Journalisten bei ihrer Recherche zum Zwecke der späteren Veröffentlichung regelmäßig verfolgen, wird überwiegend als ein derartiges berechtigtes Interesse angesehen. Dieses wird bei Journalisten immer dann anzunehmen sein, wenn die jeweilige Auskunft eine Frage berührt, die eben von öffentlichem Interesse ist. Gleiches gilt für Einsichtnahmen in das Grundbuch. Auch hier ist ein solches Interesse erforderlich, so daß Journalisten diese Einsichtnahme begehren können, z.B. wenn aufgrund konkreter Vorfälle ein öffentliches Interesse daran besteht, über bestimmte Eigentumsverhältnisse an Immobilien informiert zu werden. In diesem Fall steht dem Rechercheur auch das Recht zu, Abschriften aus dem Grundbuch zu erhalten.

Schließlich ist noch § 32 I Stasiunterlagengesetz zu nennen. Danach kann bei der Gauck-Behörde Einsicht in Stasiunterlagen mit nicht anonymisierten Personen verlangt werden, soweit es sich um Personen der Zeitgeschichte, um Inhaber politischer Funktionen oder aber um

Amtsträger in Ausübung ihres Amtes handelt, soweit sie nicht Betroffene oder Dritte sind, ferner, soweit es um Mitarbeiter oder Begünstigte der Stasi geht, es sei denn, daß durch die Verwendung schutzwürdige Interessen der genannten Personen beeinträchtigt würden. Auch hier muß also im Einzelfall eine Abwägung vorgenommen werden. Droht den Stasiopfern durch die Veröffentlichung eine erneute erhebliche Beeinträchtigung, muß von einem Einsichtsrecht abgesehen werden.

12.4 Recherche mit Hilfe von Informanten

Die oftmals entscheidenen Ansätze für eine Recherche sind nicht die offiziellen Stellungnahmen und Auskünfte von Behörden, sondern die Informationen, die der Rechercheur oder Journalist durch Informanten aus Behörden, Unternehmen oder privatem Umfeld einer Person erhält. Der Informant geht mitunter erhebliche Risiken ein, wenn er sich an Journalisten wendet. So unterliegt er gesetzlichen und vertraglichen Verschwiegenheits- und Geheimnispflichten. Andererseits ist der Journalist gerade auf diese Information angewiesen, um seine öffentliche Aufgabe hinreichend zu erfüllen. Dies erkennt auch das deutsche Recht an, indem es dem Journalisten bestimmte Zeugnisverweigerungsrechte über seine Quellen zur Verfügung stellt. Im einzelnen gilt:

12.4.1 Gefahren für den Informanten

Oftmals wenden sich Informanten von selber an die Medien und geben diesen Informationen aufgrund von Insiderwissen. Die Risiken, die die Informanten hierbei eingehen, sind erheblich. Beamte und andere Hoheitsträger können hierdurch ihre beamtenrechtlichen Pflichten zur Amtsverschwiegenheit verletzen und disziplinarisch belangt werden. Es kommt auch in Betracht, daß sie sich sogar des Verstoßes von Geheimhaltungsvorschriften nach dem Strafgesetzbuch wie Landesverrat, Gefährdung der äußeren Sicherheit strafbar machen. Soweit es sich um Mitarbeiter von Unternehmen handelt, können sie gegen die Vorschrift des § 17 Unlauterer Wettbewerb Gesetz (UWG) verstoßen, der den Verrat von Betriebs- und Geschäftsgeheimnissen unter Strafe stellt. Daneben kommt auch die Möglichkeit der Verletzung privatrechtlicher Verschwiegenheits- und Treuepflichten aus dem Arbeitsvertrag in Betracht. Soweit Rechtsanwälte oder Ärzte Informationen liefern, verstoßen sie ggf. gegen ihnen obliegende Verschwiegenheitspflichten.

Damit setzen sich die Informanten regelmäßig einem eigenen Haftungsrisiko in straf- und zivilrechtlicher Hinsicht aus.

Der Rechercheur muß diese Risiken für den Informanten kennen. Er kann jedoch dem Informanten auch zusagen, daß er diesen als Quelle der Information weder in Straf- noch in Zivilprozessen nennen wird. Zu einer derartigen Zusage ist der Rechercheur und Journalist befähigt, soweit das Rechercheergebnis später publiziert werden soll (hierzu im einzelnen sogleich unter Zeugnisverweigerungsrechte 13.4.2).

In Einzelfällen begehren die Informanten bzw. die im Rahmen der Recherche Interviewten die Autorisierung der späteren Veröffentlichung. Sofern eine Information bzw. ein Interview nur unter Autorisierungsvorbehalt gegeben ist, ist dieser unbedingt einzuhalten. Die beabsichtigte Veröffentlichung muß daher zunächst dem Informanten bzw. Interviewten zur Autorisierung vorgelegt werden.

13.4.2 Das Zeugnisverweigerungsrecht und Beschlagnahmeverbot zur Absicherung des Informantenschutzes

Wie eben festgestellt, können die Journalisten und Rechercheure den zugesagten Informantenschutz aufgrund ihres Zeugnisverweigerungsrechtes und des korrespondierenden Beschlagnahmeverbotes am fremdrecherchierten Material einhalten.

§ 53 I 5 Strafprozeßordnung (StPO) bestimmt, daß Personen, die bei der Vorbereitung, Herstellung oder Verbreitung von periodischen Druckwerken oder Rundfunksendungen berufsmäßig mitwirken oder mitgewirkt haben, über die Person des Verfassers, Einsenders oder Gewährsmanns von Beiträgen und Unterlagen sowie über die ihnen im Hinblick über ihre Tätigkeit gemachten Mitteilungen, die den redaktionellen Teil betreffen, zur Verweigerung des Zeugnisses berechtigt sind. Derartige Regelungen über die Zeugnisverweigerung sind auch für den Zivilprozeß sowie das Steuerstrafverfahren vorgesehen.

Träger des Zeugnisverweigerungsrechts sind alle Mitarbeiter der Presse und des Rundfunks, die beruflich im vorgenannten Sinne mitwirken. Erfaßt sind daher nicht nur die redaktionellen, sondern auch die kaufmännischen und technischen Mitarbeiter eines Zeitungsverlages oder Rundfunkveranstalters. Auch der Justitiar gehört zu diesen Personen. Erforderlich ist jedoch, daß der Gegenstand der Recherche durch Presse oder Rundfunk publiziert werden soll. Eine bloße interne Recherche einer Organisation fällt also nicht hierunter.

Nicht zu diesen Begünstigten zählen Buchverlage und Verbreiter von Flugblättern, da es sich nicht um periodische Druckwerke handelt. Erfaßt sind aber Nachrichtenagenturen, da sie an der Vorbereitung von Presseerzeugnissen oder Rundfunksendungen mitarbeiten sowie Korrespondenten. Unerheblich ist ferner, ob es sich um festangestellte oder freie Mitarbeiter der privilegierten Unternehmen handelt.

Das Zeugnisverweigerungsrecht berechtigt den Journalisten sowohl hinsichtlich des Inhalts der erhaltenen Information als auch hinsichtlich der Person des Informanten, das Zeugnis zu verweigern.

So kann jegliche Aussage, die zur Ermittlung des Informanten führen könnte, verweigert werden. Schützer der Informanten können sein die Verfasser von Beiträgen im redaktionellen Teil bzw. von Unterlagen für die Erstellung solcher Beiträge. Die Einsender fremder Beiträge und Unterlagen sowie sämtliche Gewährsleute, d.h. diejenigen Personen, die den Medienmitarbeitern lediglich die Informationen liefern, aus denen später die Beiträge entstehen.

Inhaltlich zielt das Zeugnisverweigerungsrecht auf die vom Informanten gemachten Mitteilungen. Geschützt ist also nur das, was vom Informanten an den Journalisten oder Rechercheur weitergegeben wurde. Das, was der Journalist hingegen selbst recherchiert oder beobachtet hat, ist nicht erfaßt, es sei denn, dessen Beschaffung beruht auf den Informationen durch den Informanten.

Mit diesem Zeugnisverweigerungsrecht korrespondiert auch das Beschlagnahmeverbot nach § 97 V StPO. Grundsätzlich sind die Strafverfolgungsbehörden berechtigt, Beweismittel, die in einem Strafverfahren von Bedeutung sein können, sicherzustellen und gegebenenfalls zu beschlagnahmen.

Soweit jedoch der Journalist berechtigt ist, das Zeugnis zu verweigern, ist auch die Beschlagnahme von Schriftstücken, Ton-, Bild- und Datenträgern, Abbildungen und anderen Darstellungen, die sich in Gewahrsam des Zeugnisverweigerungsberechtigten oder der Redaktion, des Verlages, der Druckerei oder Rundfunkanstalt befinden, unzulässig. Hintergrund dieser Vorschrift ist die Überlegung, daß ansonsten das für

Informanten dienende Zeugnisverweigerungsrecht für Journalisten durch Sicherstellung und Beschlagnahme des vom Informanten gelieferten Materials umgangen werden könnte. Vom Beschlagnahmeverbot nicht erfaßt ist daher das vom Journalisten selbst recherchierte Material. Hier haben die Strafverfolgungsbehörden indes lediglich den Grundsatz der Verhältnismäßigkeit zu beachten und jeglichen Eingriff von der Schwere der Straftat und auch der Intensität des jeweils bestehenden Tatverdachtes abhängig zu machen.

13.5 Rechtliche Schranken der Recherche

Auch der Journalist hat bei seiner Recherche Rechtsvorschriften zu beachten. Insbesondere gibt ihm der oben dargestellte Auskunftsanspruch kein Sonderrecht, gegen Vorschriften des Strafgesetzbuches zu verstoßen oder unerlaubte Handlungen nach Zivilrecht zu begehen. Verstößt er dagegen auch gegen die von ihm zu beachtenden Vorschriften des Strafrechts oder Zivilrechts bei der Recherche, kann er hierfür in Anspruch genommen werden. Zu trennen ist zwischen den strafrechtlichen und zivilrechtlichen Begrenzungen, die bei der Recherche zu beachten sind.

13.5.1 Strafrechtliche Schranken der Recherche

Das Strafgesetzbuch enthält einige Verbote, die auch für bestimmte Formen von Recherche von erheblicher Relevanz sind. Insbesondere die Straftatbestände, die dem Schutz des persönlichen Lebens- und Geheimnisbereiches dienen. So ist es nach

§ 201 Strafgesetzbuch (StGB) untersagt, das nichtöffentlich gesprochene Wort eines anderen auf Tonträger aufzunehmen oder auch eine so hergestellte Aufnahme zu gebrauchen oder einem Dritten zugänglich zu machen. Ausnahmen gelten hier nur, wenn der Betroffene, dessen Wort aufgenommen wird, vorher eingewilligt hat. Angriffsgegenstand ist jedoch nur das nichtöffentlich gesprochene Wort, d.h. jede Äußerung, die sich nicht an die Allgemeinheit richtet, also nicht über ein durch persönliche oder sachliche Beziehung abgegrenzten Personenkreis hinausgeht. Unter diese Vorschrift fällt also das heimliche Mitschneiden eines Gespräches mit einem Befragten oder auch die nichtgenehmigte Aufnahme eines Telefongespräches. Nach § 201 II StGB ist auch derjenige strafbar, der unbefugt, also ohne Einwilligung, das nicht zu seiner

Kenntnis bestimmte, nichtöffentlich gesprochene Wort eines anderen mit einem Abhörgerät abhört. Erforderlich ist hier also die Benutzung einer Mithöreinrichtung. Das bloße heimliche Zuhören ist damit nicht unter Strafe gestellt.

Ebenso untersagt ist nach § 202 StGB eine Verletzung des Briefgeheimnisses. Derjenige, der unbefugt einen verschlossenen Brief, der nicht zu seiner Kenntnis bestimmt ist, öffnet oder sich vom Inhalt eines solchen Briefes ohne Öffnung des Verschlusses unter Anwendung technischer Mittel Kenntnis verschafft, ist der Verletzung des Briefgeheimnisses schuldig. Ebenso wird bestraft, wer sich unbefugt vom Inhalt eines Schriftstückes, welches durch ein verschlossenes Behältnis gegen Kenntnisnahme besonders gesichert ist, Kenntnis verschafft, wenn er dazu das Behältnis öffnet. Gemeint ist hier also nicht der klassische Brief, sondern der Fall, daß das Schriftstück in einem Schließfach oder Tresor befindlich ist und sich jemand ohne Zustimmung des Berechtigten Kenntnis vom Inhalt des Schriftstückes verschafft.

Ferner stellt § 202a StGB auch das unbefugte Ausspähen von Daten unter Strafen. Geschützt werden sollen hier vorrangig die Betreiber von Datenbanken vor der unbefugten Überwindung von technischen Schutzmechanismen durch sogenannte „Hacker". Das unbefugte Eindringen in fremde Datennetze bei einer Recherche ist daher von der Rechtsordnung nicht mehr gedeckt.

Darüber hinaus stellt § 203 StGB auch das Offenbaren von Privatgeheimnissen unter Strafe. Den Angehörigen bestimmter, hier ausdrücklich genannter Berufsgruppen, wie Ärzten, Psychologen, Anwälten, Sozialarbeitern etc. ist es danach ausdrücklich untersagt, Geheimnisse, die ihnen in ihrer Eigenschaft als Angehöriger dieser Berufsgruppen anvertraut wurden, zu offenbaren. Der Journalist ist hier nicht in die Pflicht genommen. Er kann jedoch wegen Anstiftung zu einer solchen Tat zur Verantwortung gezogen werden.

Schließlich ist noch der Tatbestand des Hausfriedensbruchs zu nennen. Jedermann, und damit auch Journalisten und Rechercheuren, ist es untersagt, in fremde Privat-, Betriebs- oder Geschäftsräume ohne Zustimmung des Hausrechtsinhabers einzudringen. Gleichermaßen ist es jedermann verboten, sich fremde Dokumente, die nicht in seinem Eigentum stehen, widerrechtlich anzueignen. Damit wird der Tatbestand des Diebstahls nach § 242 StGB erfüllt.

13.5.2 Zivilrechtliche Schranken der Recherche

Die Darstellung der strafrechtlichen Schranken der Recherche hat gezeigt, daß die Verletzung von Straftatbeständen im Rahmen von Recherchehandlungen staatliche Sanktionen nach sich ziehen können. Darüber hinaus grenzen aber auch zivilrechtliche Vorschriften den Umfang journalistischer Tätigkeiten ein, soweit diese unzulässig in Rechtsgüter Dritter eingreift. Werden Rechercheergebnisse unter Mißachtung der durch die Zivilrechtsordnung geschützten Rechtsgüter Dritter erlangt, so können die hierdurch Betroffenen zivilrechtliche Abwehransprüche geltend machen, wobei hierbei insbesondere Unterlassungs- und Schadensersatzansprüche in Betracht kommen.

Gemäß § 823 I Bürgerliches Gesetzbuch (BGB) schützt das Zivilrecht das allgemeine Persönlichkeitsrecht, welches eine Ausprägung der Grundrechte aus Artikel 2 Abs. 1, der allgemeinen Handlungsfreiheit und der Menschenwürde aus Artikel 1 Abs. 1 GG darstellt. Insbesondere im Rahmen der Berichterstattung über Personen kann es zu einem Konflikt zwischen den Belangen der Betroffenen und denen der Presse, nämlich möglichst frei berichten zu können, kommen. Kommt es zu einem solchen Konflikt, so muß in jedem Einzelfall eine Güterabwägung zwischen dem Informationsinteresse der Öffentlichkeit und dem berechtigten Interesse des Betroffenen an der Wahrung seines allgemeinen Persönlichkeitsrechts stattfinden. Die in diesem Zusammenhang denkbaren Konflikte sind vielfältig. So kann z.B. die Veröffentlichung vertraulicher Notizen oder auch von Schriftsätzen eines Rechtsanwalts sogar dann eine Verletzung des allgemeinen Persönlichkeitsrechts darstellen, wenn für diese Aufzeichnungen ein urheberrechtlicher Schutz nicht geltend gemacht werden kann. Auch ist es denkbar, daß Journalisten durch ihr Verhalten dann unzulässig in Rechte Dritter eingreifen, wenn sie über einen großen Zeitraum hinweg vor der Wohnung oder dem Haus einer Person ausharren, die aufgrund bestimmter Ereignisse im Interesse der Öffentlichkeit steht. Werden hierbei sogenannte „belagerungsähnliche Zustände" erreicht, so kann dieses Vorgehen ungeachtet seiner strafrechtlichen Relevanz in das allgemeine Persönlichkeitsrecht des Betroffenen eingreifen. Auch hier muß wieder zwischen dem Interesse des Betroffenen und den Interessen der Medien abgewogen werden. Dies zeigt, daß solche Entscheidungen immer im Einzelfall getroffen werden müssen, eine generelle Aussage darüber, wann solche Recherchetätigkeiten zulässig sind, nicht getroffen werden kann. Als eine Art Grundregel kann man jedoch für die Recherchetätigkeit formulieren, daß, je höher das Informationsinteresse der Medien ist, umso eher müssen die Betroffenen Eingriffe in das allgemeine Persönlichkeitsrecht hinnehmen. Handelt es sich jedoch um Dinge, die der Intimsphäre der Person zuzuordnen sind, über die berichtet werden soll, so kann selbst der Informationsanspruch der Öffentlichkeit eine hierauf bezogene Recherchetätigkeit nicht rechtfertigen.

Eine weitere Methode journalistischer Tätigkeit, welcher durch das Zivilrecht Schranken gesetzt werden können, stellt das sogenannte „Einschleichen", also das verdeckte Recherchieren dar. Diese Form journalistischer Tätigkeit stellt für jeden Journalisten eine besonders reizvolle Form des Recherchierens dar, da man durch sie an vertrauliche Informationen herankommen und dadurch über Vorgänge berichten kann, die sich der normalen journalistischen Tätigkeit entziehen und damit von einem besonderen öffentlichen Interesse sind. Es ist allerdings zu beachten, daß das Einschleichen in fremde Bereiche zwecks Beschaffung von Nachrichten und Informationen ebenfalls mit Rechten Dritter kollidieren kann, wie z.B. dem Recht am eingerichteten und ausgeübten Gewerbebetrieb, soweit es sich um Recherchen in Unternehmen handelt.

Von besonderer Brisanz ist es, wenn – wie im Fall Wallraff – sich ein Journalist in ein Presseunternehmen einschleicht, um später detailliert zu schildern, wie sich z.B. die Redaktionskonferenzen abgespielt haben. Zum einen ist hier aus zivilrechtlicher Sicht von Bedeutung, daß der Journalist bei Abschluß des Arbeitsvertrages seinen Arbeitgeber über seine wahren Absichten getäuscht hat, so daß dieser den Arbeitsvertrag gemäß § 123 BGB wegen arglistiger Täuschung anfechten und ihm die weitere Tätigkeit in seinem Betrieb sowie dessen weiteres Betreten untersagen kann. Darüber hinaus können eine Reihe von zivilrechtlichen Normen durch das verdeckte Recherchieren verletzt sein. § 824 BGB schützt das Unternehmen vor gewerbeschädigender Kritik, die §§ 17 ff. UWG formulieren Vorschriften, die das Unternehmen vor Geheimnisverrat sichern. Diese Vorschriften sind jedoch nur unter bestimmten

Voraussetzungen einschlägig. Bei einer auf § 824 BGB gestützten Klage könnte sich der Kläger nur gegen einzelne Tatsachenbehauptungen wehren, § 17 UWG greift nur dann ein, solange der Rechercheur während der Geltungsdauer des Dienstverhältnisses Geheimnisse des Unternehmens verraten hat.

Allerdings kann sich das betroffene Unternehmen auch auf das Recht am eingerichteten und ausgeübten Gewerbebetrieb berufen, daß die Rechtsprechung zur Ergänzung von § 823 BGB entwickelt hat. Schließlich kann durch das Vorgehen des Journalisten auch eine vorsätzliche sittenwidrige Schädigung gemäß § 826 BGB vorliegen. Ob eine Verletzung der in diesen zivilrechtlichen Normen niedergelegten Rechtsgüter vorliegt, muß auch im Lichte verfassungsrechtlicher Vorschriften beurteilt werden. Es kommt also abermals zu der bereits oben erwähnten Interessenabwägung zwischen den Rechtsgütern der Betroffenen und dem Informationsanspruch der Öffentlichkeit bzw. dem Recht der Medien auf freie Berichterstattung.

So hat sich sowohl der Bundesgerichtshof, als auch das Bundesverfassungsgericht in dem bereits oben erwähnten Fall Wallraff mit der Frage auseinandersetzen müssen, inwieweit ein in der BILD-Zeitung eingeschlichener Journalist seine auf Redaktionssitzungen erworbenen Informationen später an die Öffentlichkeit weitergeben darf. Das Bundesverfassungsgericht hat hinsichtlich dieser Problematik entschieden, daß das Grundrecht der Pressefreiheit auch die Vertraulichkeit der Arbeit von Zeitungs- und Zeitschriftenredaktionen gewährleistet und jedenfalls die Veröffentlichung von Inhalten vertraulich ist. Das Gericht hat jedoch zugleich festgestellt, daß grundsätzlich auch die Veröffentlichung rechtswidrig beschaffter oder erlangter Informationen zumindest vom Schutz der Meinungsfreiheit aus Artikel 5 Abs. 1 GG umfaßt sein kann. Dies zeigt, daß es hier zu einer Kollision von überragenden Verfassungswerten kommt, und eine Abwägung darüber, welchem dieser Werte der Vorrang einzuräumen ist, nur unter Abwägung aller Umstände des Einzelfalls erfolgen kann.

14. Tips und Tricks

Hier noch einige Punkte, die einem Journalisten oder Rechercheur die Arbeit erleichtern bzw. erschweren können. Die Autoren freuen sich über weitere Anregungen

- **Wissenschaftler als Ansprechpartner:** zu den verschiedensten Themen vermittelt der „Informationsdienst Wissenschaft" im Internet unter: http://www.tu-clausthal.de/idw/

- **Unbekannter Anrufer:** Wenn sich vorher unbekannte Personen im Lauf einer Recherche beim Rechercheur melden, ist das nicht unbedingt ein gutes Zeichen, aber immer ein Beweis, daß seine Arbeit Wellen schlägt. Bevor der Rechercheur das Gespräch vertieft, vertröstet er grundsätzlich auf Rückruf und läßt sich die Telefonnummer des Anrufers geben. Diese Nummer gleicht er zunächst mit seinen Daten ab (z.B. mit der CD „D-Info" von „Topware"), bevor er ungewollt mit „Gegnern" kommuniziert.

- **Preiswerter Zugang zu Datenbanken:** Die meist hohen Kosten von Datenbankrecherchen schrecken viele ab. Wesentlich günstiger ist die Nutzung der meist sehr guten Auswahl an Datenbanken in der nächstgelegenen Universitätsbibliothek. Durch die überwiegende Verwendung der CD-ROM als Medium hat der Rechercheur allerdings nicht immer Zugriff auf die neuesten Dokumente. Eine Auswahl von Datenbanken läßt sich außerdem über den „Knowledge Index" bei „Compuserve" nutzen. Der Zugang beschränkt sich auf die Abend- und Nachtstunden, ist aber extrem preiswert.

- Nicht auf **Preispauschalen** (Honorar inklusive Spesen) für Recherchen eingehen! Mit solcher Absprache schaden sich sowohl Auftraggeber als auch Auftragnehmer: Bei diesem Verfahren steigt der Honoraranteil am Budget, je weniger kostenschlingenden Aufwand (Telefonate, Dienstreise, Materialbeschaffung) der Rechercheur treibt. Er ist also verleitet, nicht gründlich zu arbeiten, weil dies zu

Lasten seines Gewinnes geht. Eine klare Aufteilung der Kosten in Honorar und Spesen macht den tatsächlichen Aufwand letztlich auch für den Kunden transparenter.

- Gegenüber Kunden nicht mit ungesicherten **Erkenntnissen vorpreschen**, auch nicht mit gesicherten! Jeder erfolgreiche Jäger verspürt den Drang, seine Beute zu zeigen. Einem Rechercheur – insbesondere Beginnern – ergeht es nicht anders. Subjektiv wichtige Erkenntnisse können sich aber im weiteren Verlauf der Arbeit relativieren oder sogar als falsch herausstellen. Erfahrene Rechercheure halten ihre Zunge im Zaum.

- Den **Naiven oder Dummen spielen:** Falls ein Gesprächspartner den Rechercheur als naiv oder dumm einstuft, ist das kein Nachteil. Geringschätzung verleitet zu Unvorsichtigkeit sowohl bei der Wahl der Worte als auch bei der Weitergabe von Informationen. Der Rechercheur sollte aber seine Kompetenz klarstellen, falls ein Abbruch des Gesprächs droht.

- Vorsicht beim Abfassen von weiteren **Recherche-Empfehlungen!** Auch wenn sie auf der Hand liegen: Hier ist Fingerspitzengefühl gefragt. Der Kunde könnte sonst den Eindruck gewinnen, daß sich die Recherche verselbständigt oder daß lediglich weitere Aufträge akquiriert werden sollen.

- Was tun, wenn sich der **Auftraggeber** als **inkompetent** erweist? Stellt sich nach kurzer Basisrecherche heraus, daß der Auftrag sinnlos oder abwegig ist, kann der Rechercheur für seinen Kunden eine sinnvolle Recherche-Empfehlung formulieren (s.o.). Ist dies erfolglos, bleibt nur schneller Rückzug: Mit Sicherheit ist das Honorar den zu erwartenden Ärger bei Abgabe der Ergebnisse nicht wert.

- **Informationshonorare** bietet ein Rechercheur nicht von sich aus an: Das könnte als Bestechung ausgelegt werden. Honorarforderungen von Dritten sind fehl am Platz, wenn die Weitergabe von Informationen Aufgabe des Gesprächspartners ist. Sie sind berechtigt, wenn ein Kollege oder eine Institution exklusives Wissen weitergibt, dessen Beschaffung gefährlich war bzw. Zeit und Geld gekostet hat.

- Die Berufsbezeichnung „Journalist" ist nicht geschützt. **Freier Journalist** kann sich theoretisch jeder nennen, der will.

- Einen **Auftrag zu Ende bringen**: So wenig es endgültige Wahrheiten gibt, so wenig gibt es endgültige Ergebnisse auf die Recherche-Anfrage eines Kunden. Gerade deswegen nichts zu Tode recherchieren, sondern Ziele abstecken! Antworten sollen dem Kunden helfen und ihn nicht verwirren.

- **Verzetteln:** Die Gefahr ist permanent und wächst mit dem Thema. Ein Rechercheur sollte jeden Abend kritisch prüfen, ob die tagsüber geleistete Arbeit wirklich zur Lösung der gestellten Aufgabe beigetragen hat.

- **Umgang mit Geschenken:** Präsente werden Journalisten und Rechercheuren häufig und immer nur zu dem Zweck angeboten, sich deren Gunst zu sichern. Manche Journalisten nutzen diesen Umstand und nehmen mit, was sie kriegen können. Die Annahme von Geschenken oder – schlimmer noch – Schnorrerei geht allerdings zu Lasten der Glaubwürdigkeit, sobald dies einmal bekannt wird. Die Verfasser lehnen grundsätzlich alle Geschenke ab, deren Wert zehn Mark übersteigt. Berufsbedingte Einladungen zu Arbeitsessen oder zur kostenlosen Teilnahme an Konferenzen sind jedoch absolut in Ordnung.

- **Konferenzgebühren** können entsprechend den Veranstaltungskosten sehr hoch ausfallen. Journalisten haben trotzdem quasi immer freien Eintritt. Dazu müssen sie glaubhaft machen, daß sie über die Konferenz in für die Teilnehmer relevanten Medien berichten werden. Auch Rechercheure, die nicht publizieren können/wollen und darum zahlen müssen, bitten um eine Pressekarte. Sie erleichtert die Kommunikation auf den Fluren.

- **Informantenschutz**: Es ist Ehrensache und von Bedeutung für künftige Aufträge, daß der Rechercheur einen verborgenen Informanten unbedingt vor Entdeckung bewahrt. Dies schließt ein: Ohne deren Zustimmung keine Weitergabe von Namen und Adressen gefährdeter Personen an den Auftraggeber. Auch wenn der noch so gut zahlt.

- **Off-the-record** oder **im Vertrauen**: Gebraucht ein – zumeist altbekannter – Gesprächspartner diese Formulierungen, will er keinesfalls zitiert oder im Zusammenhang einer Recherche auch nur erwähnt werden. Meist bietet er anschließend wertvolles Hintergrundwissen zum Thema oder Informationen über die Konkurrenz.

Bittet der Rechercheur selbst um ein Gespräch „Off-the-record", kann er vielleicht sehr viel erfahren, fesselt sich aber gleichzeitig durch diese verbindliche Zusage.

15. Weiterführende Literatur

Die Verfasser danken dem K.G. Saur Verlag München, der Buchhändlervereinigung Frankfurt am Main und Reed Reference Publishing für das Überlassen der Liste aus dem „Verzeichnis lieferbarer Bücher in der Bundesrepublik Deutschland", auf welcher dieses Literaturverzeichnis maßgeblich basiert.

Babiak, Ulrich: Effektive Suche im Internet – Suchstrategien, Methoden, Quellen, OReilly Verlag, 1997

Bach, Dieter/Höft, Gerd: Mythos Aktualität, Evangelische Akad. Mülheim 1992.

Baerns, Barbara: Öffentlichkeitsarbeit oder Journalismus?, Wissenschaft u. Politik erw. Neuaufl. 1991.

Bauer, Michael: Regulierter Journalismus, Publicom Medienverlag 1989.

Bild-Journalismus, List, 2. vollst. neu überarb. Aufl. 1994.

Blaum, Verena: Kunst und Politik im SONNTAG 1946-1958, Wissenschaft u. Politik 1992.

Blöbaum, Bernd: Journalismus als soziales System, Westdeutscher Verlag 1994.

Böckelmann, Frank: Journalismus als Beruf, UVK Medien 1994.

Böckelmann, Frank /Mast, Claudia /Schneider, Beate: Journalismus in den neuen Bundesländern, UVK Medien 1994.

Boventer, Hermann: Ethik des Journalismus, UVK Medien 1984.

Boventer, Hermann: Medien-Spektakel, Knecht 1994.

Bröer, Guido: Journalismus als Lebensform, agenda Münster 1994.

Cohausz, H.B.: Info & Recherche, Wila Verlag, 1996

Damm, Renate: Presserecht, Schulz 1985.

Donsbach, Wolfgang: Legitimationsprobleme des Journalismus, Alber 1982.

Dovifat, Emil: Der amerikanische Journalismus, Spiess 1990.

Enkemann, Jürgen: Journalismus und Literatur, Niemeyer 1983.

Ethik des Journalismus in den Printmedien, Brockhaus

Ethik des Journalismus, Friedrich-Ebert-Stiftung 1992.

Medientage München '89. Dokumentation.

Fabris, Hans: Journalismus und bürgernahe Medienarbeit, Neugebauer, 1979.

Gérard Sandoz: Ein Leben für die Verständigung, Hitzeroth in Verlag Koch 1990.

Gerhardt, Rudolf / Steffen, Erich: Kleiner Knigge des Presserechts, Institut für Medienentwicklung und Kommunikation 1996.

Gesellschaftliche Risiken in den Medien, Seismo 1996.

Grossenbacher, Renè: Journalismus in Entwicklungsländern, Böhlau Köln 1989.

Haller, Michael: Recherchieren, UVK Medienverlagsgesellschaft, überarbeit. Aufl. 1991

Hausjell, Fritz /Langenbucher, Wolfgang: Vertriebene Wahrheit, Ueberreuter 1995.

Hömberg, Walter: Studienführer. Journalismus, Medien, Kommunikation, UVK Medien 1996.

Hofberichterstattung oder Journalismus, Publicom Medienverlag 1984.

Hoffmann, Hans: Journalismus und Kontrolle, tuduv 1990.

Hug, Detlef: Konflikte und Öffentlichkeit, Westdeutscher Verlag 1997.

Journalismus – Anforderungen, Berufsauffassungen, Verantwortung, Fischer 1991.

Journalismus der 90er Jahre, UVK Medien 1993.

Journalismus für den Hörfunk der Zukunft, Fischer 1991.

Journalismus in der Schweiz, Sauerländer Aarau-Ffm 1993.

Journalismus und kommunale Öffentlichkeit, UVK Medien 1979.

Journalismus und Kompetenz, Westdeutscher Verlag 1990.

Journalismus und Praxis, Rommerskirchen

Journalismus, Universitätsverlag Konstanz

Journalismus, Ferber'sche Uni-Buchh. 1991.

Jungk, Robert: Glaubhafte Ermutigung, BIS-Verlag 1988.

Kalt, Gero / Hanfeld, Michael (Hg.): Schlecht informiert 2, Institut für Medienentwicklung und Kommunikation 1995.

Karmasin, Matthias: Journalismus: Beruf ohne Moral?, Linde Verlag Wien 2. Aufl. 1996.

Kepplinger, Hans/Ehmig, Simone/Ahlheim, Christine: Gentechnik im Widerstreit, Campus 1991.

Klaus, Elisabeth: Frauen – Medien – Öffentlichkeit, Westdeutscher Verlag 1997.

Kniesburges, Maria: Die Schönredner, Fischer Taschenbuch 1997.

Kunczik, Michael: Journalismus als Beruf, Böhlau Köln 1988.

Das Lambda-Lesebuch, Edition Regenbogen 1996.

Langenbucher, Wolfgang: Journalismus & Journalismus, UVK Medien 1980.

LaRoche, Walther von: Einführung in den praktischen Journalismus, List 13. Aufl. 1992.

LaRoche, Walther von/Buchholz, Axel: Radio-Journalismus, List 1993.

Link, Jürgen: Die Struktur des Symbols in der Sprache des Journalismus, Fink 1978.

Löffler, Martin / Ricker, Reinhart: Handbuch des Presserechts, 3. Aufl., München 1994

Löffler, Martin, Presserecht, Kommentar zu den Landespressegesetzen, 4. Aufl., München 1997

Lünenborg, Margret: Journalistinnen in Europa, Westdeutscher Verlag 1997.

Mast, Claudia: ABC des Journalismus, UVK Medien Neuausg. 1994.

Medien und Journalismus 1, Westdeutscher Verlag 1994.

Medien und Journalismus 2, Westdeutscher Verlag 1995.

Medien und Moral, UVK Medien 2. Aufl. 1989.

Medien-Ethik, Westdeutscher Verlag 1992.

Medien-Wende – Wende-Medien?, Vistas 1991.

Medizin & Medien, Publicom Medienverlag 1984.

Meissner, Michael: Massenmedien und Journalismus in den Niederlanden und in Dänemark, Fischer 1980.

Meyer, Werner/Boele, Klaus: Journalismus von heute, Schulz

Mitreden beim Thema: Journalismus, Humboldt-TB 1994.

Müller, Regina: Journalismus, Eichborn 1996.

Müller-Feyen, Carla: Engagierter Journalismus: Wilhelm Herzog und Das Forum (1914-1929), Lang 1996.

Müller-Ullrich, Burkhard: Die Lügen-Schickeria, Blessing 1996.

Müsse, Wolfgang: Die Reichspresseschule – Journalisten für die Diktatur?, Saur 1995.

Muzik, Michael: Presse und Journalismus in Japan, Böhlau 1996.

Neuberger, Christoph: Journalismus als Problembearbeitung, UVK Medien 1996.

Pater, Monika: Ein besserer Journalismus?, Brockmeyer 1993.

Praktischer Journalismus in Zeitung, Radio und Fernsehen, UVK Medien 1991, 2. Aufl. 1996.

Preschl, Johannes: Text-Wirklichkeiten, Tectum 1996.

Presse Ost – Presse West, Vistas 1995.

Pressefreiheit – Pressewahrheit. Kritik und Selbstkritik im Journalismus, Transparenz der Medien 1992.

Professionalität und Profil, Akademie d. Diözese Rottenb.-Stgt. 1990.

Prutz, Robert: Geschichte des deutschen Journalismus, Vandenhoeck & Ruprecht (Faks. nach d. 1.Aufl. v. 1845) 1971.

Public Relations-Seminare, Verlag f. dt. Wirtschafts-Biogr. 1992.

Ratgeber Frei, tende 1995.

Redelfs, Manfred: Investigative Reporting in den USA, Westdeutscher Verlag 1996.

Reinecke, Siegfried: Autosymbolik in Journalismus, Literatur und Film, Brockmeyer 1992.

Requate, Jörg: Journalismus als Beruf, Vandenhoeck & Ruprecht 1995.

Rost, Klaus: Die Welt in Zeilen pressen, Institut für Medienentwicklung und Kommunikation 2. Aufl. 1995.

Rühl, Manfred: Journalismus und Gesellschaft, Hase & Koehler 1980.

Russ-Mohl, Stephan: Der I-Faktor, Edition Interfrom 1994.

Russ-Mohl, Stephan/Reiter, Sibylle: Zukunft oder Ende des Journalismus?, Bertelsmann Stiftung 1994.

Rust, Holger: n'Politischern' Journalismus, Niemeyer 1984.

Schlapp, Hermann: Einstieg in den Journalismus, Sauerländer Aarau-Ffm 2. Aufl. 1991.

Schneider, Wolf/Raue, Paul: Handbuch des Journalismus, Rowohlt 1996.

Schröter, Detlef: Qualität im Journalismus, Publicom Medienverlag 1992.

Schröter, Detlef: Qualität und Journalismus, Fischer 1995.

Schult, Gerhard/Buchholz, Axel: Fernseh-Journalismus, List 1990.

Schulze, Volker (Hg.): Wege zum Journalismus, Institut für Medienentwicklung und Kommunikation, 1994.

Schweda, Claudia/Opherden, Rainer: Journalismus und Public Relations, Deutscher Uni-Verlag 1995.

Sensationen des Alltags, UVK Medien 1992.

Sensationen des Alltags, Ueberreuter 1992.

Siebers-Gfaller, Stefanie: Deutsche Pressestimmen zum Saint-Simonismus 1830-1836, Lang 1992.

Spinner, Helmut: Sichtbares Wissen, UVK Medien 1996.

Studienführer Journalismus, Medien, Kommunikation, Universitaetsverlag Konstanz 1996.

Studienheft Journalismus, Gemeinschaftswerk d. Ev. Publizistik 2. überarb. Aufl. 1993.

Thorbrietz, Petra: Vernetztes Denken im Journalismus, Niemeyer 1986.

Die vierte Macht, Verlag f. Gesellschaftskritik 1991.

Wege zum Journalismus, Institut für Medienentwicklung und Kommunikation 1994.

Weischenberg, Siegfried/Herrig, Peter: Handbuch des Bildschirm-Journalismus, UVK Medien 1985.

Weischenberg, Siegfried/Löffelholz, Martin/Scholl, Armin: Journalismus in Deutschland, Westdeutscher Verlag 1997.

Weischenberg, Siegfried/Altmeppen, Klaus/Löffelholz, Martin: Die Zukunft des Journalismus, Westdeutscher Verlag 1994.

Wenzel, Karl E.: Das Recht der Wort- und Bildberichterstattung, 4. Aufl., Köln 1994

Wilke, Jürgen/Eschenauer, Barbara: Massenmedien und Journalismus im Schulunterricht, Alber 1981.

Wirths, Sabine: Freiberuflerinnen im Journalismus, Lit Münster

1993.

Yonan, Gabriele: Journalismus bei den Assyrern. Ein Überblick von seinen Anfängen bis zur Gegenwart, Zentralverband d. Assyr. Vereinigungen 1985.

ZW-Paper Journalismus in Theorie & Praxis, Publicom Medienverlag

16. Sachregister

A

Abstracts	32, 44, 64, 76
Abwehrhaltung	196, 222, 233
Adreßbücher	49, 88
Adreßliste	48
Adressenverwaltung	92
Aggressivität	230, 235, 238
aktive Verweise	52
Anfangsverdacht	119, 122, 194 - 195
Ängste abbauen	197
AOL	60
Arbeitskleidung	88
Archiv	14, 48, 52, 63, 83, 150, 258, 262
Aufbereitung	61 - 62, 75, 94
auffangen	231, 234 - 235
Auftraggeber	11 - 13, 40, 45, 94, 97 - 100, 102, 105, 117, 123, 139, 250, 310 - 312
Aufzeichnen von Telefongesprächen oder Interviews	90
Auskunftsanspruch gegenüber privaten Unternehmen	297
Auskunftsanspruch nach dem Umweltinformationsgesetz	295
Auskunftsansprüche	289
Auskunftspflicht	17 - 18
Ausrüstung	87
Authentizität	163 - 165, 217, 283

B

Bandaufnahmegerät	88, 90
Bank	27 - 28, 197
Basic Index	74
Basisrecherche	48, 51, 81, 106, 113, 116, 126, 134 - 136, 138, 164, 211, 311
Befragungsplan	250, 254

Behörden 17, 48 - 49, 102, 182, 189 - 190, 197, 213, 215, 248, 256 - 257

beleidigen	13, 223, 227, 231
beruhigen	234
Besuchstermin	226 - 227, 239
Betriebsgeheimnis	18
Betrüger	50, 160, 174, 238, 279 - 283, 286
Beweis	28, 191
Bild- und Tonaufnahmen im Gericht	299
Blickkontakt	244
Bookmarks	56
Branche	22, 25, 28, 199, 256, 260
Browser	52
Bürgerinitiative	17, 34 - 36, 149, 153

C

Camouflage	89, 183
CAS	84
CAS-Registry	84
Charme	36, 161, 222
Chemical Abstract Service	62, 84
chemische Substanzen	84
Clearinghouse	56
CODEN	75
Codes	74 - 75
Company Name Finder	67
Compuserve	60, 310
CONF	83

D

D&B - Duns Electronic Business Directory	70
Datastar	67
Datenbank	14, 34, 51, 92, 113, 310
Datenspeicher	91 - 92
DBI	79
Deadline	101 - 103, 136

Derwent Information 62
Deutscher Presserat 159, 161, 175 - 177, 179, 196 - 198, 204
Deutsches Bibliotheksinstitut 79
DeutschlandRadio 50
Dialog 73
DIMDI 73
Diskussionsleiter 241 - 242
Domains 57
Druck ausüben 162
durchfragen 47, 145

E
E-Mail 52, 58
ECDIN 85
Einschleichen 308
Einsichtsrechte in öffentliche
Register und behördliche Akten 301
Ergebnisdruck 121
Erster Eindruck 212
ESA-IRS 73
Eventline 83
Experten 11, 25, 34, 38, 42, 82, 143, 222, 251

F
Fachausdrücke 25, 39, 282
Faktendatenbank 63, 65
Fax 16, 87, 283
FAZ-Onlinedatenbank 62
FHGPUBLICA 82
firmeninterne Gutachten 37
firmeninterne Produktionszahlen 37
FIZ-Technik 73
Flüchtling 179
FORKAT 82
Forschung 19, 32 - 33, 43, 52, 81
Fragebogen 255, 257, 259 - 260
Fragenliste 252
Freier Journalist 311
Freitextsuche 74

G
Gale Dictionary of Databases 67
GBI 73
Gefährdung Dritter 187
Gegenangriffe 229
Gegenfrage 108, 213

Gegenrecherche 145, 172, 282
Gegner 37, 41, 106, 229, 233
Genios 73
Geschäftsgeheimnis 27, 99
Geschenke 110, 312
Gesprächsaufbau 234
Gesprächsebene 227, 229
Gesprächsführung 16, 103, 211
Gesprächsplanung 212
Gesprächsprotokoll 92
Gesprächstermin 40
Gesprächsvorbereitung 136, 211 - 212
Gewerkschaft 36 - 37
Glaubwürdigkeit 30, 58, 140, 161, 163 - 164, 184, 217, 281, 312
Greenpeace 188
Großunternehmen 21
Gutachten 121, 143
Gutachter 39, 142 - 144
Güterabwägung 263
Güterrechtsregister 301

H
Hand anbieten 225
Handelsregister 19, 21, 153, 262, 301
Helfer 80, 163, 169 - 171, 183, 187
Hintergrundbericht 48, 147
Hintergrundwissen 34, 136, 262 - 263, 312
Hofberichterstattung 158, 262
Höflichkeit 38, 40, 242, 254
Homepage 52
Honorar 100, 103, 117, 310 - 311
Hoppenstedt 21, 49
Host 62
Hosts und Preise 71
HTML 52
HWWA-Institut für
Wirtschaftsforschung 105

I
IM GUIDE 67
im Vertrauen 154, 312
Indexsuche 74
Industrie- und Handelskammer 21
INFOBASE 86

320

Informant	45 - 46, 161, 171, 173, 179, 188 - 189, 191, 200, 205, 215, 302, 312
Informantenschutz	216, 312
Information durch Diskussion	228
Informationsaustausch	30, 43, 217
Informationsbeschaffungsfreiheit	290
Informationshonorar	105, 311
Informationsrechte des Journalisten	291
Informationsvermittler	51, 85 - 86
Ingenieure	24, 143
Instinkt	126
Institute	31 - 34
Internationale Patentklassifikation	75
Internet	14, 51 - 52, 72, 79, 82, 116
Interview	218, 232 - 234, 238, 251 - 252, 254 - 255
investigativ	27, 158, 160 - 161, 218
IPC	74, 84
IUPAC	84

J

Joker-Zeichen	77

K

Kataloge und Listen	55
Knowledge Index	60, 310
Kommunikation	23, 216 - 218, 224, 231, 312
Kompatibilität	91
Kompetenz	37, 222, 227, 231, 265, 311
Konferenz	33, 42, 83, 138 - 139, 312
Konferenzgebühren	312
Konflikt vorbereiten	236
konfrontativ	110
Kongress	33, 42, 83, 137
Konkurrenz	20, 124, 142, 263, 312
konspirativ	164
Kontaktaufnahme	31, 167, 186, 191, 220, 223, 225 - 226, 230
Kontaktperson	170, 186
Kontrahenten	159
Kontrolle	140 - 141, 144, 171 - 172, 174, 240, 242
Kontrollfragen	173
Kooperation	28, 110, 163, 189
Kreativität	125

Kriminelle	58, 163, 184 - 188
Kunde	99 - 102, 108, 116 - 118, 124, 139 - 140, 144, 279, 311

L

Landespressegesetz	289
Lehrer	197
Lesezeichen	56
lexis-Nexis	73
Links	52
Literaturrecherche	14, 42
Logik	127 - 128
Lokaljournalist	48, 219, 261 - 263
Lokalpolitiker	28
Lüge	145, 174, 249, 279, 281

M

Mailbox	60 - 61
Markenregister	301
maskerade	89
Maskierungen	75, 77
Melderegister	301
Menschenkenntnis	126, 165
Meßergebnisse	14
Metasuchmaschinen	59
Microsoft Internet Explorer	52
Ministerium	19
Mißtrauen	14, 23, 37, 197, 281
Mißverständnis	230, 248, 260
Mitgliederverzeichnis	25
Mitwisser	181
Modem	60, 87
Motiv	154, 196 - 197, 218
motivieren	218, 257
Munzinger	83, 113
Musterregister	301

N

nachhaken	228, 244
Nachrichtendienstliche Tätigkeit	180
Nachweisdatenbank	63
Namensbesonderheiten	78
Namensuche	77
Netscape Navigator	52
Newsgroups	58
NGO	36 - 38
Nichtstaatliche Organisationen	36
Notizblock	90 - 91

O

Observierung	208
Oeckl	17, 48, 88
Off-the-record	154, 312
Öffentlichkeitsarbeit	15, 21, 23, 27, 214
Online-Datenbanken	61, 63, 71 - 72
Operatoren	75 - 76
Organigramme	20, 48
Ortstermin	104, 144

P

Partei	23, 41, 251, 265
Patent	63, 65, 73, 78, 81, 84, 142
Patentamt	61
pendeln	145 - 146, 148 - 149, 157, 219
Phantasie	125, 216
Politiker	17, 41
Polizei	28 - 30, 181 - 182, 186, 188
positive Verstärkung	238, 281
Power-Player	241 - 243
Präsentation	240 - 241
Preispauschalen	310
Pressekodex	159, 180, 194, 196, 200
Pressesprecher	15 - 16, 217, 220
Propaganda	287 - 288
provozieren	89, 225, 231

Q

Quellen identifizieren	129
Quellenverzeichnis	97
Questel-Orbit	73

R

Rache	40, 189, 262
Recherche-Empfehlung	311
Rechercheauftrag	103, 117, 143
Recherchebericht	24, 44 - 45, 94, 96 - 97, 214
Recherchemethode	45, 125, 128, 136 - 137, 145, 256
Recherchethesen	157
Rechtliche Aspekte	175
Rechtliche Schranken der Recherche	305
Regierung	18
Regime-Kritiker	169
REGISTRY	84
Retrivalsprache	63, 72
Robot	54 - 55

Rollenaufbau	228
Routineanfragen	225
Rückzug	185 - 186, 311
Rundfunkstaatsvertrag	300

S

Scheckbuch-Recherche	160
Schuldnerverzeichnis	301
Schwächen nutzen	244
Science Citation Index	82
Selbstschutz	283
SIC	74
Signaturen	80
Spesenbudget	100
Spontaneität	125 - 126
Staatsanwalt	17, 28 - 30, 181 - 182
Standard Industry Codes	74
Stars	221
Stasiunterlagen	301
Stichwortliste	212
Stille Hilfe	205
STN	73
STN-Express	72
Strategie	106, 110, 217, 237, 248
Streitgespräch	110, 232
Studie	117 - 118
Suchanfrage	75 - 76
Suchbegriffe	59, 70, 76
Suche im Müll	204
Suche nach Firmen	78
Suche nach Namen	77
Suchfelder	74 - 75
Suchmaschine	53 - 55, 59
Suchwörter	75
surfen	53
Systematik	87, 92 - 93

T

T-Online	60
Taktik	20, 107, 184, 234, 237
Tanker-Recherche	131
Teamarbeit	140, 182
Technische Informations- bibliothek Hannover	80
Teilnahmegebühr	45
Telefonliste	48
Telefonverzeichnis	50
Termindatenbank	63

Textverarbeitungssystem	91 - 92
Thema eingrenzen	138
Thesen	33, 40, 42, 156
TIB	80
Tiefseetauchen	132, 158 - 159,
	164 - 165, 168, 172
Tips und Tricks	29, 45, 50, 60, 97, 100,
	105, 109, 115 - 116, 138, 154, 310

U

überrumpeln	160, 200
Überzeugungstäter	167 - 168
UBITO	80
UFORDAT	82
Umfrage	25 - 26, 255, 257 - 258, 287
Umweltbewegung	36
Umweltinformationsgesetz	18, 257, 295
unbekannter Anrufer	310
Universität	31 - 34, 43
Universitätsbibliothek	14, 79 - 80, 310
Universitätspressestelle	31
Untergrundorganisation	53
Unternehmen	20 - 23, 33 - 34,
	37, 39, 43, 48, 70, 159,
	197, 199, 213, 215, 249
Unterstellung	146, 216

V

VDI	143
Verbände	23 - 26, 48, 213
Verbraucherverbände	36, 247
Verbündete	39, 106 - 110, 168, 235, 237
verchleiern	196
verdeckte Recherche	176 - 177,
	180 - 181, 183 - 188
Verein Deutscher Ingenieure	143
verschleiern	14, 29, 181, 194, 197

Vertrauensbeweis	166
Vertraulichkeit	178 - 179
Verwaltungsvorschrift	18, 49
verzetteln	116, 312
Volltextdatenbank	65
vorpreschen	311
vorspiegeln	29, 181, 197 - 198
Vorurteile	41, 124, 148

W

wer gehört zu wem	21, 49
Wissenschaftler	17, 31 - 33,
	42 - 43, 130, 251
Wissensmonopol	38, 222
Wissensträger	45 - 46, 222 - 223, 228 - 229
World Patent Index	78, 81
World Wide Web	52 - 53
Wunschergebnis	12, 118, 124

Z

ZDB	79
Zeitdruck	11, 16, 35, 173, 210
Zeitplanung	102
Zeitrahmen	100 - 101, 103
Zeitschriftendatenbank	79
Zeugnisverweigerungs-	
recht	29, 178 - 179, 302
Zeugnisverweigerungsrecht	
des Rechercheurs	289
Zielgruppe	196, 256 - 260
Zielperson aufsuchen	226
Zielsetzung	98, 106, 139
Zutrittsrechte zu Veranstaltungen	298
zweite Identität	183
Zwiegespräch	218, 220, 242, 252
Zwischenfragen	242

Unsere Arbeit
für Ihre Kommunikation

Redaktionelle Dienstleistungen
für Unternehmen und Organisationen

Mitarbeiterzeitungen

Kundenzeitschriften

Newsletter

Markenmagazine

Journalistische Lösungen aus einer Hand

Konzeption

Redaktion

Grafik

Produktion

F.A.Z.-INSTITUT

Fordern Sie unser aktuelles
Leistungsprofil an:
**F.A.Z.-Institut für Management-,
Markt- und Medieninformationen GmbH**
Redaktionelle Dienstleistungen
Postfach 20 01 63, 60605 Frankfurt am Main
Telefax: (069) 75 91 - 19 66
eMail: a.huelsboemer@faz-institut.de

F.A.Z.-INSTITUT